NOTRE HOMME À LA MAISON-BLANCHE

SAMUEL ET CHUCK GIANCANA

NOTRE HOMME À LA MAISON-BLANCHE

Traduit de l'américain par Daniel Lemoine

ROBERT LAFFONT

*Ouvrage publié sous la direction
d'Alexandre Wickham*

Les notes en bas de page sont du traducteur et de l'éditeur.

Couverture : page 1 : photo A.P./Wide World ;
page 4 : photo D.R.

Titre original : DOUBLE CROSS

© Samuel et Chuck Giancana, 1992
Ce livre est publié avec l'accord de Warner Books, Inc., New York
Traduction française : Éditions Robert Laffont, S.A., Paris, 1992

ISBN 2-221-07340-1
(Édition originale : ISBN 0446-51624-4, Warner Books, Inc., New York)

Jusqu'en 1969, notre famille est restée prisonnière de l'héritage de Sam Giancana, patron de la mafia de Chicago. A cette époque nous avons cru, à tort, qu'en changeant de nom nous pourrions échapper à l'opprobre que constituait notre appartenance à la famille d'un « gangster » célèbre. Ce fut une erreur qui aboutit à nous dépouiller de notre héritage italien, sans parler de nos amis et de notre famille. A l'abri d'un masque, nous niions notre existence même, ne créant que l'apparence d'une vie normale. C'était une illusion que nous pouvions seuls dissiper. Ce livre est dédié à la personne qui nous a montré qu'on ne peut vraiment espérer se connaître qu'en renonçant au masque.

La saga de Sam Giancana n'aurait jamais pu toucher les lecteurs sans l'enthousiasme sincère de notre agent littéraire, Frank Weiman. En outre, ce récit n'aurait jamais pu prendre vie sans les conseils éclairés de notre éditeur, Rick Hogan ; nous lui sommes profondément reconnaissants de son exceptionnelle perspicacité et de ses encouragements.

Avertissement

En écrivant *Notre homme à la Maison-Blanche,* nous avons tenté de décrire un homme énigmatique et de retracer aussi exactement que possible son influence sur les États-Unis et sur le monde telle qu'il la présentait lui-même. Néanmoins, ce récit n'est pas un essai documenté sur la vie et l'époque de Sam Giancana et, à notre avis, tant mieux. De trop nombreuses révélations politiques importantes sont passées inaperçues à cause de recherches journalistiques ennuyeuses.

Nous nous sommes au contraire efforcés de présenter la vie de Sam Giancana de façon à tenir le lecteur en haleine, de raconter une bonne histoire tout en ayant un souci d'exactitude historique. L'essentiel des informations contenues dans ce livre est le résultat de conversations entre Sam Giancana et son frère sur une période de cinq décennies. Le reste est le résultat naturel d'une vie passée au sein de la pègre de Chicago : informations glanées par expérience personnelle (en tant que frère cadet du patron le plus puissant de la pègre de Chicago) et conversations avec divers membres de l'organisation.

Ce qui est apparu, au terme de cette entreprise, dépasse très largement la somme de ses parties. *Notre homme à la Maison-Blanche* est, au bout du compte, plus que la biographie d'un truand, plus qu'un exposé sur le crime organisé, plus qu'un récit croustillant avec tous les personnages indispensables, et certainement plus qu'une tragédie politique passionnante peuplée de présidents, d'espions et d'agents secrets.

Mais, malgré ces atouts incontestables, *Notre homme à la Maison-Blanche* risque tout de même d'être contesté à cause de son approche volontairement concrète. Faire revivre Sam Giancana et son époque d'une façon aussi imagée, tout en présentant le point de vue du patron de la pègre lui-même, a métamorphosé ce livre en un récit à la fois inquiétant et divertissant. Et un tel sujet ne devrait théoriquement pas être divertissant. Toutefois, en raison de cette approche, on peut espérer qu'un public beaucoup plus large nous lira et que l'historien reconnaîtra que des recherches journalistiques, même approfondies, ne pourront jamais remplacer la perspective personnelle offerte par Sam Giancana lui-même.

Aujourd'hui encore, une majorité d'Américains ignorent l'influence qui fut celle de Sam Giancana sur la nation et c'est précisément cette ignorance qui a justifié la rédaction de cet ouvrage. Las des erreurs et inexactitudes flagrantes qui n'ont cessé de circuler sur des sujets allant du massacre de la Saint-Valentin à la mort de Marilyn Monroe et à l'assassinat de John F. Kennedy, nous avons décidé que le moment était venu de raconter, une fois pour toutes, ces événements tels que Sam Giancana les rapportait. Les révélations contenues de ce fait dans *Notre homme à la Maison-Blanche*, quoique choquantes, parlent d'elles-mêmes.

Nous présentons donc la vérité de l'époque telle qu'elle a été confiée à Chuck Giancana par son frère, Sam Giancana. Il faut ajouter que nous le faisons avec beaucoup de tristesse et que la peur n'est pas absente de nos pensées. C'est un héritage sordide et difficile que nous n'avons pas choisi. Nous souhaitons par conséquent que, après avoir refermé le livre, le lecteur renonce à considérer que ceux qui portent le nom de Giancana sont aussi coupables, par extension, que l'homme qui a exercé une influence indubitablement destructrice sur le cours de l'histoire.

Nous croyons en outre que cette saga peut avoir une conséquence positive. Armé d'une conception plus juste de notre passé, le lecteur, débarrassé des chaînes du mensonge, sera peut-être mieux en mesure d'influencer l'avenir de l'Amérique. Et, en dernière analyse, peut-être est-ce la raison d'être de cette entreprise. Peut-être le lecteur, comme les auteurs, estimera-t-il que la trahison qui conclut *Notre homme à la Maison-Blanche* n'a pas été perpétrée contre un individu mais, plus significativement, commise contre le peuple de notre pays et les citoyens du monde.

Samuel M. Giancana et Chuck Giancana,
août 1991.

1.

Tout allait bien ; c'était une belle nuit pour tuer. Au-dessus des feuillages bruissants des arbres qui bordent Oak Park, dans la banlieue de Chicago, des éclairs de chaleur zébraient de temps en temps le ciel nocturne. Il était plus de vingt-deux heures, mais l'humidité étouffante n'était pas tombée. Au loin, un chien aboya. Le chant des criquets et le bourdonnement des appareils d'air conditionné masquèrent les pas de l'assassin, lourds et mesurés, tandis qu'il longeait discrètement le flanc du modeste bungalow puis s'engageait dans l'escalier en ciment du sous-sol. Il perçut la présence du pistolet de calibre 22 qui, glissé sous sa ceinture, lui rappela la tâche qu'il devait accomplir.

Il n'avait rien à craindre, rien à cacher ; sa victime et lui étaient amis. Lorsqu'il arriva en bas des marches, la lourde porte métallique s'ouvrit comme elle l'avait déjà fait mille fois et le parfum familier de la fumée de cigare, mêlé à ceux de la saucisse et de l'ail, fit jaillir les souvenirs innombrables de toute une vie de confiance et de loyauté. Il regarda Mooney Giancana droit dans les yeux et sourit.

S'il devina ce qui allait arriver, Mooney ne montra pas sa peur. Au contraire, il tourna le dos et se remit à surveiller les grosses saucisses qui grillaient dans la poêle. Penché sur la cuisinière, de dos, il faisait vieux. Le métal de l'arme s'était réchauffé contre la colonne vertébrale de l'homme. Mooney lui avait toujours dit que le choix du moment était essentiel. Le moment était venu. Il alla prendre position derrière son ami et, en un geste rapide, sortit son arme. L'ayant posée contre la nuque de Mooney, il appuya sur la détente. Une détonation étouffée retentit et sa victime bascula en avant, puis en arrière, tombant ensuite sur le sol.

Debout près de Mooney, un homme qu'il connaissait depuis trente ans, l'assassin le regarda tenter de respirer, étouffé par son propre sang. Puis il glissa l'arme dans la bouche ouverte, aux lèvres bleues, et tira une nouvelle fois. Le visage ensanglanté frémit, les paupières battirent sur des yeux vides qui se révulsèrent. Il posa l'arme sous le menton de Mooney et logea cinq balles supplémentaires dans ce qui restait du cerveau.

Son travail terminé, l'assassin regarda calmement sa montre puis les saucisses qui brunissaient tranquillement sur la cuisinière. Il regagna ensuite la porte et sortit dans la nuit d'été. Où il disparut.

— Mooney est mort.

Les mots retentirent dans la nuit et leur brutalité réveilla complètement Chuck Giancana. Le combiné devint glacé dans sa main. Il voulut demander comment, pourquoi et poser mille autres questions, mais la voix, au bout du fil, poursuivit :

— Ça a l'air d'un contrat... On lui a tiré dans la tête.

La nouvelle était annoncée sans émotion, avec seulement un étrange formalisme. Même la mort de son frère était plus ou moins une affaire dont on l'avertissait à distance respectueuse, comme toujours dans le Milieu.

Pendant quelques instants, Chuck resta simplement assis au bord du lit, écoutant la tonalité. Il voulait assimiler, ressentir vraiment. C'était le 19 juin 1975 et son frère, le héros de son enfance... le patron tout-puissant de la pègre, Sam « Mooney » Giancana... était mort. C'était enfin terminé. Définitivement.

Deux jours plus tard, Chuck assista à la veillée funèbre de son frère. Des centaines de journalistes fouineurs, de curieux, d'agents du FBI* et de policiers s'entassaient dans la chapelle et sur le parking, conférant une ambiance de fête à ce triste événement.

— Où est leur respect ? marmonna Chuck, furieux, à l'intention de sa femme, tandis qu'ils passaient rapidement entre les photographes puis poussaient le lourd portail.

A l'intérieur, deux colosses du Milieu étaient postés de part et d'autre du seuil. Surveiller cette entrée était un honneur qu'ils ne prenaient pas à la légère ; Chuck vit les hommes le dévisager attentivement puis, l'ayant reconnu, hocher la tête avec déférence et s'écarter pour le laisser passer.

Au fil des années, Chuck Giancana avait visité un nombre incalculable de fois la chapelle Montclair de Chicago ; elle était populaire parmi les Italiens. De très nombreux soldats malchanceux du Milieu avaient été exposés dans le silence lugubre de ses murs décorés avec élégance, mais rien n'avait préparé Chuck au faste de la veillée funèbre de Mooney.

Il se sentit soudain gêné, déplacé, « comme une putain dans une église », se souvint-il plus tard, passant entre les hommes puis sous la voûte donnant sur l'intérieur de la chapelle. Le silence régnait dans la salle au sol tapissé de rouge et le lourd parfum des fleurs lui coupa le souffle ; jamais il n'en avait vu autant à Montclair. Mais ce n'est pas une veillée funèbre ordinaire, se dit-il, c'est celle de Sam Giancana.

Les couronnes étaient empilées contre les murs de la chapelle et, dessous, se trouvait le cercueil en bronze de son frère ; jamais Chuck n'en avait vu d'aussi beau.

Face à une telle opulence, Chuck se dit que l'on pouvait presque oublier que Mooney avait été assassiné. Personne,

---

* Federal Bureau of Investigation, organisation dépendant, aux États-Unis, du ministère de la Justice et chargée de la répression des crimes fédéraux. La répression des autres délits incombe aux États, comtés et municipalités. De nombreuses grandes métropoles ont leur propre force de police dont le chef est nommé par le maire. Selon les Etats, les juges sont élus au suffrage universel, élus par l'assemblée ou nommés par le gouverneur avec l'approbation de l'assemblée.

semblait-il, n'avait envie de s'attarder sur la vérité la cruauté, la brutalité de la vie de son frère. Ni sur la trahison qui y mettait un terme.

Il y avait de nombreuses choses, dans la vie de son frère, qui troublaient Chuck. Mais les questions les plus douloureuses étaient : qui et pourquoi ?

Chuck était certain qu'il s'agissait d'une personne à qui Mooney faisait confiance ; quoique, dans le Milieu, il y eût une grande différence entre celui qui appuyait sur la détente et celui qui ordonnait un assassinat. Selon la presse, il s'agissait d'un règlement de comptes parmi d'autres, destiné à empêcher un truand de parler. Mooney devait témoigner devant une commission d'enquête sénatoriale, évidemment, mais il n'aurait jamais parlé.

En outre, Mooney n'avait empiété sur le territoire de personne ; la planète était son territoire. L'idée que son frère pût être sorti de ses frontières à Chicago était l'affirmation la plus dingue que Chuck eût entendue.

Ce n'était pas non plus que Mooney eût refusé de partager le butin de ses victoires internationales, comme certains l'imaginaient. Mooney avait toujours partagé avec les gars du Milieu. Il n'était pas avare. Et il n'avait rien d'un idiot.

Non, ces explications ne pouvaient satisfaire Chuck. Donc, il y avait forcément une autre solution, à laquelle personne n'avait encore pensé. D'accord, cela ressemblait à une exécution. Et, d'accord, elle avait forcément été accomplie par un lieutenant fidèle, ce qui signifiait seulement une poignée de types du Milieu. Mais il y avait quelque chose qui clochait, dans cette histoire. Et ce quelque chose était l'absence de mobile ; le Milieu n'en avait aucun, voilà tout.

Merde, les choses changent, c'est sûr !

Il n'avait aimé personne au monde plus que Mooney. Et il l'avait aussi haï. Mais en dépit de cela, il avait toujours cru que Mooney était intouchable, il n'aurait jamais envisagé que l'on puisse le trahir ainsi. Mais qui ? Et pourquoi ? C'était tout ce qu'il voulait savoir.

Il aurait aussi souhaité savoir ce qui, dans le passé, donnait l'impression que la vie avait été si foutrement belle. Comment un être sain d'esprit pouvait-il considérer cette époque comme le bon vieux temps ? Ça semblait dingue. Mais, dingue ou pas, il ne pouvait s'empêcher, un demi-siècle plus tard, en 1975, de regretter cette époque. De regretter de ne plus pouvoir assister à l'arrivée de son grand frère dans leur petit appartement délabré, jurant et se mettant en rogne à cause des journaux soigneusement étendus sur le plancher que ses sœurs venaient de laver.

Son frère n'avait pas encore touché le gros lot. A cette époque, il semblait à Chuck que c'était un jeu ; en réalité, il savait seulement que son frère était un homme important, un « ponte » dans ce que les gens appelaient l'Organisation.

Intérieurement, Chuck eut un rire amer. S'il avait su, quand il n'était encore que de la graine de voyou, ce qu'il savait à présent, il se serait enfui si vite et si loin que personne n'aurait pu le rattraper. Mais, merde, quand on est môme on se croit immortel. Les enjeux ne sont jamais trop élevés parce que personne ne présente l'addition. Et les conséquences ne sont jamais trop grandes parce qu'on est trop mariole, trop dur ou trop fort pour se faire prendre. C'est l'aspect ironique de l'existence, supposa-t-il. On ne comprend la vérité que lorsqu'il est trop tard. Et ça te fait une belle jambe, la vérité, quand tu es vieux et que la partie est terminée.

Sans raison précise, le réveillon de nouvel an que Mooney organisa en 1955 lui revint en mémoire... il lui sembla que c'était très vieux. Mooney avait forcé la dose, ce soir-là, et tous ceux qui étaient quelque chose dans le Milieu avaient accepté son invitation ; c'était une grande fiesta officielle.

Chuck sourit intérieurement. Merde, ce salaud de Mooney était élégant et il avait trop picolé, pas de problème. Chuck le revoyait avec cette bombe de mousse à raser. Qu'est-ce qui avait poussé Mooney à commencer une bagarre à la mousse à raser ? Les fédéraux* n'auraient jamais cru une histoire pareille : Mooney Giancana le boute-en-train ! C'était davantage une occasion de fraterniser qu'une réunion de la pègre ; quand ce fut terminé, le visage et le smoking de Mooney étaient couverts de mousse à raser. Puis les autres avaient trouvé mieux. Bientôt,

---

* Fédéraux : aux États-Unis, c'est l'appellation des agents du pouvoir central à Washington, par opposition aux agents des États eux-mêmes.

tout le monde s'arrosa au champagne. C'était dément, vraiment dément. Et ce fut certainement la première fois qu'il vit Mooney rire après la mort de sa femme, Ange*; il rit tant que Chuck crut qu'il allait mourir de rire, là, devant Dieu et tout le monde. Bon, Mooney n'était pas mort de rire, bordel. Non, un fumier l'avait assassiné.

Chuck respira profondément, gagna le cercueil et regarda le visage cireux. Il se rendit brusquement compte qu'il n'avait jamais vu son frère dormir, enfin, pas depuis très, très longtemps. Mooney. Le héros de son enfance.

Il ne put s'empêcher de regarder fixement le corps de Mooney. Cet homme, qui était autrefois grand, robuste, semblait à présent ratatiné et difforme, et Chuck pensa au vieil arbre qu'il avait fait abattre, dans son jardin, dix ans auparavant. C'était le jour où il avait décidé de changer de nom. Et il n'avait pas parlé avec Mooney depuis. Il ne l'avait pas revu. Jusqu'à cet instant.

Chuck resta immobile près du cercueil, regardant son frère, songeant à ce vieil arbre. L'arbre avait-il senti quelque chose, avait-il compris, grâce à quelque mode inconnu de perception, que ses jours étaient comptés ? C'était une idée stupide, évidemment.

Il était présent, ce jour-là, tandis que la hache du jardinier fendait l'écorce pourrie. Une fois par terre, l'arbre perdit sa majesté ; ce n'était plus qu'un tas de bois ordinaire. Jamais il n'aurait imaginé qu'il était aussi gros, fort et fier. Ce fut la même chose avec Mooney, qui gisait à présent devant lui.

Un reflet métallique attira son regard. C'était la croix en argent du chapelet posé sur les mains de Mooney. Chuck leva la tête.

Et, soudain, il comprit.

Ce n'était pas au Milieu que profitait la mort de Mooney. Il comprit à qui. Peut-être ne pourrait-il pas le prouver ; cela n'avait aucune importance. Ce qui comptait vraiment, c'était *savoir*.

Le fracas de l'arbre qui tombe, le craquement terrifiant de l'os, lorsque la balle touche sa cible, emplirent alors Chuck d'une

---

* Prononcer Angie.

peur intense. Il sentit son cœur cogner dans sa poitrine, l'entendit battre dans ses oreilles. Ce n'était pas le Milieu qui avait fait assassiner son frère. Mooney travaillait avec un autre allié, beaucoup plus puissant, qui avait *des raisons* de craindre son témoignage devant la commission sénatoriale. Depuis des années, son obligation de secret était comme une épée de Damoclès au-dessus de la tête de Mooney, prête, exactement comme la hache du bûcheron vis-à-vis de l'arbre. Prête à porter son coup fatal.

Chuck s'éloigna du cercueil. Il avait sa réponse.

2.

Pour la majorité des enfants, un arbre est une sentinelle, une initiation. Le moyen de prendre conscience du temps et de la succession des saisons ; de leur taille en fonction de son tronc noueux ; de leur force et de leur agilité lorsqu'ils escaladent ses branches. Avec le temps, il devient un refuge dans les parties de cache-cache, une tablette où l'on grave les réussites et les passions de la vie. Mais pour Mo Giancana, six ans, le chêne puissant qui se dressait derrière la maison de West Van Buren où vivait sa famille symbolisait autre chose.

Les yeux noirs d'Antonio Giancana foudroyaient le petit garçon tassé sur lui-même devant lui. L'enfant avait manifestement besoin d'être une nouvelle fois corrigé ; Antonio le battait quotidiennement, mais cela restait sans effet. Il était plus rebelle que jamais.

Comme la vieille jument qui tirait la charrette d'Antonio, chargée de fruits et de légumes, dans les rues de Little Italy*, à Chicago, le petit Mo aussi pouvait être brisé. La volonté d'un homme est plus forte que celle d'un gamin, affirmait Antonio à sa femme, et il avait décidé d'enseigner cette vérité fondamentale à son fils.

Sans ajouter un mot, il se saisit du petit garçon qui se débattait, l'emporta dans le crépuscule et l'enchaîna au grand

---

* Little Italy : « la petite Italie », surnom donné à l'un des quartiers de Chicago en raison du nombre important d'immigrants issus de la Péninsule.

chêne qui se dressait derrière leur maison délabrée. Puis il entreprit de tabasser son prisonnier immobilisé, avec une lanière de cuir servant à affûter les rasoirs, jusqu'au moment où Mo fut couvert de sang et, à genoux, le supplia d'arrêter. Puis Antonio rentra manger son dîner de pâtes et de légumes, laissant l'enfant en sanglots affronter seul la douleur et le crépuscule.

La lune était levée depuis longtemps quand Antonio libéra Mo et le traîna à l'intérieur. A partir de ce soir-là, le petit garçon maigre dormit par terre dans un coin de la cuisine et fréquenta assidûment le chêne.

Face à une telle brutalité, il y a des enfants dont la personnalité glisse dans l'oubli, où elle disparaît définitivement. Mais d'autres se replient sur eux-mêmes et découvrent une colère si intense, une rage si violente et puissante qu'elles ne s'apaisent jamais. Et, avec chaque nouvelle injustice, est attisée la flamme d'une volonté qu'il est impossible d'étouffer. Cette flamme brûlait en Mo Giancana avec la force d'un incendie.

Il fêtait son anniversaire le 15 juin, mais l'état civil montre qu'il naquit à Chicago le 24 mai 1908, d'Antonio et Antonia Giancana, à Little Italy, quartier que l'on appelait aussi le Patch*, et fut baptisé Momo « Jimmy » Salvatore Giancana. Antonio surnomma le petit garçon Mo et, à défaut d'autre chose, fut fier d'avoir un fils.

La famille Giancana était peu différente des autres familles italiennes qui s'entassaient entre Taylor Street et Mather Street. C'était un quartier, autrefois domaine exclusif des immigrants chinois, que bordaient les nombreux et très visibles bordels, en pleine expansion, d'un quartier appelé Levee, au bord de la rivière. Celles qui vivaient là venaient principalement d'Italie méridionale ou de Sicile ; Antonio et sa femme étaient nés dans le village sicilien de Castelvetrano.

Entre 1890 et 1910, la population italienne de Chicago atteignit quarante mille personnes, et ce nombre continua d'augmenter jusqu'au moment où les étrangers à la peau brune

---

* Un *patch* est une pièce d'étoffe que l'on utilise pour réparer les vêtements troués. C'est également une tache dont la nature ou l'apparence sont différentes de ce qui l'entoure. Le nom donné à ce quartier est donc clairement péjoratif.

colonisèrent des rues et des ghettos autrefois principalement occupés par les Irlandais et les Juifs. Les conflits et les préjugés ne tardèrent pas à apparaître. Pour un Italien... un rital, un *métèque,* comme les Irlandais appelaient ces Siciliens... franchir la frontière imaginaire qui séparait le Patch du quartier irlandais de Halsted Street entraînait automatiquement des représailles de la part des immigrants irlandais, robustes, rougeauds, qui y vivaient. Par conséquent, bagarres et batailles sanglantes éclataient presque quotidiennement dans les rues bordant le Patch.

Il n'y avait qu'un pas à franchir pour que ces immigrants effrayés considèrent les flics irlandais, qui n'étaient pas pressés d'intervenir dans ces escarmouches inter-ethniques, comme des ennemis. Ils n'avaient pratiquement rien apporté de leur pays, sinon leur culture, assortiment singulier de coutumes et habitudes bizarres, dont le cœur était une méfiance et une peur chroniques des gens au pouvoir ainsi que de leurs lois. En Sicile, leurs ancêtres avaient connu les souffrances imposées par un système remontant au féodalisme, où des bandes d'hommes armés parcouraient le pays, protégeant ou châtiant à leur guise. Du point de vue des immigrants italiens, la police de Chicago rappelait cette époque et ne servait qu'à les punir. Et, à défaut de la protection des autorités, les Italiens organisèrent entre eux leur entraide et leur sécurité, se cramponnant à leur héritage comme un naufragé à sa bouée.

Sans doute les montagnes et vallées de Sicile n'offraient-elles pratiquement qu'un sol rocheux, stérile, qui ne permettait guère d'espérer faire fortune dans l'agriculture, mais les usines de la révolution industrielle, qui vomissaient suie et fumée sur le Patch, attiraient moins encore Antonio et ses voisins. Même si les gros bonnets anglos* de l'industrie avaient accueilli favorablement la main-d'œuvre bon marché que représentaient les Italiens, ce qui n'était guère le cas, il demeurait peu probable que des hommes tels qu'Antonio Giancana eussent été

---

* Terme employé par les immigrants pauvres d'origine latine pour désigner les Américains d'origine britannique. Les Italiens étant aujourd'hui mieux intégrés, ce terme est désormais utilisé par les « latinos » (Portoricains, Mexicains, Cubains).

attirés par les enceintes ténébreuses et puantes de l'industrie lourde.

Accoutumés à gagner leur vie sous le soleil et à la merci des éléments, ils furent lents à abandonner leur culture ; beaucoup étaient marchands ambulants, dans le vieux pays, et, une fois installés dans le Patch, ils ne tardèrent pas à acheter des charrettes et à arpenter les rues sordides pour y vendre des produits traditionnels : pop-corn, fruits et légumes, glace au citron, épis de maïs grillés.

Pour le plaisir, Antonio Giancana et ses voisins se réunissaient, le soir, comme leurs ancêtres l'avaient fait pendant des siècles dans un village lointain et pourtant encore aimé, avec femmes et enfants pour jouer aux boules, rire, blaguer et boire du vin bon marché.

Avec l'arrivée d'immigrants toujours plus nombreux, le Patch devint un tumulte de parfums, bruits et couleurs. Un endroit où les ordures, les légumes et la viande avariés pourrissaient, couverts de mouches, sur les trottoirs en bois, où des meutes de chiens errants se disputaient les cadavres boursouflés des chevaux, où le crottin fumait et empestait pendant des jours dans les rues boueuses. Les épidémies progressaient rapidement. Rares étaient les enfants qui survivaient et plus rares encore ceux qui s'épanouissaient.

Les jeunes Giancana réussirent à survivre dans l'environnement rude du quartier, mais Antonio trouvait son fils bizarre et difficile, contrairement à Lena, la sœur aînée de Mo, frêle et effacée, qu'il adorait. Le père ne considérait pas l'indépendance têtue et la nature curieuse de Mo comme des qualités rédemptrices, mais plutôt comme les manifestations d'un caractère rebelle et calculateur.

Lorsque la mère de Mo, Antonia, mourut, comme de nombreuses femmes du Patch, d'une fausse couche, le 14 mars 1910, l'enfant n'avait pas encore deux ans. Précoce, il parut comprendre qu'il avait perdu son unique alliée et les étincelles d'enfance qu'il possédait peut-être encore furent rapidement enterrées avec elle ; Mo devint morne et silencieux.

Antonio, Italien traditionnel, se mit aussitôt en quête d'une nouvelle épouse susceptible de lui donner d'autres enfants et de s'occuper des deux qu'il avait déjà. Il n'espérait rien de plus et rien de moins que les autres hommes du Patch : une maison propre, des repas convenables sur la table et un enfant tous les deux ans. C'est ce qu'il attendait de Mary Leonardi quand il l'épousa.

Après l'installation de Mary chez les Giancana, Mo s'endormit dans le vacarme des violentes colères d'Antonio et des cris pitoyables que les coups arrachaient à sa belle-mère. Il ne sut jamais vraiment ce qui, chez les femmes, suscitait la fureur de son père.

Elle n'était pas belle. C'était une femme au visage grave, résignée à la vie qu'elle menait. Mary devint une épouse stoïque, consciencieuse, et mit sa première fille au monde, Antoinette, en 1912. Puis il y en eut une autre, Mary, en 1914, alors que Mooney, à six ans, entrait à l'école élémentaire Reese.

Antonio recourut régulièrement au chêne, au cours des quatre années qui suivirent, convaincu, dans son ignorance, que les chaînes et les coups qu'il donnait parviendraient finalement à mater ce fils indiscipliné.

L'héritage dont l'investit son père devint une prophétie. Alors qu'il avait dix ans et était en neuvième, en 1918, les instituteurs de Mo décidèrent que c'était un délinquant irrécupérable. On l'envoya pour six mois à l'institut de correction Saint-Charles où, selon Antonio, il comprendrait la leçon. Sinon, prévint-il, il se chargerait de la lui faire comprendre à son retour.

A la fin du printemps 1918, Mo revint effectivement. Mais pas chez son père, que la naissance de deux nouvelles filles, Josephine et Vicki, mettait dans une situation difficile. Ni entre les murs lugubres de l'école élémentaire.

Non, Mo dormit essentiellement dans les voitures abandonnées ou dans les ruelles où s'entassaient les ordures. Seul, il erra dans les rues, vêtu de haillons, vola de quoi manger aux marchands ambulants ou fouilla les poubelles à la recherche de déchets pourris. Ainsi il était inévitable, puisqu'il traîna dans les rues de Chicago en 1919 et 1920, que le petit Mo Giancana trouve finalement refuge au sein d'une bande.

C'était un groupe de voyous ritals cinglés, originaires du Patch, qui s'appelait les 42. A leurs débuts, leur chef était Joey

Colaro, un dur, beau parleur, qu'ils surnommaient Babe Ruth*. Colaro, avec Vito Pelleteiri, Mibs Gillichio, Pete Nicastro et Louis Pargoni, avait commencé en volant les vêtements étendus sur les fils à linge du Patch, les revendant ensuite aux carrefours. Lorsque la délinquance minable perdit de son intérêt, les jeunes gens se mirent à voler des voitures laissées sans surveillance, qu'ils démontaient pour récupérer les pièces ou vendaient carrément. Mais ils passèrent bientôt du vol aux attentats à la bombe et au meurtre, se forgeant la réputation d'être les ritals les plus cruels du coin.

Les historiens prétendirent plus tard que la bande décida de s'appeler les 42 le jour où le moins ignorant du groupe raconta l'histoire d'Ali Baba et des quarante voleurs. Et, alors que la bande n'a probablement jamais compté plus de vingt membres, il y en avait toujours qui se faisaient tuer ou que l'on envoyait en maison de correction, le nom de 42 lui resta.

Les habitants du Patch disaient que les membres de la bande étaient des marioles et parlaient d'eux avec un mélange bizarre de respect et de crainte. Ils admiraient sincèrement la bande parce qu'elle était capable de tromper les flics irlandais qui, selon eux, se mêlaient des affaires des Italiens. Comme les 42, les émigrants ne faisaient pas confiance aux autorités extérieures, et ne les respectaient pas. Sans doute les jeunes membres de la bande violaient-ils la loi américaine, sans doute allaient-ils jusqu'à recourir à la violence et au meurtre pour régler les différends, néanmoins, pour les habitants du quartier, ils rappelaient agréablement le type de loi et d'ordre dont ils avaient l'habitude au pays.

Les 42 étaient également connus hors du quartier, ce qui flattait leur orgueil, et faisaient les gros titres des journaux en semant la terreur dans les rues au volant de voitures au moteur gonflé. Ils devinrent également célèbres à cause de leur habileté à tourner sur les chapeaux de roue, technique de fuite dans laquelle le chauffeur négociait les virages aussi vite que possible sur deux roues.

---

* George Herman Ruth (1895-1948), surnommé Babe Ruth. Joueur de base-ball.

Mo, garçon sans foyer, affamé et ne sachant pas comment occuper autrement son temps, se joignit à cette galerie de personnages peu recommandables. Il décida rapidement de gagner autorité et respect parmi les autres membres de la bande et profita de toutes les occasions pour s'entraîner à prendre les virages sur deux roues, bricolant un parcours d'obstacles avec des bidons disposés dans une ruelle. Peu après, malgré sa petite taille et sa maigreur, Mo obtint une réputation méritée de meilleur chauffeur des 42.

Les compétences telles que celles de Mo étaient souvent utiles. De toute évidence, une fuite à faire dresser les cheveux sur la tête valait mieux que se « faire piquer ». Si cela se produisait, ils devaient trouver de quoi payer, ou « arranger le coup » avec les flics. Le chef de la bande, Joey Colaro, était considéré comme le roi des « arrangeurs de coup » et exigeait que tous les membres de la bande lui versent chaque mois dix dollars en prévision de ces contingences inévitables.

Mo ne mit pas longtemps à comprendre que les flics ne représentaient pas la main impartiale de la justice mais, plutôt, une main tendue vers le pot-de-vin. S'il existait un flic ou un juge qu'on ne pouvait acheter en y mettant le prix, ses amis et lui ne l'avaient pas rencontré.

Le tarif permettant de convaincre un juge ou un capitaine de la police de renoncer aux poursuites était de cinq cents dollars, nettement supérieur à ce qu'ils étaient en mesure de payer. Cela contraignait les jeunes gens à faire appel à leurs parents, qui avaient déjà tout juste assez pour survivre. Mais une famille italienne qui se respecte ne peut pas tourner complètement le dos à un fils dans l'embarras, même lorsque le crime est abominable, et de ce fait, lorsqu'ils se faisaient arrêter, les 42 se retrouvaient dans les rues en un rien de temps grâce aux dessous-de-table versés par des parents criblés de dettes.

Peut-être les gens ordinaires croyaient-ils que la police était dans le camp du bien, mais pas Mo et ses amis des 42 ; ils savaient à quoi s'en tenir. Seuls quelques billets distinguaient les flics des voleurs, c'était aussi simple que ça. Il n'y avait ni honneur ni vertu ; ces idéaux n'existaient que dans les contes de fées. La réalité, dans le Patch, imposait un code de survie différent et Mo, déjà durci par la vie à douze ans, fit de ce code le sien.

Ses amis étaient un assortiment délirant de gamins paumés et d'asociaux ne pouvant prendre exemple que sur des criminels endurcis, quelques prêtres célibataires ou des parents pauvres qui ne parlaient pas anglais et ignoraient pratiquement tout des lois et mœurs de l'Amérique.

Le choix n'était pas difficile, pour les membres des 42, car, comme disait Mo Giancana :

— On est pas une bande de poivrots à la con !

Ils imitèrent les gangsters les plus en vue, tels que le proxénète Big Jim Colosimo ou son neveu, Johnny Torrio, le jeune Al Capone et ses proches, ou le baron du sucre, chef de la Main Noire, Diamond Joe Esposito. Ces hommes-là avaient l'argent, le pouvoir et les femmes : des hommes devant qui même leurs parents sans éducation s'inclinaient respectueusement.

Dans cette optique, les membres des 42 devinrent de grossières caricatures de leurs héros, et cherchèrent même à les dépasser, imaginant des plans effrayants de cambriolages, d'agressions sexuelles et, quand ils l'estimaient nécessaire, de meurtres. Si les parents étaient au courant des curieuses activités de leurs fils, ils n'en laissaient rien paraître et continuaient stoïquement d'accomplir les tâches indispensables à leur survie.

Lorsqu'ils s'ennuyaient, Mo et le reste de la bande traînaient au Goldstein Delicatessen, au Mary's Restaurant ou dans la salle de billard du Bonfiglio. Pour se divertir, ils recouraient aux distractions et raffinements de tortures subtiles... Mo amusait ses amis en leur enseignant de nouvelles méthodes pour tuer à coups de gourdin les nombreux chats des ruelles du quartier.

Sur le plan sexuel, les membres de la bande étaient des spécialistes de la baise en groupe... des viols en groupe... ou bien organisaient des concours spectaculaires et publics de « branlage », compétitions masturbatoires visant à déterminer qui pouvait éjaculer le premier et le plus loin.

A treize ans, en 1921, Mo avait acquis la réputation d'être le plus cinglé, le plus « lunaire* » de tous, ce qui lui valut le surnom de Mooney. On racontait que l'adolescent aux yeux vides aurait fait n'importe quoi par défi, n'importe quoi pour une pièce, une bière ou une cigarette. Rien ne comptait, rien, sauf sa nouvelle famille.

Les gangs des rues étaient déjà une réalité, aux États-Unis, longtemps avant le début du siècle. Des frontières ethniques séparaient généralement les quartiers et, en réaction, des bandes de jeunes bagarreurs se constituaient pour les protéger.

Les premiers gangs de Chicago, les Mains Noires, dataient des années 1890, alors que les Italiens étaient rassemblés entre Oak Street et Taylor Street ainsi qu'autour de Grand Avenue et Wentworth Avenue. Ils avaient des noms d'inspiration romanesque tels que les Camoras, la Main Mystérieuse, la Main Secrète, mais les Mains Noires siciliennes étaient indiscutablement les plus féroces.

Il ne s'agissait ni de sociétés secrètes ni de sectes dont les rites auraient été jalousement gardés par les Italiens, mais plutôt d'un moyen vaguement organisé de susciter la terreur pour en tirer profit. Les traditions des Mains Noires furent importées de la Péninsule et leurs principales activités étaient l'enlèvement et l'extorsion de fonds. Les Mains Noires protégeaient leurs fidèles et châtiaient sévèrement ceux qui s'opposaient à elles.

Les immigrants innocents devinrent leurs proie préférée. Les autorités policières locales, payées par les riches parrains des Mains Noires — les « Dons » —, faisaient la sourde oreille lorsque les Italiens demandaient justice.

En 1900, à Chicago, apparurent plusieurs autres gangs d'appartenances ethniques diverses. Le gang irlandais de Market Street devint très puissant en 1902 et avait même une section de jeunes : les Petits Vauriens, avec à leur tête un jeune enfant de chœur plein d'avenir : Charles Dion O'Banion. Une

---

* *Moony* : rêveur, dans la lune. Mais, dans ce cas précis, il semble plutôt s'agir de *loony* (fou, toqué) que l'on a transformé en remplaçant le « l » initial par le « m » du prénom de Mo, la lune étant plus ou moins synonyme de folie (*lunatic* signifie fou en anglais).

autre bande de voyous irlandais, le gang de la Vallée, contrôlait le secteur de Maxwell Street et se spécialisa dans le cambriolage, le vol à l'arraché et, finalement, l'assassinat commandité.

Mais les gangs de Mains Noires les plus redoutables de Chicago gravitaient autour de deux Italiens : Diamond Joe Esposito et Big Jim Colosimo. Diamond Joe devint le *padrone,* le parrain, dès 1905, grâce aux tactiques familières de corruption qui lui permirent de se faire des relations dans le milieu politique et les syndicats. Big Jim choisit un moyen différent, prudemment éloigné des intérêts de son rival, et fit fortune grâce à la prostitution de grand standing, créant un réseau très étendu de bordels pleins de dorures et de velours rouge qui généra des millions de dollars et une influence considérable.

Les deux Italiens dirigeaient des cafés ; celui de Colosimo devint le rendez-vous des noceurs célèbres de l'époque tels qu'Enrico Caruso, George M. Cohan, Al Johnson et Sophie Tucker. Les chefs de gang pleins d'avenir se retrouvaient dans celui d'Esposito : le Bella Napoli.

Les gangs se développèrent également à New York au début des années 1900. Et, comme à Chicago, le plus important, le gang Morello, avait la Main Noire dans son héritage. D'autres gangs se formèrent rapidement à New York, notamment le gang de James Street et le gang de Five Points, ce dernier étant dirigé par Johnny Torrio, neveu de Big Jim Colosimo.

En 1909, Big Jim eut besoin de main-d'œuvre supplémentaire. L'extorsion de fonds pratiquée par des gangs ennemis, également rivaux de Diamond Joe Esposito, commençait à grignoter ses bénéfices. Colosimo demanda à Diamond Joe d'intervenir à sa place. Cette requête nécessitait de muscler l'organisation et amena Diamond Joe à faire appel au neveu de Colosimo.

Johnny Torrio était un malfrat ambitieux qui avait déjà prouvé à New York, avec le gang de Five Points, qu'il possédait l'autorité indispensable. Lorsqu'il fut installé à Chicago, il ne tarda pas à rendre les bordels de son oncle plus rentables que jamais.

En 1910, afin de contrôler ses territoires en expansion, Diamond Joe Esposito fit venir les six frères Genna de Sicile. Avec l'aide du bras droit d'Esposito, Joe Frusco, les Genna, entreprenants et impitoyables, embrassèrent les carrières de tueur à gages, racketteur et directeur de bordel.

Les bandes de quartier telles que les 42, plus petites et moins bien organisées, fournissaient les nouvelles recrues dont les chefs de gang tels qu'Esposito avaient grand besoin. Les affairistes de l'époque étudièrent également les tactiques des gangs, les considérant comme des moyens féconds de développer leurs honorables entreprises. Ainsi, il n'était pas rare que de jeunes membres de gangs soient chargés de protéger les intérêts d'une société tout à fait légale ou d'influencer des consommateurs potentiels.

En 1919, Johnny Torrio, qui avait besoin d'hommes de main supplémentaires, fit venir de New York Al Capone, membre du gang de Five Points, afin de l'intégrer à la direction de l'empire de Colosimo. Capone avait été témoin de la réussite, dans le trafic d'alcool clandestin, d'anciens membres du gang de Five Points tels que Lucky Luciano, Meyer Lansky et Bugsy Siegel ; Torrio espérait que, avec l'aide de Capone, il parviendrait à persuader Big Jim de renoncer à la prostitution pour le trafic d'alcool, beaucoup plus rémunérateur.

Leurs requêtes restèrent lettre morte ; Big Jim n'avait pas envie d'augmenter sa fortune et les deux hommes ne parvinrent pas à le convaincre de se lancer dans le trafic d'alcool. Furieux, Torrio ordonna l'exécution de son oncle et Colosimo fut abattu en mai 1920.

Pendant les années qui suivirent, les gangs de Chicago firent quelques tentatives pour travailler ensemble mais, comme il y avait des masses d'argent à gagner, l'avidité, la trahison et les haines ethniques finirent par l'emporter. Il s'ensuivit une guerre totale où chacun tenta d'étendre son territoire.

Le plus surprenant est que, pendant cette période agitée, Diamond Joe Esposito ne fut pas menacé et parvint à conserver son pouvoir sur la pègre. Comme il contrôlait la distribution du sucre de Cuba, licence qui, prétendait-il, lui avait été accordée à titre de faveur personnelle par le président Calvin Coolidge [*] en

---

[*] John Calvin Coolidge, 1872-1933, président des États-Unis de 1923 à 1929. Républicain.

1923, Esposito demeura dans une position relativement neutre. Comme le sucre était indispensable à la distillation de l'alcool, et que Cuba était le principal fournisseur des États-Unis, Esposito pouvait rester au-dessus des conflits quotidiens de la pègre. Non seulement il était en sécurité parce qu'il contrôlait un marché dont tout le monde avait besoin, mais il lui était également possible d'exercer son influence sur les activités des gangs et sur la vie politique dans tout le pays.

En 1923, alors que Mooney avait quinze ans et commençait à travailler pour Diamond Joe, convoyant du sucre et de la gnôle, de nombreux chefs de la Main Noire avaient disparu, dans tout le pays, emprisonnés ou abattus par des bandes adverses. Les hommes tels qu'Esposito constituaient une race nouvelle, les bombes, surnommées « ananas », étant leur principale tactique terroriste.

Esposito recourut aux services des frères Genna pour surveiller les distilleries clandestines du Patch. Les immigrants les appelaient « les affreux » et, sous la direction du *padrone*, ils fabriquèrent de la gnôle grâce aux centaines d'alambics qui chauffaient et bouillaient dans de nombreux foyers italiens. A la fois sanguinaires et très dévots, les Genna faisaient la tournée des maisons, un crucifix dans une poche et un revolver dans l'autre. Il y avait quatre flics de Maxwell Street qui n'étaient pas sur leurs tablettes. Le jour des pots-de-vin, plus de quatre cents agents visitaient la distillerie des frères Genna. Lorsque les Genna découvraient dans Little Italy un alambic qu'ils ne contrôlaient pas, ils envoyaient les flics le démolir, ce qui faisait systématiquement les gros titres des journaux.

Les affaires des frères Genna connurent une expansion fulgurante. Chaque semaine, dans Taylor Street, des bandes de jeunes voyous siciliens, dont Mooney faisait désormais partie, prenaient livraison de plus de mille litres du précieux liquide dans chaque foyer. A elles seules, les activités des Genna rapportaient plus d'un million de dollars par an à Esposito. En rétribution de leurs services, les Italiens du Patch étaient convenablement payés : quinze *cents* le litre de gnôle, en moyenne cent cinquante dollars par alambic.

31

C'était plus qu'ils n'auraient pu gagner en six mois de travail modeste, honnête, et presque tous étaient reconnaissants ; ceux qui ne l'étaient pas se taisaient.

Tous les Italiens de Chicago, sans exception, cédaient à Esposito ; s'il l'exigeait, il avait même leurs femmes. Appréciant particulièrement les jeunes épouses, Esposito était tenu informé de tous les mariages italiens prévus et exigeait de coucher avec les femmes les plus désirables, le soir de leurs noces, alors qu'elles n'avaient pas encore été touchées par leur mari. Nombreux étaient ceux qui avaient envie de le tuer, néanmoins les humiliations lascives d'Esposito ne lui furent jamais refusées pendant les vingt ans de son règne.

Fin 1924, Diamond Joe Esposito était indubitablement l'homme le plus puissant de Chicago, peut-être même d'Amérique du Nord. Tous les malfrats de l'époque lui étaient plus ou moins redevables. Des hommes tels qu'Al Capone, Johnny Torrio, Jake Guzik, Paul Ricca, Murray Humphreys, Frank Nitti, Jack McGurn et Tony Accardo avaient tous été amenés de New York grâce aux relations politiques d'Esposito, ou choisis dans les rues de Chicago à cause de leur courage ou de leur audace.

La Main Noire d'Esposito tenait des entreprises dépassant largement les limites du Patch de Chicago. Le *padrone* se vantait fréquemment de rencontrer Calvin Coolidge et de distribuer suffrages et faveurs à la demande du président.

Mais, malgré la férocité des conflits, les gangs et beaucoup de ceux qui travaillaient pour eux réussirent à amasser des fortunes considérables au milieu des années vingt. Les activités modestes, telles que celles des frères Genna, rapportaient plus de cent mille dollars* par mois tandis que les hommes du sommet, tels que Capone, gagnaient cinq millions par an.

Cette somme, malgré son importance, ne suffisait manifestement pas à Capone qui, selon ce que raconta plus tard Mooney, ne supportait plus que Johnny Torrio refuse de partager le

---

* Il faut multiplier environ par 10 un dollar de 1925 pour obtenir sa valeur actuelle. Un dollar au milieu des années 50 représente à peu près 5,5 dollars aujourd'hui.

gâteau. Quoi qu'il en soit, encouragé par Paul Ricca et Murray Humphreys, Al décida que son associé devait prendre sa retraite et, dans ce but, chargea deux des jeunes durs d'Esposito du travail, les préférant aux tueurs du gang qui risquaient de se montrer exagérément fidèles à Torrio. L'un d'entre eux était Mooney, adolescent de dix-sept ans, sans pitié, connu désormais dans le Patch pour sa compétence derrière un volant et son efficacité avec un revolver.

En janvier 1925, Mooney se fit accompagner de son sous-fifre et ami Léonard Gianola, dit la Teigne, exactement comme il l'avait fait de très nombreuses fois, afin de convaincre Torrio de céder la place. La presse eut la bonne idée de rendre le gang O'Banion, du Northside*, responsable de l'embuscade, mais Torrio n'en crut pas un mot. Il savait qui avait tiré les coups de feu qui faillirent l'éventrer et pour qui ses agresseurs travaillaient. Partiellement rétabli, Torrio prit les quarante millions de dollars accumulés pendant son règne bref mais profitable et quitta la ville.

Le travail de Mooney plut manifestement au clan de Capone parce que, cinq mois plus tard, en mai 1925, il fut à nouveau engagé dans une bande chargée de supprimer un autre obstacle à son ascension vers les sommets. Cette fois, il s'agissait de six hommes que Mooney connaissait bien : les frères Genna.

Le premier à disparaître fut Angelo. Coincé derrière le volant de sa voiture après une course-poursuite dans les rues de Chicago, il lui fut impossible de se dégager lorsque ses agresseurs s'arrêtèrent près de lui et l'abattirent à coups de fusil.

Croyant à tort, comme la police, que la mort d'Angelo était l'œuvre du gang de Northside, Mike Genna partit immédiatement se venger en compagnie de deux tueurs : Alberto Anselmi et John Scalise. Mais à l'insu de Genna, les deux hommes avaient fait acte d'allégeance à Capone. Alors que Scalise et Anselmi n'avaient pas encore assassiné Genna, conformément aux ordres de Capone, le trio échangea des coups de feu avec la

---

* Chicago se trouve au bord du lac Michigan. Les bras de la Chicago River, qui se jette dans le lac, divisent la ville en trois parties : Northside au nord, Southside au sud et Westside à l'ouest. West Van Buren et Taylor Street sont à Southside.

police et Mike Genna, grièvement blessé, fut capturé. Anselmi et Scalise prirent la fuite. Genna fut hospitalisé et mourut quelques heures plus tard. « Tony le Gentleman » était alors la dernière barrière dressée devant Capone. Craignant pour sa vie, Tony Genna décida de se cacher et prit rendez-vous avec un des rares hommes à qui il croyait pouvoir faire confiance : Giuseppe Nerone. Lorsque Genna et Nerone se rencontrèrent, plus tard, dans une impasse, Mooney et la Teigne jaillirent de l'ombre et truffèrent Genna de plomb.

Peu après la mort de Tony, les trois Genna restants s'enfuirent avec leur vie, mais pratiquement rien d'autre. De nombreuses années plus tard, après avoir promis qu'ils resteraient en dehors des activités de l'Organisation, les Genna revinrent à Chicago où ils dirigèrent une petite affaire tout à fait légale de vente de fromage et d'huile d'olive.

Débarrassé de Torrio et des Genna, Capone consacra son temps à l'élimination systématique de ses rivaux restants et consolida progressivement son autorité sur les bandes plus modestes.

La fréquentation des grands chefs de gang éleva presque Mooney au rang d'idole parmi les membres des 42. Il adorait cela, plastronnait dans Taylor ou Maxwell Street dans un costume de luxe, un revolver dans une poche et une fille facile au bras. Malheureusement, ni ses relations au sein de la pègre ni ses copains des 42 ne purent le sortir de la panade quand les flics lui mirent le grappin dessus, en septembre 1925. A dix-sept ans, il fut arrêté et emprisonné pour la première fois, pour vol de voiture, et condamné à trente jours dans la prison d'État de Joliet*.

Ce fut un tournant pour Mooney. Seul dans sa cellule, il eut tout le temps de réfléchir au chemin qu'il avait parcouru depuis l'époque où, enfant à West Van Buren, on l'enchaînait sous un arbre avant de le tabasser.

Il avait appris à compter sur son intelligence et sa ruse pour se

---

* Prison située à une soixantaine de kilomètres au sud-ouest de Chicago. D'après le nom du Français qui aurait visité le premier la région, en 1673 : Louis Joliet.

faire une place au soleil et, jusqu'ici, cela lui avait réussi. Il connaissait le pouvoir de la balle et de la batte de base-ball. Et il savait qu'il était différent, différent des autres voyous métèques, différent des détenus de son bloc. Ces hommes étaient victimes de leur stupidité et empêtrés dans des émotions telles que l'amour et la souffrance ; il s'était depuis longtemps débarrassé de ces entraves. Lorsqu'il constata qu'il était capable de tuer, de faire tout ce qu'il fallait pour atteindre son but sans succomber sous le poids des questions morales qui tourmentaient sans doute les autres, ses yeux s'ouvrirent. Il compta les jours qui le séparaient de sa sortie de prison. Il retournerait à Taylor Street et affronterait le seul homme qui l'eût humilié : son père.

Antonio avait vu Mooney épisodiquement, l'avait surpris, lorsqu'il était plus jeune, se glissant dans la maison au milieu de la nuit pour voler du pain ou, s'il faisait froid dehors, pour dormir, et, chaque fois, il le battait puis le chassait à coups de pied. Plus tard, il avait tenté d'effacer complètement Mo de ses pensées ; il savait ce que son fils avait fait, dans les rues du Patch, avec des malfrats tels que les Genna, Esposito et Capone, et il ne voulait pas en entendre parler. Ses affaires commençaient à prospérer ; il avait un associé et une petite boutique où il vendait de la glace au citron ainsi que les inévitables fruits et légumes. Sa femme, Mary, ne l'avait pas déçu et il avait à présent une nouvelle couvée d'enfants. Deux garçons, Joseph (Pepe) et Charles (Chuck), avaient été ajoutés à la famille, qui comptait désormais sept enfants : quatre filles, deux garçons, plus Lena. Les rêves qu'il faisait avant de gagner le Nouveau Monde commençaient à se réaliser. Puis son fils réapparut dans sa vie.

Antonio fut étonné et furieux lorsqu'il vit Mooney, un soir, entrer carrément dans l'appartement. La famille dormait et il était seul à table, sirotant un verre de vin, quand la porte s'ouvrit.

— Tu sais que t'as pas intérêt à venir ici, cria-t-il, en italien, à l'adolescent maigre, aux yeux fixes, qui, immobile sur le seuil, le regardait.

Mooney ne répondit pas, mais entra dans la lumière.

— Qu'est-ce que tu veux, bordel ? demanda Antonio. Tu fais encore un pas et je te démolis, menaça-t-il, brandissant le poing.

La façon dont l'adolescent se contentait de le fixer avait un côté agaçant, comme s'il regardait à travers lui.

— Barre-toi ! hurla-t-il encore.

Mooney eut un pâle sourire et, sans un mot, approcha.

— Bon, alors, qu'est-ce que tu veux ? Hein ? Dis-le et puis fous le camp.

Mooney avança encore d'un pas et, sans hausser le ton, dit d'une voix neutre :

— Ce que je veux, c'est ce que tu m'as pris.

Une expression stupéfaite passa sur le visage d'Antonio, rapidement remplacée par la fureur. Il se leva et alla s'immobiliser devant l'adolescent, à présent plus grand que lui, avant de répondre :

— Et qu'est-ce que c'est ? J'ai rien à toi. T'as pas ta place ici.

Mooney approcha le visage de celui de son père et le regarda droit dans les yeux. Finalement, l'adolescent se mit à rire, un ricanement bizarre, strident.

— C'est fini, vieillard, dit-il d'une voix douce, pivotant sur lui-même puis traversant la pièce.

Détendu, comme s'il avait toujours vécu là, il s'appuya contre l'évier et alluma une cigarette. Dans la lueur de la flamme orangée du soufre, il leva la tête et reprit :

— Tu fais plus le poids, vieillard. Tu ne peux plus me tabasser. C'est fini.

Il souffla la flamme de son allumette.

Ces mots laissèrent un instant Antonio sans voix.

— Quoi... espèce de... de petite ordure ! hurla-t-il finalement. Sale fils de pute minable... peut-être bien que les vieilles ont peur de toi, mais ça marche pas ici. Pas avec moi. Maintenant fous le camp sinon je te vide à grands coups de pompe dans le cul.

Mooney tira longuement sur sa cigarette et souffla la fumée avant de répondre d'une voix à peine audible :

— Non, dit-il.

Puis il jeta la cigarette dans l'évier. Elle chuinta dans le silence.

— Mais je vais le tuer ! hurla Antonio, se jetant sur lui.

Il n'était pas de taille à affronter son fils ; d'un geste rapide, Mooney plaqua Antonio contre le mur puis plongea la main dans l'évier et en sortit un grand couteau à découper.

Posant le fil glacé de l'acier sur la gorge d'Antonio, il souffla :

— Écoute, et écoute bien. Si tu as le malheur de me toucher encore, même une fois, je te saigne comme un cochon. Tu m'entends, vieillard ? Je te bute. A partir de maintenant, tu feras ce que je dis. *Capisce ?* Je viens ici quand je veux et je m'en vais quand je veux. A partir de maintenant, ça sera différent... tu vas faire ce que *je* dis. Et oublie jamais que je t'ai laissé vivre, ce soir. J'aurais pu t'égorger, mais je l'ai pas fait. Oublie pas. Parce que si tu oublies... je te promets que je te buterai.

Il desserra son étreinte.

— Tu tuerais ton propre père ?

Mooney rit et jeta le couteau dans l'évier, où il tomba avec bruit.

— Me cherche pas, jeta-t-il par-dessus son épaule avant de sortir.

Personne, dans la famille, ne savait ce qui était arrivé à Antonio, mais quand Mooney vint chez les Giancana, le dimanche, ce fut avec un air d'autorité tout neuf ; Antonio parut l'accueillir à bras ouverts. Il ne protesta même pas quand Mooney eut le front de prendre la place de son père au bout de la table. Ce fut comme si Mooney rentrait pour de bon.

A partir de ce jour, s'il en avait envie, il passait faire la sieste, manger, ou simplement corriger les mômes ; il usurpa rapidement le rôle de père et de garant de la discipline domestique, qu'Antonio avait tenu jusqu'ici. Mais, pour l'essentiel, les coups d'éclat et les cambriolages des 42 l'occupaient jour et nuit ; son bref séjour à Joliet n'avait guère entamé son goût pour l'excès.

Contrairement aux hommes de Capone, plus âgés, à qui Mooney devait faire bonne impression, les marioles des 42 étaient ses amis et, avec eux, il pouvait se laisser aller. Quand il ne convoyait pas du sucre et de la gnôle pour Esposito, ou ne brisait pas les jambes de quelque syndicaliste ou politicien pour Capone, sous l'autorité de Murray Humphreys, il traînait dans la salle de billard du Bonfiglio avec les autres 42.

Sous de nombreux aspects, 1925 fut une bonne année pour Mooney, mais s'avéra très mauvaise pour les autres membres de sa bande. Les journaux entreprirent fiévreusement de se jeter sur le moindre incident auquel était mêlé le gang des 42 pour en faire de gros titres. Même ceux qui n'appartenaient pas à la bande bénéficièrent de cette publicité s'ils étaient jeunes, italiens et habitaient le Patch. Lorsque Carl Torsiello se battit avec une brute du quartier et passa la nuit en prison, cela devint « Règlement de compte au sein des 42 avec incarcération pour crime », dans les reportages à sensation de la presse.

En réaction à l'indignation populaire, la police fit monter la pression. Tout d'abord, il y eut des descentes dans les entrepôts du gang des 42, bourrés de marchandise volée ; puis, en mars, une poursuite en voiture, Pete Nicastro ayant été pris en chasse par des véhicules de police, sirènes hurlantes, avec échanges de coups de feu. Deux jours plus tard, après l'arrestation et la mise en détention de Nicastro, dix-sept membres de la bande se firent coffrer pour tentative de cambriolage.

Mooney sortit de tout cela indemne, même si les détectives l'interrogèrent presque quotidiennement dans les locaux de la police. La vie de famille des Giancana fut radicalement transformée par la présence de Mooney ; des types tels que Tumpa Russo et Léonard Caifano, surnommé Gros Léonard, commencèrent à leur rendre visite autour d'un plat de spaghetti. Les enfants vivaient presque continuellement sur la corde raide, prisonniers du nouveau rôle de chef de famille que Mooney avait endossé, de ses sautes d'humeur et de ses colères cycliques. Et, chaque fois que les informations annonçaient un cambriolage ou une fusillade, ils attendaient que l'on vienne frapper à leur porte.

Pour Mooney, les affaires continuaient comme d'habitude. Il y avait les transports pour Esposito, ses activités de chauffeur de McGurn, les boîtes de nuit où il montrait ses costumes de luxe, dépensait sans compter et faisait de l'œil aux belles blondes bien disposées. Et, naturellement, il y avait les casses des 42.

Un soir de 1926, à la mi-septembre, deux gars des 42, Diego Ricco et Joe Pape, ainsi que lui s'ennuyaient ferme dans un club quand ils eurent soudain l'idée de braquer un magasin de Levee, le quartier malfamé des bordels. Mooney faisait ce genre de coup plus pour le plaisir que pour ce qu'il rapportait. Dans presque tous les casses, il se contentait de conduire et de faire le guet ; ce soir-là, il sauta sur l'occasion de prouver sa science de la fuite, prenant les virages sur deux roues et brûlant de la gomme.

Le braquage échoua lamentablement. Tout se passa bien, raconta plus tard Mooney, jusqu'au moment où ce cinglé de commerçant, un nommé Girard, décida de jouer les héros et sortit une arme. A ce moment-là, « c'est devenu l'enfer » et des coups de feu furent échangés ; des dizaines de personnes se précipitèrent vers le magasin, Pape et Girard furent blessés. Le trio parvint à prendre la fuite mais, le lendemain matin, les détectives frappèrent à la porte des Giancana, mandat d'arrêt à la main, grâce à un témoin : Alex Burba. Girard, le commerçant téméraire, était mort et Mooney, Pape ainsi que Ricco furent incarcérés. La caution * fut fixée à vingt-cinq mille dollars sur la base d'une inculpation d'attaque à main armée et de meurtre.

Antonio reçut une enveloppe pleine de billets, de la part de Diamond Joe Esposito, et, une fois de plus, l'argent à la main, se rendit au siège de la police afin de faire libérer Mooney. Le procès fut fixé au mois d'avril de l'année suivante.

En liberté sous caution à la maison, les effets de la tension devinrent sensibles. Mooney se montra plus agressif avec les enfants, ainsi que vis-à-vis d'Antonio. Il ignorait pratiquement Mary, sa belle-mère, mais les cabrioles de Chuck, qui avait quatre ans, semblaient l'amuser.

Le culot et l'audace du gamin, ses acrobaties intrépides sur les trottoirs et aux carrefours impressionnaient Mooney, comme d'ailleurs tout le quartier. Il ne se passait pas une journée sans que l'on voie Chuck dangereusement suspendu aux fils électriques, sauter des perrons et des toits, ou courir sur la chaussée, jouant à esquiver le flot ininterrompu de charrettes et de voitures... comportement qui rendait la mère de Chuck pratiquement folle parce qu'elle ne cessait de guetter les automobiles rapides et les voitures gonflées de la pègre.

En octobre, l'inconscience de Chuck provoqua la tragédie.

---

* L'*habeas corpus* exige une décision de justice pour placer un individu en détention. Comme l'organisation d'un procès prend du temps, et qu'il n'est théoriquement pas possible d'emprisonner le prévenu tant que la sentence n'a pas été prononcée, il n'est pas rare que le juge, au terme d'une audience publique, remette le prévenu en liberté. Dans ce cas, il exige en échange une caution censée garantir que le prévenu se présentera au procès. Cette caution fait souvent l'objet de négociations entre l'accusation et la défense.

L'enfant jouait dans la rue quand une automobile fonça sur lui. Toujours vigilante, Mary, qui se trouvait sur le perron, se précipita au secours de son fils. Sans ce qu'elle fit ensuite, il aurait très certainement été tué. Dans un de ces rares instants où se révèle la nature de chacun, Mary Giancana se jeta sur la trajectoire de la voiture et, de toutes ses forces, lança son fils de l'autre côté de la rue. Elle mourut presque sur le coup, traînée sur plus de deux cents mètres par le véhicule lancé à toute vitesse. Trois jours plus tard, elle fut enterrée. Pour Chuck, la culpabilité remplaça sa mère.

Mooney ignorait que dormaient toujours en lui les nombreux souvenirs qui lui revinrent en mémoire lors des funérailles de Mary : les yeux de sa propre mère, sa voix douce et rassurante, le vide qu'elle avait autrefois laissé en lui. Ces sentiments ranimèrent en lui une émotion morte depuis longtemps, qui ne lui était plus familière depuis qu'il faisait partie des 42. Plus que jamais, il se sentit proche de Chuck, cet enfant de quatre ans, debout à son côté. Mooney serra la main du petit garçon plus fort dans la sienne. Ils étaient semblables ; ils partageaient cette absence. Ce qui, dans sa vie, avait suivi la mort de sa mère, toute cette brutalité et toute cette souffrance, Mooney ne permettrait jamais que ce petit garçon les connaisse. Personne ne l'avait protégé, lui Mooney, après la mort de sa mère. Mais il pouvait veiller à ce que cela n'arrive pas à cet enfant. Il le protégerait contre la folie, le pousserait dans une direction différente de celle qu'il avait choisie. Chuck, en grandissant, ne deviendrait pas un immigrant ordinaire, plus maintenant, pas avec lui à ses côtés.

En décembre eut lieu le procès d'un autre cambriolage manqué, celui d'un magasin de vêtements. Mooney et un de ses complices, Dominic Caruso, furent acquittés faute de preuve mais le troisième homme, Joey Sypher, fut condamné à une peine de un à dix ans*. Néanmoins, Mooney resta sombre ; il devait encore compter avec le procès pour meurtre, en avril.

---

* Sypher est condamné au maximum (dix ans), le premier terme de la sentence (un an) définit la période minimum au terme de laquelle il pourra éventuellement bénéficier de la liberté conditionnelle.

L'éventualité de la prison et de la chaise électrique le hantait, le soir, lorsqu'il s'endormait sur le canapé, et le saluait au lever du jour. Il n'était pas question qu'elle se réalise.

Au début du printemps 1927, à l'approche du procès, Mooney lança une campagne d'intimidation contre le seul témoin pouvant déposer contre eux : Alex Burba. Tout d'abord, Ricco et lui entreprirent de lui téléphoner, murmurant des menaces sinistres d'une voix rauque. En vain. Après cet échec, ils redoublèrent d'efforts, allant rendre « une petite visite » à Burba dans sa boutique de sodas. Mais l'homme demeura ferme. Il ne restait que quelques jours avant le procès quand Mooney décida de recourir à la corruption. Il proposa deux mille dollars à Burba pour qu'il la ferme. Il refusa encore de céder. Du point de vue de Mooney, il ne leur restait plus, dans ces conditions, qu'à « buter ce connard ». Et, le soir du 20 avril, sur les instructions de Mooney, Diego Ricco retourna à la boutique de Burba et lui logea deux pruneaux dans le corps, le premier à l'épaule et le deuxième, mortel, dans la nuque. Personne ne les montra du doigt après la mort de Burba et, dix jours plus tard, l'affaire Girard fut classée faute de preuve. Mooney reprit courage.

Les choses retrouvèrent leur cours normal et il se remit à conduire vite et à traîner avec les gars au Bonfiglio. Dans la salle de billard enfumée, tandis que les 42 contestaient la façon dont Joey Colaro les dirigeait, ses règles contre les femmes et les armes, sa domination pesante, Mooney avait ses idées. Respecter ces règles ne le concernait plus ; il y avait d'autres hommes, plus importants, à atteindre, et il estimait qu'il y était presque arrivé. Conduire McGurn lui avait permis d'entrer dans la bande de Capone et faire bonne impression était désormais tout ce qui comptait. Lorsqu'il serait complètement accepté par ces types, il amènerait sa bande : le Gros Léonard Caifano, Gianola la Teigne, Fiore Buccieri, surnommé Fifi, Willie Daddano, surnommé Patate, Sam DeStefano, que l'on appelait Chien Fou, Phil Alderisio, surnommé Milwaukee, Chuckie Nicoletti, ainsi que les frères English, Chuck et Butch.

Jetant un regard circulaire dans la pièce, Mooney vit ce qui deviendrait l'avenir de la pègre, sa « relève ». Il vit également un empire.

Tandis que les gens commentaient encore le vol transatlantique de Lindbergh, en mai, Mooney se consacrait à l'élimination des obstacles le séparant encore du vrai pouvoir. Le destin, avec l'aide d'un coup de téléphone anonyme donné par Mooney à la police, voulut que cet obstacle, à savoir Joey Colaro, soit abattu en novembre. La presse présenta l'événement comme « la fin des 42 ». Mooney sut que c'était l'occasion de sa vie.

Son deuxième grand coup de chance se produisit lorsqu'il reçut un appel de la bande de Capone, en mars 1928. Nombreux sont ceux qui auraient refusé ce qu'on lui demanda, qui n'auraient pas voulu prendre part à la trahison. Mooney, lui, accepta immédiatement, avec enthousiasme.

Dans la cabine téléphonique, ayant relevé le col de son manteau, il fixait sans les voir, à travers les vitres crasseuses, les clients qui allaient et venaient entre les rayons du drugstore Chesrow. Puis il leur tourna le dos et composa le numéro, regardant une dernière fois par-dessus son épaule avant de poser un mouchoir blanc, amidonné, sur le combiné. Sa voix étouffée se répercuta contre les parois en bois de la cabine lorsqu'il parla, les mots jaillissant dans un grondement rauque.

— Casse-toi ou tu te feras buter, dit-il à son correspondant, l'homme qui lui avait permis d'échapper aux gangs minables, aux délits minables, et lui avait évité de mourir de faim dans les rues. Puis il eut un sourire cruel et raccrocha.

3.

Dans la haie en bourgeon, un passereau solitaire lança les dernières notes de sa chanson du soir. Tout près, une longue décapotable noire longeait le trottoir, dissimulée par le crépuscule. Elle avançait presque imperceptiblement. Au volant un jeune homme, cheveux noirs plaqués sur la tête et cigarette aux lèvres, sourit tandis que ses passagers hochaient la tête à l'approche de leur victime.

Diamond Joe Esposito ne se doutait de rien et alla à la mort avec arrogance, suivant le trottoir d'une démarche assurée en direction de ses assassins ; ses bajoues tressautaient et il mâchonnait un gros cigare allumé. Ses gardes du corps, les frères Varchetti, apparemment nerveux, jetaient des coups d'œil à droite et à gauche.

Alors qu'il s'approchait, le chauffeur passa une vitesse et la voiture accéléra bruyamment.

Diamond Joe cria « Oh, Seigneur », en voyant arriver les tueurs et, au lieu de protéger leur patron les Varchetti se jetèrent au sol.

La rafale de mitraillette atteignit d'abord le *padrone* à la poitrine, le clouant sur place, et ses yeux exprimèrent la peur lorsqu'il fixa le jeune chauffeur pendant une brève seconde et le reconnut avant de basculer en avant, succombant sous l'effet des balles qui le transperçaient, arrachant de grands lambeaux de chair. Une nouvelle rafale hacha ce qui restait. Saisis de convulsions dans une mare de sang, ses bras et ses jambes s'agitèrent spasmodiquement.

Le chauffeur resta assez longtemps pour voir la femme d'Esposito, Carmello, sortir précipitamment de la maison.

— Oh, mon Dieu, est-ce que c'est toi, Giuseppe ? Je les tuerai pour ça, je les tuerai ! hurla-t-elle, puis elle se jeta sur le corps mutilé de son mari.

La voiture partit à toute vitesse, faisant une embardée au loin puis, dans un grincement victorieux de freins, tourna au carrefour et disparut.

Avant son assassinat en mars 1928, à cinquante-six ans, Esposito avait été le mentor de Mooney et d'innombrables gamins qui croupissaient dans les rues, ainsi que le bienfaiteur de nombreuses familles italiennes en difficulté. Chaque année, il distribuait cinq cents dindes pour Thanksgiving*, était le Père Noël des enfants du Patch et aidait les associations de bienfaisance italiennes.

Malgré ces activités philanthropiques, Antonio Giancana, comme la majorité de ses amis immigrants, estima : « C'est un service que ses ennemis ont rendu à notre quartier, un service de nous débarrasser de tyrans sanguinaires comme Diamond Joe. »

Mais, dans le Patch, il y avait toujours de nouveaux tyrans pour remplacer les anciens, de nouvelles règles à respecter et des leçons à retenir. Se construire une existence dans l'énorme quartier italien était difficile dans le meilleur des cas. Le seul chemin pouvant apparemment conduire à un avenir meilleur, le seul espoir d'échapper à la pauvreté, était une existence consacrée au crime... et même dans ce cas, les plus ambitieux, tels que Mooney, reconnaissaient que le pouvoir n'était pas donné ; il fallait aller le chercher.

S'étant débarrassé d'Esposito, Capone lorgna sur les activités illicites dans tout le Midwest** ; il entreprit de consolider l'ensemble hétéroclite que formaient à Chicago les bandes du Southside et échafauda des plans en vue d'éliminer ses concurrents du Northside. Paul Ricca et lui continuèrent de cultiver les amitiés politiques d'Esposito, dans l'espoir d'étendre encore l'influence du gang.

---

* Quatrième jeudi de novembre. Fête instituée par les *Pilgrims* (premiers immigrants) afin de remercier Dieu d'avoir survécu au voyage.
** Ou Middlewest, région délimitée par l'Ohio à l'est, les Rocheuses à l'ouest et les frontières méridionales du Kansas et du Missouri au sud.

Considéré davantage comme un serviteur de la communauté que comme un criminel, Capone donna à la population de Chicago ce qu'elle voulait : la gnôle, le sexe et le jeu, si bien que sa popularité grimpa en flèche.

Le renforcement du pouvoir de Capone signifia davantage de pouvoir pour ses fidèles alliés. Et Mooney tira rapidement profit de la domination qu'il exerçait sur le Patch.

Il trouva bientôt sa place parmi les gangsters plus âgés, combinant ses activités de chauffeur de McGurn avec celles d'exécuteur. C'était de l'argent facile et il faisait ça très bien. Son ascension lui apporta l'admiration si ardemment désirée de ses vieux potes des 42. Des types comme Willie Patate, Fifi Bucchieri, Chien Fou, Teets Battaglia, Milwaukee et le Gros Léonard le suivaient comme des petits chiens.

Mais sa réussite apporta son cortège de jalousie et de rivalité ; les autres bandes acceptaient mal les liens de Mooney avec les gros bonnets de la pègre et cherchaient tous les moyens possibles d'usurper son trône de roi des voyous. Sa couronne était précaire et seule la ruse lui permit de survivre aux tentatives continuelles visant à renverser son autorité. Une de ces tentatives transforma l'existence de la famille Giancana.

Il était tard, sans doute plus de minuit, une nuit froide de septembre 1928, et Chuck avait attendu d'être sûr que tout le monde dormait pour se redresser sur la toile rêche de sacs de farine dans laquelle ses sœurs faisaient consciencieusement des taies d'oreiller. Il croisa ses maigres bras derrière sa tête et regarda par les vitres fêlées de la fenêtre. Il n'aurait pas su dire si on voyait la lune, ni même des étoiles, mais les garçons ne s'intéressaient de toute façon pas à ce genre de choses. Chuck croyait qu'elles étaient bonnes pour les filles et les pédés.

Il préférait plonger dans son univers secret et chérissait ces moments nocturnes, bien qu'ils ne fussent pas vraiment solitaires, puisque son frère, Pepe, et trois cousins partageaient son lit. Comme son père avait épousé sa belle-sœur, alors veuve, Catherine, dans le courant de l'année, la petite maison des Giancana était surpeuplée. Sa belle-mère au visage grave avait sept enfants : trois garçons, Vito, Chuckie et Joey, ainsi que quatre filles : Pearl, Victoria, Rose et Gracie.

Soudain, une formidable explosion secoua le Patch. Les vitres tremblèrent avec un bruit de cailloux dans une boîte de conserve. Il se redressa brusquement. Il eut l'impression que la pièce tout entière allait s'effondrer sur lui et, terrifié, se leva d'un bond, sentant le plancher froid frémir sous ses pieds nus.

Dans la rue, quelqu'un hurla. Saisissant son pantalon, il se précipita vers la fenêtre et l'ouvrit. Le parfum âcre de la fumée emplit ses narines. Il ne vit qu'une lueur rouge ; elle colorait l'horizon et éclairait les silhouettes sombres de gens qui couraient dans toutes les directions. Des centaines de fenêtres s'éclairèrent dans de nombreuses maisons.

Ce n'est pas l'explosion d'un ananas ordinaire, non m'sieur, se dit-il avec enthousiasme, se glissant par l'ouverture et prenant pied sur les planches branlantes du balcon qui gémirent sous son poids. Posant une main contre le mur pour garder son équilibre, il enfila son pantalon. Il voulait absolument savoir qui avait lancé une bombe aussi incroyable et appela son frère ainsi que ses cousins ; ils demeurèrent figés sur le lit.

— Femmelettes, marmonna-t-il.

Les habitants du Patch étaient depuis longtemps accoutumés aux bombes, fusillades et incendies nocturnes, mais rien, dans la brève existence de Chuck, n'égalait la violence de cette explosion. Il entendit tambouriner à leur porte qui, ensuite, claqua. Quelques instants plus tard, il vit son père, en pyjama, courir vers l'incendie en compagnie de son associé dans le magasin de légumes et de glace au citron : Gremilda.

Chuck n'avait pas eu le temps de descendre discrètement du balcon, afin de les suivre, quand sa sœur, Antoinette, fit irruption dans la chambre. Elle s'immobilisa sur le seuil, le cherchant des yeux et tapant du bout du pied par terre. De ses quatre sœurs, Antoinette était la plus gaie et la plus forte. Après la mort de leur mère, elle s'était chargée d'élever ses cinq frères et sœurs plus jeunes avec un courage et une volonté rares chez une adolescente de seize ans, mais que les Italiens du Vieux Pays, de même que Mooney et son père, considéraient comme naturels. Les vieilles habitudes ont la vie dure et Antoinette s'accrochait à son rôle de protectrice alors même que les enfants avaient désormais une autre mère.

Les frères et les cousins de Chuck rirent lorsqu'il regagna le lit à contrecœur. Antoinette ne ferma la porte que lorsqu'il se fut endormi, ayant tiré les draps rêches jusque sous son menton.

L'incident amena Chuck à comprendre, autant que possible compte tenu de son jeune âge, ce que signifiait la violence, dans le Patch, du point de vue de ses victimes : à cause de la bombe qui explosa dans le magasin de son père, la mince fortune des Giancana disparut en une seconde.

Moins de deux semaines plus tard, le 17 septembre, des jeunes voyous appartenant à une bande rivale des 42 tirèrent sur Antonio et Gremilda, qui furent ensuite sévèrement tabassés. Puis, à l'aide d'une deuxième bombe, on détruisit le peu qui restait du magasin. Les deux hommes s'estimèrent heureux de s'en tirer vivants.

Les gamins de la rue dirent à Chuck que tout le monde croyait que son père et son associé étaient victimes de types qui en voulaient à Mooney. Et que ces mêmes malfrats avaient assassiné un ami de Mooney, un mariole que tout le monde appelait Dibbits, après que Mooney eut abattu un des membres de leur bande à coups de fusil. Personne ne croyait que la police tenterait d'enrayer cette nouvelle vague de violence ; elle était trop occupée à maltraiter et secouer les 42 restants pour s'occuper des vrais problèmes.

Après l'attentat à la bombe, l'ambiance devint étrangement tendue, dans le Patch. Les vieilles femmes avec leurs paniers pleins de pains et de salami baissaient la tête et s'empressaient de traverser la rue quand des voyous sous l'autorité de Mooney, les frères Battaglia, les DeStefano et Patsy Tardi, qui était cinglé, se risquaient audacieusement parmi les étalages de fruits et de légumes pour passer le mot : Mooney Giancana déclarait la guerre.

De toute évidence, lorsqu'il aurait épinglé les responsables de cette dernière injure, Mooney ferait ce qu'il voudrait dans le Patch. Chuck entendit un garçon dire :

— Le type qui a fait sauter la boutique de son père, Mooney va l'arranger à sa façon.

Et c'était vrai. Chuck lui-même, qui n'était pourtant qu'un enfant, savait que Mooney ferait justice à sa façon, que ce n'était qu'une question de temps.

A l'insu de Chuck, les habitants du Patch avaient des rêves

personnels. Mais, comme lui, ils gardaient leurs rêves pour eux, n'osaient pas les exprimer de peur de trop espérer... et d'échouer. Son père rêvait de faire prospérer sa boutique de glace au citron. Antonio restait éveillé, la nuit, échafaudant des projets et se faisant du souci. Il se demandait où il se procurerait le citron nécessaire, s'il aurait assez de glace pilée pour alimenter son entreprise en expansion, et cela lui faisait plaisir. A présent, ce rêve avait volé en éclats et gisait sous un tas de gravats, comme tout le reste. Et Antonio ne pouvait dormir, se demandant où il trouverait de quoi nourrir ses enfants.

Personne, dans la famille, ne se souvenait d'avoir vu Antonio s'opposer à Mooney ; mais, à ce moment-là, il ne cacha pas qu'il rendait son fils responsable de son malheur. Ils se chamaillèrent et se disputèrent, s'injurièrent comme deux poissonnières siciliennes. Lorsque Mooney était à la maison, ce qui était brusquement devenu rare, il faisait la tête et arpentait les pièces, fracassant les assiettes contre les murs et, plus d'une fois, leur donnant des coups de poing.

Il n'était pas exceptionnel que Mooney soit de mauvaise humeur. Mais on n'avait jamais vu Antonio aussi expansif. A vingt ans, Mooney avait déjà assassiné tant de gens qu'Antonio ne tentait même pas d'en imaginer le nombre, et les accès de violence imprévisibles de son fils lui faisaient plus peur que jamais.

Au beau milieu de ces conflits familiaux et de l'effondrement économique, Chuck et deux de ses amis volèrent un sac d'argent contenant trente-cinq dollars dans la charrette d'un vieux marchand ambulant, garée dans Taylor Street tandis qu'il allait livrer des fruits et des tartes à la crème.

— C'est comme ça que les 42 ont commencé, se félicitèrent-ils, et, victorieux, ils traversèrent fièrement le Patch afin de dépenser leur fortune dans Maxwell Street, où quelques pièces permettaient de se procurer de la nourriture, des vêtements ainsi que mille autres choses auxquelles les enfants du Patch devaient se contenter de rêver.

Personne ne parut se demander pourquoi ces trois garnements avaient autant d'argent ; les habitants du Patch avaient appris à ne pas poser de questions. Les marchands ambulants italiens acceptaient tout ce qui leur passait à portée de la main... qu'il s'agisse de marchandise volée ou d'argent liquide. Par conséquent, contre trois dollars, un vieillard voûté n'hésita pas à leur vendre une bicyclette rouge. Et une jolie fille, qui fit rougir Chuck lorsqu'elle lui sourit, accepta un billet de un dollar tout neuf en échange d'une paire de patins à roulettes.

A cinq heures de l'après-midi, la bicyclette n'était plus qu'un enchevêtrement tordu de rayons et de caoutchouc... Nullement ébranlé, Chuck s'amusa ensuite à réaliser quelques exploits acrobatiques sur les patins à roulettes tandis que le soleil disparaissait derrière les maisons en briques rouges, ne laissant que leurs ombres froides. Ses amis rentrèrent dîner et Chuck resta seul, frissonnant dans l'air humide. Il s'assit sur le perron pour enlever les patins et était si fasciné par eux qu'il sursauta quand la voix de Mooney le tira de sa rêverie.

— D'où tu sors ça ? demanda négligemment Mooney.
— Je les ai eus par un copain, répondit Chuck, presque sans lever la tête.
— Un copain ?
— Oui.

Les mains de Chuck se mirent à trembler, ce qui fit très légèrement tourner les roulettes des patins. Mais il fut certain que Mooney s'en était aperçu, certain que Mooney savait qu'il mentait. Il écarta la mèche brune qui lui tombait sur les yeux et leva la tête. Disparus, l'attitude détendue et le sourire amical. La froideur qu'il avait si souvent vue les remplaçait.

Dans un mouvement rapide, Mooney sauta au pied de l'escalier, prit Chuck par le col et le fit lever. Il immobilisa l'enfant qui se débattait, lui donna une violente gifle sur la bouche et souffla entre ses dents serrées :

— Me mens jamais. Compris ?

Chuck hocha la tête. Les larmes laissèrent des traces laiteuses sur son visage.

— Bon. On va recommencer. D'où tu sors ces patins ?

Parler était difficile, mais il parvint à répondre, d'une voix étranglée :

— Je les ai trouvés.

Mooney leva une main menaçante et, de l'autre, saisit Chuck par l'oreille, l'obligeant à lever le visage vers le sien. Son souffle brûlant sentait le mauvais vin et le tabac froid.

— Quoi ? J'en crois pas un mot. Tu les as piqués ?
— Non, je jure, je les ai pas piqués... je jure.
Mooney le gifla une nouvelle fois.
— Dis-moi la vérité. Tout de suite.
Chuck se mit à sangloter.
— D'accord. D'accord. Arrête de me taper. S'il te plaît, supplia-t-il. Je vais te le dire. Je promets. S'il te plaît.
— J'attends.
— Nickie et Tony... ils ont pris l'argent... au marchand de tartes.
— Est-ce que tu étais avec eux ?
— Euh, bon... ouais. Mais...
— Est-ce que tu les as aidés à piquer l'argent.
— Ben, euh, un peu... peut-être... un peu.
La chaussure pointue de Mooney jaillit du néant, frappa le flanc de Chuck avec un affreux bruit sourd et il hurla :
— Un peu ? C'est oui ou c'est non ? Dis-moi la vérité, nom de Dieu, sinon je te mets en bouillie.
Plié en deux par la douleur, Chuck décida de tout raconter. Il cracherait le morceau et Mooney verrait qu'ils étaient exactement comme les 42. Aussi fous, de vrais durs, eux aussi.
— D'accord. D'accord. Promis, dit-il.
Étrangement calme, Mooney s'assit près de lui et écouta attentivement. Lorsqu'il eut terminé, Chuck, hésitant, le regarda dans les yeux, espérant avoir obtenu son approbation ou, du moins, une sentence moins lourde.
Mooney se pencha, toujours prêt à frapper, et cracha entre ses dents :
— Sois jamais un mouchard, Chuck, jamais. C'est le meilleur moyen de se faire descendre.
Il se leva et foudroya Chuck du regard.
— Tu as entendu parler de l'*omerta* ? hurla-t-il. Tu gardes les yeux et les oreilles ouverts... mais ta gueule, tu la *fermes*.
A travers ses larmes, il vit Mooney se pencher sur lui. Une nouvelle fois, la pointe de la chaussure le frappa.
— *Omerta*, cria Mooney. Oublie jamais ce mot. Cafarde jamais. Tu as pigé ? Jamais.
Mooney ramassa les patins à roulettes, gagna à grandes enjambées la poubelle qui se trouvait sur le trottoir. Il les lâcha à

l'intérieur et remit brutalement le couvercle. Le fracas métallique retentissait encore quand il fourra ses mains dans ses poches et s'en alla.

Chuck fixa la poubelle. Ses beaux patins à roulettes avaient disparu aussi rapidement qu'il se les était procurés. Il resta pendant un moment assis sur les marches et pleura. Lorsqu'il décida finalement de cesser, il gémit, frotta ses blessures et détesta son frère. Il se souviendrait des paroles de Mooney, pas de problème. Il ne moucharderait plus jamais, même si cela lui coûtait la vie. En plus, peut-être était-il temps qu'il comprenne : dire la vérité était beaucoup trop dangereux. Il répéta le mot *omerta* tout en montant péniblement les marches.

Quelques jours plus tard, les premières gelées d'automne figèrent le quartier et firent apparaître de nouvelles marchandises sur les étalages des marchands ambulants. Pâtissons, courgettes et citrouilles luisaient comme des feuilles mortes aux couleurs vives sur les charrettes tirées par des chevaux fatigués.

A cette période de l'année, quand Antonio parvenait à mettre la main sur lui, Chuck livrait les sacs de charbon que son père vendait. C'était un travail qu'il haïssait, ce qui explique pourquoi il prit tout son temps, pour rentrer de l'école, par une fraîche journée d'automne, un peu plus d'un mois après la destruction de la boutique de glace au citron.

Assis au bord de son trottoir préféré, Chuck lançait des cailloux trouvés pendant ses promenades, puis les ramassait et les lançait à nouveau. Il faisait comme si c'étaient des dés. Il pouvait jouer ainsi pendant des heures et c'était exactement ce qu'il venait de faire quand un homme s'arrêta près de lui. Chuck ne prêta pas attention à l'inconnu appuyé contre un lampadaire.

L'homme se mit à siffler. Finalement il cessa, se pencha et sourit, montrant les cailloux d'un geste de la main, puis dit :

— Hé, petit, est-ce qu'on peut jouer ?

Chuck leva la tête. L'homme était grand, un Italien. Il ne l'avait jamais vu dans le coin, ce qui était bizarre. Mais il lui rendit tout de même son sourire. Pour les habitants du Patch, tous ceux qui n'étaient pas irlandais, polaks ou nègres, en bref tous les Italiens, étaient des *paisani**.

— Uh-huh, fit Chuck, secouant la tête. Ça se joue tout seul... mais... tu peux regarder si tu as envie.

— Comme tu veux, répondit l'homme. Puis il se remit à siffler.

Chuck venait de se lever pour aller ramasser ses cailloux et essuyait ses mains sales sur sa culotte courte rapiécée quand, du coin de l'œil, il aperçut son frère. Mooney se dirigea rapidement vers eux et, sans laisser à Chuck le temps de dire « salut », s'immobilisa près de l'inconnu.

Il y eut un « pop » sonore et l'homme tomba ; le sang coulait de sa tête comme l'eau d'une bouche d'incendie ouverte. Chuck eut l'impression d'entendre un faible chuintement chaque fois qu'il giclait par le trou bordé de matières cérébrales liquéfiées et d'os brisés, puis se répandait en abondance sur le trottoir. Ensuite, aussi rapidement qu'il était arrivé, Mooney disparut.

Fasciné, Chuck fixa le mort ; il ne distinguait plus de visage.

Les clients d'un coiffeur, le visage couvert de mousse, traversèrent la rue en courant et les femmes qui poussaient des voitures d'enfant se mirent à discuter avec celles qui étaient aux fenêtres ou sur les perrons. Les inévitables sirènes des voitures de police retentirent au loin, traversant le Patch.

Chuck demeura immobile, fasciné. Il ne savait pas qu'il y avait autant de sang dans une personne. Il avait la même odeur que le fer chauffé, dans l'atelier du forgeron, et formait une flaque poisseuse à ses pieds.

Quand la police fut arrivée, un agent entreprit d'interroger ceux qui se trouvaient près du mort. C'était un flic irlandais, rougeaud, avec un calepin à la main et un crayon derrière l'oreille. Corpulent et essoufflé, il vint s'accroupir devant Chuck.

— Écartez-vous, cria un autre agent, repoussant la foule avec sa matraque.

— Alors, qu'est-ce que tu as vu, mon garçon ? Est-ce que tu as vu la personne qui a fait cette chose horrible ? Hein ?

Il saisit Chuck par les épaules. Ses yeux étaient aussi bleus que

---

* Compatriotes. En fait : *paesani*.

des balles et, confronté à eux, Chuck eut envie de tourner la tête. Dans la foule, il aperçut Mooney, immobile, comme invisible parmi les curieux. Mooney leva un sourcil et plongea son regard vide dans le sien.

Chuck se tourna vers le policier.

— Non, monsieur, répondit-il d'une voix tremblante.

— Bien… ironisa le flic. Qu'est-ce que tu faisais, alors, si t'as rien vu ? T'étais là quand c'est arrivé ?

— Je jouais.

— Tu jouais ? Tu jouais à quoi ?

Avec une autorité menaçante, il posa la main sur la poignée de sa matraque.

— Avec ça. Chuck ouvrit la main, montrant ses chers cailloux.

— Avec des pierres ? s'écria l'agent, se redressant. Et t'as rien vu ? Rien du tout ? Bon, retourne chez ta *mamma*… sale petit métèque.

Avec colère, il frappa sur la main ouverte de Chuck et les cailloux volèrent dans toutes les directions. Chuck pivota sur lui-même et s'enfuit.

Ce soir-là, assis sur le perron après un maigre bol de pois chiches, il écouta attentivement les grands parler du meurtre. Tout le monde croyait que Mooney et ses amis étaient derrière ; la victime appartenait à la bande soupçonnée d'avoir fait sauter la boutique d'Antonio. Tous estimaient que la situation redeviendrait normale dans le Patch puisque justice avait été faite.

Si seulement ils savaient, savaient vraiment, que c'est Mooney, se dit Chuck. Il aurait voulu pouvoir le leur dire, partager son terrible secret. Malgré une forte envie de raconter son histoire macabre, de voir leurs visages blêmir sous l'effet de la vérité, et son importance augmenter grâce à ce récit, il ne dit rien.

La perte de ses cailloux n'était certainement qu'un faible prix à payer. Et mentir au flic irlandais pour sauver son frère, il était sûr que son père lui-même aurait fait pareil. Demain, il irait chercher d'autres cailloux dans les terrains vagues.

— *Omerta,* souffla-t-il pour lui-même. Oui, il était sûr d'avoir bien agi. Il avait compris la leçon ; les patins à roulettes l'y avaient aidé. Ne cafarde jamais, avait dit Mooney.

— *Omerta,* répéta interminablement Chuck.

Il était fier d'avoir fait ce qu'il fallait. La seule chose à faire. Et il était prêt à tout pour que son frère soit fier de lui. Il gagnerait le respect et la confiance de Mooney, même si cela devait lui prendre le reste de sa vie.

Mooney ne mentionna jamais cet incident, et Chuck non plus. Pour Chuck, cet après-midi d'automne fut : « Le jour où j'ai perdu mes cailloux. » Ce n'est que de nombreuses années plus tard qu'il employa le mot *innocence*.

4.

L'hiver, à Chicago, était toujours très froid. Peut-être était-ce le vent, ou bien à cette époque, pendant la crise, tout semblait peut-être plus froid. Quoi qu'il en soit, pour les Giancana, l'hiver 1932 ne fit pas exception. Les odeurs campagnardes de la paille fraîche et du crottin de cheval, qui fumait dans les ornières gelées de Taylor Street, se combinaient à celle des marrons grillés pour produire un parfum sucré, terreux.

A l'intérieur, les hommes buvaient un peu plus de vin que d'habitude et les femmes consacraient un peu plus de temps à repriser les chaussettes et les vêtements déchirés. Quelques-unes tombaient amoureuses.

Angeline DeTolve était amoureuse. Jeune fille robuste, aux larges épaules, appartenant à une famille relativement aisée, elle avait un sourire avenant, un profil classique, de grands yeux et de larges hanches. Considérée comme à la fois jolie et bien élevée, elle correspondait exactement à l'idée que se faisait Mooney du genre de femme qu'un homme doit épouser. Elle avait été vaguement attirée par Mooney avant son séjour à la prison de Joliet mais, au vif soulagement de son père, n'était pas tombée amoureuse de lui.

— Tu vois, avait déclaré Francescantonio DeTolve, Mooney Giancana n'est qu'une ordure, un bon à rien. Jamais je ne donnerai la main de ma fille à un détenu... je préfère mourir. *Mamma mia*, ça nous déshonorerait !

Heureusement, du point de vue de son père, Angeline était tombée amoureuse d'un nommé Salvatore, qu'on appelait Solly.

On ne savait pas grand-chose sur lui, sauf Mooney et ceux qui travaillaient avec la pègre de Chicago. Il connaissait bien ce minable ; Solly était chauffeur de poids lourd le jour et voleur de bijoux la nuit. Il écoulait sa marchandise par l'intermédiaire d'un receleur de l'Organisation, à Northside. Depuis sa prison, où il purgeait une peine à la suite d'un cambriolage peu glorieux, Mooney se tenait au courant des allées et venues de Solly.

Avant sa libération, la veille de Noël, en 1932, Mooney apprit les fiançailles d'Angeline et son cœur devint aussi glacé que les barreaux dressés devant sa fenêtre. Il se souvint de la façon dont Diamond Joe était parvenu à avoir la femme qu'il voulait ; Esposito avait simplement envoyé des gars buter son fiancé afin que le *padrone* puisse avoir pour lui tout seul cette adolescente de quinze ans.

Mooney décida que peu importait le prix, peu importait l'autre fille qui l'attendait au Patch... Angeline DeTolve lui appartiendrait.

La veille du nouvel an, seuls ceux qui étaient assez braves pour conduire roulaient au pas dans les rues de Chicago. Dans le crépuscule, une Ford noire apparut derrière Solly. Elle klaxonna agressivement et, surpris, Solly sursauta.

— *Stupido !* cria-t-il par la vitre, brandissant le poing.

La voiture qui le suivait fit des appels de phares. En réaction, il obliqua sur la droite et perdit partiellement le contrôle de sa voiture, dont l'arrière dérapa. Comme une ombre, l'autre véhicule imita ses mouvements avec une adresse stupéfiante, puis entreprit de le doubler.

Solly tenta de voir l'autre automobiliste mais, s'apercevant soudain qu'il y avait un virage, freina brutalement. Sa voiture glissa follement sur la chaussée verglacée et, quelques secondes plus tard, c'était terminé. La Ford ralentit, afin de s'assurer qu'il était bien en train de mourir dans l'épave, puis disparut silencieusement dans la nuit.

Mooney attendit mars 1933, ce qui lui semblait être un délai raisonnable, avant d'aller présenter ses respects aux DeTolve. Il y rencontra une femme pleurant sur elle-même autant que sur son fiancé mort, une femme portant le deuil de son avenir et de ses rêves. Sa détresse était manifeste.

En 1933, une femme célibataire à vingt-trois ans était déjà

pratiquement considérée comme une vieille fille. Pour Angeline, les espoirs de bonheur étaient rares ; sa vie avait été brisée par ce que tout le monde, y compris la police, appelait un accident stupide. Elle était désespérée.

Mooney sentait intuitivement ce qu'éprouvaient les autres et ce don devint de plus en plus pénétrant avec le temps. Il fit une estimation juste de la vulnérabilité d'Angeline et s'aperçut que le moindre compliment suffisait à la dérider.

Au début de l'été, assise devant son miroir, Angeline noua un ruban dans sa chevelure, attendant avec impatience une visite de Mooney. Elle commençait à comprendre qu'il représentait peut-être une solution, une alternative à l'existence cloîtrée de vieille fille qui, croyait-elle, la menaçait. Il ne se contentait pas de lui faire des cadeaux ; il lui apportait la possibilité d'un nouveau départ. Et il la faisait sourire. A ses amies, Angeline affirma qu'elle était tombée amoureuse. Aux siens, Mooney dit avec satisfaction qu'elle était mûre.

Le chagrin de leur fille disparaissait en présence de Giancana, et pourtant les DeTolve ne se résignaient pas à accepter un malfrat, un ancien détenu à présent. Du point de vue de Mooney, ce fut un défi qu'il adora, allant même jusqu'à ordonner à son père de rendre visite aux DeTolve, fin juillet. Antonio et Lena représentèrent la tribu Giancana. Mooney voulait montrer à M. DeTolve qu'Angeline entrerait dans une famille modeste, travailleuse, dont le seul crime, comme l'expliqua Antonio, était que leur fils aîné avait réussi.

Les DeTolve reconnurent que Mooney Giancana était le premier à se présenter depuis Solly, et qu'il semblait rendre Angeline heureuse. Il lui apportait des fleurs et des petits cadeaux presque quotidiennement. Et le jeune homme avait un talent extraordinaire pour se procurer de l'argent. Homme d'affaires lui-même, Francescantonio DeTolve dit à Antonio que cela lui plaisait chez Mooney : « Peu importe d'où ça vient. » Sans enthousiasme, ils acceptèrent de donner la main de leur fille.

Si attentionné que fut Mooney pendant sa cour, puis pendant le reste de l'été lorsqu'ils furent fiancés, les rumeurs selon lesquelles il en voyait une autre, une fille facile qui avait attendu qu'il sorte de prison, Marie Fanelli, n'échappèrent pas à

Angeline. Elle dit à ses amies que c'étaient des ragots malintentionnés ; l'idée d'une trahison si peu de temps après le début de leur relation lui était probablement si insupportable qu'elle refusait de l'envisager.

Mooney était capable de jouer toutes les émotions susceptibles de servir ses objectifs et ses comédies étaient si convaincantes qu'une femme, et à plus forte raison Angeline, qui sortait d'une crise éprouvante, aurait eu bien du mal à imaginer qu'il n'était pas tel qu'il se présentait dans l'atmosphère convenable du salon de son père. Elle le défendait face à ses amies. Peut-être recherchait-il, avant, la compagnie de filles faciles ; c'était normal, tous les jeunes gens le faisaient. Mais en fréquenter une autre ? En ce moment, à cette période de sa vie ? Elle refusait même d'en discuter.

Angeline percevait correctement la relation de Mooney avec Marie : il ne l'aimait pas et n'aurait jamais accepté de l'épouser. Marie, de son point de vue, n'était pas le genre de fille avec qui on se marie. Seule l'intéressait, chez elle, la jouissance physique. Et lorsque Marie n'était pas disponible, il allait « tirer un coup », comme il disait à Chuck, avec les belles putains, au coin de Michigan et de la 22e Rue.

Mooney avait la curieuse habitude de diviser sa vie en compartiments et il expliqua à Chuck, un après-midi torride et humide d'août, pourquoi il épousait Angeline.

— Il faut qu'un homme se marie avec une vierge, pas avec une salope. On se fiche qu'une épouse soit bonne au lit... ça, ça s'achète. Faut se marier avec une femme bien élevée... oublie pas, ça sera la mère de tes enfants... alors il faut une femme qui sait se tenir, qui est à peu près correcte et pas trop tarte devant les gars ou quand on sort dans une boîte chic. Et si elle casse pas des briques, bon, on peut toujours l'habiller avec un vison, des perles et des diamants, pour qu'elle ait du style... avec de l'argent, n'importe quelle femme peut avoir de la classe.

Il hocha la tête d'un air entendu et poursuivit :

— Bon, oublie pas ce que je te dis. Baiser, c'est différent, Chuck. Une femme qui aime baiser... bon, c'est le genre de femme qui te fait des ennuis si t'es marié avec elle. De toute façon, personne n'a dit qu'un homme ne peut pas baiser plus d'une femme. *Capisce ?*

Chuck voyait bien qu'Angeline DeTolve ferait manifestement une bonne épouse mais Marie, d'après Mooney, baisait bien, même si elle parlait comme un charretier. On disait qu'elle était belle ; mais tout le monde la considérait comme une traînée.

Sur la banquette arrière de la voiture de Mooney, moins d'un mois avant le mariage de son frère, prévu pour septembre, Chuck entendit Mooney dire au Gros Léonard que Marie était « le meilleur coup de ce côté-ci du Mississippi ».

Dans les semaines qui suivirent, avant d'aller voir Angeline chez les DeTolve, Mooney continua d'emmener Marie à la maison, où ils passaient l'après-midi dans le lit d'Antonio. Une visite, surtout, resta gravée dans la mémoire de Chuck, probablement parce qu'elle était toute proche du mariage et que Chuck se demanda si Mooney aimait vraiment Angeline, du moins avec la même passion que dans les films.

Il regarda se fermer la porte de la chambre de son père et entendit le couple rire tandis que la clé tournait dans la serrure. Ses sœurs se contentèrent de secouer la tête, continuèrent leur nettoyage quotidien et se résignèrent à changer les draps de leur père avant son retour.

Chuck entendit le lit métallique craquer et grincer sous le poids de leurs corps tandis que, le souffle court, ils soufflaient et s'agitaient. Un grincement caractéristique retentit dans la chambre et ses sœurs interrompirent leur interminable nettoyage. Chuck s'assit à table, feignant de lire un journal déchiré qu'il avait ramassé dans les ordures de l'impasse. Lorsque les bruits obscènes commencèrent, il leva la tête. Ses sœurs étaient à quatre pattes, prêtes à attaquer une tache imaginaire quelconque. Elles se figèrent, troublées. Antoinette retint son souffle et posa sa brosse par terre, la faisant aller et venir suivant le même rythme, sans s'en rendre compte. Les autres suivirent son exemple.

Les grincements s'accélérèrent. Leurs brosses s'agitaient de plus en plus rapidement sur les lames du parquet, leur rythme suivant le même tempo que celui des amants.

Chuck entendit Mooney grogner et Marie cria :

— Oui, oui, vas-y, Mooney, vas-y !

Chuck sentit son visage devenir brûlant.

Le silence se fit dans la maison ; le cœur de Chuck cognait, il entendait la respiration haletante de ses sœurs. Elles étaient assises, tremblantes, leur brosse à la main, rouges et le cou brillant de sueur.

— Terminé, annonça Antoinette.

Puis elles se levèrent, emportant seaux métalliques et brosses à la cuisine.

De toute évidence, une femme telle qu'Angeline, dont la réputation était impeccable, ne se serait pas abaissée pour plaire à Mooney comme le faisait Marie, sans honte ni regrets. Enfin, c'était ce que disaient les sœurs de Chuck. Mais après le mariage de Mooney et d'Angeline, au cours d'une petite cérémonie qui se déroula chez les parents de la jeune mariée, le 23 septembre 1933, Chuck comprit que Mooney avait une conception très précise des obligations conjugales, et que la fidélité n'était pas du nombre.

Son frère ne cessa pas de fréquenter Marie ; il parut simplement estimer que ses adultères devaient être discrets, qu'un bon mari doit à tout prix éviter d'humilier sa femme. Et, dans l'éventualité où elle apprendrait ses écarts, il s'arrangea pour donner à Angeline de bonnes raisons d'y réfléchir à deux fois avant de le quitter. On y arrive, se vanta-t-il à Chuck, en fournissant à sa femme tous les conforts et commodités matériels possibles. Angeline était catholique et pieuse, ce qui ne gâtait rien. Le fait que ses copains n'avaient pas intérêt, sous peine de mort, à souffler mot de ses écarts de conduite jouait également un rôle. En outre, il ne sous-estima pas l'effet que pouvaient produire l'orgueil et les fréquentations d'une femme, et les utilisa à son profit, s'arrangeant pour qu'Angeline soit enviée par tous.

Dès le début Angeline, Ange comme l'appelait Mooney, eut une bonne. Elle eut aussi un appartement spacieux et agréable à Westside, qu'il la chargea de meubler comme elle l'entendait, aussi luxueusement qu'elle en avait envie. Du point de vue des amis et de la famille, leur niveau de vie était impressionnant, quoique, à la vérité, assez modeste au début. Mais ils avaient de l'argent, de beaux vêtements qui coûtaient cher, des bijoux et un cadre de vie élégant. Mooney apporta des tableaux et des tapis d'Orient. Ange se mit à collectionner de la porcelaine, des objets en cristal et de l'argenterie, qu'elle sortait fièrement lorsqu'elle recevait des amis. Cela fonctionnait bien ; les hommes sortaient siroter leur scotch et parler des affaires de l'Organisation, tandis que les femmes avaient de longues conversations sur les enfants et la mode, tout en faisant une partie de gin-rummy.

Mais l'aspect visible de la vie du jeune couple était une illusion. Angeline savait que Mooney fréquentait toujours Marie et se payait en outre d'autres plaisirs au bordel local. Selon les sœurs de Chuck, ces infidélités la blessèrent profondément.

Malgré ce conflit larvé, dès le début de leur mariage, Ange et Mooney étaient considérés par tout le monde comme le prototype du jeune couple parfait. Au milieu de 1934, il ne leur manquait apparemment que des enfants. Et Mooney n'avait pas l'intention de demeurer sans enfants ; un homme doit prouver sa virilité. Comme Ange avait le cœur fragile, à cause d'une crise de rhumatisme articulaire aigu dont elle avait souffert étant enfant, les médecins l'avertirent que la grossesse risquait d'être difficile, sinon dangereuse, autant pour elle que pour le bébé. Mais sa conception traditionaliste de la maternité et les encouragements aussi insistants que tendres de Mooney l'emportèrent ; elle fut enceinte avant Noël 1934 et, en juin 1935, mit au monde une petite prématurée d'un kilo et demi. Le frêle bébé fut nommé Annette.

Ange et Mooney fêtèrent leur deuxième anniversaire de mariage, en septembre 1935, par une sortie en ville. S'il y avait eu compétition parmi les Italiens, les Giancana auraient remporté la palme du plus beau couple. Partout où ils allaient, ils faisaient un tabac. Considérés comme parfaitement assortis, Ange et Mooney étaient élégants et drôles. Mais petit à petit, dans la lumière crue de la vie quotidienne, Chuck s'aperçut qu'ils étaient différents des autres couples qu'il connaissait. Leur rire était parfois forcé, creux, pour ainsi dire.

Ce que son mari gagnait, elle le dépensait. Un jour, il entendit Ange dire avec colère, au téléphone :

— Je dépenserai tellement qu'il ne lui restera plus un sou pour cette traînée.

Chuck ne douta pas qu'elle pensait à Marie.

Il ne comprit pas vraiment comment cela arriva mais tout d'un coup, un après-midi glacial de janvier 1936, Mooney se mit à parler politique. Tout le monde pensait que les États-Unis n'avaient jamais eu de meilleur président que Roosevelt*, qui venait d'être élu, et Chuck, bien qu'encore très jeune, ne faisait pas exception.

— Ouais, c'est le président parfait, pas de problème. Il est de notre côté, dit Mooney avec un sourire entendu.

— De notre côté ?

— Celui du gang, Chuck, celui du gang.

— Oh, dit-il, ne saisissant toujours pas toutes les implications des propos de Mooney.

— Sinon, il serait mort... comme Cermak. Comme Huey Long.

Chuck fut incrédule mais fier de participer à cette conversation d'adultes. Il voulut montrer qu'il connaissait la musique et croyait que Mooney le faisait marcher.

— Non... enfin, Mooney, tu me charries, pas vrai ?

— Non, je te charrie pas, merde, répliqua sèchement Mooney. Lis un peu. Long, c'était le sénateur de Louisiane. Ce type touchait depuis des années. Un de nos amis de New York l'a fait descendre... il a préparé le coup avec un patron de

---

* Franklin Delano Roosevelt (1882-1945), président démocrate de 1933 à 1945.

Les États-Unis sont une fédération. Les États qui la composent jouissent d'une grande autonomie, dont ils sont très jaloux. Chaque État possède sa Constitution propre. Les États peuvent légiférer comme ils l'entendent dans pratiquement tous les domaines.

Au niveau fédéral, l'exécutif est représenté par le président, le législatif par la Chambre des représentants et le Sénat. La Cour suprême incarne le pouvoir judiciaire (neuf juges nommés à vie par le président avec l'agrément du Sénat). Bien que l'essentiel de la vie politique se déroule au niveau des États, l'élection présidentielle monopolise tous les quatre ans l'attention de l'ensemble de la nation. La complexité du mode d'élection tient au fait qu'il faut concilier les droits des États et ceux du suffrage universel. Cette élection comporte trois étapes. La première, celle des primaires, n'est pas inscrite dans la Constitution mais fait partie de la tradition. Elle permet aux candidats de se départager, de faire pression sur la convention du parti dont ils se réclament. Les deux conventions, républicaine d'une part et démocrate d'autre part, désigneront respectivement leurs candidats à la présidence et à la vice-présidence. Au cours de la deuxième étape, des grands électeurs sont désignés au suffrage universel dans chaque État. La troisième étape est l'élection proprement dite du président par le collège des grands électeurs.

La Nouvelle-Orléans. Ils se sont arrangés pour qu'on croie qu'il a été descendu par un cinglé. Tous les journaux en ont parlé.

Il rit et, quelques instants plus tard, redevint sérieux.

— Tu sais, Chuck, c'est pas possible que les gens pigent pas.

Il secoua la tête, stupéfait.

Faire tomber un dingue qui était également tireur d'élite et endetté jusqu'au cou dans une affaire d'assassinat politique était « aussi vieux que les montagnes de Sicile », selon Mooney, qui étaya sa démonstration avec les exemples de Huey Long et d'Anton Cermak.

Anton Cermak était maire de Chicago et rival de Capone. « Un vrai faisan », selon Mooney. Pendant des années, il avait fait la guerre à Capone pour le compte d'un de ses rivaux, un nommé Teddy Newberry.

En 1932, après une tentative d'assassinat ratée, organisée par les gros bras de Cermak, sur la personne du tueur de Capone, Frank Nitti, Paul Ricca, successeur de Capone, reprit la main et abattit Newberry. Craignant à juste titre pour sa vie, Cermak s'enfuit en Floride en décembre 1932. Décidé à aller jusqu'au bout des représailles, Ricca engagea un nommé Joe Zangara, « un vrai gogo », selon Mooney, et le chargea d'éliminer Cermak.

Zangara avait trente-trois ans. Diamond Joe Esposito l'avait fait venir de Sicile cinq ans auparavant, et installé en Floride où il était chargé de surveiller l'importation du sucre de Cuba. Tireur d'élite dans l'armée italienne et gros joueur, Zangara avait de fortes dettes et de vrais ennuis avec ses patrons de Chicago. On lui donna le choix : descendre Cermak ou se faire descendre !

Le 15 février 1933, à Miami, alors qu'il roulait dans une voiture décapotable en compagnie du président élu, Roosevelt, Cermak fut grièvement blessé par balle et Zangara rapidement appréhendé par les autorités. Il se mit immédiatement à débiter un laïus anticapitaliste, prétendant qu'il avait manqué sa véritable cible, Franklin Roosevelt. Mais en fait, selon Mooney, ses diatribes politiques n'étaient qu'un écran de fumée habilement combiné. Zangara n'était lié ni au communisme ni au fascisme mais était en réalité « un républicain bon teint ».

En réalité, Zangara était lié à l'Organisation de Chicago*, ce qui échappa à la sagacité de la presse et fut étouffé par des flics et enquêteurs corrompus. Trois semaines plus tard, Cermak mourut. Et, comme on l'avait prévu dès le début, Zangara fut jugé pour meurtre et envoyé sur la chaise électrique.

— Ça a pas fait un pli, ricana Mooney. Pas un pli.

Interrogé sur Huey Long, Mooney raconta à Chuck que, pendant de nombreuses années, le sénateur avait travaillé en liaison étroite avec l'Organisation, touchant à tout, depuis les machines à sous jusqu'aux casinos, s'associant avec Carlos Marcello à La Nouvelle-Orléans, Frank Costello, Lucky Luciano et Meyer Lansky à New York, Santo Trafficante en Floride et Paul Ricca à Chicago. Mais, en 1935, Long était devenu « incontrôlable » et on trouva un autre assassin cinglé. Contrairement à Cermak, Long n'était pas un traître qui avait tourné sa veste ; il était simplement devenu trop gourmand, exigeant que ses amis lui versent plus de trois millions de dollars de pots-de-vin par an.

— Il mangeait une partie des bénéfices. Huey Long est mort parce qu'il était trop gourmand, affirma Mooney. Ça arrive à tous les coups. Oublie jamais : il n'y a pas de mauvais bénéfice et il faut toujours laisser quelque chose aux autres. C'est ce que Long a oublié.

Chuck se souvint de cet après-midi pendant toute sa vie. Il marqua le début de relations nouvelles avec son frère ; aux yeux de Mooney, il n'était plus un enfant.

Au cours des années écoulées, New York avait eu sa part

---

* Chicago Syndicate, que l'on a souvent traduit par « syndicat du crime ». Le sens de *syndicate* est essentiellement économique. Il s'applique à une association de personnes ou d'entreprises en vue de réaliser des affaires ou d'atteindre des objectifs communs. C'est exactement ce que firent les gangs, à Chicago et dans toutes les grandes villes américaines puis, par la suite, dans l'ensemble du pays. L'emploi du mot *syndicate* n'est pas innocent. Les gangs tiraient leurs bénéfices d'activités essentiellement illégales, néanmoins leur organisation fut calquée sur le mode de fonctionnement des entreprises industrielles ou financières légales. La traduction la plus proche de la réalité serait : groupe, mais la tradition et le romantisme n'y trouveraient sans doute pas leur compte.

de trahisons. D'après Mooney, la moitié des types de là-bas étaient cinglés.

— C'est pas du tout comme Chicago, expliqua-t-il, non sans fierté dans la voix. Ici, il y a un patron qui tient les choses en main. On est organisé. A New York, ils se sont poignardés dans le dos et entre-tués pendant des années.

La guerre des gangs avait effectivement fait rage à New York jusqu'en 1931, année où Luciano avait pris le pouvoir. Mais le règne de Luciano fut interrompu quand, tout juste cinq ans plus tard, il fut arrêté et accusé de contraindre des femmes à se prostituer. Au terme d'un procès dominé par un procureur très vindicatif, Thomas Dewey, Luciano fut reconnu coupable de quatre-vingt-dix chefs d'inculpation pour proxénétisme et extorsion de fonds. Après la condamnation de Luciano à une peine qui pouvait aller jusqu'à cinquante ans au pénitencier d'État de Clinton, Frank Costello, avec qui Mooney collaborerait plus tard, prit le pouvoir.

Au début du printemps 1936, alors que les gamins de son âge en étaient encore aux culottes courtes et aux branlettes, Chuck décida de renoncer définitivement à ce type de fringues et de comportements. Quand il n'était pas chez Mooney ou au carrefour, vendant les premières tomates de la saison pour le compte de son père, il regardait les filles. Le dimanche, il sautait sur le pare-chocs de « la bagnole d'un richard » et remontait California Street jusqu'à Douglas Park. Là, il passait l'après-midi assis à l'ombre des chênes énormes, respirant le parfum frais des pins.

5.

Pendant cette année 1936, Mooney continua de récolter les bénéfices de dizaines d'entreprises tout aussi illégales que lucratives. Lorsqu'il avait épousé Ange, trois ans auparavant, il avait pris un « emploi », qui lui rapportait quarante malheureux dollars par semaine, dans l'usine de son beau-frère, Central Enveloppes. Cet emploi lui permettait de satisfaire les fonctionnaires fouineurs et tatillons qui supervisaient sa liberté conditionnelle et se préoccupaient de sa réinsertion.

En réalité, Mooney assistait souvent le Gallois rusé du gang, Murray Humphreys, lorsque se posaient des problèmes de main-d'œuvre nécessitant un homme doté d'une irrésistible force de persuasion. En 1934 et 1935, il avait encore occasionnellement conduit Jack McGurn, profitant du flot ininterrompu de danseuses blondes dont Jack le faisait bénéficier. Mais, en 1936, McGurn était tombé en disgrâce et Mooney évitait soigneusement de le soutenir lorsqu'il était assis à la même table qu'un des patrons du gang, Paul Ricca. L'attitude de l'Organisation vis-à-vis de McGurn avait radicalement changé depuis l'affaire de la Saint-Valentin*; quand McGurn lui-même fut abattu, le 13 février 1936, personne ne pleura.

— Il n'avait même plus un pot de chambre, ce type. On l'a mis complètement hors circuit... vendait des saloperies aux

---

* Le 14 février 1929, la bande de Capone abattait à la mitraillette sept membres d'un gang rival dans un entrepôt d'alcool clandestin.

camés. Il y a quelqu'un qui nous a rendu service en faisant disparaître Jack McGurn, commenta Ricca lorsqu'il apprit la mort de son ancien ami, tout en portant avec élégance son expresso à ses lèvres.

Au fil des années, Mooney en était arrivé à éprouver une vive admiration pour Paul Ricca, qui avait quarante-cinq ans. On pouvait pratiquement toujours trouver Paul au Bella Napoli, bar dont Diamond Joe Esposito était autrefois propriétaire et que contrôlaient désormais ses successeurs.

Ricca était une énigme pour tout son entourage et Mooney le présenta à Chuck sous les traits d'un salaud cruel, capable de rire en plantant un pic à glace dans le foie d'un type, ou de pleurer, sincèrement attendri, à la naissance du fils d'un de ses hommes, fût-il le plus stupide.

Ricca était un homme relativement séduisant, aux traits italiens marqués, avec une mâchoire carrée qui se crispait lorsqu'il se mettait en colère. Pour les gens qui n'appartenaient pas à la pègre, son attitude évoquait celle d'un riche propriétaire terrien, ce qui lui permit de s'introduire aisément dans la haute société et les milieux politiques. Il utilisait ce talent pour cacher la violence de son passé criminel, comme du cachemire sur un lépreux. Selon Mooney, les femmes et les politiciens véreux l'adoraient.

Ricca n'avait pas vingt et un ans lorsqu'il débarqua sur les rivages prometteurs d'Amérique du Nord. En Italie, où il s'appelait Paul DeLucia, il avait fait de la prison pour un meurtre commis à dix-sept ans et fut personnellement responsable d'au moins douze autres. Libéré, en 1920, de sa cellule italienne humide, aux murs gris, il tua immédiatement l'homme qui avait témoigné contre lui et quitta le pays.

Une fois à New York, il fut confié à Diamond Joe Esposito et c'est à cette époque que Mooney le rencontra. Sous l'autorité d'Esposito, Paul fut intégré à une écurie de jeunes immigrants ambitieux ayant un passé criminel, travailla avec les redoutables Genna dans le transport de gnôle clandestine, puis fut serveur au Bella Napoli, le bar d'Esposito. C'est là qu'il acquit son surnom : le Loufiat.

Ricca gravit les échelons, gagna la faveur d'Esposito puis fut étroitement lié à Capone. La mort d'Esposito n'attrista guère

Ricca à l'époque mais, quand les années folles cédèrent la place à la crise des années trente, les souvenirs de l'ancien régime le rendirent nostalgique ; Diamond Joe savait rester discret. Capone, en revanche, était devenu un obstacle à la « libre entreprise », une légende sur laquelle les agents fédéraux, les *G-men*** tels qu'Eliot Ness ou Frank Wilson, des services fiscaux, pouvaient construire une carrière.

A la suite du scandale provoqué par le massacre de la Saint-Valentin, le ministère des Finances mit Capone sous pression avec la bénédiction de Ricca. La condamnation de Capone à la prison ne désespéra pas Ricca ; comme Mooney l'expliqua à Chuck, le Balafré ** était l'ami de Ricca, naturellement, mais les affaires sont les affaires... ils avaient une entreprise à diriger et, Capone étant sur la touche, rien n'arrêterait Ricca.

Les media sacrèrent Frank Nitti patron de Chicago, mais Mooney affirma que c'était une ruse commode destinée à abuser Eliot Ness et ses semblables sur la réalité de la structure du pouvoir à Chicago. Ceux de l'intérieur savaient à quoi s'en tenir : Paul Ricca menait la danse. Pour s'en convaincre, il suffisait de voir les manifestations évidentes du pouvoir de Ricca ; lorsque des décisions importantes étaient prises avec les patrons d'autres villes, Nitti n'apparaissait jamais. Et des hommes tels que Jake Guzik et Murray Humphreys ne consultaient pas Frank Nitti et n'acceptaient pas les ordres de ce minable qui restait à leurs yeux un petit coiffeur devenu tueur.

Tandis que Frank Nitti occupait le devant de la scène, suscitant les investigations de la presse, Ricca et Murray Humphreys pouvaient travailler discrètement dans les coulisses. La gestion des finances de l'Organisation fut confiée à leur vieux complice, Jake Guzik, surnommé Pouce Gras. Si une conversation polie ne suffisait pas, Ricca, comme Esposito et Capone avant lui, chargeait Mooney Giancana, l'exécuteur fidèle, de truffer le récalcitrant de plomb brûlant.

D'après Mooney, il y avait de la subtilité dans le crime tel que

---

* *G-men : Government men*. Agents des administrations fédérales telles que le FBI ou les services d'enquêtes fiscales.
** *Scarface* (le Balafré) était le surnom de Capone.

Paul le pratiquait et Ricca avait gagné son respect, mais aussi celui du président des États-Unis, d'hommes politiques en quête de voix et de capitaines de police plus préoccupés par leurs fins de mois que par la lutte contre le crime.

Quelques années auparavant, Ricca avait profité de la menace de diminution des profits liée à la fin de la prohibition* pour officialiser son rôle national. Il avait discrètement reçu les barons du crime de tout le pays, à l'hôtel Bismarck de Chicago, afin d'évoquer l'avenir de l'Organisation. Des gangsters tels que Luciano, Rocco Fischetti, Harry Ducket et Sylvester Agoglia assistèrent à la réunion mais Meyer Lansky, qui était venu avec son ami et collègue Luciano, ne fut pas invité. On lui demanda d'attendre dans le salon du Bismarck tandis que Ricca, dans une salle de conférences, tentait de persuader l'Organisation de prendre le contrôle des syndicats, de l'Atlantique au Pacifique**.

Parmi les hommes de Ricca, Murray Humphreys, surnommé le Chameau, mais que ses amis appelaient Curly, était le mieux informé sur les syndicats. Humphreys, en visionnaire, imaginait une époque où le gang les contrôlerait complètement. Des pans entiers de l'activité économique pourraient alors être manipulés en fonction des intérêts de l'Organisation.

Contrairement à Capone qui, selon Mooney, avait plus d'estomac que de cervelle, Humphreys possédait l'intelligence indispensable et, au début des années vingt, s'était lancé à la conquête du syndicat des boutiques de nettoyage à sec du Southside de Chicago, récoltant la première vraie moisson du gang.

Le contrôle qu'il exerçait sur ce syndicat conduisit Humphreys à faire une constatation capitale : lorsque l'on tient la main-d'œuvre, on tient les moyens d'existence des familles innombra-

---

* Prohibition signifie simplement interdiction. La fabrication, le transport et la vente (dans des lieux publics) de boissons alcoolisées ont été interdits de 1919 (sous la deuxième présidence de Wilson) à 1933 (au début du premier mandat de Roosevelt).

** L'expression exacte, *coast to coast* (d'une côte à l'autre), est fréquemment employée aux États-Unis pour désigner des entreprises dont l'activité s'étend sur tout le territoire.

bles qui tirent leurs revenus de cette branche d'activité. En menaçant les membres du syndicat de les priver de travail, les gangsters étaient en mesure de contraindre les maris, épouses, fils et filles à soutenir toutes les embrouilles que le gang pouvait imaginer, y compris faire basculer une élection.

Mais, outre cette combine politique, Humphreys trouva également les coffres des syndicats, bourrés d'argent qui ne demandait qu'à être investi, extrêmement séduisants ; par conséquent, ses délégués s'empressèrent de piller les finances des syndicats à mesure qu'ils en prenaient le contrôle.

Grâce aux talents d'organisateur de Ricca, à la clairvoyance de Humphreys et à la perspicacité financière de Guzik, ce qui avait débuté comme une entreprise ordinaire d'extorsion de fonds, consistant à soutirer de l'argent aux patrons en échange de relations faciles avec la main-d'œuvre, devint bientôt une source intarissable de revenus. Quand la décision de mettre la main sur un syndicat était prise, on demandait à de jeunes malfrats tels que Mooney Giancana, Willie Bioff et Johnny Roselli de réunir les bandes de voyous psychopathes chargées de l'intimidation.

Mooney put ainsi faire étalage de sa cruauté et de son cran, mais, surtout, de son aptitude à commander, et il ne laissa pas passer l'occasion. Il recruta ses hommes de main parmi les anciens des 42 tels que Fifi Buccieri, Sam DeStefano, alias Chien Fou, Gianola la Teigne, Chuckie Nicoletti et Teets Battaglia. Il s'enorgueillissait du fait que, après avoir été mis sous pression pendant quelques semaines par la terreur utilisée par ses acolytes, les responsables des syndicats s'empressaient d'accepter tout ce qu'il exigeait. Et chaque succès faisait monter les actions de Mooney.

Après la prise de contrôle du syndicat des boutiques de nettoyage à sec, ceux du bâtiment, de la coiffure et des techniciens de cinéma tombèrent rapidement. S'il n'existait pas de syndicat, Humphreys en créait un. Les gens se trouvèrent soudain membres de syndicats dont ils n'avaient jamais entendu parler et leurs employeurs commencèrent à verser des contributions et honoraires aux hommes de paille de l'Organisation pour échapper à la violence.

En 1934, le gang de Chicago adopta une tactique plus

audacieuse et ambitieuse. Ricca, Nitti et Humphreys, qui prétendirent avoir pris pied à Hollywood grâce au soutien financier qu'ils apportèrent à l'entrée de Joe Kennedy, lui-même ancien trafiquant d'alcool, dans l'industrie cinématographique, décidèrent d'étendre leur racket syndical au niveau national en installant George Browne, un de leurs hommes, ainsi que Willie Bioff à la tête de l'Alliance internationale des machinistes de théâtre et techniciens de cinéma. Cette manœuvre apporta à Chicago une suprématie absolue sur l'industrie cinématographique et les salles où passaient les films.

Ricca chargea un ami de Mooney, Johnny Roselli, élégant et débrouillard, de superviser la Californie. Suave, Roselli prit goût à Hollywood comme une star en pleine ascension et négocia, en moins de temps qu'il n'en faut pour fredonner quelques mesures de *Anything Goes* se souvint plus tard Mooney, l'extorsion de millions de dollars aux grands studios. En un rien de temps, des stars que Mooney qualifia de « parrainées par le gang », dont les Marx Brothers, George Raft, Jimmy Durante, Marie McDonald, Clark Gable, Gary Cooper, Jean Harlow, Cary Grant et Wendie Barrie, se virent offrir des contrats extravagants.

Comme il n'existait pas, autant au niveau fédéral qu'à ceux des États ou des localités, de lois régissant les fonds et les activités des syndicats, Chicago avait trouvé la clé de Fort Knox*. En 1936, les principaux syndicats de la ville étaient tombés sous la domination de l'Organisation et ceux qui, parfois, se révoltaient ne tardaient pas à reprendre le droit chemin.

Un filet avait été lancé dans le Milieu, créant un réseau d'intérêts entre des hommes qui reconnurent que l'union apportait d'énormes avantages financiers.

— Avec les syndicats, on a pris le gros poisson, dit plus tard Humphreys, évoquant ses souvenirs en compagnie de Mooney, il ne nous restait plus qu'à le sortir de l'eau.

Afin de superviser les activités croissantes de l'Organisation, des « lieutenants » dignes de confiance tels que Louis Campa-

---

* Forteresse où sont conservées les réserves fédérales d'or des États-Unis.

gna, Tony Accardo, Charlie Gioe, surnommé Nez Rouge*, les frères Fischetti et Fusco, Johnny Roselli, Frank Nitti et Sam Hunt reçurent des territoires spécifiques, reconnus par tous. Depuis ces zones protégées, les lieutenants régnaient sur des dizaines d'employés, ou « soldats », des types avec plus d'estomac que de jugeote qui se chargeaient de l'intimidation au quotidien.

Les « hommes de main » tels que Mooney Giancana servaient souvent de chauffeur ou garde du corps d'un « général » ou de ses conseillers, ou encore d'un lieutenant important. En tant que tueurs à gages, les « hommes de main » étaient considérés comme une espèce particulière ; ils n'avaient pas de territoire et, avec l'autorisation de leur hiérarchie, n'importe quel membre de l'Organisation pouvait faire appel à leurs compétences.

Les rôles étaient fluides et changeants ; on pouvait s'élever dans les rangs de l'Organisation grâce à la mort d'un supérieur ou bien en se montrant plus intelligent, dur et impitoyable que ses égaux.

L'argent des syndicats, ainsi que celui qui provenait d'autres activités illégales, était mis en commun et distribué, le « général » en percevant la plus grosse part.

Comme Paul Ricca était parvenu à prendre le pouvoir en 1937, personne n'ignorait, dans la pègre de Chicago, que toutes les personnalités locales et fédérales, ainsi que celles du comté et de l'État, lui mangeaient dans la main. Ses fidèles, dont Mooney faisait partie, affirmaient qu'il était également reçu à la Maison-Blanche, accordant et demandant des services avec la même assurance au niveau national. En deux décennies, l'Organisation de Chicago, dragon aux multiples têtes, était devenue adulte.

Mooney veilla à ce que l'on sache qu'il appréciait la façon dont Ricca et Humphreys s'occupaient des syndicats ; Humphreys lui plaisait depuis le jour où il avait travaillé avec lui pour la première fois. Il dit à Chuck qu'il avait compris, ce jour-là, que Humphreys était plus intelligent que les débiles qui traînaient dans les ruelles, plus intelligent même que Nitti et Capone. Humphreys avait terminé ses études secondaires alors

---

* Cherry Nose.

que pratiquement tous les autres n'avaient pas dépassé le cours élémentaire. Mooney était également dans ce cas, néanmoins il croyait fermement qu'ils avaient cette intelligence en commun.

Le don exceptionnel de Mooney pour calculer et mémoriser les nombres était bien connu. Dans sa jeunesse, le goût des chiffres ne lui avait guère permis de marquer des points ; seuls comptaient ses talents d'exécuteur et de chauffeur. Mais, depuis qu'il était sorti de Joliet, ses aptitudes mathématiques s'étaient révélées utiles et commençaient à lui valoir un statut différent de celui des autres malfrats.

Il avait même pris l'habitude, après quelques verres, de faire étalage de son talent, disant à Chuck :

— Ça remet les autres à leur place, nom de Dieu ! On pourra jamais m'avoir et rester en vie assez longtemps pour s'en vanter.

La menace faisait réfléchir les types qu'il avait organisés sous sa direction. En 1937, plus de cinquante minables faisaient la tournée des commerçants du Patch pour le compte de Mooney, collectant le prix de sa protection. D'après lui, s'il ne les avait pas tenus serrés, ils n'auraient pas hésité à garder une partie du butin.

Mooney créa son propre empire dans le Patch, lequel reposait sur les vols de voitures, les cambriolages, la distillation d'alcool clandestin, les braquages de bijouteries, l'extorsion et l'usure, ainsi que sur le jeu. A mesure que sa domination s'affirmait, il était en mesure de distribuer les emplois comme des friandises aux émigrants misérables... ou de les reprendre. En 1937, les rackets des syndicats se retrouvèrent de plus en plus fréquemment sous son autorité, et Ricca ainsi que Humphreys lui demandèrent régulièrement de fournir les troupes nécessaires à leur contrôle.

Ricca et Humphreys furent impressionnés par Mooney Giancana, trouvant ce jeune homme de vingt-neuf ans à la fois avisé et réfléchi. Et Mooney fut également impressionné par eux.

Depuis l'époque d'Esposito, il était captivé par leur style et écoutait attentivement, quoique le plus souvent sans intervenir, tandis qu'ils mettaient au point des actions qui englobaient aussi bien les marchandages politiques que le meurtre ou les mesures nécessaires pour tirer d'affaire Joe Kennedy, trafiquant d'alcool de leurs amis, dont la mafia juive de Detroit, le gang Violet, voulait la peau.

Le gang Violet avait lancé un contrat sur la vie de l'Irlandais parce qu'il avait vendu du rhum de contrebande sur son territoire sans son autorisation et Kennedy, craignant pour sa vie, était venu à Chicago, suppliant Esposito d'intervenir en sa faveur. Mooney avait vu Esposito, Ricca et Humphreys jouer capricieusement avec son destin. Esposito avait finalement donné le coup de téléphone nécessaire, si bien que Kennedy fut toujours, par la suite, le débiteur de Chicago.

Mooney admirait visiblement Paul Ricca, mais réservait ses louanges les plus enflammées à Humphreys, ne se lassant pas d'expliquer à Chuck comment Humphreys était capable d'analyser une situation et d'élaborer une stratégie, se chargeant de toutes les difficultés que rencontrait le gang à un moment donné puis, tel un Houdini en chapeau mou, créant un plan à partir de rien. Mais, au bout du compte, Chuck savait que son frère appréciait le Chameau pour une raison beaucoup plus simple et concrète.

— Humphreys fait le boulot et il le fait intelligemment.

Au début, Chuck fut étonné de voir son frère approcher sa chaise, au Bella Napoli, aussi attentif qu'un gamin du cours préparatoire, chaque fois que Murray prenait la parole. Mais il se rendit rapidement compte que son frère, en regardant agir Humphreys, apprenait des ruses étrangères à l'univers de violence du Patch. Pour Humphreys, la violence n'était pas toujours la meilleure solution, ni la seule.

« Un connard vivant est plus rentable qu'un connard mort » était une de ses nombreuses maximes.

Ce n'était pas que Humphreys détestait la violence, selon Mooney il avait personnellement buté son quota de types, mais le Chameau préférait les alternatives pacifiques et rentables.

— On peut pas dire le contraire, Chuck, une tête comme celle de Murray peut faire la différence entre gagner et perdre... c'est une balle dans le canon de ton flingue. Prends un type avec ma poigne, mets-le avec l'intelligence de Humphreys et, qui sait ? on peut devenir patron, un jour.

Il sourit, en disant cela, et Chuck ne put s'empêcher de se demander si ce n'était pas exactement à cela que Mooney pensait.

Mooney aimait également le style de Humphreys. Dès le

début de sa carrière, Humphreys avait pris l'habitude de porter des costumes de luxe et des pardessus en poil de chameau. Les pardessus étaient devenus sa marque de fabrique, d'où son surnom. Mooney constata que Ricca et Nitti appréciaient son élégance, son aptitude à frayer avec les personnalités et les hommes d'affaires. Murray Humphreys, grandes oreilles et petits yeux noirs à part, était, comme dit Mooney :

— Super-sapé... la vraie classe. Bordel, Chuck, l'allure d'un type peut lui ouvrir la porte du roi d'Angleterre. Avec sa classe, Murray a ses entrées partout et, partout où va Murray, l'Organisation va avec lui.

Mooney veilla donc à s'habiller de mieux en mieux, alla chaque semaine chez Rothschild et revint les bras chargés d'élégants costumes en flanelle grise, de costumes croisés à fines rayures et de cravates en soie. Il se mit à porter de souples mocassins en veau et des chaussures noir et blanc. Des chapeaux mous assortis à tous ses ensembles garnissaient les étagères de son placard. Et il ne négligea pas Ange, veillant à ce qu'elle soit à la dernière mode ; ensembles-pantalon, perles et manteau de vison faisaient partie de sa garde-robe sans cesse grandissante.

Fin mars 1937, Angeline fit une nouvelle crise de jalousie ; elles devenaient de plus en plus fréquentes et Mooney les trouvait de plus en plus irritantes. Avant de sortir en coup de vent, ironique, il fit remarquer à Ange que quelques torgnoles bien placées la remettraient peut-être à sa place ; c'était peut-être de ça qu'elle avait besoin.

— Les femmes comprennent rien, expliqua-t-il à Chuck ce soir-là, dans la voiture, tandis qu'ils allaient retrouver Ricca et Humphreys. Ange devrait avoir pigé, maintenant, qu'il ne faut pas poser de questions, que ce que font les hommes ne la regarde pas.

Il ajouta qu'elle devenait très jalouse, pratiquement hystérique, et l'accusait de voir d'autres femmes presque chaque fois qu'il sortait.

Bon sang, se dit Chuck. Les sorties nocturnes n'étaient pratiquement jamais liées au sexe. C'étaient les affaires. Et ce que l'on éprouvait en compagnie des gars... bon, Mooney avait raison, c'était vachement trop chouette pour s'en priver à cause des pleurnicheries d'une bonne femme. Pas à cause d'une putain, et sûrement pas à cause d'une épouse. Chez lui, l'homme pouvait jouer le rôle du mari et, selon Chuck, Mooney s'en tirait vraiment très bien. Mais au Napoli, on était un homme.

Dès qu'ils ouvrirent la porte du café, Chuck se rendit compte qu'il y avait de l'électricité dans l'air.

— Paul et Curly veulent te voir, souffla un serveur brun dans un italien haché. Ils sont au fond.

D'un geste de la main, il montra les deux hommes assis à une table. Mooney, le col du manteau relevé et un feutre marron incliné sur la tête, passa rapidement entre les tables. Chuck suivit à distance respectueuse et s'adossa au mur du fond.

Son frère garda son manteau mais, par politesse, retira son chapeau et le posa sur ses genoux. Il avança sa chaise et se tourna vers Ricca ; Chuck eut l'impression que les yeux, profondément enfoncés dans les orbites, de l'homme assis en face de son frère le transperçaient. Mooney avait dit que Paul était comme un chien sauvage, qu'il ne supportait pas les types nerveux qui bougeaient continuellement, et Mooney savait qu'il n'avait pas intérêt à lui laisser deviner quelles étaient ses émotions réelles. Donc il ne flancha pas, resta immobile et attendit que Paul explique ce qui le tracassait.

— Mooney, on a un petit problème. Curly et moi, on sait que tu peux le régler.

Ricca s'appuya contre le dossier de sa chaise et ouvrit le gilet de son élégant costume. Il alluma un long cigare avant de poursuivre :

— Voilà ce qui se passe. Il faut remettre le Syndicat des coiffeurs dans le droit chemin. Il y a encore des vieillards qui râlent. Va falloir qu'on les persuade de nous faire confiance. Ils ont un salon au coin de Loomis et Taylor.

Mooney regarda Ricca, puis Humphreys. Sans ajouter un mot, il remit son chapeau et se leva.

— C'est comme si c'était fait, Paul, dit-il. Puis il fit signe à Chuck de le suivre.

Conduire aidait toujours Mooney à mieux réfléchir et il ne se pressa pas de rentrer.

— Je vais avoir besoin de renfort pour convaincre les coiffeurs que travailler avec nous ça vaut une assurance sur la vie, dit soudain Mooney. Je vais envoyer deux de mes gars et...

Carl Torsiello. Carl a vraiment besoin de blé, je le sais parce que sa belle-sœur a dit à Ange qu'ils s'en sortaient pas.

Mooney confia à Chuck que Carl l'avait même abordé, un jour, pour lui demander s'il pouvait lui donner du travail.

— N'importe quoi, Mooney, avait dit le bel Italien. N'importe quoi... J'ai une femme et une belle petite fille, Anne-Marie. Elle a juste cinq ans de plus que ta fille, Mooney. Il faut que je la nourrisse et que je l'habille, et aussi notre nouveau bébé. Alors je te serais vraiment reconnaissant si tu entendais parler de quelque chose.

— Si Carl se démerde bien, ça pourrait être le commencement d'une nouvelle vie pour lui et sa famille, ajouta Mooney, puis il sourit. Et ça plaira à Ange et ses copines, sûr ; je serai un prince quand je les aurai aidés à s'en sortir.

Il resta quelques instants silencieux, tirant pensivement sur son cigare.

— Et puis, reprit-il, j'aime bien Carl. On va lui donner une chance et on verra bien.

Chez lui, Mooney téléphona immédiatement au Gros Léonard. Il l'envoya chez Torsiello et lui donna les instructions relatives au boulot. Vingt ans plus tard, Carl Torsiello raconta à Chuck avec quel enthousiasme sa femme, Tillie, et lui accueillirent cette occasion de réussir dans la vie grâce à Mooney.

Carl avait compris tout de suite que c'était sa grande chance, peut-être son unique chance, de se faire accepter par Mooney et son groupe. Lorsqu'il était rentré du travail, ce jeudi après-midi, et avait regardé son appartement minuscule, il s'était dit qu'il serait merveilleux de toujours avoir de la viande sur la table et de l'argent dans la poche. Il en avait assez de travailler comme une bête dix-huit heures par jour sur les voies de chemin de fer. Et assez de gagner des clopinettes, quinze dollars par semaine, en déchargeant interminablement les caisses d'oranges et de poires en provenance de Californie.

— Tu es épuisé, Carl, avait dit sa femme. Tout ça va changer parce que, ce soir, c'est un nouveau départ. Les choses vont être différentes, à présent. C'est pour Mooney, pas vrai ?

Elle avait baissé la voix en disant « *Mooney* »... tout le monde le faisait ; c'était un signe de respect, même quand il n'était pas là.

Il avait bien vu que Tillie était fière de lui. Ça lui avait fait plaisir. S'il travaillait pour Mooney, la famille Torsiello serait enfin sur la bonne voie. En tout cas, c'est ce que crut Carl.

Les gars vinrent le chercher à dix-neuf heures pile ce soir-là mais, avant de franchir le seuil, il embrassa Tillie sur la joue.

— Quoi que je doive faire, Til, tu sais que je ne laisserai pas tomber ma famille, dit-il.

Il dut se forcer à ne pas oublier cela quand ils arrivèrent dans le salon de coiffure. La faible lumière conférait une atmosphère étrange à la pièce.

Il regarda brièvement les autres gars et se demanda ce qui allait se passer, à présent. Ils étaient trois, debout dans l'obscurité : Torello le Turc, Sam DeStefano, Chien Fou, et Gros Léonard. Il les connaissait de réputation ; ils comptaient parmi les pires salauds du quartier. Il n'avait pas protesté quand ils avaient crocheté la serrure et forcé la porte ; il savait que ce que voulait Mooney n'était sûrement pas légal ; il n'était pas naïf. Mais les battes de base-ball, les coups-de-poing américains et les pistolets des gars le rendaient nerveux.

Léonard sourit, montra la lumière sous la porte de l'arrière-boutique et souffla :

— Là-bas.

C'était sans doute le signal que le Turc et Chien Fou attendaient, parce qu'ils levèrent leurs battes et enfoncèrent la porte. Lorsqu'elle tomba sur le sol dallé, dans un craquement de bois cassé et de gonds arrachés, Carl vit deux vieillards. Le premier était chauve et avait une petite moustache élégante ; l'autre avait les cheveux aussi blancs que le tablier que Tillie portait le dimanche, se dit Carl. Il était petit, rondouillard et allait sûrement sur ses soixante-dix ans.

— *Mamma mia,* qu'est-ce que vous voulez ? s'écria celui qui portait la moustache. Vous voulez l'argent ? Voilà l'argent...

Il montra le bureau derrière lequel ils se trouvaient et la boîte métallique contenant les factures de la journée.

— Ce n'est pas l'argent qu'ils veulent, Sal, dit l'homme aux cheveux blancs. Non, ils viennent à propos du syndicat.

Il se leva et affronta les quatre intrus.

— C'est ça, n'est-ce pas ?

Le vieillard était courageux, même s'il bluffait, et Carl eut soudain envie d'être ailleurs, n'importe où, mais pas dans cette boutique, en face d'un vieillard qui n'aurait pas fait de mal à une mouche.

Le Turc leva sa batte et l'abattit sur le bureau, si bien que les coiffeurs sursautèrent violemment.

— C'est ça, vieillard, dit Léonard. On est venu causer des syndicats. On a entendu dire que vous aviez des revendications. Peut-être que vous voulez nous dire lesquelles...

Les coiffeurs se regardèrent. Carl vit qu'ils étaient absolument terrifiés.

— Alors ? Vous avez perdu votre langue ? Qu'est-ce que vous décidez, connards ? Vous faites des vagues ou vous votez pour le syndicat ? De toute façon, vous fermerez vos gueules et vous vous occuperez de vos oignons. Sinon... vous pourrez plus couper les cheveux. Pigé ?

— Allez, Léonard, tu vois pas que ces fumiers sont rien que des emmerdeurs ? Faut leur apprendre à vivre... Deviennent insolents, avec l'âge. Peut-être qu'ils devraient prendre leur retraite, ironisa Chien Fou.

— Ta gueule, cracha Léonard.

Carl regarda brièvement le Turc et Chien Fou. En les voyant tripoter leurs battes, il songea que tout ce qu'il avait entendu dire sur eux était vrai ; l'idée de dérouiller des vieillards leur faisait plaisir. Le Turc glissa une main dans la poche de sa veste ; il y avait une arme, à l'intérieur, et il semblait pressé de s'en servir, mais Léonard sortit la sienne avant lui.

— Alors, qu'est-ce que vous décidez ? demanda Léonard, brandissant le revolver. Vous voulez être morts quand on s'en ira... ou vivants ? J'attends, mais je vais pas attendre longtemps.

Ils n'avaient pas eu le temps de répondre que la batte de Chien Fou heurtait violemment la tête du vieillard aux cheveux blancs, qui s'effondra. Le sang tacha sa chevelure de neige et coula sur son visage, voilant ses yeux effrayés. Il leva la tête, suppliant, mais la batte tomba à nouveau. Cette fois, elle l'atteignit à la jambe, avec un craquement écœurant, et il la saisit, hurlant de douleur. Ses yeux se révulsèrent puis il tomba, sans connaissance, sur le dallage taché de sang.

— Beau boulot, Chien Fou... ça lui apprendra, s'écria le Turc. File-lui-en un autre.

Ils rirent et ne semblèrent pas remarquer que Carl ne prenait pas part à leur petite fête. Son premier mouvement avait été de réconforter le vieillard. Le sang lui donnait envie de vomir. Il avait été stupide de croire qu'il pourrait faire partie de la bande de Mooney.

— Vous êtes en train de le tuer, hurla l'autre coiffeur, qui se mit ensuite à bredouiller dans un anglais heurté : un ami de cinquante ans... vous le tuez.

Il se jeta sur Chien Fou mais n'arriva pas jusqu'à lui, le Turc l'ayant frappé à la tempe avec son pistolet. Il vacilla, s'appuya contre le bureau.

— Alors, les gars, qu'est-ce que vous attendez ? Donnez une bonne leçon à cet enculé. Bottez-lui le cul... qu'il oublie pas pour qui faut voter, ordonna Léonard. Puis il s'éloigna et alluma un cigare.

Armés de coups-de-poing américains, les deux autres se jetèrent sur l'homme. Lorsqu'ils lui cassèrent les doigts, un par un, les os craquèrent comme les grains de maïs à la fête foraine. Il hurla pendant quelques instants, se débattit dans l'espoir d'échapper aux coups qui suivirent, mais il ne pouvait rien contre leur jeunesse et tomba sur le dallage, en état de choc.

— Est-ce qu'il est mort ? demanda le Turc avec un rire étouffé, allumant une cigarette.

— Non, et il doit pas l'être, dit Léonard. On est pas venu pour les tuer... on est venu donner une leçon à ces fils de pute. Il faut qu'ils votent, tu piges, et les morts votent pas.

— Ça dépend des fois, fit remarquer le Turc, adressant un sourire hésitant à ses complices. Ils rirent à en perdre le souffle.

Pendant le passage à tabac, Carl était discrètement sorti de la boutique. Il décida de dire au Gros Léonard qu'il avait cru entendre des pas. Mais, en vérité, il n'avait pas pu supporter cela plus longtemps ; il ne s'était arrêté qu'une fois arrivé sur le trottoir. Lorsqu'il eut retrouvé son sang-froid, il resta sous l'enseigne tournante rouge et blanc du salon de coiffure, songeant à Tillie et à la façon dont il la laissait tomber. Il avait gâché sa chance.

— Tant pis, dit-il à haute voix, seul dans la rue obscure.

Il serra les poings et l'injustice de tout cela lui donna envie de pleurer. Il ne pouvait pas faire ça. Même si ça rapportait beaucoup d'argent. Et il décida à ce moment-là qu'ils y arriveraient d'une façon ou d'une autre, Tillie, lui et les enfants, sans Mooney et sans l'Organisation

6.

Mooney se contenta de répondre « plus tard » quand le Gros Léonard voulut lui parler de Carl Torsiello et de ce qui s'était passé la veille au soir, tandis qu'ils s'arrêtaient chez Louie, station-service située au carrefour de California et Lexington. Ce printemps-là, Chuck était très fier de pouvoir accompagner Mooney lorsqu'il faisait sa tournée dans son territoire ; et, comme d'habitude, il s'arrangea pour ne pas gêner son frère, ce jour-là, et resta près de la porte ouverte du garage, au soleil, buvant un Coca-Cola bien frais acheté à la machine automatique.

Chaque matin, lorsque Mooney venait traiter ses affaires à la station-service, le propriétaire et sa femme le remerciaient abondamment.

— C'est un honneur, Mooney ; installez-vous donc. Vous êtes chez vous... aussi longtemps que vous voulez.

Puis ils s'en allaient en toute hâte, laissant la voiture d'un client sur le pont élévateur. Après leur départ, Mooney allumait un cigare, puis se mettait au travail.

La nouvelle de la présence de Mooney chez Louie devait se répandre rapidement parce que, un par un, des habitants du quartier venus de tous les horizons, du métèque minable au banquier ou au flic, ne tardaient pas à arriver et faisaient la queue pour s'entretenir avec lui. Et cela pouvait durer jusqu'à midi. Ensuite, ils restaient encore un peu avant d'aller à la boulangerie, chez Claudio, où Mooney recevait pendant l'après-midi.

Assis contre le mur du bâtiment, admiratif, Chuck regardait la magie de son frère en action. Il y eut un homme corpulent, en costume, évoquant un homme d'affaires, qui demanda le soutien de Mooney pour ouvrir un bar. Un type échevelé, vêtu d'un vieux pantalon de toile, attendait à l'écart, faisant les cent pas et fumant des Lucky Strike à la chaîne ; on racontait qu'il devait de l'argent à l'Organisation et ne pouvait pas rembourser. Au fond du garage, deux vieillards dont les crânes chauves luisaient étaient tassés dans un coin. Chuck les avait déjà vus ; ils dirigeaient des boîtes de jeux et de paris clandestins.

Il y avait aussi les miséreux habituels, qui cherchaient du travail dans un syndicat ou un autre ; trois d'entre eux, devant la porte, discutaient du nombre de bouches qu'ils avaient à nourrir.

— Et encore un bébé en route, se lamentait l'un d'entre eux.

Quelques nouvelles recrues à la peau marquée par la petite vérole, ramassées par Fifi dans les rues, étaient alignées contre le mur, derrière le pont élévateur, ricanement cruel en permanence sur le visage, attendant l'occasion de démontrer leur valeur.

La façon dont ces gens s'aplatissaient et jouaient des coudes pour un bref entretien avec Mooney fascinait Chuck. Ils dansaient d'un pied sur l'autre, comme des nègres dans une plantation, les yeux baissés. Si son frère avait été le pape, ils ne se seraient pas montrés plus craintifs et geignards. Entendre des adultes demander la permission d'acheter une maison ou une voiture le stupéfiait. Ils suppliaient et racontaient leur vie quand ils avaient besoin de travail, ils flattaient, souriaient et disaient : « Oui, monsieur, bien, monsieur » quand ils voulaient ouvrir une affaire, légale ou pas. La plupart du temps, ils ne venaient pas demander de l'argent ; ils cherchaient à obtenir une permission ou un conseil. Ou bien ils apportaient des billets dans de longues enveloppes bien propres et partaient sans un mot.

Paul Ricca n'avait pas grand-chose à apprendre à Mooney sur la réaction de l'Organisation à la fin de la prohibition. Mooney savait très bien qu'elle avait trouvé de nouvelles activités lucratives et il était de plus en plus impliqué dans leur fonctionnement.

En plus des rackets, l'Organisation distillait de la gnôle mais la vendait désormais à des grossistes qui payaient patente. Les grossistes, le plus souvent des trafiquants connus devenus entrepreneurs respectables, cherchaient toujours à accroître leurs bénéfices. Mise en bouteille et présentée comme un produit de marque ou d'importation, une gnôle produite à quatre *cents* le litre dans un coin perdu de campagne permettait à l'Organisation, et aux grossistes corrompus, de faire des milliers de dollars de bénéfice. L'essentiel du prétendu scotch de qualité de Joe Kennedy provenait en réalité de distilleries clandestines.

— Une main lave l'autre, dit Paul Ricca à Mooney. Et, en ce moment, une de ces mains est vide, tous les grossistes veulent de la marchandise à bon marché, et pour leur en donner, il nous faut davantage d'alambics et davantage de gnôle.

C'est pourquoi, au début de l'été 1937, Mooney chargea un soldat de l'Organisation, Guido Gentile, de trouver une propriété à la campagne.

— Dans un coin paumé, Guido, dit Mooney à son éclaireur. Ça va être un gros coup et il faut pas que ces connards de flics viennent fouiner dans nos affaires et tout foutre en l'air.

Gentile se mit en quête d'une grange et d'un agriculteur coopératif dans un endroit à l'écart de tout. Il les trouva à Garden Prairie, dans l'Illinois.

La liste de ce dont Gentile avait besoin était longue : un approvisionnement régulier en céréale et combustible, ainsi que des véhicules pour transporter la production. Lorsque Gentile eut monté l'opération, Mooney chargea neuf soldats du Patch de faire fonctionner les alambics. En janvier 1938, leur production de gnôle permettait d'alimenter la côte est jusqu'à Boston, le Nord jusqu'à Milwaukee, Detroit et même Cleveland. Après avoir versé leurs parts à Ricca et aux gars, Mooney se retrouvait avec plus d'argent qu'il n'en avait gagné pendant toute sa vie.

Pendant l'été, Chuck passa de plus en plus de temps en compagnie de Mooney, ou chez lui, et assimila ce qu'il put du sens des affaires de son frère. Quand Ange eut mis au monde, en avril, une petite fille en excellente santé, baptisée Bonnie, Mooney se montra plus disposé que jamais à emmener Chuck avec lui.

Son frère faisait apparemment des affaires partout. Ce n'était pas toujours aussi formel qu'au garage ou à la boulangerie. Le plus souvent, ce n'était pas formel du tout. Chuck dînait chez Mooney en compagnie de son frère, d'Ange et de ses deux nièces, puis le téléphone sonnait. En général, Ange décrochait ; Mooney la chargeait de filtrer ses appels et, s'il s'agissait de quelqu'un avec qui il acceptait de parler, il le prenait dans l'autre pièce. Il lui fixait rendez-vous, en général le soir même. Cela pouvait être à un carrefour, sur un parking ou simplement dans une voiture. Personne n'avait envie d'avoir un vrai bureau. Les gars de l'Organisation adoraient le secret, notamment raser les murs et donner des ordres à voix basse.

Ange fut rassurée quand Mooney emmena Chuck avec lui ; ses crises de jalousie se firent moins fréquentes. Elle croyait, décida Chuck, que jamais son mari n'aurait rencontré une autre femme en présence de son frère, ce qui ne pouvait pas être plus éloigné de la vérité ! Après ses rendez-vous, qui l'occupaient plusieurs heures, Mooney aimait aller décompresser dans un bordel de luxe et suggérait à Chuck de profiter de l'occasion.

— C'est gratuit, disait-il tandis qu'ils garaient la voiture. Les autres connards doivent payer jusqu'à cent dollars pour baiser ces nanas... Mais pas un Giancana. Tout ce que tu veux, Chuck... tu m'entends ? Tout. Tu peux l'avoir, Chuck. Tu n'as qu'à te servir.

Les Italiens qu'ils rencontraient pendant les tournées de Mooney étaient des hommes que Chuck finit par bien connaître. Au Bella Napoli, Paul Ricca lui permettait de s'asseoir à la même table que Louis Campagna, Johnny Roselli, Tony Accardo, Murray Humphreys, et Chuck était fier d'être ainsi accepté. Chuck ne parvenait pas à décider si Mooney le préparait en vue du jour où il entrerait dans l'Organisation, il n'osait pas poser la question, ou bien s'il l'emmenait simplement pour calmer Ange. Grâce à Mooney, Chuck rencontra également des hommes extérieurs au quartier, des types comme Jake Guzik, pour qui Mooney travaillait. Guzik était juif et on le surnommait Pouce Gras parce qu'il manipulait les paquets de billets avec une adresse exceptionnelle. C'était Guzik, avec Ricca, Sam Hunt, surnommé Sac de Golf, Murray Humphreys et Nitti, qui avait préservé l'unité de l'Organisation quand l'IRS* eut pincé Capone.

Néanmoins, ce n'était pas le sens des affaires de cet homme qui impressionnait Chuck, mais sa gentillesse et sa générosité ; chaque fois qu'ils allaient au quartier général de Guzik, le Grill Saint-Hubert, ils repartaient avec trois ou quatre vieux costumes destinés à Antonio. Grâce à Guzik, leur père commença à ressembler à un vrai don juan.

Chuck aimait aussi partager la table de Guzik. Il était chaleureux, bavard et Chuck le trouvait différent des autres types que Mooney fréquentait. Jake Guzik n'avait pas des yeux de tueur. Partager sa table équivalait à assister à une joyeuse distribution de cadeaux : capitaines de la police, personnalités politiques et juges défilaient pendant toute la soirée. Entre le vin et les côtes d'agneau, Guzik s'arrangeait pour qu'ils repartent tous avec le sourire, une enveloppe pleine de liquide à la main.

En août 1938, Chuck ne s'étonnait plus quand des hommes tels que Murray Humphreys montaient à l'avant de la voiture de son frère et discutaient avec lui, tandis qu'il restait silencieux sur la banquette arrière. Ils parlaient de pots-de-vin et de problèmes de main-d'œuvre pendant des heures. Au bout de quelques mois, il distingua la logique de ces rencontres ; son frère faisait sa tournée dans la soirée comme dans la journée. Mais les événements de la soirée étaient en général beaucoup plus intéressants.

Mooney ne l'aurait jamais emmené, Chuck en était certain, s'il avait su ce qui arriverait un soir d'octobre. Il était vraiment étrange que Chuck soit parvenu, pendant des mois, à refouler l'idée qu'il ne serait peut-être pas capable d'entrer dans l'Organisation.

La fréquentation de Jake Guzik avait beaucoup fait pour le mettre à l'aise ; la peur de devoir un jour buter un type pour être accepté dans l'Organisation avait pratiquement disparu. Mooney dit que Guzik n'avait pas assez d'estomac pour tuer et

---

* Internal Revenue Service, organisme fédéral chargé de la collecte de l'impôt et de la lutte contre la fraude fiscale. C'est pour fraude fiscale qu'Al Capone a été arrêté et emprisonné.

Chuck demanda comment il avait fait pour que Capone et les gars l'acceptent.

Mooney se tapota la tempe du bout de l'index et dit :

— La tête, Chuck. La tête. Guzik a pas besoin de tuer pour démontrer qu'il sert à quelque chose. C'est un Juif, il s'y connaît en pognon, et y a pas plus malin que lui.

Ces propos rassurèrent Chuck ; il se dit qu'il lui suffirait de démontrer qu'il était très intelligent, qu'il avait quelque chose dans la tête, pour se révéler utile.

L'idée d'être obligé de buter un type, ou de participer à un assassinat, cessa de le tourmenter. Il n'avait vu qu'une seule fois un type tomber, quand il était môme, dans le quartier, et il lui semblait que ça faisait très, très longtemps ; mais, s'il fermait les yeux et y songeait, il revoyait encore la flaque de sang, en respirait à nouveau l'odeur et entendait toujours l'air que le type sifflait ce jour-là. Parfois, en se réveillant, il l'entendait interminablement dans sa tête.

7.

Le mauvais caractère de Mooney, quoique bien connu dans le quartier depuis l'époque où il appartenait au gang des 42, s'était sensiblement atténué depuis qu'il connaissait Ange. Les femmes, notamment les sœurs de Chuck, étaient toujours tentées d'attribuer l'évolution de l'attitude des hommes à leur mariage mais, du point de vue de Chuck, le changement de Mooney n'avait rien à voir avec Ange.

Mooney se mettait encore en colère, mais pas de la même façon.

— Faut pas que les gens puissent savoir ce que tu penses, dit-il à Chuck. Te mets pas en boule, reste calme et l'autre type se méfiera pas, il ne comprendra pas ce qui lui tombe sur le coin de la gueule.

D'une façon ou d'une autre, les gens avaient sans doute deviné que, quelle que soit l'attitude de Mooney, ils avaient intérêt à marcher droit. Tout le monde, de Principe, le tailleur, à Claudio, le boulanger, veillait à ce que Mooney n'ait pas la moindre raison de se plaindre. Et ce que l'on racontait à propos de types tels que Mike, qui avait tenté de doubler Mooney et de rogner sur ses bénéfices, ou d'autres minables qui ne s'étaient pas tenus à carreau, contribuait probablement à entretenir la peur.

En cinq brèves années, de 1933 à 1938, Mooney devint un modèle de calme. Chuck le vit passer des heures dans la station-service, absolument impassible, face à des types qui n'arrêtaient pas de jacasser. Il s'appuyait contre le dossier de sa chaise, croisait les bras et on ne pouvait même pas être sûr qu'il écoutait. De temps en temps, il levait un sourcil. C'était tout. Quand il se tournait vers un de ses soldats, ça pouvait être aussi bien pour ordonner de descendre quelqu'un que pour demander un café. Aux environs de Thanksgiving, Chuck eut pourtant l'occasion de constater que le caractère de Mooney n'avait guère évolué et que sa femme n'exerçait pratiquement aucune influence sur lui.

Mooney et lui écoutèrent la radio et bavardèrent pendant des heures, après dîner. Il devait être minuit quand Murray Humphreys téléphona à Mooney. Chuck alla se coucher.

Chuck n'avait pas l'intention d'écouter mais son frère et sa belle-sœur firent un tel vacarme qu'il ne put résister.

Il savait que Mooney avait déjà plusieurs fois battu Ange et, avançant silencieusement dans le couloir, il imagina que la raison de la querelle était une fois encore la même : les autres femmes. Chuck ignorait combien Mooney en voyait, mais il y en avait sûrement plusieurs. Il y avait celle de la fabrique d'enveloppes et les danseuses des boîtes de nuit de Rush Street. Les sœurs de Chuck étaient au courant, si bien qu'il supposait que les amies d'Ange savaient également. Et cela signifiait que sa belle-sœur n'ignorait pas les infidélités de Mooney.

— Alors tu sors ? A cette heure ? Pourquoi ? cria Ange.

Mooney avait mis sa veste ainsi que sa cravate et tenait son chapeau à la main.

— Pour affaires, nom de Dieu. Les affaires, Ange. Tu peux pas arrêter ? Merde, tu es comme les flics.

Il lui tourna le dos et prit le chemin de la porte.

— Non, je ne peux pas... Ne franchis pas cette porte sans m'avoir dit qui tu vas voir ce soir.

Chuck n'en crut pas ses oreilles ; personne n'osait donner des ordres à Mooney et il savait que la réaction ne se ferait pas attendre.

Mooney pivota sur lui-même et jeta son chapeau sur le canapé. Ses paupières étaient plissées et ses dents serrées.

— Sinon qu'est-ce que tu vas faire, Ange ? Tu crois que tu peux me menacer ?

Il marcha vers elle, la main levée. Instinctivement, elle recula.

— T'as pas encore compris qu'il faut pas me poser des

questions sur les affaires ? poursuivit-il. Bon sang, me demande rien ! Et essaie jamais de me dire ce que je dois faire ou pas faire. Tu piges ? Hein ?

Il crachait les mots, avançant sur elle avec une détermination manifeste. Son corps oscillait comme celui d'un boxeur attendant l'occasion de frapper.

— Tu m'entends, Ange ? demanda-t-il, la prenant par les épaules et la secouant. Hein ?

Elle se dégagea.

— Arrête. Tu me fais mal, gémit-elle, se frottant les bras sous le satin fin de son peignoir.

— Tu perds la boule, voilà ce qui se passe, s'écria Mooney. Et je ne vois pas d'autre femme, si c'est ça qui te met dans cet état.

Cette franchise la déconcerta.

— C'est... C'est exactement ce que je veux dire. Pourquoi refuses-tu de le reconnaître ? Pourquoi ? Tu ne peux donc pas me dire la vérité ?

Sa voix se fit progressivement plus stridente, plus tendue.

— Quelle différence ? poursuivit-elle. J'ai été assez humiliée. Tu me prends pour une de tes petites traînées écervelées ? Tu crois que je suis complètement idiote... que je suis aveugle ?

— Alors tu veux la vérité, ironisa-t-il. J'vais te la dire, la vérité. Tu es une emmerdeuse, voilà ce que tu es.

— Comment peux-tu dire ça ? Je veux seulement que ce soit comme avant, Mooney... avant notre mariage. Tu agissais comme si j'étais la plus belle fille du monde, comme si tu m'aimais.

Le ton implorant qu'il connaissait bien n'échappa pas à Chuck, qui pensa à toutes les fois où il avait supplié Mooney de ne pas le tabasser ; elle savait ce qui allait arriver, forcément.

— *Comme si...* ça, ça me plaît comme expression. Tu devrais réfléchir un peu à ça : *comme si*. Ouais, j'ai agi *comme si* je t'aimais. T'as oublié à qui t'avais affaire.

— Je... te hais. Seigneur, je te hais !

— Vraiment ? Alors tu vas pas aimer ça.

Il la gifla puis la plaqua contre le mur. Saisissant son cou entre ses mains, il posa presque ses lèvres sur les siennes. Il s'immobilisa, le souffle court, puis souffla d'une voix rauque :

— Merde, Ange, qu'est-ce qui va pas chez toi ? Tu me rends

dingue. Quand est-ce que tu vas enfin me croire ? Il n'y a personne d'autre. Je regrette. Je pensais pas ce que j'ai dit. Bon sang, je t'aime.

Il l'embrassa. Elle se mit à pleurer.

— Je regrette. Moi aussi, je regrette... Mais, je t'en prie, Mooney... dis-moi la vérité.

Il la regarda droit dans les yeux.

— Je ne vois personne d'autre. Et c'est jamais arrivé. Ça n'arrivera jamais. (Il la serra contre lui.) Je t'aime, Angeline DeTolve Giancana... et je n'aime que toi.

Il serra son visage entre ses mains et l'embrassa avec brutalité. Quand il s'écarta, elle semblait épuisée, essoufflée, comme s'il était parvenu à aspirer toute la colère, toute la vie qui étaient en elle. Il posa les mains sur ses épaules, les bras tendus.

— Maintenant, va te coucher. Faut que je sorte.

Il redevint de marbre et toute tendresse disparut de son visage. Il prit son chapeau et s'en alla.

Après le départ de Mooney, Ange resta longtemps sans bouger.

Chuck eut l'impression que ce qu'il restait de leur image de couple parfait venait de s'écrouler sous ses yeux, de couler comme le mascara sur les joues d'Ange, qui sanglotait près de la lampe allumée. Elle était terriblement seule. Elle haïssait Mooney, pas de problème. Et elle l'aimait aussi. Exactement comme tous ceux qui appartenaient à son univers.

Tel était le secret de Mooney. Il attirait les gens dans son piège. Et il connaissait leurs faiblesses, quel appât utiliser. Dans certains cas c'était l'approbation. Dans d'autres l'amour. Ou l'argent et ce que l'on peut acheter avec. Mais, bizarrement, il suscitait la reconnaissance et les gens se sentaient coupables de le haïr parce qu'il les haïssait. C'était complètement dément.

Le lendemain, Ange et Mooney sourirent et vaquèrent à leurs occupations comme s'il ne s'était rien passé. Mooney lui demanda si elle avait envie d'aller voir *Holiday,* avec Cary Grant et Katharine Hepburn. Elle fut aussi joyeuse et émue qu'une lycéenne pour son premier rendez-vous. Ce n'était pas qu'ils ne sortaient jamais ; Mooney veillait à ce qu'ils le fassent au moins une fois par semaine. Lorsque cela arrivait, Chuck trouvait qu'ils ressemblaient à des vedettes de cinéma. Ange se coiffait avec un haut chignon, portait des fourrures et des diamants. Mooney était impeccable, dans un costume parfaitement coupé. Ils ne passaient pas inaperçus et, lorsqu'ils franchissaient la porte bras dessus bras dessous, ils sentaient les dollars à plein nez.

La querelle de Mooney et Ange ne changea pratiquement rien. Mooney se contenta de réduire un peu ses sorties nocturnes et Ange renonça à ses reproches. Pour se faire pardonner, il lui offrit une nouvelle étole de vison et une bague avec un gros diamant. Et elle fut satisfaite. C'était un cycle destructeur.

En réalité, Mooney devenait plus prudent. A mesure que son pouvoir grandissait, ses activités se faisaient plus discrètes. Ceux qui l'entouraient recevaient des bribes d'informations, éléments d'un puzzle. Mais personne, à part Mooney, ne savait comment ils s'assemblaient : ni Paul Ricca ni ses sous-fifres tels que la Teigne, Gros Léonard ou Teets. Personne. Chuck s'estimait heureux d'entrevoir une partie de l'ensemble ; il comptait parmi les rares personnes qui suivaient Mooney pendant toute la journée. Et il pouvait constater que le puzzle grandissait. Et que la vie conjugale d'Ange et Mooney n'en était qu'une pièce dérisoire, presque négligeable.

Les écarts de conduite de Mooney demeuraient discrets. Il voyait des femmes en dehors de la « famille » et veillait à ce que cela reste ainsi. Son projet de mariage stable avait magnifiquement marché. Jamais Ange n'aurait vraiment envisagé de le quitter, elle avait trop à perdre. Et il le savait. Il était parvenu à rendre tout le monde jaloux de sa femme et avait tout aussi bien réussi à lui faire prendre goût à cette situation. Avec les années, elle constata avec plaisir que personne n'avait un foyer plus luxueusement meublé, de plus belles fourrures, une plus jolie voiture, des bijoux plus spectaculaires. Personne ne s'y serait risqué.

Lorsqu'une femme mentionnait par exemple son projet d'avoir une nouvelle maison, au cours d'une partie de gin-rummy, luxe qu'Ange estimait déplacé ou humiliant pour elle, elle en avertissait Mooney pendant le dîner, et protestait énergiquement.

— Combien paies-tu tes hommes ? Comment peuvent-ils se permettre d'acheter à leur femme des choses plus belles que les miennes ? A mon avis, ça ne devrait pas exister... il faudrait y mettre un terme.

Et Mooney le faisait. Plus que jamais, ils étaient roi et reine. Même si les femmes stupides, à la tête enflée, comme disait Mooney, ne comprenaient pas comment les choses fonctionnaient, tel n'était pas le cas de leurs maris. Ils comprenaient rapidement qu'ils devaient rester à leur place.

Quelques mois plus tard, cependant, le 17 janvier 1939 exactement, un coup dur se produisit. Les agents du Trésor avaient investi la distillerie de Garden Prairie et arrêté Mooney ainsi que ses complices.

Chuck était près d'Ange lorsqu'on lui téléphona, et il crut qu'elle allait s'évanouir ; ses genoux cédèrent lorsqu'elle raccrocha et se tourna vers lui, en larmes.

— Mon Dieu, qu'est-ce que nous allons faire sans Mooney ?

Tout d'abord, il ne sut pas quoi répondre ; l'idée que Mooney puisse se faire arrêter par les flics et être condamné ne lui avait pas traversé l'esprit depuis des années. Tout marchait si bien. Mooney commençait à le traiter en homme, comme s'il n'était plus seulement un petit frère. S'il restait absent, leur vie et tous leurs projets d'avenir, les siens ainsi que ceux d'Ange et des enfants, s'écrouleraient. Il regarda Ange, appuyée contre la table, secoua simplement la tête et dit :

— Je ne sais pas ce qui va se passer s'il ne revient pas. Je n'en sais rien.

Ange se mit à pleurer.

Lorsque le procès eut lieu, en mai 1939, le juge fut indulgent avec les gens du coin, qui avaient fourni les granges et le malt, mais veilla à ce que la juste colère de la justice n'épargne pas les malfrats de Chicago. Mooney décida de plaider coupable, persuadé que sa peine serait de ce fait moins lourde, mais il fut condamné à quatre ans de détention, pour neuf chefs d'accusation, sans compter les amendes et frais de justice se montant à trois mille dollars. En octobre 1939, Mooney partit pour Leavenworth, au Kansas.

Comme Murray Humphreys, Mooney qualifia son séjour prévu en prison d'« école ». Mais, contrairement à Humphreys, qui avait dit aux journalistes avant de partir pour Leavenworth, en 1934 : « Pendant mon séjour, j'ai l'intention d'étudier l'anglais et un peu la géométrie », Mooney allait apprendre une chose dont il n'avait pas encore rêvé. Cette chose transformerait Chicago, et sa vie, définitivement.

8.

— Je croyais que tous les nègres étaient cons, cons et fainéants, voilà ce que je croyais, dit Mooney.

Sorti de prison depuis quelques semaines, il respira l'air froid avec une apparente satisfaction et se tourna vers Chuck.

— Mais mon vieux, j'avais tout faux.

Il secoua la tête et poursuivit d'une voix qui ne fut plus qu'un murmure rauque :

— Chuck, il y a des nègres, à Southside... tu croirais pas... des nègres qui font des millions, t'imagines pas les quantités...

Il s'interrompit comme s'il ne pouvait pas croire ce qu'il disait lui-même.

— Comment ? demanda Chuck.

Il y avait une légère couche de neige, sur le perron, et elle crissait sous ses semelles, parce qu'il dansait d'un pied sur l'autre pour ne pas se refroidir. Il n'avait pas de manteau, il n'en portait jamais ; c'était une habitude héritée de son enfance, quand ils n'avaient pas de quoi acheter des vêtements d'hiver.

— La loterie, Chuck, la loterie.

— La loterie ? Vraiment ? fit Chuck, incrédule. Je croyais que c'était seulement un jeu minable pour les Noirs.

Mooney ricana.

— Moi aussi... Mais, Chuck, c'est mieux que ça, vachement mieux. Dutch Schultz, à New York, était déjà au courant dans les années trente. Ce type se faisait un million de dollars par jour avec la loterie.

— Merde, je sais même pas comment marche une loterie, Mooney.

— C'est simple. Tu choisis des nombres et tu mises dessus. Avec vingt-cinq *cents,* tu peux gagner cinq dollars, et jusqu'à deux mille dollars avec une mise de deux dollars.

— Bon sang ! (Impressionné, Chuck siffla.) Ça fait un dollar... pour dix *cents*.

— Exact. Mais le plus beau, c'est que tout le monde peut jouer. Tout le monde a vingt-cinq *cents*. Et il n'y a pas un habitant de Southside qui joue pas. Ils ont tous le virus. C'est pas un truc pour les gros joueurs avec plein de pognon, c'est pour les gens ordinaires. Avec vingt-cinq *cents,* ils peuvent s'acheter du rêve... et c'est le rêve qui fait vivre les pauvres.

Chuck savait que les gens de couleur n'étaient pas seuls dans ce cas ; tous les habitants du Patch qu'il connaissait avaient un rêve. C'était lui qui permettait aux gens de continuer, lui qui les faisait sortir du lit le matin.

— La loterie, c'est pas le gros coup qu'on fait une fois... C'est le volume, Chuck, le volume. Comme j'ai dit, tout le monde joue. Mais les pourcentages reviennent toujours à l'organisateur. Le volume. Et, Chuck, les pièces de vingt-cinq *cents* font des pièces de cinquante, et celles de cinquante, nom de Dieu, elles font des dollars. Des *millions* de dollars.

Il s'interrompit puis reprit :

— Normalement, quelqu'un aurait déjà dû entendre parler de ça, à Chicago, mais ça appartient aux nègres, et qui est-ce qui s'intéresse à eux ? Même Capone s'en foutait. Autrefois, Capone a eu sa chance, mais il l'a laissée filer. Il a pas cru que ça pouvait rapporter.

Mooney s'accouda sur la balustrade et regarda la rue.

— Tu te souviens quand ils ont autorisé mon transfert de Leavenworth à Terre Haute ?

— Ouais, tu leur as dit que tu avais besoin d'être près de ta famille, c'est ça ?

Chuck eut un rire étouffé, évoquant le souvenir de la ruse de son frère.

— Exact. Bon, de toute façon, c'est sûrement ce qui m'est arrivé de mieux... surtout que ça m'a permis de sortir de l'« école » un an plus tôt... parce que, à Terre Haute, j'ai rencontré Eddie Jones, un Noir qui est dans la loterie.

La voix de Mooney se fit rêveuse.

— D'après Jones, poursuivit-il, tout ce truc a commencé il y a très longtemps. A La Nouvelle-Orléans, à l'époque des esclaves. Il a remonté le fleuve* avec les nègres jusqu'à Chicago. Très vite, tout le monde s'est mis à jouer dans les quartiers noirs... les blanchisseuses, les balayeurs des rues, les pasteurs... tous. (Il s'interrompit et frissonna.) Hé, qu'est-ce que tu dirais d'un verre ?

Ils prirent le chemin d'un des bistrots préférés de Chuck, le Little Wheel, au carrefour de California et Lexington.

— C'est clair comme le jour, Chuck, reprit Mooney quand ils furent au chaud dans la voiture. Personne n'est au courant, dans l'Organisation. Personne. L'idée que les patrons noirs ramassaient autant leur a jamais traversé la cervelle... Personne ne sait... sauf moi.

Il se tourna vers Chuck et eut un large sourire satisfait.

— Bon, qu'est-ce que ça nous apporte de savoir ? demanda Chuck. Les Noirs laissent pas les Blancs participer à leurs affaires... jamais. Qu'est-ce que ça rapporte de savoir qu'une poignée de marioles nègres font un malheur alors que nous, les Italiens, on ramasse des cacahuètes ?

Il resta quelques instants silencieux puis répondit à la question qu'il venait de poser :

— Rien, hein ? Ça nous rapporte absolument rien du tout, tu sais que j'ai raison, Mooney... sauf s'il y en a un qui accepte de s'associer avec un Italien.

— Ouais, admit Mooney, hochant la tête. Bon, il y en a un.

— Qui ? Cet Eddie Jones ?

— Ouais, Eddie Jones.

— Tu charries, Mooney, pas vrai ? Il accepte de s'associer avec toi ?

Ils étaient arrivés au bar et Mooney arrêta la voiture puis se tourna vers Chuck.

— Il accepte, pas de problème. On a fait un marché. Quand Eddie sortira de prison, on sera associés. En attendant, je vais

---

* Le Mississippi.

travailler avec son frère, George. Merde, c'est une affaire terrible, il y trouve son compte, les Italiens aussi... et surtout Mooney Giancana.

Il sourit puis ouvrit la portière.

Le Little Wheel était en plein boum. Bourré et bruyant, le juke-box hurlant une chanson criarde de Jimmy Dorset. Tandis que Mooney entraînait Chuck vers une table du fond, le barman le salua. Quelques types se rassemblèrent autour de Mooney et lui expliquèrent qu'ils étaient très heureux de le voir de retour, que ce n'était pas la même chose sans lui puis, respectueusement, allèrent retrouver leurs petites amies aux lèvres rouges et leurs verres.

Ils commandèrent des scotches.

— Doubles, précisa Mooney à un serveur au visage marqué par la petite vérole, qu'on appelait Goldie à cause de sa dent en or. Puis ils s'installèrent confortablement sur leurs chaises.

Les choses avaient tellement changé, depuis que Mooney était sorti de prison, que Chuck n'en revenait pas. Ces trois ans d'école, comme Ange et Mooney appelaient son séjour en prison, faisaient une sacrée différence. Chuck avait vingt ans, à présent, et Mooney le traitait en homme, presque en égal. Lorsque Mooney rentra juste avant Noël, en 1942, à la suite d'une décision rapide de mise en liberté conditionnelle*, leurs relations s'améliorèrent.

Les jours et les nuits pendant lesquels il s'était occupé d'Ange en l'absence de Mooney, les enveloppes pleines d'argent qu'il lui apportait de la part de Guzik, Gros Léonard et des autres gars, les courses dont il se chargeait, toutes les fois où il la conduisait au Marshall Fields**, où elle continuait d'acheter des vêtements de luxe, tout cela avait payé. Il avait agi ainsi simplement parce qu'il pensait que c'était la chose à faire, mais il comprit plus tard que c'était plus que cela. Sa fidélité lui avait apporté ce qu'il

---

* Libération sur parole : libération d'un détenu n'ayant pas purgé l'intégralité de sa peine à condition qu'il se conduise bien dans l'avenir. Cette libération n'annule pas la peine. L'organisme qui l'accorde (*parole board*) exerce une surveillance sur le détenu libéré et peut éventuellement le renvoyer en détention.
** Grand magasin du centre fondé en 1852.

croyait ne jamais pouvoir obtenir : le respect et la reconnaissance de Mooney. Mooney n'en parla jamais, mais il n'avait pas besoin de le faire.

Leurs consommations arrivèrent et les yeux marron foncé de Chuck fixèrent ceux de son frère en quête d'informations supplémentaires sur sa nouvelle entreprise. Comme s'il avait lu ses pensées, Mooney raconta l'histoire de l'empire que Jones avait conquis grâce à la loterie.

Il raconta à Chuck que, dans les années trente, Eddie et ses frères possédaient la loterie la plus lucrative des quartiers noirs de Chicago.

— Y a plus de mille types qui travaillent pour eux... et l'argent, tu croirais pas... il y en a tellement qu'ils sont obligés de le transporter à leur quartier général de South Michigan dans des paniers de trente-cinq litres. Plus de cinquante mille dollars par jour. Tellement de blé qu'ils doivent le planquer dans vingt-cinq banques différentes.

Chuck siffla.

— Whoa ! fit-il.

Comme il ne se satisfaisait pas d'une simple entreprise de jeu, Jones avait investi ses bénéfices dans des affaires légales. Il avait acheté un magasin au centre Ben Franklin, quatre hôtels, un marché de produits alimentaires et des immeubles. Mais, de toutes les possessions de Jones, c'étaient surtout les villas à l'étranger qui impressionnaient Mooney.

— Ce type a une maison, un vrai palais, au Mexique, et une autre en France.

A entendre Mooney, Eddie Jones vivait comme un roi. Sa femme était une reine du Cotton Club de New York, qui portait des fourrures et des bijoux magnifiques. Leur maison de Chicago était luxueusement meublée, avec tapis anciens, tableaux et de vrais robinets en or dans les salles de bains. Mooney n'avait pas besoin de le dire : ce que possédait Jones était tout ce que Mooney convoitait, et même plus. Chuck regarda le visage de son frère dans la lumière bleu glacé du bar. La détermination le durcissait à mesure que son récit se développait.

— Bon, et alors... enfin, qu'est-ce qui va se passer avec Jones et tout ça ? s'enquit Chuck, les coudes posés sur la table.

— Ce qui va se passer, Chuck, c'est la loterie. Je vois George

Jones demain matin, dans leurs locaux du centre Ben Franklin, et Ricca et Guzik demain soir. Si un de ces types croit qu'il y a de l'argent à gagner... plein d'argent... bon, merde, j'ai le feu vert. Après, c'est parti. (Il eut un large sourire.) Ouais, c'est parti.

Mooney savait parfaitement bien que ses supérieurs de Chicago avaient des soucis beaucoup plus pressants, cette année-là. Il dit plus tard à Chuck que c'était le meilleur moment pour présenter une proposition aux parrains, puisqu'ils tentaient alors de désamorcer une inculpation fédérale, ce que l'on appelait l'affaire Browne-Bioff.

— J'aurais peut-être dû demander la lune... ils sont tellement secoués par cette embrouille que je l'aurais sûrement eue, dit-il, les yeux brillants.

Comme pratiquement tous les Américains, Chuck avait entendu parler du scandale impliquant la pègre et Hollywood. Trois ans auparavant, les organismes fédéraux avaient fourré le nez dans les affaires de l'Alliance internationale des machinistes de théâtre et techniciens de cinéma, dirigée par Willie Bioff, ancien maquereau et syndicaliste de Chicago. Les fédéraux avaient découvert un incroyable réseau de corruption remontant jusqu'aux grands patrons de Chicago mais sans pouvoir les impliquer, faute de preuve. Bioff et George Browne furent finalement condamnés pour extorsion de fonds. Pendant ce temps, leur complice le plus visible, Joe Schenck, producteur de la Twentieth Century Fox, et qui, selon Mooney, avait fourni plus d' « un demi-million de dollars à la campagne de Roosevelt, pour le compte de l'Organisation, par l'intermédiaire du ministre des Postes, Farley », fut également emprisonné parce qu'il ne payait pas d'impôts sur les quatre cent mille dollars de commission que Chicago lui versait.

Selon Mooney, Roosevelt remboursa plus tard cette contribution de la pègre en invitant souvent Sydney Hillman, gangster et président du Syndicat de la confection, à la Maison-Blanche et en faisant de lui son principal conseiller sur les problèmes du travail. De plus, Roosevelt accepta de nommer Harry Truman, que Mooney appelait « notre homme », président de la Commission nationale démocrate et de le prendre comme vice-président dans sa course à la Maison-Blanche.

Mooney expliqua à Chuck que la possibilité de voir Bioff

impliquer ses supérieurs inquiétait à juste titre Ricca et ses pairs, si bien que la vie de Bioff ne valait « pas trois sous ». C'est ce qui amena probablement Bioff à parler aux fédéraux, cette année-là.

Chicago continua de gérer ses entreprises hollywoodiennes comme par le passé, avec Johnny Roselli à la barre après l'arrestation de Bioff ; néanmoins, le témoignage de ce dernier risquait de secouer durement l'échelon supérieur de l'Organisation de Chicago. Bizarrement, toute cette affaire semblait faire plaisir à Mooney.

— L'Organisation risque pas de souffrir si Ricca et les gars vont en prison ? demanda Chuck. Est-ce que tout va pas s'écrouler ?

Mooney eut un sourire énigmatique.

— Non, pas si Ricca peut charger un homme de confiance de travailler avec Guzik et Humphreys, un type intelligent, avec les moyens de tenir la situation en main. Le type qui pourra s'imposer et faire marcher la boutique... bon, poursuivit-il, souriant à nouveau, ce type aura réussi. Merde, Ricca et les autres risquent jusqu'à dix ans. C'est dix ans, Chuck, qui peuvent permettre à un autre gars de... bon, disons... d'arriver... d'atteindre le sommet.

Mooney expliqua à Chuck que les studios rapportaient énormément et qu'il n'était donc pas question de les abandonner.

— On est pas près de tourner le dos à autant d'argent et de pouvoir.

Il ajouta que les relations avec des hommes tels que Harry Cohn, de Columbia, Harry Warner, de la Warner Bros, et Louis B. Mayer, de la MGM, étaient beaucoup trop importantes pour l'avenir de Chicago.

— En plus, conclut-il, ces types sont pas seulement des relations d'affaires... c'est nos amis, à présent. Johnny Roselli les a dans la poche.

Mooney ayant obtenu l'autorisation, cet hiver-là, de se lancer dans le jeu, plus particulièrement la loterie, il mit rapidement son plan à exécution. Il divisa son territoire par races et districts ; les quartiers noirs furent réservés à la loterie, au loto, comme l'appelèrent les Blancs, dans l'intention de donner davantage de classe au jeu, tandis que les quartiers blancs jouiraient des formes plus traditionnelles du jeu, tels que le poker, le craps* ou les courses. Pour superviser son petit empire, Mooney appela à ses côtés Gros Léonard Caifano.

Sous la direction de Mooney, Gros Léonard fit des progrès substantiels. Dans les quartiers blancs, utilisant des bars et restaurants déclarés, il créa quatre officines de paris, avec le poker et le reste dans les arrière-salles. Un ultimatum fut adressé aux concurrents : rallier Mooney ou rejoindre les autres crétins au cimetière. Après avoir tenu cette promesse avec quelques types qui se mettaient en travers de son chemin, les autres tripots ne résistèrent pas et Mooney ne tarda pas à contrôler au moins deux cents opérations à Chicago même et une vingtaine d'autres dans le comté, chacune rapportant deux mille dollars par mois. Comme il n'était pas du genre à laisser de l'argent sur la table, Léonard demanda l'assistance de bookmakers indépendants et les chargea de prospecter les centaines d'usines et de bars en pleine expansion.

La pénétration des loteries noires était une autre affaire. Tant qu'Eddie Jones ne fut pas sorti de prison et en mesure d'apporter son soutien, les progrès furent lents ; les joueurs noirs refusèrent les loteries blanches et rares furent les opérateurs de loteries noires qui acceptèrent de servir d'hommes de paille aux coupe-jarrets italiens, malgré les avantages financiers promis. Dans les quartiers blancs, les entreprises de Mooney s'avérèrent beaucoup plus rentables ; lorsque l'on apprit que l'Organisation se lançait dans le jeu et qu'il y avait de l'argent à gagner, les plus ambitieux prirent contact avec Gros Léonard dans l'espoir de monter leur officine personnelle. Mais Gros Léonard confiait généralement la direction de l'endroit à un soldat italien de confiance, le chargeant d'engager des gars du Patch.

— Faut d'abord s'occuper des nôtres, répétait Mooney.

En fonction de l'importance du tripot, le directeur employait un ou deux caissiers, plusieurs rédacteurs chargés d'établir les feuilles de cotes et un guetteur, tout le monde percevant dix dollars par jour. Une fois l'affaire en marche, les rédacteurs

---

* Jeu de dés.

s'affairaient, continuellement informés sur les courses locales et nationales par des lignes téléphoniques directes, et modifiaient les cotes à chaque course. Les tripots marchaient à plein régime. Dans toute la ville, les caissiers ramassaient le blé et les guetteurs surveillaient la rue sans relâche, épiant le moindre indice d'une descente, laquelle était hautement improbable puisque Léonard payait les flics nécessaires...

— Aussi sûr que le soleil va se lever demain matin, dit un soir Mooney à Chuck pendant cet hiver, le capitaine touche ses deux cents dollars par tripot installé dans son district.

Et Mooney ne regrettait pas de payer ; au contraire, il trouvait que l'Organisation s'en tirait à bon compte.

— Si les flics savaient que cette entreprise va nous rapporter cinq millions cette année, ajouta-t-il en riant, faudrait qu'on les prenne comme associés à part entière.

A la fin du mois, le directeur calculait les bénéfices et les confiait au collecteur de Léonard, puis l'argent était remis à Mooney. Il était alors compté à nouveau.

Personne ne pouvait dire que Mooney n'était pas généreux ; il veillait à verser chaque mois une prime en liquide à ses directeurs et leurs employés. Mais les primes de Mooney étaient absolument imprévisibles ; pour le même résultat, le type pouvait recevoir aussi bien mille dollars que cent. Les types ne pouvaient jamais déterminer exactement ce que souhaitait Mooney.

— Faut toujours qu'ils se posent des questions, Chuck, dit-il. Faut jamais que tes hommes puissent croire que t'es complètement satisfait de leur boulot. Ils travaillent plus dur quand ils se demandent ce que tu penses et ce qui risque d'arriver si un jour t'en as ras la casquette... Faut pas que le boulot devienne un malheureux chèque à la fin du mois... Faut que ce soit une question de vie ou de mort.

En mars, quand Chuck devint guetteur dans un tripot où Mooney avait investi, au carrefour de Cicero et de la 65e Rue, on apprit les inculpations de Paul Ricca, Frank Nitti, Phil d'Andrea, Louis Campagna, Frank Maritote, Johnny Roselli et Charlie Gioe. Mooney dit à Chuck que Ricca avait ordonné à Nitti de porter le chapeau pour les autres et d'avouer qu'il avait agi seul, « sinon... ». Bien qu'étant un simple homme lige, Nitti était considéré comme le « patron » de Chicago par les autorités, donc on le croirait certainement et, conclut Ricca, on estimerait vraisemblablement qu'il constituait une prise exceptionnelle, ce qui garantirait pratiquement la liberté des autres conspirateurs.

Chuck se demanda quelle serait l'influence des aveux de Nitti et de l'acquittement des autres patrons de l'Organisation sur les projets de Mooney, néanmoins il garda cette question pour lui. Mais, confronté à l'ultimatum de Ricca, Nitti se suicida, contraignant Ricca et ses hommes à affronter l'inculpation sans lampiste.

Reconnu coupable et condamné à dix ans de prison, Ricca nomma Tony Accardo patron de la pègre de Chicago, Humphreys et Guzik devant être ses conseillers. Mooney considéra cette transition comme la meilleure occasion de gravir les échelons et entreprit immédiatement de consolider les bases de son pouvoir.

Lorsque débuta le procès à sensation de l'affaire Browne-Bioff, Chuck était guetteur et gagnait soixante-quinze dollars par semaine. C'était beaucoup d'argent, à l'époque, mais il était tout de même déçu. Il n'avait pas quitté la maison, où il vivait avec Antonio, son frère et trois sœurs ; le mariage de son autre sœur, Mary, avait été arrangé depuis la Sicile et il ne la voyait plus que de temps en temps.

Vivre chez son père lui semblait déprimant. Chuck avait fini par comprendre que celui-ci ne serait jamais qu'un marchand ambulant de légumes. Antonio avait ouvert et fermé de si nombreuses boutiques qu'on ne les comptait plus ; Chuck trouvait presque insupportable de vivre sous le même toit que lui. La pauvreté de son père contrastait violemment avec la prospérité de Mooney et lui rappelait continuellement ce qu'il risquait de devenir s'il ne parvenait pas à bosser avec lui.

Ce qui faisait le plus envie à Chuck, c'était s'en sortir pour de bon ; une jolie épouse et plein de fric. Ces dernières années, il avait eu tout son content de putains, de polacks faciles et de parties de craps minables. Regardant les hommes qui entouraient son frère, et qui avaient presque tous appartenu aux 42, il lui semblait qu'il était le seul à n'avoir pas eu sa part de gâteau. Pis, les autres types de l'Organisation qui dirigeaient l'endroit, dont Gros Léonard, étaient nerveux en sa présence. Ils croyaient qu'il espionnait pour le compte de son frère, si bien qu'ils l'évitaient et ne lui parlaient pas, craignant que leurs actes ou leurs propos soient mal interprétés. Cela ne devenait un peu intéressant que lorsqu'il y avait une descente ; il était toujours averti à l'avance et, lorsqu'il voyait les flics se précipiter vers la porte, il criait aux caissiers :

— Remballez !

En un instant, les feuilles de cotes affichées dans la pièce tombaient comme des feuilles mortes et les murs devenaient aussi lisses et nus que le crâne d'un chauve.

Néanmoins, les flics faisaient toujours un tour puis, déçus, haussaient les épaules et repartaient ailleurs en quête du Graal.

Comme la guerre contre le Japon se prolongeait, au printemps 1943, on demanda aux Américains de se serrer un peu plus la ceinture. La consommation de sucre fut limitée à un kilo par mois et par famille ; dix millions de personnes se traînèrent, au nom du patriotisme, avec vingt-cinq litres d'essence par semaine. Toujours entreprenant, Mooney saisit l'occasion d'une nouvelle affaire lucrative : la vente de tickets de rationnement volés, et profita activement des difficultés du pays.

Comme Mooney l'avait prévu, il existait un marché pour les milliers de tickets que ses soldats volaient dans les entrepôts du gouvernement. Et, comme ses collègues de New York (« Merde, Gambino et Luciano font des millions avec les ticksons », expliqua-t-il à Chuck), il lui fut facile de trouver des gens qui cherchaient à gagner rapidement du fric et étaient prêts à payer ses hommes, qui arpentaient la ville dans tous les sens, au prix fort. Grâce à la guerre qui faisait rage dans le Pacifique, les affaires de Mooney prospéraient.

Presque toutes les maîtresses de maison apportaient leurs réserves de graisse, économisées dans le cadre de l'effort de guerre, au boucher du quartier, ou rêvaient du dernier modèle de machine à laver, tout en rationnant leur maigre réserve de sucre en prévision des quelques gâteaux des jours de fête.

Mais Ange était une femme privilégiée ; elle avait les derniers appareils ménagers et organisait des thés extravagants, où l'on jouait aux cartes sur des nappes en lin et servait des pâtisseries introuvables en ville.

Cependant, l'ascension de Mooney commençait à laisser un goût amer dans la bouche des grands patrons, notamment Guzik et Humphreys. Avertie des succès de Mooney dans le développement de son empire des jeux, la vieille garde s'inquiéta. On raconta, dans les rues, que Mooney allait trop vite, que c'était un tueur dément, cruel et, pis, que c'était une saloperie de parvenu.

En avril Mooney décida de ramener les parrains dans le droit chemin et de remettre une fois pour toutes les pendules à l'heure. Il établit sa suprématie par un acte tellement fou que seul un ancien des 42 aurait pu y penser. Il enleva Jake Guzik, son ami et mentor, l'homme qui lui donnait ses vieux costumes à l'intention d'Antonio, l'homme que l'on considérait comme le meilleur gestionnaire de l'Organisation.

Mooney proposa à Guzik un choix qu'il estimait raisonnable : le gentil vieillard pouvait soit accepter le « cadeau » de deux cent mille dollars que Mooney lui offrait et le soutenir, amenant Humphreys ainsi que les autres caïds de l'Organisation à faire de même, soit prendre une balle dans la tête. C'était à lui de décider. Après avoir passé deux jours dans un immeuble abandonné de Cicero, un revolver contre la tempe, Guzik prit la décision qui s'imposait : Mooney et ses entreprises obtinrent son soutien inconditionnel. Mooney conduisit Jake à West Roosevelt Road, où il le libéra. Et voilà.

Déjà secoué par le procès Browne-Bioff, le reste de l'Organisation accepta le fait accompli, exactement comme Jake l'avait promis.

Après l'affaire Guzik, Mooney fut plus occupé que jamais ; il y eut de nouveaux hommes à intégrer : le protégé de Jake Guzik, Gussie Alex, surnommé le Grec, qui n'avait pas son pareil pour régler les affaires politiques embrouillées, et le roi des machines à sous du temps de Capone, Eddie Vogel, ainsi que Ross Prio, qui tenait les quartiers de Northside. Il lui fallut également rencontrer les anciens conseillers et financiers de Capone : Abe Pritzker et Art Greene, ainsi que Jake Arvey, chargé des relations politiques locales.

Les journées et les nuits de Mooney se passèrent à cette époque en réunions dans les arrière-salles. Il saisissait sa chance.

Lorsqu'il pouvait s'absenter de son travail au tripot, Chuck accompagnait Mooney dans ses tournées quotidiennes. Voir Mooney recevoir à nouveau sa cour dans la station-service de Louie, gérer ses affaires exactement comme autrefois, lui donnait l'impression d'être réconcilié avec le monde. Gros Léonard était là, comme toujours, assis et sirotant une tasse de café tiède, tandis que la Teigne fumait cigarette sur cigarette et que les hommes, flics, politiciens, hommes d'affaires et mendiants, entraient un par un s'entretenir avec Mooney.

Quand ils en avaient terminé chez Louie, ils sautaient dans la Buick gonflée de Mooney et partaient pour le centre, où Mooney terminait généralement la journée dans le plus important tripot de Chicago.

La plus grosse entreprise de l'Organisation se trouvait exactement en face de la poste centrale, au carrefour de Canal et Van Buren, ce qui amusait beaucoup Mooney. Mais il dit à Chuck que les édiles de la municipalité ne s'opposaient pas à l'existence du tripot et qu'il était à l'abri des descentes grâce à quelques grosses commissions glissées dans les poches des pontes du coin, y compris celles du gouverneur*.

Il y avait quatre gros tripots semblables dans le centre, que Mooney dirigeait avec ses associés : Gus Alex, Ross Prio et Eddie Vogel. Les bénéfices se montaient à plus de cinquante mille dollars par mois pour chaque établissement, les revenus annuels représentant entre deux et trois millions de dollars.

De l'extérieur, l'immeuble en pierre blanche de Canal et Van Buren ne payait pas de mine mais, lorsque Mooney l'eut conduit à l'étage et lui eut fait franchir les énormes doubles portes, Chuck découvrit le paradis des flambeurs. Sur le mur du fond, il y avait comme d'habitude les feuilles de cotes des courses ; les tables de craps et les parties de poker fonctionnaient vingt-quatre heures sur vingt-quatre. La clientèle allait du postier au flic, et tout ce qu'il y a entre les deux. On y rencontrait toujours de nombreuses jolies femmes qui allaient d'une table à l'autre. Et l'alcool était bon.

Mooney prenait rarement à boire ou, lorsqu'il le faisait,

---

* Aux États-Unis chaque État a une cour suprême, un parlement et un gouverneur, élu au suffrage universel tous les quatre ans.

touchait à peine à son verre. Plus d'une fois, il rappela à Chuck :
« Boire rend idiot. Laisse les autres picoler et raconter leur vie...
pas toi. »

Pour les fidèles de Mooney et les autres patrons, la réunion au tripot était un moment de détente ; les gars rigolaient et cancanaient comme des vieilles pies. Mais, pour Mooney, ces réunions étaient strictement réservées aux affaires. Tout ce que faisait Mooney était strictement réservé aux affaires.

Mooney étudiait la façon dont un gars riait, la façon dont un type en approuvait un autre, même quand ils ne faisaient que déconner. Il notait de petites choses, notamment les liens de sympathie qui se créaient. Il assimilait les moindres détails, rien ne lui échappait. Il observait continuellement les gens qui l'entouraient, décelant leur vulnérabilité, les évaluant, décidant s'ils convenaient ou non au boulot suivant.

Chuck trouvait que le plus impressionnant, chez Mooney, était son aptitude à faire tout cela sans que les autres s'en aperçoivent. Les gars étaient incapables de deviner ce que Mooney pensait. En outre, Mooney ne se trompait jamais, quand il jugeait un type, et cela émerveillait Chuck. Le moindre pas dans la mauvaise direction et l'avenir du gars était fichu ; il ignorait même que Mooney avait décidé de son destin.

— Fais jamais confiance aux gens avec qui tu n'as pas grandi, Chuck, lui dit Mooney. Ceux-là, tu peux les comprendre, prévoir leurs réactions. Un nouveau type, faut le tenir à l'œil. Tu sais pas ce qui le fait marcher, s'il sera là quand il est censé y être. Est-ce que c'est un lâche ? Tu le sais pas tant que tu l'as pas vu devant le canon d'un revolver. Les types du quartier, je les connais mieux que leur mère, sans parler de leurs femmes et de leurs petites amies... Ils se connaissent pas eux-mêmes aussi bien que je les connais. J'ai un dossier (il posa l'index sur sa tempe), là-dedans, et je me souviens de tout ce qu'un type a fait... alors je sais toujours exactement comment il va agir.

On donnait toutes sortes de noms à Mooney, quand il n'était pas là : salaud sans cœur, tueur psychopathe. Mais il y avait une chose dont on ne pouvait pas l'accuser : revenir sur sa parole. Mooney croyait qu'on est lié par sa parole et que tenir ses promesses est la seule attitude honorable. Il dit à Chuck, tandis qu'ils allaient en voiture d'un rendez-vous à l'autre, que c'était fondamentalement pour cette raison qu'il n'aimait ni les hommes politiques ni les célébrités. Selon lui, ils avaient une telle soif de pouvoir qu'ils auraient vendu leur âme pour obtenir un rôle dans un film ou être élus à un poste misérable, et donc que leur parole ne valait pas un centime. Mais, avec le même centime, on pouvait tous les acheter. Peut-être parce qu'il avait regardé Ricca et Humphreys agir pendant de nombreuses années, Mooney reconnaissait que l'orgueil d'un type est sa plus grande faiblesse.

— Ils sont tous pareils, dit-il. Regarde le président Roosevelt... merde, il est arrivé à la Maison-Blanche avec le fric de l'Organisation. On s'est servi de Hollywood et de Joe Schenck pour financer sa campagne et Joe Kennedy aussi, à Boston... il lui a filé des millions. Roosevelt a des tas d'ascenseurs à renvoyer. Ou prends des types comme Jimmy Durante et Frank Sinatra, ou des boxeurs comme Graziano. Ces gars veulent être des stars et, avec nous, c'est possible. Ou encore Jimmy Adducci, notre pote au Congrès, ou encore Andy Akins, notre ami capitaine de la police. A ton avis, pourquoi ils sont là ? Pourquoi, à ton avis, j'peux conduire aussi vite et jamais avoir de contravention ? Me garer où ça me chante ? Crois-moi, Chuck, ils en croquent tous... ou ils voudraient bien.

Dans l'Illinois, Mooney se mit à fréquenter sérieusement les élus à la Chambre des représentants, les sénateurs, les juges fédéraux, ainsi que les capitaines de police des districts, les conseillers municipaux et aussi les shérifs du comté. Il les invita à boire et manger dans les restaurants à la mode tels que le Fritzel, ou des boîtes chic telles que Chez Paree. Et il fit des séjours à Hollywood, consolidant l'avenir de Chicago, tandis que les autres gros bonnets de l'Organisation croupissaient derrière les barreaux.

Mooney emmena même Ange en Californie, début 1944.

— On a été reçus comme des rois, raconta-t-elle à ses amies. Tous les grands producteurs nous ont fait visiter les studios et on a rencontré plein de vedettes et on aurait juré que Mooney était leur meilleur ami. Betty Hutton a été très gentille, mais Ann Southern s'est montrée arrogante et grossière. Enfin, l'un dans l'autre, c'était merveilleux... les directeurs de tous les studios nous traitaient mieux que les vedettes.

Ces propos firent évidemment sourire Chuck. Une telle réception signifiait simplement que Mooney avait ramassé les billes auxquelles Roselli, à présent en prison, avait dû renoncer. C'était une expérience passionnante pour Ange, mais pour Mooney un voyage d'affaires qui faisait partie d'un plan d'ensemble qu'il était seul à connaître.

Mooney tenait toujours ses promesses. S'il acceptait de donner sa chance à un type, il le faisait, même des années plus tard. Chuck put le constater au tripot de Van Buren, un soir de la fin mai, quand Gros Léonard indiqua qu'ils avaient besoin de deux gars pour diriger un magasin de spiritueux. Mooney se souvint d'une promesse qu'il avait faite.

— Bon, j'ai dit à Carl Torsiello que je lui donnerais encore une chance, si l'occasion se présentait... et j'étais sérieux. Si on a besoin de deux gars pour diriger la boutique, j'y mettrai Sharkey Eulo et Carl Torsiello. Carl se crève toujours le cul à la gare. D'après Ange, c'est tout juste si sa famille s'en sort... et, merde, il y a pas plus loyal comme type. Il est parfait pour ce boulot.

Il chargea Chuck de voir si cette proposition intéressait Carl.

Il y avait sept ans que Carl n'avait pas été en relation avec Mooney. Mais Chuck était certain qu'il avait suivi l'ascension de Mooney au sein de l'Organisation parce que la femme de Carl, Tillie, était une Nicastro et que son frère, Pete, avait appartenu aux 42. La belle-sœur de Carl, Rose, était une amie d'Ange ; son mari, Sharkey, comptait parmi les soldats de Mooney depuis l'époque des 42.

Après l'aventure du Syndicat des coiffeurs, Chuck avait imaginé que Carl n'aurait plus jamais sa chance. Mais voilà, le type avait l'occasion d'obtenir un boulot honnête : diriger une boutique de spiritueux pour Mooney. Lorsque Chuck leur annonça la nouvelle, Carl et Tillie ne purent cacher leur joie.

De nombreuses années plus tard, Carl raconta à Chuck que Tillie et lui avaient passé des heures à bavarder et rêver à la vie qu'ils mèneraient. Il avait attendu avec impatience le feu vert de son beau-frère, Sharkey, et fut effondré quand Sharkey passa chez lui :

— Rien à branler de cette connerie qui rapporte rien. Tu peux dire à Mooney d'aller se faire foutre. Je vais pas passer mes journées dans une saloperie de boutique. Rien à faire.

Carl et Tillie devinèrent que Sharkey avait rejeté la proposition de Mooney parce qu'il ne voulait pas que Carl puisse mettre le pied à l'étrier. Chuck se dit qu'ils avaient probablement raison ; Sharkey était un minable avec une grande gueule, qui profitait du fait qu'il était « à l'intérieur », contrairement à Carl, pour lui en imposer.

— Il est jaloux, Carl, dit Tillie pour le consoler, voilà tout.

La décision de Sharkey mit Carl dans une situation délicate ; il se trouva confronté à un véritable cas de conscience. Il ne pouvait répéter les propos de Sharkey à Mooney ; le type risquait de payer son arrogance de sa vie et Carl, toujours soucieux d'agir honorablement, estima qu'avertir Mooney ne serait que basse vengeance.

Carl rumina douloureusement sa décision pendant des jours, puis arriva à la seule conclusion logique.

— Je ne pouvais pas répéter à Mooney ce que Sharkey avait dit, donc j'étais obligé de refuser la proposition.

Il reconnut qu'il avait les larmes aux yeux quand, de sa plus belle écriture, il rédigea sa réponse à Mooney : « Cher Mooney, écrivit-il, je regrette de ne pas pouvoir accepter ta très généreuse proposition en ce moment. Je te prie d'accepter mes très humbles excuses. Bien à toi, Carl Torsiello. »

Il confia l'enveloppe contenant la lettre à sa fille, Anne-Marie, qui avait treize ans.

— Prends le trolley et va chez M. Giancana, lui dit-il. Donne-lui cette enveloppe.

Chuck et Mooney venaient de dîner quand la fille de Carl arriva avec le message. Chuck trouva l'adolescente jolie, mais timide, avec de grands yeux pensifs d'enfant. Debout dans le salon, la tête respectueusement baissée, elle attendit la réponse de Mooney.

— Chuck, tu devrais la reconduire chez elle, dit simplement Mooney après avoir pensivement lu puis froissé la lettre. Il considéra ensuite Anne-Marie et ajouta avec un sourire :

— Tu t'appelles Anne-Marie ?

Elle acquiesça, levant à peine la tête.

— Chuck, sur le chemin, prends un sac de cinquante kilos de sucre pour la mère d'Anne-Marie.

Après avoir rejeté la proposition de Mooney, les Torsiello

croyaient qu'ils n'auraient plus jamais de ses nouvelles ; Carl n'avait plus qu'à partir chaque matin travailler à la gare. Pendant des semaines, la famille regretta cette occasion perdue. Puis, tout aussi brusquement que Mooney avait pris contact avec eux, une nouvelle demande arriva. Ange avait appris par la sœur de Tillie que leur fille, Anne-Marie, travaillait très bien à l'école. Pourrait-elle donner des cours aux petites Giancana, surtout Annette ? Cette demande faisait tant d'honneur aux Torsiello que la refuser était impensable.

A la fin du printemps, Anne-Marie commença à travailler chez les Giancana, qui habitaient Monitor Street. Chuck s'aperçut rapidement que l'opulence où vivaient Ange et Mooney fascinait l'adolescente. Chaque fois qu'elle découvrait un nouveau luxe, ses yeux devenaient plus grands. Le lave-linge et le sèche-linge, le réfrigérateur neuf, l'aspirateur, ainsi que les services en porcelaine plongeaient l'adolescente dans un ravissement muet.

Chuck savait que chez Anne-Marie, comme dans presque tous les foyers du Patch, le confort arrivait lentement ; pour l'essentiel les choses demeuraient, à quelques exceptions près, telles qu'elles étaient depuis des décennies. Le quartier était également resté figé dans le temps ; la cohue, le vacarme et l'agitation étaient encore présents à tous les carrefours ; les hommes continuaient de se réunir, le soir, pour jouer aux boules et les femmes, en tablier, s'asseyaient sous les porches pour prendre un peu le soleil et le frais, bavardant tandis que les enfants s'amusaient avec des jouets bricolés.

Les changements qui étaient intervenus avaient été réalisés grâce au poids électoral croissant du quartier et à l'influence de l'Organisation. Les rues aux ornières boueuses avaient été bétonnées avant la guerre et le service du nettoiement de la ville ramassait les ordures à intervalles réguliers.

La pauvreté du Patch était toujours plus ou moins égale à elle-même. Mais dans le cœur d'Anne-Marie Torsiello, l'espoir jaillit soudain.

Chaque jour, après l'école, elle allait consciencieusement donner ses cours du soir. C'était Annette, petite fille au caractère difficile, qui avait besoin d'aide. Annette était très intelligente, très jolie, et Anne-Marie dit un soir à Chuck, tandis qu'il la reconduisait chez elle, qu'Annette avait, à son avis, tout ce qu'il faut pour être la petite fille la plus heureuse du monde. Mais elle ajouta :

— Annette bâcle ses leçons d'anglais et d'histoire, refuse de faire ses devoirs et préfère rêvasser aux vedettes de cinéma.

Le pire, toutefois, était qu'Annette ne cachait pas qu'elle la détestait.

— Elle me hait, s'emportait-elle. Elle sait que je ne peux l'obliger à rien et elle adore me jeter ça à la figure chaque fois qu'elle en a l'occasion.

Tout comme elle l'avait fait avec Chuck, Ange prit Anne-Marie sous son aile et commença à lui enseigner les bonnes manières.

A l'approche de l'été, Ange décida de demander à Anne-Marie de s'installer chez elle, expliquant à Mooney qu'elle l'aiderait et aurait une bonne influence. Mooney se contenta de secouer la tête.

— Bon, ça vaut le coup d'essayer, dit-il avec une résignation inhabituelle. Puis il se tourna vers Chuck et ajouta : Mais c'est en pension que Bonnie et Annette devraient être.

Anne-Marie comprit rapidement qu'il y avait une différence entre vivre chez les Giancana et être leur fille. Elle ne fut, en réalité, qu'une domestique. Pendant qu'Annette et Bonnie allaient jouer, elle aidait la cuisinière à préparer les repas et dresser la table. Après dîner, elle débarrassait et faisait la vaisselle. Comme Ange et Mooney, Chuck fut impressionné par sa fidélité sans faille, son énergie et sa détermination. Elle souriait rarement, accomplissait les tâches qui lui étaient confiées avec une ponctualité parfaite, mais une joie intense éclairait son visage quand elle sortait avec Bonnie et Annette. Pleine d'enthousiasme, elle racontait alors sa journée à Chuck : le spectacle du Théâtre oriental, la piscine turquoise de Forest Park, les matches de Parichy Stadium, les beaux vêtements qu'elle avait vus chez Marshall Fields.

9.

— Oh, mon vieux... t'as tellement de classe qu'on pourrait la couper au couteau, s'écria Chuck.

— Ouais, tu peux le dire, répondit Mooney avec bonne humeur. Mais merde, pour cinq cents dollars, il y a intérêt.

Il pivota sur lui-même devant le miroir en pied, examinant attentivement son costume croisé sous toutes les coutures : le drapé élégant de la laine bleu marine sur sa poitrine, le large col, les épaules droites. Sous le revers de son pantalon apparaissaient des souliers noirs à six cents dollars, faits main.

Jimmy Celano, propriétaire de la boutique, était près de lui. Il pressa ses lèvres caoutchouteuses l'une contre l'autre et siffla discrètement.

— Mooney, c'est vraiment un plaisir de vous habiller, complimenta-t-il. Vous êtes une publicité ambulante pour ma maison, vous avez vraiment de la classe.

Cette année-là, en 1945, son frère dépensa sans compter : costumes à cinq cents dollars, cravates à cinquante dollars, chemises à soixante-quinze dollars, sous-vêtements et mouchoirs en soie, bijoux. Chuck, à vingt-trois ans, ne pouvait espérer donner la même image de prospérité que son frère, néanmoins il ne put résister à l'envie de contempler son reflet dans le miroir, ses yeux noirs pétillants, presque espiègles. Sur l'épaisse chevelure noire et frisée qui encadrait son visage brun, était posé un feutre gris. Son corps mince, musclé, conférait des formes élégantes à son costume anthracite à fines rayures. Désormais, c'était un homme de la tête aux pieds ; il s'était montré capable de tenir sa place dans les repaires nocturnes de son frère : bars, bordels, boîtes de strip-tease. Et il savait tout ce qu'un homme doit savoir ; comme Mooney, il avait obligé des tas de femmes à en redemander. Cette idée l'emplit d'orgueil et de joie.

Il reporta son attention sur l'image de Mooney. Son frère n'était plus un voyou malingre comme il y en avait tant ; il avait pris du poids ces dernières années et son visage, bronzé à cause d'un récent séjour en Floride, portait les marques discrètes de l'âge avec élégance et un sens tout neuf de la dignité.

Les yeux de Mooney, profondément enfoncés, étaient froids et indifférents. Autour d'un cigare rougeoyant, ses lèvres avaient une expression ironique et son attitude trahissait une assurance à toute épreuve. Ou bien était-ce de l'arrogance ? Mais tenter d'analyser sur quoi reposait le magnétisme de Mooney était pratiquement impossible.

En 1946, Mooney devint l'adjoint de Tony Accardo. Cette promotion se justifiait autant par le succès de ses tripots que par la menace inquiétante que représentaient ses nombreux hommes de main.

Mooney vivait bien et de mieux en mieux ; Ange et lui passaient l'hiver en Floride et ils avaient envoyé leurs filles, Annette et Bonnie, en pension, dans l'espoir de remettre enfin les deux petites rebelles dans le droit chemin.

Pendant cette année, Mooney se rendit plus fréquemment en Floride, en Californie, à Cuba et à New York. Il allait régulièrement à Manhattan depuis que Luciano avait été incarcéré, dix ans auparavant.

En 1938 et 1943, Luciano avait en vain demandé à bénéficier de la liberté conditionnelle. Même sa collaboration lorsqu'il accepta, sur la requête insistante des services secrets américains*, de contacter Don Vizzini, pivot de la mafia italienne, pour lui demander son aide lors du débarquement** de l'armée

---

* Il ne s'agissait pas encore de la CIA, qui a été créée après la Seconde Guerre mondiale (1947).
** Il s'agit du débarquement en Sicile (juillet 1943).

américaine, ne parvint pas à convaincre les autorités de le libérer. Néanmoins, Mooney confia que les quatre-vingt-dix mille dollars versés par Luciano à titre de « contribution à la campagne » de Thomas Dewey*, responsable de sa présence derrière les barreaux, ainsi que la promesse, faite par Lansky, d'une participation dans une affaire de jeu aux Bahamas, qui devait être montée depuis Tampa, en Floride, permirent d'obtenir la collaboration de Dewey et par conséquent la libération de Luciano.

— C'est comme ça que ça marche, fit Mooney avec un sourire ironique. A présent, Dewey nous appartient... il ne le sait pas encore, c'est tout.

Ainsi, en 1945, le comité des libérations conditionnelles de l'État de New York libéra Luciano, exigeant cependant qu'il soit expulsé en Italie. Dewey fut attaqué à cause du rôle qu'il avait joué dans l'élargissement de Luciano, mais l'ennemi-du-crime-devenu-candidat-à-la-présidence mit immédiatement l'accent sur les services rendus par Luciano au gouvernement des États-Unis pendant la Seconde Guerre mondiale, estimant qu'ils justifiaient sa libération. Une fois libre, Luciano continua d'exercer son pouvoir depuis l'Italie, où il vivait confortablement, ayant chargé Frank Costello de superviser New York. Costello comptait parmi les rares hommes que Mooney admirait visiblement.

— Costello, c'est le même genre de type que moi... discret et malin.

En fait, les deux hommes avaient de nombreux points communs et Costello, de onze ans plus âgé que Mooney, était l'exemple de tout ce que Mooney tentait d'accomplir ; Costello disposait de la force mais comptait sur la finesse. Selon Mooney, il arrosait pratiquement tous les hommes politiques et avait même le patron du FBI, J. Edgar Hoover, dans sa poche. Costello dînait avec les sénateurs, était l'ami de George Wood, de l'agence William Morris, ainsi que de Harry Cohn, producteur de la Columbia, et fréquentait les célébrités. Frank Costello, affirmait Mooney, savait vivre.

Comme Mooney, Costello avait passé son enfance dans un

---

* Candidat contre Roosevelt en 1944.

quartier misérable et surpeuplé, East Harlem, et haïssait profondément son père. Il entra dans les rackets grâce à son frère aîné, Eddie, et, pendant la prohibition, devint l'ami de Meyer Lansky et Lucky Luciano. En collaboration avec ces deux hommes, qui étaient plus jeunes que lui, Costello participa à l'élaboration de ce qui deviendrait, dans l'ensemble du pays, l'Organisation. Avant cela, selon Mooney, son chemin avait croisé celui de Costello, à l'époque où, pour le compte de Diamond Joe Esposito, il livrait du rhum et du sucre aux distilleries clandestines de Joe Kennedy. Costello lui avait tout de suite plu.

Mais ce n'est qu'en 1943, à son retour de Terre Haute, lorsque Mooney se lança dans le jeu et les loteries des quartiers noirs de Chicago, que leurs relations s'épanouirent.

— Quelques verres et nous étions proches, raconta Mooney à Chuck. Nous avons compris que beaucoup de choses nous rapprochaient, ce que nous aimions et ce que nous détestions. Mais, surtout, c'était la première fois que je rencontrais un homme aussi intelligent. Il a vu que j'admirais sa façon de travailler et ça lui a plu.

Mooney dit que personne n'avait plus de classe que Costello. Il savait tenir sa place parmi les gens riches et célèbres, les hommes politiques et les rois. Il appelait les juges : « mes petits ».

— Mon vieux, j'avais vraiment envie d'être aussi puissant que lui... j'épiais tous ses gestes. S'il y avait un type à qui je voulais ressembler, c'était Frank Costello.

L'amitié entre Mooney et Costello ne s'était pas démentie ; ils avaient monté quelques affaires ensemble l'année précédente, en 1945, alors que Costello cherchait à étendre son affaire de trafic de pierres précieuses dans le Midwest. Bientôt, Mooney apporta les pierres précieuses volées dans le Midwest à un des receleurs de Costello, George Unger, et revint avec les trésors frauduleux de Costello que ses soldats commercialisaient dans le Midwest et l'Ouest.

Cette activité rapporta des millions au Milieu de Chicago, mais l'établissement de liens aussi lucratifs signifiait beaucoup plus pour Mooney. Il avait désormais un allié puissant à New

York, situation qui ne passa pas inaperçue à Chicago ; son statut parut monter en flèche. On déroulait le tapis rouge partout où il allait, ce qui lui valait non seulement une profusion incroyable d'objets d'art, bijoux et autres luxes raffinés, mais aussi de « petits » avantages.

Alors qu'après la guerre, à Chicago, le citoyen moyen devait attendre une voiture pendant des mois, il suffisait à Mooney d'aller voir Emil Denemark, le plus gros concessionnaire Cadillac de la région, pour obtenir que ceux qui l'entouraient roulent dans des véhicules dignes d'eux. Ce traitement de faveur s'expliquait par le fait qu'il payait le prix officiel plus un dessous-de-table en liquide de trois cents dollars pour les Chevy et les Ford, cinq cents dollars pour les Buick et mille dollars pour les Cadillac. Comme il devait fournir des automobiles à des centaines d'hommes, Mooney devint le plus gros client de Denemark et leurs relations furent florissantes. En échange, Mooney put avoir tout ce qui lui faisait envie.

Lorsqu'il arrivait dans le hall d'exposition, Denemark le recevait comme un ami de toujours et le conduisait dans son bureau où Mooney s'installait à son aise, les pieds sur la table, tandis que Denemark occupait le fauteuil réservé aux clients. Il indiquait à Denemark, qui notait, ses lieutenants et soldats qui pouvaient acheter une voiture, précisant la marque, le modèle et l'année.

Pour récompenser la loyauté de Chuck, Mooney l'autorisa à acheter une Buick décapotable bleue de 1946, la première en ville avec des pneus à flancs blancs. Il offrit une Cadillac Fleetwood bleu foncé à Ange et acheta une Mercury de 1946.

Mooney était visiblement amoureux des voitures. Les modèles de luxe, voyants, ne l'impressionnaient pas, mais il appréciait les voitures basses et rapides. Il les considérait comme des objets de prix ; chaque semaine, sous l'œil attentif de Chuck, elles étaient méticuleusement lavées et lustrées au garage ; en outre, comme à l'époque où Mooney était chauffeur, elles étaient équipées de plaques métalliques à l'épreuve des balles, ainsi que d'une culasse et de soupapes modifiées qui leur permettaient d'atteindre cent quatre-vingts kilomètres à l'heure.

Mooney roulait aussi vite que les ambulances, arpentant la ville et traitant des affaires partout où il allait. Mais il garda toujours un œil sur les quartiers noirs de Southside et leurs loteries, progressant autant que le lui permettait sa qualité d'Italien blanc, jusqu'au jour où Eddie Jones tint finalement sa promesse.

Jones, qui, en 1946, attendait toujours sa mise en liberté conditionnelle, donna à son frère, George, l'ordre de démarrer, fournissant cette année-là plusieurs centaines de milliers de dollars à Mooney, si bien que, sous les auspices de son association avec les frères Jones, Mooney prit pied dans les loteries des Noirs et, simultanément, acheta juke-box, billards électriques et distributeurs automatiques. Il chargea Chuckie English, qu'il connaissait depuis l'époque des 42, de superviser l'affaire.

A l'exception des billards électriques, « machines illégales destinées au jeu », l'entreprise était absolument légale, jusqu'au moment où commencèrent la gratte, le trucage et l'intimidation qui étaient dès le départ, aux yeux de Mooney, sa raison d'exister.

La gratte, pratique consistant à empocher une partie du bénéfice avant de le déclarer aux impôts, est particulièrement lucrative dans les affaires fonctionnant sur le liquide, où il est impossible d'établir le montant exact des recettes. Et, même si les juke-box et les distributeurs automatiques ne rapportaient que des pièces de vingt-cinq et cinquante *cents*, ils ne démentirent pas le principe de Mooney selon lequel : « La petite monnaie fait des dollars et, les dollars, ça te rend riche. »

Avec la bénédiction de Mooney, English recruta Joey Glimco, un type des syndicats, Willie Daddano, dit Patate, Joe Gagliano, surnommé le Bâillon*, Dave Yaras et Lenny Patrick, qu'il chargea de la gestion des machines sur le terrain. Ces hommes, à leur tour, amenèrent leurs soldats — on les appela les « détaillants » —, en tout plus de cinq cents hommes, qui, selon Mooney, placèrent plus de douze mille juke-box, distributeurs automatiques de cigarettes et billards électriques dans Chicago et sa banlieue.

---

* Sans doute à cause des trois premières lettres de son nom (*gag* : blague mais aussi bâillon).

Les « détaillants » partageaient par moitié les bénéfices des billards électriques, illégaux, avec les propriétaires de bar et de restaurant, et versaient une somme forfaitaire hebdomadaire pour les autres machines. Le propriétaire qui n'acceptait pas d'installer les machines de l'Organisation dans son établissement s'exposait au vandalisme, aux bombes incendiaires, ou à pire. Après avoir infiltré l'établissement, la pègre pouvait superviser son fonctionnement, consentir des prêts usuraires à un patron en difficulté ou, mieux, prendre carrément le contrôle de l'affaire.

Le monopole des juke-box donna à l'Organisation un poids énorme dans l'industrie de la variété ; les nouvelles chansons ne pouvaient pas devenir des succès si on ne les entendait pas. Mooney et ses associés étaient en mesure de matraquer dans toute la ville le disque d'un chanteur qu'ils voulaient promouvoir, ou d'exiger que le studio leur verse une commission simplement pour assurer la distribution d'une vedette nouvelle sur les machines de l'Organisation.

Avec un revenu moyen de dix dollars par semaine et par machine, l'argent fit rapidement des petits. Mooney et les frères Jones partagèrent les bénéfices par moitié, grattant la part du lion sur les six millions de dollars de gains annuels et ne déclarant que de faibles bénéfices, parfois aucun.

Les cigarettes volées, fournies par des soldats qui attaquaient les camions sur les routes de tout le pays, fournissaient une autre source de profits. Grâce aux distributeurs automatiques de Mooney, chaque paquet de cigarettes vendu représentait cent pour cent de bénéfice net.

— C'est seulement la partie visible de l'iceberg, confia Mooney à Chuck. Merde, on devient international... On est en train de fournir des cigarettes à un type qui va s'installer aux Philippines*. Pratiquement tout le gouvernement émarge chez lui.

Chuck apprit plus tard que le « type » dont parlait Mooney était un personnage trouble, ex-GI de Chicago nommé Harry Stonehill, dont les relations politiques comptaient, entre autres, un sénateur philippin, un certain Ferdinand Marcos, des

---

* Les Philippines ont été possession américaine de 1898 à 1946.

contacts au diocèse catholique, le proconsul Edward Landsdale ou le général Douglas McArthur. Cette alliance rapporterait finalement des milliards et permettrait à Chicago de pénétrer dans des domaines où New York n'était pas encore installé : entreprises de jeu en Asie, contrebande, marché noir et stupéfiants.

La fortune de Chuck n'augmenta guère, en 1946, mais celle de Mooney atteignit des sommets. Au printemps, en comptant son association avec les Jones, ses tripots et ses parts dans les entreprises de jeu, les tickets de rationnement volés et les produits de nombreux cambriolages et attaques à main armée, ses revenus personnels dépassèrent plusieurs millions de dollars. Et, suivant l'exemple de Jones, Mooney se mit à investir dans des entreprises légales, payant soixante-cinq mille dollars, une fortune dans l'Amérique de l'après-guerre, une boutique de spiritueux. En outre, il acheta un vieux magasin dans le quartier noir de Westside, sur Roosevelt, près de Paulina, qu'il projetait d'appeler le Boogie-Woogie et qui, promit-il à Chuck, serait bientôt le « Cotton Club de Chicago ».

Il effectua également un premier versement de trente-deux mille dollars sur une imposante maison en briques jaunes située à Oak Park, en banlieue, car sa famille comptait désormais une nouvelle fille, Francine, puis il chargea Chuck de superviser sa rénovation ainsi que le versement des paiements mensuels.

Chuck, qui avait désespérément envie de quitter le tripot de Cicero, eut sa chance avec le Boogie-Woogie. Mooney lui confia la direction du club et le chargea des transformations ainsi que de la décoration, ce qui lui prouvait que son frère avait effectivement de grands projets pour son avenir.

Une fois la nuit tombée, les ivrognes et les vendeurs de drogue des quartiers misérables des environs disparaissaient et le Boogie-Woogie s'animait, « Boogie » et « Woogie » s'éclairant alternativement sur son enseigne au néon bleu et orange, au rythme du jazz que trompettes et saxophones jouaient à l'intérieur. Les portières des limousines noires et luisantes, arrêtées devant la boîte, s'ouvraient sur les longues jambes brunes de belles négresses vêtues d'élégantes robes en satin ou en soie. Leurs compagnons en costume à fines rayures, cheveux coiffés en arrière et gominés sous un feutre à large bord, étaient principalement des hommes des loteries de Chicago et des malfrats noirs en pleine ascension. Ils se réunissaient devant la porte, riant, roulant des mécaniques et faisant admirer leurs filles, avant d'entrer. A l'intérieur, c'était un tourbillon de bruit, de sueur et de rythme.

Chuck engageait des musiciens et chanteurs noirs populaires. Il y eut de grands noms, notamment Nat King Cole, mais il s'agissait principalement de talents locaux, qui venaient armés et attendaient l'occasion de percer. Célébrités ou pas, du point de vue de la foule qui le fréquentait, le Boogie-Woogie était « chic ». L'argent rentrait et Mooney était content ; c'était tout ce que souhaitait Chuck.

Quand Eddie Jones fut sorti de prison, en 1946, il fréquenta la boîte en compagnie de sa magnifique femme, Lydia, de même qu'un de ses lieutenants, Teddy Roe. Chuck avait été averti que Roe se méfiait des Italiens, surtout de Mooney, et que, malgré les bénéfices liés à la pénétration de la communauté italienne, il s'était énergiquement opposé à l'association de Jones avec Giancana. Tous les autres petits patrons de loteries noires étaient dans le même cas.

Tous les soirs, debout derrière le bar de la boîte, Chuck écoutait les conversations des patrons de loteries ; le fonctionnement de leurs entreprises et la façon dont les Noirs réfléchissaient lui devinrent familiers. Plus d'une fois, il fut obligé de sauter sur le bar, le revolver à la main, et de vider la salle au milieu des hurlements des femmes et des coups de feu. Mais c'était exceptionnel ; il s'aperçut qu'ils réglaient généralement leurs conflits par la discussion, même si elle tournait souvent à l'aigre, et trouva cela admirable. La courtoisie de leur collaboration était étrangère à ce qu'il avait connu dans la bande de Mooney. Mooney réglait les problèmes d'une façon plus directe : il tuait. Chaque soir, fermant le Boogie-Woogie, Chuck se demandait ce que réservait Mooney aux rois de la loterie.

Il n'eut pas besoin d'attendre longtemps la réponse. Par une chaude soirée d'avril, Mooney passa à la boîte, après minuit, voir comment les choses allaient. Chuck servit deux scotches puis ils s'installèrent à une table et regardèrent, dans un brouillard de fumée, les couples de danseurs luisants de sueur.

Mooney alluma son cigare puis se pencha, les sourcils froncés.

— Tu risques d'avoir des petits problèmes, dans les semaines qui viennent, annonça-t-il. Je vais les éliminer... Roe, Jones, toute cette foutue bande.

Chuck ne fut pas étonné ; Mooney avait seulement attendu le moment propice. Il supposa que celui-ci en valait bien un autre et hocha la tête.

— J'en ai ma claque de Roe, ce fumier vaut pas un clou.

— Et Eddie ? demanda Chuck.

— Ouais, bon, lui aussi il est au bout du rouleau. Merde, je l'aime bien, ce type. J'ai pas envie de le liquider, mais il veut pas nous laisser la place. Va falloir que je fasse quelque chose.

Chuck alluma une cigarette et avala la fumée.

— Quoi, par exemple ?

Mooney sourit, écarta sa chaise, prêt à se lever.

— T'en fais pas, Chuck. Contente-toi de diriger cette boîte comme avant. Tu fais un boulot formidable. Et laisse-moi m'occuper du reste. *Capisce ?*

Mooney montra la salle d'un geste du bras et la lumière fit scintiller les diamants de ses boutons de manchettes. Puis il se leva.

— Continue de bien bosser, c'est tout, reprit-il, puis il se pencha, le visage tout près de celui de Chuck : Va y avoir des nègres en pétard, fais gaffe.

Tandis que Mooney traversait la salle en direction de la porte, Teddie Roe entra avec une suite d'hommes de main et une femme au bras. Voyant Mooney, il se crispa mais ne recula pas.

Chuck se tourna vers le bar, adressa un regard à son directeur, Jimmy New York, et à son barman noir, Willie, puis montra Mooney d'un signe de tête. Voyant Roe, ils prirent les armes cachées sous le comptoir. Chuck toucha, dans la poche de sa veste, son revolver froid et rassurant puis, se levant rapidement, il se fraya un chemin parmi les danseurs et rejoignit son frère.

— Tiens, qu'est-ce que Mooney Giancana fout dans une boîte de nègres ? Il veut encore nous voler notre blé ? Ou alors il vient goûter un peu à nos femmes ? dit Roe, ironique, aux deux hommes qui l'encadraient. Ils sourirent avec arrogance.

Mooney le fixa, impassible. Chuck sentit son cœur se serrer.

— La boîte m'appartient, répondit Mooney avec un sourire glacial. Et toi aussi tu vas m'appartenir, bordel, comme tout ce que les nègres possèdent.

Il regarda droit dans les yeux la femme en robe pailletée serrée contre Roe.

— Elle aussi, si je veux, conclut-il.

Chuck vit ses lèvres rouges s'entrouvrir. Son frère avait raison, s'il la voulait, elle était à lui. Roe s'en aperçut également.

— Essaie, connard. Je te buterai.

Il tendit les mains vers le col du veston de Mooney mais, sans lui laisser le temps de le saisir, Chuck et Jimmy New York avancèrent et posèrent leurs armes sur ses côtes.

— Laisse tomber, Teddy, dit Mooney sans quitter la femme des yeux. (Il rit.) Tu sais plus ce que tu dis.

Puis, sans se retourner, il sortit dans la nuit.

Un samedi soir, en mai 1946, Mooney mit son plan à exécution et commença par kidnapper Eddie Jones. Avec l'aide de Gros Léonard, la Teigne, Fifi et Vincent Ioli, il enleva le roi des loteries, l'enferma dans la cave de sa maison d'Oak Park, qu'il n'occupait pas encore, et lui proposa une alternative similaire à celle qu'il avait offerte à Guzik trois ans plus tôt : coopérer ou mourir. Jones se laissa facilement convaincre. Avant sa libération, le vendredi suivant, il versa une rançon de deux cent cinquante mille dollars en billets usagés et accepta de céder toutes ses activités. Deux semaines plus tard, Jones et sa famille prirent le train pour le Mexique et Mooney n'entendit plus jamais parler des frères Jones.

Les journaux noirs traitèrent Mooney de « traître, ancien détenu avec un casier long comme le bras ». Et les petits opérateurs de loterie, dont Teddy Roe, se préparèrent à l'assaut. Roe suggéra audacieusement à ses amis, et à qui voulait l'entendre, que les Italiens devraient le tuer avant de le déposséder. La seule réaction de Mooney fut :

— C'est pas une si mauvaise idée.

Aucune tentative d'assassinat ne fut dirigée contre Roe cet été-là. En revanche, Mooney recourut à ses relations politiques et ses contacts policiers pour mettre Roe sous pression, le contraignant à fermer ses loteries.

Roe ayant été écarté, Mooney se consacra aux opérateurs

moins véhéments, lançant une série de menaces, d'attentats à la bombe et de meurtres. Une par une, les loteries tombèrent sous son contrôle. En août, à l'exception des affaires de Roe, Mooney les contrôlait presque toutes : « tout le bataclan », comme il disait.

Après cette prise de pouvoir, Mooney chargea cinq soldats du quartier, les frères Manno et Sam Pardy, de superviser les loteries. Les Italiens les appelaient toujours « lotos », mais elles demeurèrent réservées à la communauté noire ; les rares Blancs qui souhaitaient jouer le faisaient par l'intermédiaire des centaines de bookmakers répartis dans tout Chicago, lesquels confiaient les enjeux aux hommes de paille des loteries noires.

Chuck suivit le développement de l'affaire avec fascination, curieux de voir si la loterie, comme le prétendait Mooney, pouvait réellement produire les légendaires paniers de trente-cinq litres pleins d'argent. Il entendit dire qu'on avait de l'argent jusqu'à la ceinture, dans le sous-sol des Manno, et trouva cela exagéré. Fin novembre 1946, lorsque Mooney lui proposa d'aller se rendre compte par lui-même, chez Tom Manno, il ne se fit pas prier. Le sous-sol était plein d'argent, pas seulement jusqu'à la ceinture, mais du plancher au plafond. Six ans plus tard, en 1952, trois des frères Manno et Pardy plaidèrent coupables et furent emprisonnés pour une fraude de deux millions de dollars sur les impôts prélevés sur les bénéfices de leurs loteries.

Pendant le trajet du retour, alors que Chuck n'en revenait pas d'avoir vu autant d'argent, Mooney lui confia ses nouveaux projets.

Mooney expliqua que, tandis qu'il mettait de l'ordre dans les activités locales, Tony Accardo avait demandé à Jake Guzik et Murray Humphreys d'explorer une autre possibilité : le jeu au niveau *national*. Chicago s'installait dans l'Iowa, le Kansas, l'Indiana et le Michigan. En outre, ils tentaient d'implanter des entreprises de jeu à Dallas, au Texas, et mettaient la dernière main à la prise de contrôle de Continental Press, une agence d'information originaire de Cleveland qui fournissait les résultats des compétitions sportives nationales à des bookmakers répartis dans tout le pays.

D'après Mooney, Guzik et Humphreys avaient envoyé trois émissaires au Texas : Pat Manno ainsi que deux hommes de paille minables, Paul Jones et Jack Nappi. Ils proposèrent cent cinquante mille dollars au shérif de Dallas, Steve Guthrie, en échange de sa collaboration pendant l'invasion de la ville.

— On a promis à ce type qu'on veillerait à ce que la ville reste propre... pas de problèmes, pas de drogue. Seulement une saine distraction... tables de craps, paris et machines à sous.

Mais début novembre, alors que Manno et Paul Jones croyaient avoir conclu le marché, ils constatèrent que le shérif avait enregistré leurs conversations. Guthrie refusa le pot-de-vin et vendit la mèche, si bien que Jones fut inculpé de corruption. Cela flanqua leurs projets par terre.

— Mais on a encore une carte, dit Mooney à Chuck. J'envoie un ami de Dave Yaras et Lenny Patrick, un juif, Jack Ruby.

Chuck apprit que Jack Ruby avait pour instructions de progresser lentement, au début, d'ouvrir une boîte de nuit crasseuse que l'Organisation de Chicago transformerait lentement en boîte de strip-tease à la mode, proposant à la clientèle aussi bien des prostituées que la possibilité d'engager des paris. A la longue, si tout fonctionnait conformément au plan, Ruby parviendrait à contourner le shérif, à trouver le maillon faible des forces de l'ordre de la région (il y en avait toujours un, selon Mooney) puis à entamer le long processus de corruption.

D'après Mooney l'autre possibilité, Continental et son distributeur, Midwest News Service, avait mieux marché. Le prédécesseur de Continental, Nation-Wide, était à l'origine la propriété de Moe Annenberg, mais avait dû renoncer à fonctionner quand le magnat de la presse fut reconnu coupable de fraude fiscale et emprisonné.

Avant sa chute, avec le soutien du Milieu de Chicago et de New York, Annenberg avait fait fortune dans l'industrie du jeu en fournissant les feuilles de cotes et les résultats aux bookmakers de tout le pays. Une agence de presse, avec ses milliers de clients, pouvait donc se révéler extrêmement profitable. Pour cent dollars par jour, l'évolution des cotes, les résultats et les rapports sur des dizaines d'hippodromes répartis sur tout le territoire étaient continuellement fournis, par une ligne téléphonique spéciale, aux tripots qui souscrivaient un abonnement. Sans ce réseau, l'empire du jeu ne pouvait pas fonctionner.

Après la disparition de la société d'Annenberg, son collaborateur de toujours, Jim Ragen, sauta sur l'occasion et ouvrit Continental. Mooney expliqua à Chuck que Guzik, Humphreys et lui avaient cru que l'agence de presse de Ragen pourrait fournir à Chicago l'ouverture dont elle avait besoin pour entrer dans toutes les entreprises de jeu du pays.

— Avec Continental dans notre poche, expliqua-t-il, toutes les entreprises de jeu seront à nous.

Au début de l'année, Mooney avait mené l'opération de prise de contrôle de la société de Ragen et, avec l'approbation d'Accardo, Humphreys et Guzik avaient fait au type, selon les propos de Mooney, « une proposition qu'il ne pouvait pas refuser ». Mais Ragen avait refusé, ce qu'ils n'avaient pas prévu.

Espérant le pousser à la faillite et économiser du même coup un gros paquet, l'Organisation de Chicago créa alors sa propre agence de presse : Trans-American. L'avocat de la société, John Boyle, devint par la suite procureur général de l'État d'Illinois et premier juge du tribunal criminel. Ensuite, afin de trouver des clients, Mooney et Guzik rassemblèrent quelques durs et les chargèrent de « démarcher » les clients de Ragen. Après une vague de menaces et d'attentats à la bombe, les entreprises de jeu ne tardèrent pas à préférer Trans-American à Continental.

— Mais Ragen a gardé le contrôle de Continental jusqu'en août, affirma Mooney sans émotion. Ce type aurait dû accepter notre offre et changer de métier. Mais non, il voulait rester le patron. Alors on a envoyé Dave Yaras, Lenny Patrick et Willie Block régler le problème. Gussie Alex et Strongy Ferraro étaient en soutien. Tu vas pas me croire mais, avec la moitié d'une armée, ils ont pas pu faire le boulot du premier coup. Ils descendent le type et, catastrophe, il se retrouve à l'hôpital. Alors il a fallu qu'on attende la suite des événements...

Chuck était au courant de la mort de Ragen, qui était mystérieusement décédé alors qu'il était à l'hôpital depuis plusieurs semaines.

— Finalement, ils ont introduit un petit cocktail au mercure dans l'hôpital, expliqua Mooney.

Mooney dit que, grâce à la fusion de Continental et de Trans-American, les gars commençaient à travailler ensemble dans tout le pays.

Chuck ne put s'empêcher de constater avec quel naturel

Mooney mêlait le meurtre à ses projets de réussite. Il y avait des moments où Chuck avait pitié de ces pauvres crétins, même s'ils ne marchaient pas droit et l'avaient bien cherché. Mais pas Mooney. Jamais. Mooney n'avait pas de petite voix, en lui, émettant un jugement sur tous ses actes. Avec l'âge, Chuck était de plus en plus jaloux de cet aspect de la personnalité de Mooney ; parce qu'il était absolument sûr que c'était cette saloperie de petite voix qui l'empêchait de s'en sortir vraiment.

Néanmoins, buter un type était, pour lui, hors limite ; il ne voulait rien avoir à faire avec le meurtre. Il savait que ça se pratiquait, merde, pratiquement tous les gars qu'il connaissait étaient des assassins, mais il n'était pas question qu'il soit personnellement impliqué là-dedans. Parfois, il se demandait s'il était un raté, un saint, ou ni l'un ni l'autre. Tout ce qu'il savait, c'était que la sainteté ne lui permettrait pas de monter aussi haut qu'il voulait.

Jusqu'à la fin de 1946, Mooney fit de nombreux voyages d'affaires, et traita toutes sortes de marchés dans les ruelles de Chicago.

Il annonça à Chuck que « Ricca et les autres » sortiraient « sous peu » mais ne précisa pas en quoi cela influencerait sa situation dans la hiérarchie de l'Organisation. En fait, il était absolument convaincu que les résultats obtenus depuis trois ans, pendant le séjour en prison de la vieille garde, étaient solides et lui vaudraient une place au sommet.

Selon Mooney, la libération anticipée des malfrats les plus célèbres de Chicago était due à Murray Humphreys, qui avait fait d'innombrables séjours à Washington, pour l'obtenir. Il y avait rencontré l'attorney général — le ministre de la Justice — Tom Clark, en vue d'obtenir son aide.

— Ricca a promis à Clark un siège à cette putain de Cour suprême s'il l'aidait à sortir, dit Mooney, puis, remarquant l'expression de Chuck, il ajouta avec un rire étouffé : Chuck, qu'est-ce que je t'ai dit, autrefois ? Tu croyais que je te racontais des conneries ? On tient toujours le président, peu importe comment il s'appelle... C'est notre homme. La Maison-Blanche nous appartient.

Exactement comme Mooney l'avait prévu, Ricca et ses complices furent effectivement libérés, au début de l'année suivante, dans un concert de protestations. Au sein de la pègre, on prétendait que les syndicats de Hollywood, toujours contrôlés par Chicago, avaient provoqué des grèves bouchons onéreuses, recouru au vandalisme et autres moyens de pression pour contraindre les magnats des studios à aider Ricca. La tactique s'avéra efficace ; selon Mooney, les grands studios donnèrent cinq millions de dollars au président Truman*. En échange, l'attorney général Clark accorda la liberté conditionnelle aux détenus et, en récompense, fut nommé par Truman à la Cour suprême.

En outre, l'Organisation promit à Truman son soutien financier, ainsi que l'appui de la machine politique de Chicago pendant la campagne présidentielle qui se profilait à l'occasion de l'élection de 1948.

Alors que 1946 arrivait à son terme, Mooney continua de développer ses affaires. Il ouvrit deux autres boîtes de nuit, L'Archer et le 430, puis créa une société nommée Windy City avec son vieil ami Jimmy Adducci, qui siégeait au Congrès. Windy City était censée créer des ligues de *softball****,* mais Mooney expliqua que ce n'était que la façade de nouveaux tripots et le moyen de déclarer des revenus légitimes aux impôts. Pendant ce temps, la femme et les filles de Mooney se promenaient dans Michigan Avenue habillées par les grands couturiers, portaient des fourrures et des bijoux et projetaient un réveillon de Noël somptueux.

En décembre 1946, Lucky Luciano, qui détenait toujours un pouvoir énorme sur les patrons de la pègre depuis sa libération et son expulsion en Italie, demanda une réunion du Comité, nom que l'on donnait au consortium national de toutes les branches de l'Organisation. La présence de Mooney à cette réunion, qui se déroula à La Havane et réunit les trente-six plus gros chefs de gang du pays, souligna son

---

* Harry S. Truman (1884-1972). Vice-président de Roosevelt à l'élection de 1944, il devient président en 1945, à la mort de celui-ci. Réélu en 1948.

** Jeu comparable au base-ball mais se pratiquant sur un terrain plus petit et avec une balle à la fois plus grosse et moins dure.

acceptation au sein du cénacle et constitua une reconnaissance du rang qu'il occupait au sein de la hiérarchie de Chicago.

Il rentra de Cuba avec la volonté ravivée de poursuivre son ascension (« Nom de Dieu, ce Lansky est un génie »), et une valise pleine de havanes. Il demanda avec insistance à Chuck de suivre les informations au cours des mois à venir, parce qu'il y aurait une « surprise » dans l'ouest.

— Un ponte va être éliminé, confia-t-il avec un air mystérieux.

En juin 1947, Mooney jubila, quoique dans l'intimité.

— Qu'est-ce que je t'avais dit ? Un ponte ! T'as entendu parler de Bugsy Siegel à Beverly Hills ? Il a déconné et il s'est pris deux pruneaux de Chicago dans le cigare.

— Qu'est-ce qu'il a fait ? demanda Chuck.

— Merde, il était quasiment arrivé. Lansky l'a envoyé à Vegas, il y a cinq ans, pour créer des boîtes. Il a ouvert le Flamingo et il s'est tout de suite mis à gratter. Et pas de la petite monnaie, des millions. En plus, il a refusé de rendre sa part de la Trans-American. Siegel était un connard de cow-boy avec la tête enflée. On a voté son élimination, à La Havane, parce qu'il a eu le culot de défier Lansky, et le Comité par-dessus le marché.

— Bon sang, tu es vraiment à l'intérieur, à présent, complimenta Chuck.

— Bon, disons seulement que j'ai eu des tuyaux de l'intérieur, répondit Mooney avec un sourire. Puis il ajouta : Et le contrat sur Siegel.

Chuck s'intéressait surtout aux « informations de l'intérieur » dont Mooney disposait sur ce qui se passait en Californie et l'infiltration du monde des célébrités, qu'il réalisait pour le compte de Ricca et de Roselli.

— Hollywood, Chuck, c'est plein de types qui attendent qu'on se serve d'eux. Les gens ne s'intéressent qu'à une chose, là-bas, devenir vedettes. On les aide et ils nous appartiennent. C'est aussi simple que ça. Et les nanas, Chuck... belles et connes. Merde, te laisse jamais avoir par tout ce vent que fait le cinéma... c'est rien que des clodos et des putes. A part Washington, Hollywood est le seul endroit que je connaisse où tout le monde, les hommes comme les femmes, est prêt à se mettre à genoux pour qu'on se serve d'eux.

Après le nouvel an, Mooney et Ange allèrent une nouvelle fois passer l'hiver à Miami. Mooney laissait souvent Ange en compagnie d'amies et de parentes, tandis qu'il louait un bateau et se rendait à Cuba pour « une partie de pêche avec les gars », ou prenait l'avion pour Chicago, ou ailleurs. Il semblait à Chuck que leur mariage n'avait jamais été aussi heureux, aussi stable.

Au printemps, Mooney continua de voyager. Mais de retour à Chicago, tandis que la création d'une nouvelle agence de presse, Montrose Association, l'occupait, il confia à Chuck le soin de conduire sa femme et ses filles de leur maison d'Oak Park, récemment meublée avec des antiquités et des œuvres d'art de prix, dans les restaurants et les boutiques de luxe, ainsi qu'à New York, quand elles auraient envie de faire des courses.

Quand il sortait avec Ange, Chuck voyait le monde s'ouvrir devant eux. Giancana était un nom magique ; dans les boîtes de nuit, les vedettes leur souriaient et leur adressaient des signes de tête. Les vendeuses des plus beaux grands magasins défaillaient presque lorsqu'elles avaient le privilège de s'occuper d'eux. Et lorsqu'il sortait seul, il semblait que tous ses caprices pouvaient être satisfaits. Tout cela parce qu'il était le frère de Mooney.

Mais, pour le reste des Giancana, la vie n'était pas aussi rose. Mooney était toujours intimement convaincu que sa famille lui devait tout ce qu'elle possédait. Et ils en étaient tout aussi persuadés. En 1947, il dominait toujours les existences de son père, ses frères et ses sœurs d'une poigne de fer et décidait de leur avenir. Pourtant, en présence de Chuck, il ironisait sur leur dépendance sentimentale et financière.

— Ils savent que tendre la main, faisait-il remarquer d'un air dégoûté.

Les enfants d'Antonio avaient fait leur vie, quoique dans l'ombre de Mooney. Vicki avait épousé un ouvrier d'usine en 1945 ; Pepe s'était marié avec une fille du quartier et travaillait dans un tripot, avec les soldats de Mooney. Antoinette, toujours célibataire et vivant à la maison alors qu'elle avait trente-cinq ans, fabriquait des ceintures et des jarretières dans une usine. Josie, toujours à la maison et célibataire, travaillait à Central Enveloppes, la société du frère d'Ange. Les enfants de Catherine, les cousins, avaient disparu.

Si la réussite de Mooney irritait les membres de la famille, ce n'était pas visible. Au contraire, ils jouissaient de la célébrité que leur apportait le nom de Giancana ; il faisait d'eux des personnalités du quartier. Pour Pepe qui, contrairement à Chuck, ne fut jamais le confident de son frère, cela signifiait la sécurité d'une bonne place. Les sœurs constatèrent qu'il ouvrait, même brièvement, la porte sur de petits privilèges ; le boucher leur donnait les meilleurs morceaux, le boulanger les pains les plus frais.

Fin 1947, Mooney chargea Chuck de diriger un racket de billards électriques dans le district de Marquette. C'était un quartier où, selon Mooney, le capitaine de police, Andy Akins, « fermait les yeux sur les activités de l'Organisation », ce qui permettrait à Chuck d'avoir « le champ libre ». Et effectivement, pendant l'année suivante, Chuck parvint à placer plus de deux cents machines, toutes illégales, sans que la police lui fasse le moindre ennui. Cette activité rapporta vingt mille dollars par an, somme qu'il remit consciencieusement à Mooney.

En janvier 1948, dans le sous-sol de la maison de Mooney, à Oak Park, Chuck regarda son frère compter mille dollars à son intention, puis en garder pour lui six mille, dont il fit une liasse qu'il déposa près de celles qui emplissaient le tiroir de son bureau. Il offrit un cigare à Chuck, puis s'appuya contre le dossier de son fauteuil.

— Alors, qu'est-ce que tu dirais d'un tour à Cuba ? Voir des spectacles, faire un peu de blé, baiser des nanas de là-bas ?

— J'adorerais sûrement, Mooney... comme tout le monde. Pas vrai ?

Chuck sourit, savourant le doux havane. Il ne prenait pas vraiment Mooney au sérieux.

— Bon, je crois que tu vas y aller. Pas la peine que tu te gèles le cul ici pendant qu'il y a du soleil à Cuba ct qu'il fait chaud. Pas vrai ?

Chuck s'éclaircit la gorge ; Mooney avait une idée derrière la tête.

— Vrai, répondit-il.

Il se pencha dans son profond fauteuil en cuir et demanda :

— Alors, qu'est-ce que tu veux que je fasse ?

Mooney ouvrit le dernier tiroir de droite de son énorme bureau en chêne. Il en sortit une petite enveloppe brune qu'il poussa vers Chuck.

— Prends ça et remets-le à M. Meyer, à l'hôtel Nacionale, à La Havane.

— Pas de problème, répondit Chuck avec un sourire.

Il prit l'enveloppe. Compte tenu de sa forme et de son poids, elle contenait sûrement de l'argent.

— Tu veux savoir ce qu'il y a dedans ? demanda Mooney, ironique.

— Pas si tu veux pas me le dire.

— Un demi-million de dollars, Chuck.

Il hocha la tête.

— En coupures comme ça.

Mooney montra un billet. Tout d'abord, Chuck ne put pas lire les chiffres. Il n'avait jamais vu ce genre de bifton. Il plissa les paupières. Mooney se mit à rire.

— C'est un billet de cinquante, Chuck.

— Cinquante ?

Il n'en avait jamais vu de semblable.

— Ouais, un billet de cinquante mille dollars.

— Oh, ouais. Je vois maintenant, fit Chuck, tentant de rester indifférent. Il espéra que son visage n'avait pas trahi la stupéfaction ou l'émerveillement.

— M. Glass, ici, dit Mooney, posant le dos de la main sur le visage qui ornait le billet, c'est un grand voyageur. Il est vraiment pratique, à Cuba.

Il se remit à rire.

Chuck l'imita puis s'interrompit et demanda sérieusement :

— Je pars quand ?

— Tout de suite. Descends en Floride en voiture et prends l'avion de Miami à La Havane. Hé, emmène un pote, si tu veux... et marre-toi bien.

— D'accord. Je partirai demain matin. Autre chose ?

— Ouais, Chuck. C'est pas tout. Ça va beaucoup bouger. Et tu vas en être, d'accord ?

Il se pencha sur son bureau et poursuivit :

— Écoute, on avance vite, à présent. J'ai déjà deux pour cent de la gratte sur le Flamingo, à Vegas... merde, à trente-cinq mille dollars pièce, c'était une sacrée affaire. Et quand on aura mis la main sur Cuba, on va s'attaquer aux Arabes, à la République Dominicaine. Quand on en aura fini avec le dictateur, en République Dominicaine, il nous donnera toute l'île et, s'il le fait pas, on trouvera quelqu'un pour le faire à sa place.

Il se leva et contourna le bureau.

Automatiquement, Chuck se leva aussi. Mooney eut un sourire étrange, mystérieux, et prit Chuck par les épaules.

— Et tu sais quoi ? demanda-t-il.

— Quoi ?

— Tu serais parfait pour diriger nos affaires, là-bas, quand elles seront sur les rails.

Chuck resta sans voix ; c'était le moment qu'il avait attendu, la réalisation de son rêve. Il eut envie de dire quelque chose mais tout ce qui lui traversa l'esprit lui parut déplacé ou plat.

Mooney l'accompagna jusqu'à la lourde porte métallique du sous-sol.

— Amuse-toi bien à Cuba ; fais la commission que je t'ai demandée et on verra la suite.

Le visage de Chuck devint très grave lorsqu'il pivota sur lui-même, prêt à partir.

— Tu sais que ça sera bien fait, avec moi, Mooney. Tu peux toujours compter sur moi, promit-il.

— Je sais, souffla Mooney, puis il ferma la porte.

10.

Chuck et son ami Sam Marcello, que tout le monde appelait Yeux Doux, atterrirent à La Havane le 18 janvier 1948. Des rafales chaudes d'air tropical humide agitèrent ses cheveux comme des algues sèches, tandis qu'il descendait les marches jusque sur le tarmac. Il huma l'air.

— Salé, dit-il à son ami, puis la chaleur du soleil des Caraïbes, qui caressa son visage, le fit sourire. Il se dit que ce pays allait sans doute lui plaire.

Mais il changea rapidement d'avis. En réalité, il n'en avait aucun en arrivant, ne savait guère ce qu'il trouverait. Sodome et Gomorrhe ? Miami plus le jeu ? Leur taxi aux sièges crasseux, déchirés et tachés, sentant la vieille urine et le mauvais vin, se frayait un chemin en klaxonnant dans les rues poussiéreuses et grouillantes, encombrées de foules de gens au regard vide et de policiers inquiétants.

La pauvreté le scandalisa. Elle était pire que dans le Patch, alors qu'il avait toujours cru que c'était impossible. Ici, les eaux usées coulaient dans les ruelles, des mendiants aveugles ou manchots tendaient la main à tous les carrefours. Des enfants affamés, surtout des garçons, se jetaient sur leur taxi et proposaient leur marchandise en mauvais anglais :

— Tu veux baiser, monsieur ? Ma sœur est très jolie, cria un gamin, dont le nez coulait, dans un anglais parfait.

— La mienne est plus jolie, renchérit un autre.

Ils jouaient des coudes pour approcher du taxi, proposant de cirer les chaussures ou de louer leur sœur avec le même zèle.

Après plusieurs scènes de ce genre, Marcello en fut réduit à secouer la tête en disant :

— Bon sang, tu trouves pas ça incroyable ?

Chuck posa la main sur la poche de sa veste de sport en lin et constata avec soulagement la présence de l'enveloppe. Seule comptait la mission qu'il devait accomplir ; il la remettrait et foutrait le camp aussi vite que possible.

Il lui sembla soudain qu'ils roulaient depuis des heures et Chuck prit conscience du fait qu'il ne savait pas où ils allaient ; le chauffeur, qui ne parlait qu'espagnol, pouvait les conduire n'importe où sans que Chuck s'en aperçoive. Tandis qu'ils s'enfonçaient dans la ville torride, il s'aperçut soudain que sa mission était très dangereuse ; les gens étaient si pauvres et la vie si dénuée de valeur que deux *turistas* pouvaient disparaître sans laisser de trace, surtout deux Américains avec cinq cent mille dollars. La présence de la police, arme au poing, ne le rassura pas. Ses mains se couvrirent d'une sueur glacée qui imprégna bientôt ses vêtements.

Ils arrivèrent finalement à l'hôtel Nacionale, qui dominait la puanteur. Ses élégants murs blancs, aux volets verts, donnaient l'impression qu'il était une île sur une île. Lorsque leur chauffeur gara le taxi, Chuck ouvrit brusquement la portière, traversa le hall et gagna la réception. Maître de lui, à présent, il demanda calmement le directeur.

Vêtu d'un costume blanc soigné, le petit homme à moustache arriva rapidement. Conformément à ses instructions, Chuck demanda « M. Meyer ».

Peu après, un juif mince, vêtu d'une chemise blanche à manches courtes, arriva.

— Pour M. Meyer ? demanda-t-il.

Il sourit lorsqu'il aperçut l'enveloppe.

— Oui, monsieur, répondit Chuck, tendant l'enveloppe à l'individu énigmatique qui se tenait devant lui.

— Merci. Il glissa l'enveloppe sous son bras et ajouta : Saluez Mooney de ma part.

Chuck hocha la tête et « M. Meyer » disparut dans la foule. C'était terminé et, ayant accompli sa mission, Chuck poussa un soupir de soulagement puis desserra sa cravate.

Ce soir-là, Yeux Doux et lui s'aventurèrent dans les rues

obscures où ils burent, rirent et rencontrèrent leur part de Cubaines voluptueuses.

— Mon vieux, ça c'est vivre, répéta inlassablement Marcello.

Mais, au fil de la nuit, tout cela lui fit l'effet d'un trop bon repas ; la pauvreté de l'île ravalait le luxe au rang de décadence et de gloutonnerie. Et, comme un homme plus que rassasié, il repoussa tout cela et s'excusa.

C'est avec grand soulagement et davantage encore de culpabilité qu'il se mit au lit. Dormir dans un tel confort lui parut presque criminel ; dehors, derrière sa fenêtre, se dressaient des milliers de baraques branlantes, couvertes de tôle ondulée, au plancher crasseux et occupées par des enfants crasseux. Ces gens ne mendieraient pas indéfiniment dans l'ombre opulente de l'Organisation ; un jour, ils exigeraient leur part. Et, franchement, comme il le dit plus tard à Mooney, on ne pourrait pas leur en vouloir.

Le lendemain matin, en se réveillant, Chuck n'avait qu'une envie : quitter Cuba.

— Mais il faut visiter le château d'El Mora avant de partir, s'écria le réceptionniste, déçu, lorsqu'ils réglèrent leur facture.

Yeux Doux fut entièrement d'accord.

— Faut tout de même qu'on voie quelque chose en plus des bidonvilles et des nanas, protesta-t-il.

Chuck n'eut pas le courage de discuter et ils visitèrent ce site historique, parmi un groupe de touristes vêtus de chemises à fleurs, sous le soleil torride de midi.

Plus tard, montant dans l'avion, Chuck regarda une dernière fois le ciel cubain et remercia Dieu parce qu'il partait enfin.

— Un bel enfer, dit-il plus tard, parlant de Cuba. Un bel enfer comme il y en a plein d'autres.

Mooney fut satisfait de la façon dont Chuck s'était acquitté de sa mission cubaine et agita de nombreuses fois la carotte de la République Dominicaine, ajoutant systématiquement, les yeux brillants :

— Là-bas, on peut vivre comme un roi.

L'éventualité de se voir attribuer ce filon ainsi qu'un regain de confiance dans les possibilités qu'offre l'Amérique à ceux qui travaillent le stimulèrent. Chuck se plongea dans son affaire de billards électriques avec une énergie nouvelle. Mooney lui avait pratiquement promis qu'il représenterait Chicago en République Dominicaine et cela le stimulait, même s'il espérait secrètement que cela ne ressemble pas à Cuba. Quoi qu'il en soit, ce serait le début de son ascension et il voulait être prêt. Il était prêt à travailler pour y arriver, à gagner la faveur de Mooney.

Pour le moment, il gagnait bien sa vie. Il avait toujours dix ou vingt billets de cent dollars dans la poche, parfois trois mille dollars. Il conduisait une Super Buick bleu clair toute neuve, dont le coffre était plein de pièces détachées de billard électrique et de matériel pour les tripots.

Pour la première fois de sa vie, il dominait le monde. Il ne lui manquait qu'une femme, ce que Mooney lui rappelait de plus en plus souvent.

— Tu as vingt-cinq ans, Chuck, et du fric ; ce qu'il te faut, maintenant, c'est une bonne Italienne, une maison en banlieue et des gamins braillards, disait-il en riant.

Compte tenu des allusions de Mooney, Chuck aurait pu prévoir un mariage traditionnellement arrangé à l'italienne, mais il ne se méfia pas, en avril 1948, quand Ange et Mooney suggérèrent un après-midi de demander à Anne-Marie Torsiello d'accompagner Bonnie et Annette, qui allaient monter à cheval.

Lorsqu'il alla la chercher, il constata que les Torsiello vivaient à peu près comme quatre ans plus tôt ; Carl travaillait toujours à la gare et Tillie faisait encore bouillir des marmites de sauce, souriant comme si la vie ne pouvait être meilleure. Il se dit que la façon dont leur existence avait tourné aurait sans doute rendu des Siciliens amers. Mais les Torsiello étaient originaires de Naples et les Napolitains prennent toujours les choses du bon côté. C'était un trait de la personnalité des Torsiello qui plaisait à Chuck.

Mais, même si Carl et Tillie n'avaient guère changé, c'est à peine si Chuck reconnut Anne-Marie. Il lui sembla qu'il n'avait jamais vu de jeune fille plus belle. Comédiennes, danseuses, célébrités, putains à mille dollars, grâce à Mooney, il avait eu sa part de femmes : pas une n'arrivait à la cheville de la petite brune aux yeux pétillants qui l'accueillit. Il la vit et tomba fou amoureux d'elle.

A partir de cet instant, tout fut transformé. Il ne pensa plus qu'à elle.

Chez Paree devint leur boîte de nuit préférée, avec ses chanteurs et sa clientèle célèbre. Dave Halper, le directeur raffiné, à qui Mooney confia plus tard le Riviera de Las Vegas, veillait toujours à leur donner les meilleures places.

— Souriez, le frère de Mooney est ici, soufflait Halper aux serveurs après que Chuck lui eut glissé un billet de cent dollars. Occupez-vous de lui, donnez-lui tout ce qu'il veut, bon sang !

Pour la première fois de sa vie, Chuck était heureux. Dans la lumière des bougies, tout semblait terne à côté de sa belle Anne-Marie.

En juillet, rouge d'enthousiasme, Ange dit à Chuck :

— J'apprends qu'Anne-Marie ne s'est jamais aussi bien amusée... et les Torsiello sont sur un nuage à l'idée que le frère de Mooney Giancana fait la cour à leur fille. Toute la famille, y compris Mooney et moi, pense que c'est une union décidée par le ciel.

Chuck constata avec satisfaction l'existence de ce réseau inimaginable de confidences et de soutien entre les familles, mais fut néanmoins déçu. Savoir que cette relation emportait l'approbation de Mooney était important, capital même en ce qui concernait son avenir, mais il voulait surtout savoir si Anne-Marie était tombée amoureuse de lui. Et il décida de lui demander de l'épouser quand il le saurait.

Un samedi soir de juillet, alors qu'ils allaient de la voiture chez Paree, il la serra contre lui et la regarda dans les yeux. Il avait tellement envie de faire l'amour avec elle qu'il lui sembla qu'il n'avait jamais autant désiré quelque chose.

— Je t'aime, Anne-Marie, dit-il. Puis il l'embrassa avec une tendresse qui l'étonna lui-même.

— Moi aussi, je t'aime, souffla-t-elle, et elle étouffa un rire enfantin. Je t'ai toujours aimé.

Perplexe, il posa les mains sur ses épaules.

— Toujours ? Depuis quand ?

— Depuis l'époque où j'étais petite, quand tu venais me chercher chez moi pour me conduire chez Mooney. Dès que je t'ai vu, eh bien, je suis tombée amoureuse... mais tu me prenais pour une gamine.

Elle eut une petite moue moqueuse.

— Bon... tu *étais* une gamine de treize ans. Et j'avais vingt et un ans. (Il eut un sourire espiègle.) Alors tu es follement amoureuse de moi depuis cette période ? Je le savais, je le savais, voilà.

Il rit.

Se sentant ridicule, elle répliqua :

— Et toi aussi tu es fou de moi. C'est ce que tout le monde dit : Ange, ma tante Rose, ma tante Betty, tout le monde. Il paraît que même Mooney le dit.

— Vraiment ? s'enquit-il. Il adorait son ardeur enfantine.

Il fit glisser ses doigts sur sa joue jusqu'au moment où ils touchèrent ses lèvres puis dit dans un murmure :

— Ils ont *tous* raison. Je t'aime. (Il lui prit le menton dans la main et l'embrassa.) Veux-tu m'épouser ? souffla-t-il.

— Oh, oui, Chuck, s'écria-t-elle, jetant les bras autour de son cou. Mille fois, oui !

Ils rirent et se serrèrent l'un contre l'autre.

Ayant glissé son pourboire habituel à Dave Halper, il l'entendit murmurer le refrain familier :

— Souriez, le frère de Mooney est ici...

Mooney. Ils avaient souvent évoqué, au fil des années, les qualités que devait avoir une bonne épouse. Et il ne s'était jamais aperçu qu'ils n'avaient pas une seule fois parlé d'amour. Et, à ce moment-là, il eut l'impression de comprendre pourquoi : parce que Mooney n'aimait personne.

S'il y avait une chose que Mooney et le cercle sans cesse croissant de ses associés aimaient, c'était le pouvoir. Et il semblait que, comme les accrochés de la came que les habitants ordinaires du Patch méprisaient, Mooney fût aussi « accro » à sa façon. La drogue de son frère était l'ambition insatiable qui le dévorait.

Bizarrement, les gens ne semblaient pas désapprouver cette dépendance vis-à-vis du pouvoir et de la richesse. Ces qualités étaient considérées comme admirables. Aux yeux du quartier, Mooney était une sorte de héros. Et les hommes politiques tels que le président Truman jouissaient de l'estime de la population qui se les représentait comme des serviteurs du pays alors qu'en vérité, si ce que disait Mooney était exact, ils étaient au service d'une nécessité tout à fait différente : *leur* soif de pouvoir.

A l'approche de l'automne 1948, la frontière entre les soi-disant « bons » et « méchants » commença lentement de s'estomper. Chuck vit la machine politique bien huilée de Chicago se préparer à l'élection présidentielle. Mooney fut exceptionnellement expansif dans ses attaques contre les hommes politiques, qui tendaient la main, et s'emporta également contre les flics, qui touchaient davantage de la part de l'Organisation que de celle des contribuables. Mais Chuck n'y trouvait rien à redire ; l'influence de Mooney pouvait toujours se révéler utile.

La prévarication et la corruption avaient fait leur apparition bien avant la naissance de Mooney. Mais celui-ci leur avait donné une ampleur inimaginable. Du plus humble flic de quartier au capitaine le plus élevé en grade ou au directeur de la police, tous, selon Mooney, faisaient partie de l'écurie de l'Organisation. Même le maire, Kennelly, tout comme son prédécesseur, Kelly, était, selon Mooney, « notre homme ». Pour Chuck, cela revenait à être continuellement protégé.

A l'approche de l'élection, cet automne-là, il devint difficile de ne pas tenir compte de la politique ; Mooney ne parlait que de la campagne présidentielle. En octobre, il accomplit sa tournée habituelle de ville en ville, mais c'était l'élection qui le passionnait. Chuck n'apprit la nature de ce qui attirait son frère qu'un soir où ils se rencontrèrent chez Paree. Mooney n'avait pas envie d'occuper le devant de la scène, si bien que Halper les installa dans un coin discret et leur laissa une bouteille du meilleur vin de la maison.

— Je préfère un scotch, dit Mooney au serveur, qui fila chercher son Dewar's habituel.

— Alors tu vas te marier, dit Mooney, allumant un cigare. Finalement, tu vas te ranger. Il est plus que temps.

Il eut un rire étouffé, moqueur, et adressa un clin d'œil à Chuck.

Chuck n'avait pas envie d'aborder la philosophie matrimoniale de Mooney. Il était amoureux, aucun doute, mais il ne voulait pas que Mooney le prenne pour un gogo ordinaire. Se sentant attaqué, il changea de sujet.

— Ouais, marié. Mais j'aimerais mieux parler politique que femmes, dit-il.

Mooney plissa les paupières.

— Vraiment ?

Chuck se servit un verre de vin et hocha la tête.

— Ouais. Vraiment.

— Politique ? Quel sujet politique ? Est-ce que j'en sais plus long que toi ?

Le visage de Mooney demeura vide.

Chuck se demanda s'il blaguait. Ou s'il bluffait.

— Tu en sais peut-être plus long que moi... tu sais peut-être qui va gagner ?

Mooney eut un rire étouffé.

— Ouais, tu as raison. Peut-être bien que je sais.

Il tira sur son cigare et regarda Chuck du coin de l'œil.

Mooney parlerait ; Chuck fut certain qu'il le faisait simplement languir, qu'il avait envie qu'il le pousse un peu. Il décida de jouer le jeu.

— Alors, qu'est-ce qui se passe ?

— Mon vieux, tu renonces jamais, pas vrai ?

Chuck rit.

— Merde, je suis ton frère, hein ?

— Ouais, ça, c'est sûr. Je vais te dire la vérité, Chuck : je suis fier de toi. Tu fais du bon boulot, à Marquette. Avec toi, les gars bossent dur. Les autres districts... Bon, il me faudrait cent types comme toi. On serait sûr de gagner l'élection.

— Truman n'est pas certain d'être élu ?

— Bon, disons que Dewey gagnera pas, même s'il remporte la victoire. Tu me suis ?

— Ouais, fit Chuck, hésitant. Mais, en réalité, qu'est-ce que ça changerait ? Comme tu disais, ils sont tous pareils.

— Pas ce coup-ci. Luciano hait Dewey parce que c'est lui qui l'a envoyé en taule. Costello a peur que ce salaud moralisateur ait la mémoire courte et sache pas comment marchent les affaires. Faudrait qu'on donne quelques leçons à Dewey et j'ai comme l'impression qu'il apprend pas vite, expliqua Mooney avec un sourire. Mais Truman, bon, il peut raconter que c'est un homme comme les autres et ce genre de conneries, les gens gobent ça, mais la vérité c'est qu'il marche depuis toujours avec nos gars, à Kansas City.

— Vraiment ? Première nouvelle. Comment ça se fait que personne en parle ?

— Bon sang, parce que, là-bas, c'est exactement comme à Chicago. Ils avaient un maire irlandais, Pendergast, qui touchait gros... il adorait parier sur les canassons. Et ils avaient les Italiens, quand il leur fallait des hommes de main et pour faire marcher les rackets. Alors Truman nous doit tout, c'est un fait. Pendergast l'a nommé juge et, avec l'aide des hommes de main italiens, il l'a fait élire au sénat. Quand la campagne présidentielle de 44 est arrivée, c'est Kelly, qui était maire, ici, à Chicago, qui a obtenu qu'il soit le vice-président de Roosevelt. Merde, Chicago a fait désigner et élire Roosevelt et Truman. Roosevelt a été correct avec nous et on a été correct avec lui. Il est mort et, depuis, Truman est notre homme à la Maison-Blanche. Avec lui, il n'y a pas de vagues.

— Je croyais qu'il était instituteur, ou quelque chose comme ça. Il avait l'air très bien. J'ai pas oublié ce que tu m'as dit, mais je savais pas qu'il faisait vraiment partie de la famille.

Mooney soupira.

— Bon sang, je parie que tu crois aussi que le général MacArthur était un enfant de chœur quand il se battait pour l'Amérique ? Comme je t'ai toujours dit : donne-moi un type qui vole un peu et je ferai du fric. (Il secoua la tête.) Bon, y a faire partie de la famille et *appartenir* à la famille, Chuck. Nous, on tire les ficelles, alors... Merde, ouais, si on peut les acheter, ils *appartiennent* à la famille.

Chuck se servit à boire et réfléchit pendant quelques instants.

— Alors Dewey foutrait le bordel, dit-il, ou rendrait les choses plus...

Il chercha le mot convenable puis conclut :

— Incertaines.

— Exactement. Alors, maintenant, imagine que t'aies envie de parier. Truman ou Dewey ? Suis mon conseil et mets ton argent sur Truman.

Peu après, le 3 novembre 1948, on pouvait lire en première page du *Chicago Daily Tribune,* posé sur le bureau de Mooney : Dewey bat Truman. Mooney, derrière son bureau, avait un large sourire et fumait triomphalement un cigare.

— Qu'est-ce que je t'ai dit ? fit-il. On a même fait passer les gars du *Tribune* pour une bande de cons. La prochaine fois, ils attendront avant de publier le mauvais gros titre. Je parie qu'ils ont compris la leçon. C'est pas fini tant que la cloche a pas sonné. Exact ?

— Qu'est-ce que tu veux que je te réponde ? dit Chuck avec un sourire. Tu étais en plein dans le mille.

— Mais mon vieux, Truman peut remercier Chicago, fit Mooney avec un sourire. Trente-mille voix, ça fait pas une grosse avance. Bon sang, il a fallu supplier, emprunter et voler pour faire basculer l'élection. Impossible que ce type sache pas qui l'a fait élire.

— Tu peux en être sûr, admit Chuck.

— Ça signifie que la porte est grande ouverte.

Mooney s'appuya contre le dossier de son fauteuil en cuir et poursuivit :

— Bon Dieu, tout va dans notre sens. Va y avoir des troubles dans le Pacifique, tu peux en être sûr*. Pendant la guerre, il y a des gars qui ont compris qu'on pouvait faire de l'argent si on provoquait des troubles. Contrats gouvernementaux, marché noir, tout ce que tu veux. Truman va jouer le jeu. Et Chicago, New York... on a des grands projets ; on va s'installer ailleurs, comme j'ai dit : en République Dominicaine, d'abord. Je t'ai dit qu'on travaillait sur les Philippines, tu t'en souviens ? On a déjà des millions à Cuba. On s'installe en Égypte et dans les pays arabes. Les voix qu'on donne valent beaucoup plus que faire sauter les contraventions ou rouler l'IRS. (Mooney se pencha sur son bureau.) Tu vois, Chuck, ces pays étrangers sont marrants. Ils changent d'une minute à l'autre. Mais si un président nous doit quelque chose, il va s'arranger pour contrôler la situation. Il enverra tous les soldats d'Amérique dans un trou perdu infernal, s'il le faut, rien que pour protéger nos intérêts. Ou parce que nos intérêts sont les mêmes que les siens et ceux de ses potes.

Mooney s'appuya contre le dossier de son fauteuil et se mit à rire.

---

* La guerre de Corée a débuté le 25 juin 1950. L'intervention militaire des « Alliés » a été décidée par les Nations unies sous l'impulsion du gouvernement américain. Il s'agissait de protéger le régime sud-coréen de l'époque, dirigé par Syngman Rhee et marqué par la corruption et une répression féroce, contre les communistes.

— Qu'est-ce qu'il y a de si marrant ? s'enquit Chuck, perplexe.

— Merde, répondit Mooney, je viens juste de m'en apercevoir... tu te rends compte qu'on paie le président pour qu'il nous protège ?

— Il a une plus grosse armée, dit Chuck, joignant son rire à celui de Mooney.

Soudain, Mooney redevint sérieux.

— Ça, c'est vrai. Mais, jusqu'ici, j'ai pas rencontré un seul politicien avec davantage de couilles qu'un Italien. Et tu sais ce que ça veut dire ?

Il leva un sourcil.

— Quoi ?

Il se pencha sur son bureau et regarda Chuck droit dans les yeux.

— Ça veut dire que c'est *nous* qui donnons l'ordre de tirer.

11.

Les joues pâles de sa femme rougirent lorsqu'il l'embrassa. Elle serra joyeusement un bouquet d'orchidées blanches comme neige contre son corsage orné de perles et sourit. Anne-Marie Torsiello était enfin une Giancana.

Depuis des mois, Chuck et Ange préparaient la somptueuse cérémonie dans ses moindres détails, tandis que Mooney surveillait de loin et approuvait. Bizarrement, alors que le jour de son mariage était enfin arrivé, il semblait se dérouler dans un rêve.

Le soleil de cet après-midi de mai jetait de longues ombres sur les invités, réunis devant l'église Notre-Dame. Dans l'escalier, les femmes vêtues de crêpe et d'étoles, avec des chapeaux à voilette espièglement perchés sur de hauts chignons, crièrent tout en jetant des poignées de riz, des pièces de monnaie et des amandes de Malaga sur les jeunes mariés. Les enfants, quant à eux, montaient et descendaient les marches, tentant de ramasser autant de pièces et de friandises que possible. En bas, sur le trottoir, en costume sombre, les hommes allumaient des cigares et blaguaient. Le frère de Chuck, Pepe, ainsi que ses sœurs, Vicki, Antoinette, Mary et Josie, encadraient Antonio qui, grisonnant, avait à présent presque soixante-dix ans ; près d'eux, élégant et souriant, se tenait le père de la mariée, Carl Torsiello.

Au milieu de cette agitation, Chuck aperçut Mooney, debout, silencieux, à l'écart. Dans le soleil, il devint une silhouette solitaire et fugace se découpant sur la longue limousine noire.

Quatre cents personnalités, membres de l'Organisation,

hommes politiques ou vedettes, étaient attendues à la réception. Toutes étaient, d'une façon ou d'une autre, les hommes de Mooney.

Mais il y aurait d'abord une célébration intime, réservée à la famille, chez le parrain lui-même, avec petits fours et canapés livrés par le meilleur traiteur, et serveurs en veste rouge pour emplir les coupes de champagne pétillant, le tout sous la direction d'Alva, la cuisinière noire de Mooney.

A dix-neuf heures, ce soir-là, ils partirent de chez Mooney et gagnèrent la salle de bal du Sheraton. Quarante serveurs vêtus avec élégance se tenaient au garde-à-vous le long du mur. Quarante tables de dix personnes, éclairées par des bougies, entouraient la scène et la piste de danse. Dans le hall de l'hôtel, on entendait déjà l'orchestre de dix-huit musiciens, dirigé par Lou Breeze, du Théâtre de Chicago. Contemplant la salle de bal, Chuck se sentit fier ; ce mariage battrait tous les autres !

Anne-Marie fut si émerveillée qu'elle en eut le souffle coupé.

— C'est magnifique, Chuck, s'écria-t-elle. Comme un conte de fées.

— Ça te plaît ?

Incapable de répondre, elle se contenta de hocher la tête.

Lorsqu'ils furent installés à la table d'honneur, il eut l'occasion d'assimiler tout cela, de savourer le drapé luxueux des nappes en lin amidonné, les bouquets somptueux qui ornaient chaque table, les invités distingués qui, en smoking et bijoux, franchissaient les portes.

Les gros bonnets arrivaient avec leur femme : Paul Ricca, devenu figure de proue des media depuis sa libération ; Jake Guzik, humble et discret depuis son kidnapping ; Louis Campagna, ancien complice de Capone qui s'alignait rapidement sur Mooney ; Joe Frusco, trafiquant d'alcool devenu grossiste en spiritueux ; Tony Accardo, patron en titre de l'Organisation de Chicago ; Murray Humphreys, conseiller politique de Mooney ; Charlie Gioe, ancien complice de Nitti et spécialiste des extorsions de fonds à Hollywood (« Faut que je le tienne à l'œil », avait dit Mooney), Ross Prio, chargé des relations avec la police et patron du jeu dans le Northside ; Sam Hunt, dit Sac de Golf, ancien tueur de Capone ; Eddie Vogel, roi des machines à sou ; Phil d'Andrea, spécialiste financier de Guzik et chargé des extorsions de fonds à Hollywood ; Gus Alex, le Grec, le lieutenant chargé des relations politiques ; les frères Fischetti, hommes de paille et représentants de l'Organisation...

— Tous là pour la galerie, commenta simplement Mooney.

Puis, à son tour, la génération montante arriva, principalement les membres de l'ancienne bande de Mooney : Gros Léonard, Gianola la Teigne, un mariole d'autrefois qui était prêt à tout pour Mooney ; son sous-fifre, James Tortorella ; Rocky Portenza, le lieutenant chargé du jeu ; Teets Battaglia, tueur de Mooney et sorcier de l'usure ; Joey DiVarco, l'un des assassins de Mooney, chargé notamment du racket ; Willie Daddano, dit Patate, le marquis de Sade de la bande, qui s'occupait des affaires de mœurs, de cigarettes et de billards électriques ; Fifi Buccieri, un autre assassin qui s'occupait aussi des syndicats ; et les frères English, Butch et Chuck, tous les deux impliqués dans les trafics politiques, les machines à sous et les juke-box. L'absence la plus notable fut celle de DeStefano, dit Chien Fou, qui était dingue et à propos de qui Mooney dit qu'il « débarquerait en pyjama, avec un pic à glace dans la poche et flanquerait la frousse aux femmes ».

Le directeur de la police, Andy Akins, était présent, ainsi que des hommes politiques, des avocats, des syndicalistes tels que Roland Libonati, Pat Marcy, Jimmy Adducci, Joey Glimco et John D'Arco. Ils avaient à peine franchi les portes qu'ils buvaient du vin et se donnaient des claques dans le dos.

Et il y avait même quelques représentants de l'Église catholique, notamment un prêtre que Mooney employait comme messager et convoyeur de fonds, le père Cash, qui portait bien son nom.

Ce fut une réception instructive. La Teigne avait raison quand il dit, à un moment donné, qu'il suffisait d'observer les relations entre les gens pour comprendre qui commandait. Chuck remarqua que des types censés appartenir au « cercle du pouvoir » s'aplatissaient devant Mooney. La Teigne décrivit plus brutalement l'étoile montante de Chicago :

— Ils chient dans leur froc quand Mooney débarque.

Debout à l'écart, silencieux, Mooney affichait son autorité avec une assurance qui, de l'avis de Chuck, exprimait un orgueil à peine voilé. Mais Mooney avait de bonnes raisons d'être fier ;

en vérité, il avait réussi et il entraînait tout le monde avec lui. Il avait fait tourner la roue, touché le jackpot et, désormais, personne ne pourrait l'arrêter. Le monde entier lui appartenait.

Après un repas somptueux, le spectacle commença et l'endroit prit l'apparence d'une boîte de nuit chic. Chuck, qui ne pouvait guère rester longtemps sans bouger, éprouva le besoin de faire un tour et s'excusa. Il embrassa sa jolie femme et lui souffla à l'oreille ·

— Je reviens dans cinq minutes.

Il avait envie de demander à Mooney ce qu'il pensait de tout ça. Il se fraya un chemin, entre les tables, jusqu'au fond de la salle de bal où, il en était certain, son frère aurait trouvé un coin tranquille où parler affaires à voix basse.

Mooney, un cigare à la main, était tranquillement adossé à un mur. Bizarrement, il était seul. Il vit Chuck arriver et sourit.

— Alors, qu'est-ce que tu dis de tout ça ? Chuck montra la salle d'un geste circulaire.

— Parfait, Chuck, parfait. Toi et Ange, faut reconnaître, vous vous êtes débrouillés pour que ça ait de la classe. A ton avis, tu as récolté combien ? Tout le monde a apporté une enveloppe. Kansas City, Detroit, Tampa, La Nouvelle-Orléans, Cleveland, New York, Boston... ils en ont tous envoyé. (Il plissa les paupières.) A mon avis, tu as fait un malheur.

Chuck hocha la tête et alluma un cigare.

— Ouais. T'as sûrement raison.

Il s'interrompit, puis reprit :

— Écoute, le spectacle est formidable, Mooney, grâce à toi. Sans toi, ça n'aurait pas été possible. Quand Joe Lewis montera sur scène, dans une minute, ils vont tous devenir dingues.

— Ouais, il va les mettre dans sa poche, pas de problème.

Le visage de Mooney devint soudain sombre. Au même moment, Lewis prit le micro et se mit à chanter.

Mooney se tourna vers la scène et eut un rire étouffé.

— Merde, Chuck, moi et Lewis, ça remonte à un sacré bout de temps.

— Ah, bon ? fit Chuck, étonné.

— Ouais, tu te souviens de Jack McGurn ?

— Ouais, McGurn la Mitraillette, merde, c'est de l'histoire ancienne.

— Eh bien, McGurn s'est foutu en pétard contre Lewis, en 27, tu connais les artistes, on les aide à monter là où ils sont et ils se croient importants. Si tu fais pas attention, ils deviennent amnésiques, ils oublient jusqu'à ton nom et ils ont la tête qui enfle. Bon, Lewis était sur le point de quitter le club de McGurn pour aller dans un autre parce qu'on lui offrait mille dollars par semaine. McGurn s'est foutu en boule, il a dit à Lewis que, s'il faisait ça, il vivrait pas assez longtemps pour dépenser son pognon. Mais ce crétin est parti tout de même. Sûrement qu'il a oublié avec qui il travaillait.

Mooney secoua la tête, incrédule, et poursuivit :

— Alors, toujours fidèle à sa parole, Jack nous a demandé, à moi, la Teigne et un autre gars, d'aller lui faire une petite visite. On l'a mis en bouillie et on l'a dérouillé à coups de crosse de revolver. (Il s'interrompit et sourit.) Merde, on l'a quasiment égorgé. Sa langue pendait sur son menton par un fil quand on en a eu fini avec lui. C'est un miracle que ce type soit vivant, et surtout qu'il puisse chanter. Une fois remis, je peux te garantir qu'il était doux comme un agneau.

Mooney eut un ricanement triomphant et reprit :

— On n'avait pas prévu la réaction des autres chanteurs.

— Cette histoire s'est répandue comme un feu de brousse.

Il rit et répéta :

— Comme un feu de brousse. Il y a pas une vedette vivante qui oserait nous refuser quelque chose, surtout pas Joe Lewis. Il me refuserait rien. Nom de Dieu, il chanterait toute la nuit, si je lui demandais. (Il regarda Chuck dans les yeux.) Ça va, te frappe pas. C'est le passé ; ce type est content d'être ici ce soir. Capone a été vraiment correct avec lui, et nous aussi. Maintenant, il reste à sa place. J'ai rien contre lui, c'est juste les affaires.

Il n'avait *jamais* rien contre les gens. Chuck se tourna vers Lewis, debout sur scène dans la lumière d'un projecteur. Il dut reconnaître que c'était totalement dément. Absolument dingue. Mooney et Lewis donnaient toujours l'impression d'être les meilleurs amis du monde ; il n'aurait jamais imaginé une telle chose et regretta que Mooney lui eût raconté cette histoire. Lewis, en fait, chantait pour l'homme qui avait porté un coup presque fatal à sa carrière.

A minuit juste, Chuck et Anne-Marie partirent enfin pour Los Angeles, où ils devaient passer leur lune de miel. Prenant sa jeune femme, qu'il avait récemment et affectueusement surnommée Babe, par les épaules et l'accompagnant jusqu'à la voiture, il se retourna, jeta un dernier regard sur l'hôtel qui se dressait derrière lui et se promit ultérieurement de ne jamais oublier le 7 mai 1949. Ce jour-là, il était devenu adulte. Ce n'était pas seulement qu'un type, une fois marié, a des responsabilités à assumer. Il avait naturellement envie de donner un foyer à Anne-Marie, de la couvrir de fourrures et de diamants. Mais ce n'était pas seulement ça.

Ce n'était pas souvent que les gars se réunissaient, sauf en cas de décès ou de mariage, et, ce jour-là, il avait finalement vu de ses propres yeux toute l'étendue du pouvoir que Mooney exerçait. Ce que Mooney lui disait depuis des années était vrai :

— Va jusqu'au sommet, te fais pas piquer en route et tu seras pas seulement un bon mari qui assure la prospérité de sa famille... tu seras aussi un héros.

La Californie fut absolument fastueuse, mais Chuck en eut vite assez des boissons tropicales et du soleil. Il était impatient de rentrer à Chicago et plus impatient encore de se remettre au travail. Ce n'était pas le moment de se laisser aller, expliqua-t-il à Anne-Marie. Et ils quittèrent leur hôtel.

Mooney lui avait demandé de passer le voir dès son retour et, après avoir déposé sa jeune femme dans un appartement spacieux qu'il avait loué à un ami de Mooney, Tony Capezio, dit le Dur, Chuck gagna directement Oak Park. Il s'imaginait que Mooney lui annoncerait que l'étendue de son territoire allait augmenter en récompense de ses bons et loyaux services. Mais Mooney lui annonça de mauvaises nouvelles.

— Il faut que t'enlèves tes machines, Chuck. Merde, entrepose-les quelque part, mais enlève-les. Va y avoir des problèmes dans le quartier. En attendant, va au syndicat et prends un boulot de projectionniste.

Chuck scruta le visage de Mooney. Il put constater que ce problème provisoire ne troublait que modérément Mooney. Du point de vue de son frère, les dix mille dollars mensuels étaient une goutte d'eau dans la mer ; pour Chuck, c'était sa vie. Il s'aperçut que l'indifférence apparente de Mooney l'irritait.

Merde, se dit Chuck, Mooney a sûrement orchestré les « problèmes » dont il parle avec Andy Akins, le directeur de la police. Son cœur se serra et il se rendit compte qu'il n'avait pas éprouvé une telle déception depuis le jour où Mooney lui avait offert une clarinette, quand il était môme, parce qu'il avait décidé qu'il deviendrait musicien. Il supposa qu'il devrait simplement faire le mort pendant aussi longtemps que nécessaire.

— Alors, qu'est-ce que devient la République Dominicaine ? J'espérais plus ou moins que ça marcherait, dit Chuck. Il lui sembla que sa voix était devenue plaintive, comme s'il se raccrochait à des branches fragiles.

Mooney le dévisagea avant de répondre :

— Merde, pour le moment, ce connard de dictateur fait des emmerdes. On ne peut rien mettre en route tant que quelque chose n'aura pas cassé mais, d'après Humphreys, le gouvernement s'en occupe.

Il haussa les épaules et conclut :

— Ces choses-là prennent du temps.

— Je comprends mais, Mooney, je viens de me marier. J'ai une femme qui aime les jolies choses et un nouvel appartement, maintenant. Les factures, tu sais...

Mooney l'interrompit :

— Ouais, il te plaît, cet appartement ? Chouette, hein ? Tu vois comment je m'occupe de toi ? Très bien ?

— Ouais, c'est super. On est reconnaissant de tout ce que tu as fait pour nous.

Il se contint ; il ne fallait pas qu'il mette Mooney en colère ou l'amène à croire qu'il était ingrat ; ou bien, pire, qu'il s'imagine qu'il était comme le reste de la famille, toujours la main tendue.

— Vraiment super, reprit-il. Babe l'adore.

Il s'efforça de paraître enthousiaste.

— Elle va sûrement venir jouer aux cartes avec Ange et les autres femmes, à présent. Elle fera la connaissance du reste de la famille.

Chuck savait que Mooney entendait « famille » au sens large. Les femmes des gars de l'Organisation jouaient ensemble aux cartes toutes les semaines. Cela les occupait et leur procurait des amies qui savaient à quoi s'en tenir. La présence de sa femme parmi elles était un grand pas ; cela signifiait qu'il était accepté parmi les hommes. Il se demanda comment ils s'en tireraient avec un salaire de projectionniste, néanmoins, l'idée de faire partie du « premier cercle » le consola. Il s'aperçut plus tard, à la réflexion, que c'était exactement pour cette raison que Mooney avait présenté les choses dans cet ordre. Mais, provisoirement réconforté, il changea de sujet.

— Alors, qu'est-ce qui s'est passé pendant qu'on était en Californie ?

Mooney fronça les sourcils.

— Le merdier habituel. Ange balance l'argent par les fenêtres. Les filles... qu'est-ce que tu veux que je te dise ? demanda-t-il, levant les bras dans un geste de découragement. Annette me rend dingue. Il y a que Hollywood et les garçons qui l'intéressent. Bonnie travaille bien. Et Francine, c'est un amour. Mais les mômes... Bon, tout ce que je peux dire, c'est que tu comprendras quand tu en auras.

Il s'interrompit et alluma un cigare avant d'ajouter :

— Pour le reste, c'est toujours la même chose. Ils sont tous à tendre la main sans arrêt. Papa, il a toujours besoin de quelque chose. La famille d'Ange... mon vieux, elle a vraiment tourné sa veste quand l'argent s'est mis à tomber. Maintenant, je suis leur gendre adoré, nom de Dieu ! Le Gros Léonard et les gars, ils ne pensent qu'à me faire les poches.

— Oublie pas l'Église, ajouta Chuck.

Quand ce n'était pas une vente de charité ou un terrain, c'était une voiture ou une contribution pour une colonie de vacances que le diocèse construisait : le cardinal Stritch n'oubliait jamais Mooney. Chuck soupçonnait que les œuvres philanthropiques de Mooney avaient une face cachée. Les Giancana n'avaient jamais été de « bons » catholiques. Chez Antonio, le salut signifiait tenir jusqu'à la fin de la semaine. Pas question d'espérer le paradis. Ange, comme sa femme, était profondément croyante et il savait que la générosité de Mooney était essentiellement due au fait qu'elle insistait continuellement. Mais, outre quelques ventes de charité, si Mooney collaborait étroitement avec le cardinal Stritch, c'était sûrement parce qu'il y trouvait son compte.

— Ouais, l'Église, gronda Mooney. Ange vient me demander

pratiquement tous les jours de participer à une œuvre de bienfaisance. Son visage se fit moins dur et il ajouta : Mais ça lui fait plaisir.

Il haussa les épaules, s'appuya contre le dossier de son fauteuil et tira sur son cigare.

— Tu sais, Chuck, les prêtres me rappellent le quartier comme il était autrefois. Dans le personnel du diocèse, il y a des gars de Chicago qui, d'après Stritch, vont arriver au sommet... jusqu'au Vatican. Je vais te dire un truc, ce salaud de Stritch est ambitieux. Et l'Église est comme tous les autres trafics politiques. Il y a un racket derrière chaque autel quand c'est un type comme Stritch qui mène la danse. (Mooney eut un rire étouffé.) Ou, comme il dit, qui fait l'œuvre de Dieu !

A cette époque, Chuck ne comprit pas ces allusions. De nombreuses années plus tard, Mooney lui confia que le père Cash, jeune prêtre que Mooney employait comme convoyeur de fonds à Chicago, accomplissait des tâches similaires dans une énorme affaire internationale de blanchiment d'argent qui fournissait des liquidités au Vatican. Mais c'était à un autre jeune prêtre ambitieux, Paul Marcinkus, originaire de Cicero, la ville de Capone*, que Mooney faisait allusion quand il avait mentionné les « gars de Chicago » au sein du personnel du diocèse. En 1952, sur la recommandation de Stritch, Marcinkus obtint un poste au Vatican où il devint évêque puis secrétaire général de la banque du Vatican ; c'était la première fois dans l'histoire qu'un Américain occupait un poste aussi élevé dans la hiérarchie. Au sommet de sa carrière, Marcinkus fut accusé de blanchiment d'argent et soupçonné d'avoir été mêlé au meurtre d'au moins une personne ayant refusé de coopérer : le pape Jean-Paul Ier.

Chuck se leva et s'apprêta à partir. Comme tous ceux qui entouraient Mooney, il ferait exactement ce qu'on lui demandait, ne se plaindrait pas et ne poserait pas trop de questions. Il ne lui restait plus qu'à croire qu'il aurait sa chance un jour ou l'autre.

Pendant le reste de 1949 et pendant toute l'année 1950, Chuck

---

* Dans la banlieue de Chicago.

travailla comme les gens ordinaires. L'action et l'agitation des rues lui manquèrent. Et il se fit continuellement du souci parce que tout le monde savait que les parents des types de l'Organisation finissaient généralement leur carrière comme projectionniste.

— Quand un type se retrouve dans une cabine, c'est comme un cercueil, il en sort jamais, ironisait Chuckie Nicoletti.

Heureusement, Mooney lui donnait un boulot de temps en temps. Le téléphone sonnait et Mooney lui transmettait un message énigmatique :

— Va chez le Gros et prends six pains. Va en livrer un petit au gars de l'ouest, un grand au gars du centre et apporte-moi les quatre autres.

Ces messages codés étaient une seconde nature chez un gamin du Patch tel que Chuck. Tous ceux qui ont grandi dans les rues savent que les membres des gangs parlent ainsi. Ils n'avaient pas particulièrement peur que leurs conversations téléphoniques soient écoutées : de vive voix aussi, ils s'exprimaient souvent par énigmes. Si on n'était pas l'un d'eux, on ne comprenait pas.

Il y avait aussi des règles. On ne mentionnait jamais le vrai nom d'un gars. On disait : le type de l'ouest, ou bien on employait un surnom. Tony Accardo était J.B. ; Murray Humphreys était Curly ou le Chameau. Pour Mooney, cela allait de Mo au Cigare ou à la Trique, ce qui signifiait qu'il était le grand patron de l'Organisation. Tout, dès que cela revêtait une importance, avait un nom de code.

Amusé par la naïveté de sa jeune épouse, Chuck lui répétait tout : mais elle ne comprenait rien.

— Les pains c'est de l'argent, Babe, taquinait-il. Les petits sont légers... tu vois, moins d'argent. Les grands sont jolis et gras, des paquets de liquide. Le Gros, c'est Gros Léonard et les paquets seront prêts quand j'arriverai. Ensuite, il ne me restera plus qu'à livrer.

Mooney lui donnait quelques billets de cent, quand il avait terminé, et cela les aidait. Mais c'était de la petite monnaie. La nuit, Chuck ne dormait pas. Mooney ne semblait pas s'en préoccuper, comme si Chuck possédait une mine d'or secrète. Mais, en vérité, Chuck se demandait désespérément quoi faire. Il ne connaissait que la rue, l'Organisation, l'univers de Mooney. Il se haïssait parce qu'il dépendait de Mooney ; de ce fait, il ne se sentait pas différent des autres.

Quand Chuck apprit qu'ils attendaient leur premier enfant pour le printemps, il fut presque pris de panique. Sa vie était devenue morne et les soirées dans les boîtes à la mode n'en faisaient plus partie. Et, après Noël, il lui fallut bien se résoudre à annoncer à Anne-Marie qu'ils devraient se serrer la ceinture. Du point de vue de Chuck, les parties de gin-rummy chez Ange, qui signifiaient leur appartenance au premier cercle, étaient à double tranchant. Les femmes qu'Anne-Marie rencontrait avaient des manteaux de fourrure et des diamants de cinq carats. Sa petite Babe espérait probablement la même chose, ce qui rendait leur situation financière d'autant plus démoralisante.

Anne-Marie estimait aussi que ses relations avec les femmes des gars du Milieu n'avaient pas que des avantages. Elle était si jeune qu'elle aurait pu être leur fille (ses tantes jouaient régulièrement aux cartes avec Ange) ce qui signifiait qu'elle devait se montrer respectueuse de leur situation et de leur expérience. De ce fait, elle savait qu'elle ne ferait jamais réellement partie du « groupe ».

Ironiquement, tout en reconnaissant que ses relations avec Ange exerçaient une influence néfaste sur ses relations avec les sœurs de Chuck, Anne-Marie constata qu'Ange la traitait souvent avec condescendance.

En 1949, Chuck et Anne-Marie étaient très prospères, comparativement aux autres couples. Néanmoins, ils savaient que ce dont ils disposaient n'était rien comparativement au luxe dont jouissaient les autres membres de la bande et leurs épouses.

Le temps passait. Il oublia l'illusion de pouvoir égaler un jour la stature de Mooney dans l'Organisation. Désormais, il avait simplement envie d'être à l'intérieur, de profiter des occasions que fournissaient les relations de son frère.

— Je crois que je vais me lancer dans les affaires, dit-il à Anne-Marie. Mooney pourra peut-être m'aider à ouvrir quelques portes. Je pourrais construire des immeubles et vendre des appartements...

C'était son rêve secret : construire et être son propre patron.

Son découragement n'échappa pas à Anne-Marie.

— Eh bien demande à Mooney, il t'aidera... tu auras ta

chance, Chuck, j'en suis sûre, dit-elle avec bonne humeur, toujours enthousiasmée par l'avenir.

Décidé à améliorer sa situation, il alla voir son frère.

La maison de Mooney était luxueusement décorée en prévision de Noël. Un grand sapin dressé avec élégance clignotait joyeusement au salon ; des couronnes odorantes de branches de sapin tressées, parsemées de gui et de houx, ornaient les portes. Mooney le reçut ; il était exceptionnellement joyeux et le conduisit au sous-sol, un verre à la main.

— Alors, comment ça va ? Ça marche, au cinéma ? demanda-t-il, s'installant derrière le bureau.

— Eh bien, commença Chuck d'une voix presque haletante, c'est pour ça que je suis venu. Je voudrais essayer de monter une affaire. Dans la construction. Construire des appartements, des magasins... ce genre de choses. (Il sourit.) En plus, tu as toujours dit que j'avais vraiment fait du bon boulot quand j'ai arrangé cette maison.

— Ouais, c'est ce que j'ai dit. Tu fais du bon boulot. Pas de problème.

Mooney réfléchit pendant quelques instants, le regardant sans le voir.

— Je crois que t'es sur la bonne voie. Tu devrais entrer dans les affaires, c'est une très bonne idée. (Il se leva.) Je vais ouvrir les yeux et les oreilles. Si quelque chose se présente, conclut-il, contournant le bureau et prenant Chuck, qui s'était levé, par les épaules, je te préviendrai. Pour le moment, continue de faire du bon boulot au cinéma.

Quelques instants plus tard, Chuck se retrouva au volant de sa voiture, sur le chemin du retour. Il ne savait pas ce qu'il espérait, mais sûrement pas ça : continue de faire du bon boulot ! De toute évidence, Mooney voulait qu'il reste là où il était en ce moment et n'avait aucune intention d'accepter un changement. S'il se lançait seul, sans l'autorisation de son frère, tout risquait d'être fini entre eux. Il serait seul, pas de problème, *totalement* seul. Personne, à sa connaissance, dans la famille ou la bande, n'avait agi ainsi. Si quelqu'un l'avait fait, il devait être discrètement enterré dans la campagne. Comme il était le frère de Mooney, c'était impensable. Ce serait carrément un affront. Mais cette idée lui traversa tout de même l'esprit. Il la chassa ;

être le frère de Mooney lui donnait une responsabilité supplémentaire ; peut-être même était-ce un honneur. Mais, de toute façon, il ne lui restait plus qu'à prendre son mal en patience.

Pendant l'hiver 1950, Chuck tenta de s'accommoder de la situation. Il veilla à passer voir Mooney deux ou trois fois par semaine. De temps en temps, des livraisons lui permirent de gagner un peu d'argent. Et il passait quotidiennement dans les bars de l'Organisation, convaincu qu'il était important de rester au courant des événements. En outre, il ne pouvait pas aller ailleurs et ne savait pas quoi faire d'autre. Son univers tournait autour de Mooney.

En février, tandis que Chuck perdait son temps au Cosmos, dans une cabine obscure, le monde continuait à tourner. On parlait d'un sénateur traqueur de communistes, nommé McCarthy*, qui avait établi une liste d'agitateurs. Chuck, presque joyeusement, annonça un jour à Mooney :

— Je parie que McCarthy est un type qu'on ne peut pas acheter.

Avec une lourde ironie, Mooney répliqua :

— En tout cas, on peut se servir de lui.

— Se servir de lui ? répéta Chuck, incrédule. Comment peut-on utiliser un dur à cuire comme McCarthy si on bouffe pas du communiste ?

— Chuck, les choses sont jamais ce qu'elles ont l'air d'être. Tchang Kaï-chek ? C'est le milieu. Le milieu chinois. Ça remonte jusqu'au général MacArthur**. Tu vois, les types du sommet savent qu'au nom du patriotisme, les Américains feront n'importe quoi, qu'ils iront n'importe où... ils ont seulement besoin d'un ennemi. Merde, ces types, au sommet, ils en fabriqueront un s'il le faut. Alors, en ce moment, l'ennemi, c'est le communisme. Ce McCarthy monte les gens pendant que les agents secrets de notre pays fabriquent une soi-disant menace communiste, les gens lisent ça dans les journaux et, boum, ils soutiennent la guerre à cent pour cent. Murray Humphreys m'a

---

* Joseph McCarthy, sénateur du Wisconsin (1946-1957).
** Commandant en chef des troupes de l'ONU pendant la guerre de Corée. Sa façon de diriger les opérations a été critiquée. En avril 1951, il a été remplacé par le général Ridgway.

dit des choses que tu croirais pas. (Mooney était catégorique.) Chuck, sois pas con. Les hommes politiques savent ce qui se passe, simplement parce qu'il y en a un sur deux qui a des investissements, exactement comme nous, dans des pays dont tu n'as jamais entendu parler. Tu vas voir, ce baratin communiste va convaincre les gens de prendre les armes. Si les affaires sont menacées là-bas... bon, notre puissant président fera quelque chose. Il lui suffira de crier : communistes et tous les Américains courageux iront risquer leur vie... et pour quoi ? Pour que de gros politiciens et hommes d'affaires et quelques types comme moi puissent faire un malheur. On a trop investi. On ne peut pas laisser un poivrot aux yeux bridés renverser le gouvernement et tout foutre en l'air. Et on en est arrivé à un point où si un type est déjà au pouvoir et qu'on n'en veut plus, on s'occupe de lui, d'une façon ou d'une autre. Les investissements sont trop gros...

— Quel genre d'investissements ? Chuck avait perdu son assurance du début et était à présent captivé.

— C'est pas des usines sidérurgiques, ça je peux te le dire. Pour certains investisseurs c'est de la main-d'œuvre bon marché... Il hésita et ajouta : la main-d'œuvre *en esclavage*. Pour d'autres types, c'est l'immobilier. (Il ouvrit le tiroir de son bureau.) Tu vois ça ?

Chuck acquiesça. C'était une magnifique chevalière avec une émeraude taillée. La pierre était énorme.

— Vingt-deux carats. Avec, tu pourrais t'acheter une maison... Quarante mille dollars.

— Bon sang ! (Chuck siffla.) Quarante mille dollars !

— Alors, ça, c'est ce que j'appelle un cadeau. Vraiment superbe. Et tu sais qui me l'a donné ?

— Non.

— Le roi Farouk*, voilà. Je travaille avec lui.

Il s'interrompit pour laisser à Chuck le temps d'assimiler.

— Chuck, reprit-il, tous ces fumiers d'étrangers qui sont les alliés des États-Unis... tout ce qui les intéresse c'est se remplir

---

* Alors roi d'Égypte et du Soudan (1950-1952). Mis en place par les Britanniques.

les poches. On les arrose et ils s'arrangent pour qu'il y ait pas de vagues. C'est comme ça dans le monde entier.

— Et le communisme ? Il faut bien qu'ils s'en occupent. Enfin, de leur peuple. Exact ?

Mooney éclata de rire.

— Tu lis trop les journaux, ironisa-t-il. C'est ce qu'on veut te faire croire. Dans l'Organisation ou le gouvernement, tout le monde se fiche de ce que le type en place croit vraiment. Personne a envie de savoir si les gens vivent ou pas dans une démocratie. Au bout du compte, il y a que l'argent et le pouvoir. Exactement comme ici.

Chuck secoua la tête.

— C'est les affaires, Chuck. Avec Farouk, c'est les affaires. Il y a du pétrole au Moyen-Orient ; je suis sur le coup. En Iran, il y a des perspectives pour le jeu. A Beyrouth... On facilite la vie de Farouk et il s'arrange pour que ses amis, dans le désert, fassent la même chose. Tu te souviens que je t'ai parlé d'un type, aux Philippines, avec les cigarettes ? Bon, il a des tas de relations qui peuvent servir à toutes sortes de trucs... l'opium, d'abord. New York va sûrement se lancer là-dedans. Il y a davantage de drogués noirs chez eux qu'à Chicago.

— L'opium ? Je croyais que les gars étaient contre les stupéfiants.

— Dans nos quartiers, évidemment, mais les Noirs en veulent et il faut bien leur en fournir. Alors autant que ce soit nous. Mais ça, c'est rien. En Asie, il y a des trucs qui te feraient dresser les cheveux sur la tête. D'après notre gars des Philippines, à Manille tu peux te faire sucer par une gamine de douze ans pour un dollar. Seigneur, on peut même baiser des bébés. C'est pas incroyable ? Merde, ces Orientaux sont des animaux. Là-bas, tu peux acheter une fille et faire tout ce que tu veux avec elle... la tuer si ça te chante. Tout le monde s'en fout dans ces coins paumés. La vie vaut pas cher. Et quand la vie vaut pas cher, les hommes politiques sont bon marché.

L'image de Cuba traversa l'esprit de Chuck.

— Ça a l'air pire que Cuba.

— Cuba ? ironisa Mooney. Là-bas, les choses sont claires. Cuba, c'est le paradis à côté de ces pays. En Asie, il y a des gens qui mangent de la cervelle de singe crue et qui boivent du sang de serpent. Ils baisent les chiens et les bébés. Ils ont une pègre, surtout japonaise, les Yakuza, j'ai quasiment jamais rencontré des ordures pareilles. Ils feraient n'importe quoi pour un dollar et ils contrôlent les gouvernements.

Mooney soupira ; visiblement, la conversation le lassait, mais il retrouva brusquement sa bonne humeur et poursuivit :

— On place de grands espoirs sur ces salauds aux yeux bridés. Si leurs gouvernements marchent avec notre gouvernement, et qu'est-ce qui les en empêche... on sera sur le coup.

A partir de cette époque, Chuck s'intéressa de plus près aux voyages de Mooney en Europe ou au Moyen-Orient. Dans les années qui suivirent, ces séjours se firent plus fréquents et plus profitables que jamais, selon Mooney.

Le printemps et l'été 1950 se révélèrent fertiles en événements pour Chuck et Anne-Marie, ainsi que pour le reste du monde. En avril, le premier fils de Chuck vit le jour. Le fragile bébé prématuré fut baptisé Charles Joseph.

En mai, une commission gouvernementale fut formée par un ambitieux sénateur du Tennessee, nommé Kefauver, et chargée d'enquêter sur le crime organisé. Mais Mooney affirma que l'Amérique pouvait bien croire ce qu'elle voulait, ça n'empêchait pas ce type d'être pourri. Et inévitablement, un peu plus d'un an après, il apparut que plusieurs membres de la pègre avaient contribué à la campagne du sénateur dans sa ville La même année, quand le secrétaire d'État * annonça que les États-Unis soutiendraient les Français en Indochine, Mooney manifesta une joie mauvaise qui ne surprit guère Chuck.

Lorsque le président Truman annonça, en juin, que les États-Unis fourniraient l'assistance militaire nécessaire à la Corée du Sud pour vaincre les communistes nord-coréens, Mooney commenta sans émotion :

— Le type qui tient la Corée du Sud fait partie de la pègre orientale

---

* Le secrétaire d'État est l'équivalent du ministre des Affaires étrangères.

De ce fait, Chuck ne fut pas surpris quand Truman nomma le héros militaire le plus estimé, le général MacArthur*, à la tête de ce grand gâchis. On appris ensuite que MacArthur rencontrait « l'associé » de Mooney au sein de la pègre chinoise, Tchang Kaï-chek. Chuck commença à croire que Mooney savait de quoi il parlait.

Mais, pendant l'automne, les travaux de la commission Kefauver éclipsèrent, aux yeux de Chuck, la guerre dans le Sud-Est asiatique. Partout où il allait, les gars en parlaient. Et, vers cette époque, ils cessèrent tous d'appeler l'Organisation par son nom et se mirent à parler du Milieu. C'était plus élégant.

Mooney lui expliqua que Meyer Lansky avait suggéré que chacun donne un nom à son organisation, que cela améliorerait la collaboration et donnerait un coup de fouet au moral. L'alliance nationale fut appelée Association ou Comité. A New York, ce fut la pègre, à Chicago, le Milieu. La Nouvelle-Orléans préférait la combine ou la mafia.

Pas surprenant que Kefauver ait été complètement désorienté. Chuck riait intérieurement en regardant les auditions sur leur téléviseur tout neuf, chaque soir, avant d'aller prendre son poste au cinéma.

Les auditions de la commission Kefauver ne faisaient pas rire, en revanche, les membres de la pègre de New York. Qualifié de « Premier ministre » du crime organisé, Frank Costello, l'ami de Mooney, fut particulièrement visé. Sa vie, où apparaissait nombre d'hommes d'affaires importants et de dirigeants politiques, fut jetée en pâture au public américain. Il ne donna aucune information aux membres de la commission, mais cette publicité fournit une occasion à ses ennemis. Vito Genovese, calculateur, convoitait le pouvoir de Luciano et les crispations nerveuses des mains de Costello, filmées par la caméra pendant son audition, n'échappèrent ni au monde ni à Genovese. A New York, la rumeur fut directe et sans ambiguïté : le règne de Costello arrivait à son terme.

En 1951, comme Costello, Mooney eut sa part de migraines. En mars, l'IRS se mit à fouiner, enquêtant sur ses revenus. En

---

* Douglas MacArthur (1880-1964), vainqueur du Japon en 1945.

outre, il dut faire face à soixante-dix-sept inculpations de jeu clandestin. Peu après, il lui fallut affronter son ennemi de toujours, Teddy Roe, qui continuait de diriger ses loteries de Southside malgré les menaces continuelles de Mooney. Pendant ce temps, des rumeurs se répandirent sur sa vie sentimentale. On raconta qu'il attendait un enfant d'une secrétaire de Central Enveloppes, ce qui ne fit qu'attiser la jalousie d'Ange.

Mais cela n'affecta pas Mooney. Il ne répondit pas de ses inculpations devant un tribunal, ne fut même jamais convoqué. Il expliqua ainsi ce retournement de situation :

— Je peux peut-être pas contrôler un roi nègre de la loterie... pas encore... mais j'ai pratiquement tous les hommes politiques et les flics du pays dans la poche.

Il parvint également à démontrer, en mai 1951, qu'il avait aussi de nombreuses célébrités dans la poche, grâce à une réception baptisée « la nuit des stars ». Cette extravagance fut organisée par l'Association italienne de bienfaisance, une des seules véritables associations charitables d'Ange et Mooney, en vue de collecter des fonds destinés aux enfants italiens pauvres.

De nombreuses années plus tard, Chuck entendit dire que la nuit des stars était l'idée d'Ange, qu'elle avait persuadé Mooney, grâce à son charme, d'y participer, et qu'elle avait personnellement consacré de nombreuses heures à la promotion de l'événement.

En fait, la nuit des stars ne devait rien à Ange et elle ne s'en occupa pas. Pas parce qu'elle était malade ou fragile, comme on l'a souvent prétendu, mais parce que, en tant qu'épouse de Mooney, elle était « au-dessus de tout ça ». En réalité, Mooney était tout à fait disposé, sans l'insistance de sa femme, à exercer les pressions occultes nécessaires à la réussite de cette cérémonie. Qu'il s'agisse de la promotion d'une œuvre charitable ou d'un syndicat, les gars de l'Organisation employaient toujours la même tactique : l'intimidation. Et, dans ce cas, Mooney chargea ses hommes de faire la promotion de la nuit des stars, leur demandant d'« encourager » les clients à acheter des billets. Chuck constata rapidement que les types qui ne parvenaient pas à vendre leur part de billets se voyaient contraints de les acheter eux-mêmes, ce qui les conduisait à recourir à des moyens musclés pour convaincre d'autres types de les en débarrasser.

Chuck ne sut jamais si l'opération permit d'aider financièrement les enfants pauvres du quartier italien mais, trois ans plus tard, Mooney lui confia qu'il en avait assez de s'occuper du quartier, grondant :

— Je vois pas pourquoi mes hommes régleraient l'ardoise et achèteraient tous ces foutus billets. Si les Italiens du quartier se fichent de leurs compatriotes, qu'ils aillent se faire foutre.

Mooney cessa ensuite d'apporter son soutien à l'opération et la nuit des stars disparut. Chaque printemps, Chuck ne put s'empêcher de regretter la brochette de célébrités que son frère parvenait toujours à rassembler, parmi lesquelles Bob Hope, Dean Martin, Jerry Lewis, Jimmy Durante ou encore Frank Sinatra.

12.

Ce qui arriva le 19 juin 1951 fut presque, à la lettre, la reprise d'un scénario bien rodé : une rue obscure, une longue berline avec, à l'intérieur, trois hommes armés en chapeau mou et costume de soie, traquant leur victime. A l'instant où Teddy Roe regarda dans le rétroviseur et vit les phares, derrière lui, il comprit probablement. Il ne pouvait s'agir que de Mooney Giancana.

Roe s'était préparé à cet affrontement inévitable. A la suite des conflits qui l'avaient opposé à Mooney, il avait engagé des flics qui lui servaient de gardes du corps en dehors de leur service. Depuis l'enlèvement d'Eddie Jones, cinq ans auparavant, le roi des loteries noires et sa famille vivaient sous la menace constante de la mort. Mooney avait dit un jour que la peur usait, qu'elle lassait et rendait imprudent, que vivre dans la peur était pire que la mort. Mais Mooney n'avait pas encore attaqué les semblables de Teddy Roe de front. Roe était devenu un héros, dans les quartiers noirs, parce qu'il n'avait pas plié devant les malfrats ritals. Il avait tenu tête à celui que les journaux noirs appelaient « le plus cruel de tous », Mooney Giancana, et était toujours en vie.

Après l'affaire Jones, quand le calme fut revenu, les entreprises de Roe se développèrent au lieu de dépérir.

Mooney avait essayé de nombreuses tactiques dans l'espoir de contraindre Roe à renoncer. Ses hommes firent sauter sa maison et menacèrent sa famille. Pendant ce temps, Mooney lui offrit deux cent cinquante mille dollars en échange de son départ.

— Plutôt mourir, ironisa Roe.

Les gens qui travaillaient avec Mooney furent étonnés qu'il ne l'ait pas pris au mot. On ne comprenait pas pourquoi il avait attendu aussi longtemps pour s'attaquer à Roe, qu'il haïssait manifestement.

Chuck, cependant, crut comprendre que Roe faisait vibrer une corde sensible chez son frère. Hommes ou femmes, personne jusqu'ici n'avait pu échapper à Mooney. De même, à la connaissance de Chuck, personne, en quarante-trois ans, n'avait tenu tête à Mooney comme le faisait Roe. Chuck savait que Mooney admirait cela, même si c'était d'une façon perverse. La même chose se produisait avec les filles. Aussi longtemps qu'elles se dérobaient, Mooney relevait le défi. Il ne reculait devant rien : argent, cadeaux, sorties avec ses amis célèbres, parce que, comme il disait :

— Il y a toujours quelque chose que les gonzesses préfèrent à leur vertu !

Peut-être le plus cher désir de Mooney était-il de rencontrer la personne qui n'avait pas de prix. Une personne capable de lui rendre sa foi en l'humanité, foi qu'il avait perdue depuis l'époque où, enfant, on l'enchaînait à un arbre.

Mooney était si entêté que ce trait de caractère semblait à Chuck plus irlandais qu'italien. Mais il avait ses principes, quelles que soient les circonstances, légales ou illégales, morales ou immorales, et il les appliquait. Son égal existait quelque part. Logiquement, Chuck se dit que c'était sans doute ce que représentait, pour Mooney, le roi têtu, cynique, arrogant, de la loterie.

Roe dut croire que c'était la fin quand il rangea sa Lincoln contre le trottoir ; mais, à l'insu des tueurs de Mooney, ses gardes du corps le suivaient. Avec son assurance coutumière, et beaucoup de courage, Roe descendit de voiture et affronta ses suiveurs.

Gros Léonard, Jimmy New York et Vincent Ioli regardèrent l'homme se diriger bravement vers eux. Ils échangèrent un sourire et écrasèrent leurs cigarettes.

— C'est le moment, souffla Gros Léonard, ouvrant la portière. Ce furent ses derniers mots.

Sans doute pour la première fois de leur vie, les trois Italiens furent pris complètement par surprise. Un déluge de balles s'abattit sur eux à l'instant où leurs pieds touchèrent la chaussée.

Léonard réussit à tirer un coup de feu, puis Jimmy New York entendit un écœurant craquement d'os et vit le crâne de son ami exploser au niveau de la tempe, dans un craquement lugubre, puis un jaillissement de sang et de matière cérébrale. De l'autre côté de la voiture, Ioli hurla qu'il était touché. Instinctivement, ils se mirent à l'abri dans le véhicule et filèrent dans la nuit, abandonnant Gros Léonard, qui mourut dans une mare de sang.

Il y avait autrefois une règle, au sein du gang des 42 ; Joey Colaro l'avait transmise alors que Mooney et les autres n'étaient que des voyous du Patch :

— Ne jamais abandonner un des nôtres.

Mooney s'en souvenait nettement, exactement comme si c'était hier, dit-il à Chuck. Il ne pardonnerait jamais à ces deux-là, qui l'avaient oubliée.

— Quand ça se corse, quand un type a une arme braquée sur la tête, c'est à ce moment-là que tu sais ce qu'il a dans le ventre, dit-il lorsqu'on lui apprit que le boulot avait été salopé. Les deux hommes s'en tirèrent avec la vie sauve, mais perdirent la confiance de Mooney. Chuck comprit que Mooney ne leur permettrait plus de monter au sein de l'Organisation après une telle erreur.

La disparition du Gros Léonard dégrisa Chuck.

— Celui qui vit par l'épée périt par l'épée, répétait continuellement Mooney. Chuck supposa que la justice était allée à la rencontre de Leonard Caifano, dit Gros Léonard, prématurément.

Roe fut accusé du meurtre du Gros Léonard mais on renonça finalement à l'inculper et son courage face aux Italiens lui valut une nouvelle fois les félicitations des journaux noirs. Chuck imagina que Mooney n'avait sans doute jamais autant souhaité avoir la peau de quelqu'un ! Mais, après l'enterrement du Gros Léonard, le seul commentaire de Mooney sur toute l'affaire fut d'une brièveté caractéristique :

— Roe est un homme mort.

Pendant le reste de l'été, Mooney voyagea de ville en ville. Désormais, il se rendait très souvent à Miami et Cuba, parfois toutes les semaines. En outre, il s'arrêtait fréquemment à Las Vegas lorsqu'il allait en Californie. Ses points de chute étaient essentiellement des entreprises de jeu qui s'étendaient à présent de Chicago jusqu'à Kansas City, Las Vegas et Hollywood à l'ouest, Detroit et le Canada au nord, Miami, la Louisiane et le Texas au sud. Nicoletti et la Teigne dirent à Chuck :

— Ton frère est le seul type que les autres patrons laissent entrer dans leur ville. Marcello accepte de travailler seulement avec deux types : Mooney et Costello. Mais Mooney sera pas content tant qu'il contrôlera pas tout le pays.

Mooney faisait aussi de fréquents séjours au Mexique, au Moyen-Orient et en Europe, consolidant, imaginait Chuck, les contacts internationaux dont il avait parlé. Pour beaucoup de gens, ces voyages auraient été mi-affaires, mi-vacances. Pour Mooney, ils ne comportaient que des affaires. Naturellement, il lui arrivait de tomber sur une jolie femme, de s'accorder des plaisirs extra-conjugaux ou de jouer dans les casinos chics. Mais les sites touristiques, les musées célèbres, ou les monuments des villes où il séjournait le laissaient froid. Quand Mooney ne négociait ou ne préparait pas un marché, il s'ennuyait. C'était une caractéristique des Giancana. De ce fait, Chuck savait que Mooney ne faisait pas le lézard au soleil dans une station balnéaire. Mooney grimpait et grimpait à toute vitesse.

Les gars que Chuck voyait étaient tous d'accord. Cet automne-là, Chuck rencontra Chuckie English, un des bras droits de Mooney, à l'Armory Lounge, bar que fréquentaient les lieutenants du Milieu.

— Mooney tient Chicago, affirma tranquillement English. Personne osera lui tenir tête.

— Qu'est-ce qui te fait dire ça ?

— Deux raisons, Chuck, deux raisons toutes simples, répondit English, levant deux doigts. Premièrement, ton frère a du génie pour faire de l'argent. Meyer Lansky dit que c'est la première fois qu'il rencontre un Italien capable de jongler avec l'argent aussi bien qu'un Juif... et même mieux. Et quand

Mooney fait de l'argent, tout le monde fait de l'argent. C'est la première raison.

— Et ?

— La deuxième raison est vraiment enfantine. Si les gars de Chicago marchent pas droit, ils se font liquider. Et ils le savent. Donc, conclut English avec un sourire, le choix est simple. Mourir ou être riche. Mooney tourne pas autour du pot.

Ils restèrent quelques instants silencieux, puis English poursuivit :

— Tu sais que je l'ai accompagné Mooney à New York, Cuba, Vegas. Il met ces types sur des coups qu'il a montés dans tout le pays... Merde, dans le monde entier. En général, c'est le jeu qui ouvre les portes mais, à présent, ça peut aussi être les armes, les bijoux, l'opium, le pétrole et les cigarettes, n'importe quoi. Et c'est la même chose partout. Ça se sait. Tu vois, c'est le seul type qui rencontre les familles de New York, ou va voir Marcello, à La Nouvelle-Orléans, sans prendre un garde du corps. Ça te montre à quel point il est sûr de lui. Personne oserait faire descendre Mooney Giancana. Vivant, il rapporte trop.

En même temps que l'influence de Mooney grandissait au sein du Comité, son poids politique augmentait. Murray Humphreys continuait de faire régulièrement la navette entre Chicago et Washington, rendant des « visites de politesse », et il avait récemment ajouté la Californie sur sa liste. Pendant ce temps, les leaders politiques de Chicago, notamment Jake Arvey, travaillaient à l'intérieur, graissant les pattes des uns et échangeant des services avec les autres. Considéré comme un « faiseur de roi », Arvey était d'autant plus occupé que l'élection présidentielle approchait.

New York craquait encore sous le poids de l'avidité qui était devenue son héritage et, selon Mooney, cela n'avait rien de surprenant. Depuis son témoignage devant la commission Kefauver, Costello était dans la ligne de mire de Vito Genovese. Pour atteindre Costello, cependant, il fallait se débarrasser de son allié de toujours, Willie Moretti. Moretti était associé avec Longy Zwillman, dans le New Jersey, et on racontait qu'il avait été le « parrain » de Frank Sinatra, aidant le chanteur à rompre

le contrat rigide qui le liait à l'orchestre de Tommy Dorsey*
depuis 1939. Les symptômes d'une syphilis avancée étaient
visibles sur sa personne et il était prolixe en ragots sur les
affaires de la « famille ». Genovese saisit ce prétexte pour
justifier l'élimination de Moretti et déclara qu'il fallait le faire
descendre. Costello, qui avait été témoin au mariage de
Moretti, tenta de protéger son ami et le cacha en Californie
jusqu'au moment où on le ramena à New York afin qu'il
puisse témoigner devant la commission Kefauver.

Début 1951, pendant son audition, Moretti se conduisit
correctement mais, peu après, il se mit à accorder des interviews aux journalistes. A nouveau, espérant secrètement prendre le contrôle des affaires de Moretti au New Jersey et
affaiblir davantage Frank Costello, Genovese affirma qu'il
fallait se débarrasser de lui.

Constatant que Moretti ne pouvait guère le protéger contre
Genovese, Costello chercha à obtenir le soutien d'Albert
Anastasia, qui dirigeait « les Assassins associés » de New
York. Il dit à Anastasia qu'il soutiendrait la liquidation de son
patron, Vincent Mangano, et s'arrangerait pour qu'il prenne
sa succession. En avril, Vince Mangano disparut et on le
donna pour mort. Anastasia le remplaça et, secrètement,
soutint Costello.

Genovese, qui n'acceptait pas la défaite, demanda une
nouvelle fois la peau de Moretti. Présentant l'affaire comme
une « euthanasie », Genovese persuada Anastasia de faire le
travail et, le 4 octobre 1954, tandis qu'il mangeait des pâtes
dans un restaurant italien du New Jersey, Willie Moretti fut
abattu. Ce meurtre compromettait l'avenir de Costello : non
seulement son ami de toujours était mort, mais c'était
l'homme qu'il avait aidé à prendre le contrôle de la famille
Mangano qui l'avait exécuté. Méfiant, Mooney assistait à tout

---

* Sinatra a chanté avec l'orchestre de Tommy Dorsey de 1939 à 1942.
C'est cet engagement qui l'a lancé. Sinatra a tourné ses deux premiers films
avec cet orchestre (*Las Vegas Nights* et *Ship Ahoy*). Cependant, le rôle de
la pègre dans sa rupture avec Tommy Dorsey ne semble pas clairement
établi. (Les indications concernant Sinatra proviennent de *His Way, the
Authorized Biography of Frank Sinatra*, par Kitty Kelley, Bantam, 1986.)

cela depuis Chicago, tandis que l'on racontait que Genovese avait fait un pas de plus sur le chemin du pouvoir.

Malgré les bouleversements qui agitaient New York, les affaires tournaient toujours à Chicago et, à l'exception de l'incident lié à Teddy Roe, la situation demeura relativement calme.

Jusqu'en mars 1952, les activités de Mooney étaient restées discrètes, et c'était ce qu'il voulait. Mais en mars, peut-être dans l'espoir de trouver un remplaçant à Al Capone et sa bande, le *Chicago Tribune* publia une liste qu'il intitula : « Les 19 méchants. » Les reproductions de mauvais portraits ne pouvaient guère enflammer l'imagination populaire. Il s'agissait essentiellement de vieux de la vieille tels que Ricca, Guzik et Humphreys, dont l'influence était minime. Néanmoins il y avait de nouveaux visages, notamment celui de Mooney Giancana.

Anne-Marie sursauta quand Chuck lui montra le journal.

— Oh, mon Dieu, c'est la photo de Mooney ! s'écria-t-elle.

La réaction fut la même dans toutes les familles italiennes, où le nom de Mooney était déjà connu. Son apparition parmi les patrons du milieu fut accueillie dans le quartier avec un mélange d'orgueil et d'indignation. D'un côté, un des leurs avait réussi. De l'autre, on trouvait le mot *méchant* trop fort.

— Mooney n'est pas vraiment méchant, commenta Anne-Marie. Il sait parfois être très gentil. Et, en plus, je ne connais personne qui ne soit pas prêt à dire la même chose.

Naturellement, tous les gens qu'elle connaissait appartenaient au Milieu ! Les sorties du samedi soir chez Paree étaient plus ou moins devenues des réunions du Milieu. Elle jouait au gin-rummy avec les épouses, faisait les boutiques avec Ange, prenait le café avec Mary et Laura English, déjeunait avec des tantes dont les maris étaient des gars de Mooney.

Pour l'essentiel, les hommes qui entouraient Mooney lui semblaient élégants et bien élevés. Ils étaient polis et ne juraient jamais devant les dames. S'ils étaient infidèles, leurs aventures restaient discrètes et, règle non écrite parmi les hommes, toujours extérieures à la « famille ». Les femmes ne parlaient jamais des « affaires » de leur mari et ne posaient aucune question.

L'existence de Chuck et d'Anne-Marie était désormais typique de celle des proches de Mooney. Non seulement il contrôlait leur travail et, de ce fait, leur situation financière, mais aussi leurs décisions quotidiennes. Ils demandaient l'autorisation de s'installer dans un appartement plus spacieux, de changer de voiture. Ils fréquentaient les restaurants, clubs et spectacles que Mooney soutenait. Ils contribuaient aux œuvres de bienfaisance parrainées par Mooney. Ils choisissaient les médecins et avocats que Mooney et Ange « recommandaient chaudement ». Et ils agissaient ainsi naturellement, pas nécessairement parce qu'ils avaient peur, mais en raison de ce qu'ils appelaient le « respect » dû à la situation de Mooney.

De temps en temps, Chuck se souvenait de conversations qu'il avait eues avec son frère à propos des épouses et du mariage. Plus âgé, et désormais marié lui aussi, il finit par penser que Mooney avait raison. Lorsque l'on organisait sa vie et sa famille autour d'une structure fermée telle que le Milieu, les choses devenaient prévisibles ; la vie privée demeurait agréable et simple. Les gens liés au Milieu devenaient des amis, ceux de sa femme, ceux de ses enfants. Ce ne fut que dix ans plus tard que Chuck prit conscience que cette existence avait un inconvénient : on n'avait pas d'autres amis que les membres du Milieu, qui devenaient de ce fait le seul contact avec la réalité. Et la réalité du Milieu était très différente de celle du reste du monde.

Mooney n'affronta pas ce type de problème philosophique et moral complexe lorsqu'il ordonna l'exécution de Teddy Roe, dans la nuit du 4 août 1952. Cette fois, ses hommes réussirent et abattirent Roe de cinq décharges de fusil tandis qu'il allait de chez lui à sa voiture.

La disparition prématurée de Roe n'attira guère l'attention. La police manifesta son apathie habituelle face aux règlements de compte crapuleux et, à l'exception des protestations d'un conseiller municipal noir, Archibald Carey, dans une tirade incendiaire adressée au maire de Chicago, Kennely, et d'une émeute opposant des manifestants noirs aux forces de l'ordre, après les funérailles, l'héritage de Roe fut rapidement et efficacement enterré.

Fin août, dans le jardin de la maison de Mooney, à Oak Park, Chuck regardait son frère s'entraîner au golf. Il faisait chaud et le green de Mooney était un luxuriant tapis vert d'herbe parfaitement taillée.

Golfeur passionné, sachant particulièrement bien prendre la balle en dessous et putter, Mooney prenait le coup au sérieux, trop au sérieux, selon Chuck. Il resta silencieux tandis que son frère plissait le front sous les effets conjugués de la détermination et de la concentration. Lorsqu'il eut terminé, Mooney se tourna vers lui et le salua, lui adressant le grognement qui, désormais, le distinguait.

— T'en as marre de rester sur ton cul au cinéma ? s'enquit-il.

Le cœur de Chuck se mit à battre et, un peu vexé tout de même parce que Mooney semblait insinuer qu'il paressait joyeusement depuis deux ans, il répondit avec enthousiasme :

— Tu peux le dire, j'en ai ma claque.

Mooney rangea son club dans son sac et sourit.

— Tant mieux, parce que j'ai une occasion qui va sûrement te plaire.

Les pensées de Chuck s'accélérèrent. Mooney ricana et ajouta :

— Mais tu devineras jamais ce que c'est. Je te le donne en mille.

— Alors dis-le-moi, contra Chuck.

— J'y viens mais, d'abord, on va s'asseoir et prendre quelque chose.

Ils s'installèrent au soleil, de part et d'autre de la table en fer forgé du patio. Alva, la fidèle cuisinière, vint servir le café.

— Les plastiques, Chuck. Qu'est-ce que tu penses des plastiques ?

— Les plastiques ? Je ne sais pas... J'y connais rien.

— Bon, d'après des gens bien informés, le plastique c'est le matériau de l'avenir. Un jour, quasiment tout sera en plastique.

— Ouais, je vois, fit-il sur un ton dubitatif.

— Alors, faut que t'ailles voir Joe Este, Milwaukee Avenue. Il ouvre une usine de plastique, il va fabriquer des sacs en vinyle, ce genre de truc. Un jour, qui sait, le Milieu sera peut-être un géant dans une industrie nouvelle.

Il eut un rire étouffé puis tendit le bras et, enjoué, abattit sa main sur celle de Chuck.

Joe Este, qui avait changé de nom, et son frère, Chuck Esposito, étaient les fils d'un homme qui avait eu très mauvaise réputation dans le Patch de Chicago : Diamond Joe Esposito. Chuck avait connu les frères dans les rues, pendant son enfance, et se souvenait de ce que l'on avait raconté sur l'assassinat de leur père.

— Tu crois vraiment que ce truc va marcher ? demanda Chuck, hésitant.

— Ouais et je veux que tu participes au pilotage du navire. Tu disais que tu voulais entrer dans les affaires, alors voilà l'occasion.

— Qu'est-ce qui t'a fait choisir les plastiques ? Il y a des tas d'autres possibilités.

— Ouais, et je suis déjà installé pratiquement partout. Il y a Willie Patate qui travaille dans le nettoyage. Il y a beaucoup de fric dans les ordures. Et plus les gens seront nombreux sur la planète, plus il y aura d'ordures. J'ai une affaire de crevettes à Cuba, des puits de pétrole au Texas et de gaz en Louisiane. En plus, il y a tellement de trucs qu'il faudrait un comptable qui connaît l'hébreu pour s'y retrouver.

— Comment va ton associé, le roi Farouk ? s'enquit Chuck avec un sourire.

— Heureux comme un pape, pour le moment. Mais il y a des problèmes, là-bas. Comme je le disais, ces pays étrangers sont toujours au bord de la guerre. Regarde la Corée. Regarde la Chine et Taiwan. D'après mon gars de Manille, sans la CIA et le Milieu, tout péterait. Cuba les tracasse déjà.

— Les tracasse ? Je vois pas pourquoi, fit Chuck, sarcastique. Sauf si c'est les Cubains qui veulent renverser le gouvernement. Franchement, après ce que j'ai vu là-bas, on peut pas leur en vouloir. Pendant que Batista* s'engraisse avec la corruption, ils crèvent de faim et vendent leurs sœurs pour trois sous...

Le visage de Mooney se fit hostile.

— Nom de Dieu. C'est avec une partie de mon argent que ce fumier s'engraisse. S'il se fait virer, on risque de tous se faire

---

* Batista : dictateur qui dirigea Cuba de 1933 à 1944, puis de 1952 à 1959, date à laquelle il fut renversé par Fidel Castro.

virer. Il s'interrompit et reprit : La politique, c'est la politique... Le pays, on s'en tape. C'est partout pareil. Faut qu'on joue sur les deux tableaux pour protéger nos intérêts.

— Les deux tableaux ?

— Ouais, répondit Mooney avec un sourire. A présent, au lieu d'un sac d'argent... (Il haussa les épaules)... on en donne deux.

— Un à Batista et...

— Un aux rebelles.

— C'est parfait. Je suppose que je peux espérer que les rebelles gagneront, à présent.

— Qu'est-ce que tu radotes ? fit sèchement Mooney. On croirait entendre ces connards du gouvernement. Ce qu'on veut, c'est que ça reste comme c'est, si possible. On risque de perdre beaucoup de fric... le reste c'est seulement une assurance jusqu'à ce qu'on sache comment ça va tourner. (La colère faisait vibrer sa voix.) *Capisce ?*

Il leva le poing, l'abattit sur la table et ajouta :

— Je veux pas t'entendre répéter ça. *Capisce ?* Jamais.

Comprenant sa gaffe, Chuck tenta de faire marche arrière.

— Bon, je m'excuse. C'était seulement une idée. Ça vaut pas le coup de te foutre en pétard.

Toujours furieux, Mooney se leva et jeta un coup d'œil sur sa montre en or.

— Allez, fous-moi le camp et va voir ton nouveau boulot.

— Bon, d'accord, d'accord. C'est pas la peine de me le dire deux fois.

Chuck pivota sur lui-même et s'éloigna.

— Nom de Dieu ! Reviens, crétin. Mais laisse tomber, d'accord ?

Chuck acquiesça, hésitant. Mooney, toujours une énigme, sourit soudain.

— Tu m'as foutu dans une telle rogne... Merde... j'ai oublié ça.

Il sortit un bracelet d'émeraudes et de diamants de sa poche puis le leva dans le soleil.

— Offre-le à Anne-Marie. T'as pas besoin de dire que ça vient de moi. Donne-lui, c'est tout. C'est pour fêter ton nouveau boulot. Et, pendant que tu y es, va t'acheter quelques costumes chez Celano. (Il tendit une liasse de billets à Chuck. Il n'y avait que des coupures de cent dollars.) Si tu diriges une affaire, faut que t'aies l'air d'un homme d'affaires. Pas vrai ?

— Vrai, reconnut Chuck, hochant la tête.

Il remercia abondamment Mooney et rentra chez lui.

Mooney faisait tout le temps ce genre de truc dingue. Un moment il se mettait dans une telle rogne qu'il semblait sur le point de tuer le type avec qui il discutait, attitude caractéristique qui faisait dire : « ses chaussures lui font mal », et, l'instant suivant, il était tout sourire et fourrait une liasse de billets dans la main de son interlocuteur.

Mooney venait de temps en temps prendre le petit déjeuner chez eux et apportait toujours des pâtisseries pour Anne-Marie. Un jour, il avait même apporté un manteau de vison, en plus. Il faisait toujours ce genre de choses. C'était parfois une voiture pour la femme d'un homme politique, alors qu'il couchait avec elle au nez et à la barbe du type, une bague avec un diamant pour une célébrité, en gage d'amitié, ou un terrain de jeu tout équipé pour une colonie de vacances religieuse. On ne pouvait jamais prévoir s'il serait de bonne humeur ou si ses chaussures lui feraient mal. Cette impossibilité de prévoir ses réactions était un atout ; elle contraignait tout le monde, soldats du Milieu, femmes et membres de sa famille, à rester sur ses gardes.

En rentrant chez lui, Chuck s'arrêta dans une bijouterie où il acheta un écrin en velours noir pour le bracelet. Il eut l'occasion de l'examiner plus attentivement lorsqu'il le mit dedans. Il y avait huit émeraudes parfaites, rectangulaires, de huit carats chacune. Elles étaient montées sur une chaîne en platine ornée de seize diamants. C'était un cadeau extraordinaire et il était impatient de voir le visage de sa petite Babe quand elle le découvrirait.

Il ne fut pas déçu. La réaction d'Anne-Marie fut un mélange d'extase et de larmes.

— Oh ! Chuck, il est tellement beau, s'écria-t-elle. Regarde les diamants, les émeraudes.

L'ayant pris par le cou, elle se mit à rire, puis une lueur espiègle passa dans son regard.

— Eh bien, une chose est sûre... Il me faut une robe assortie à ce bracelet.

— Va en acheter une, deux. J'ai des bonnes nouvelles.
— Ce n'est pas tout ?
— Non, répondit-il avec un large sourire. J'ai un nouveau boulot.
— Vraiment ? Tu es sérieux ? Oh, Chuck, c'est merveilleux.

S'il n'avait pas eu envie de lui dire de quoi il s'agissait, la conversation se serait arrêtée là. Elle n'aurait pas posé de questions ; une bonne épouse savait rester à sa place. Mais il n'y avait aucune raison de cacher son entrée dans une entreprise légale telle qu'une usine de plastique, de sorte qu'il poursuivit.

— Ouais, je crois que c'est assez passionnant. Mooney me demande de diriger une usine de plastique avec Joe Este et Chuck Esposito.
— Le plastique ? A quoi ça sert ?
— Je ne sais pas encore mais Mooney arrête pas de répéter que c'est l'avenir. D'après lui, on peut faire fortune dans les plastiques. Je suppose qu'il faudra voir.

L'automne 1952 fut marqué par l'élection présidentielle et une nouvelle fois, comme en 1948, Mooney s'y intéressa de près. En réalité, du point de vue de Chuck, qui n'avait jamais été porté sur la politique, Mooney semblait un érudit sur le sujet et connaissait des aspects de la vie gouvernementale que la majorité des citoyens ignorait sûrement.

Mais son étonnement fut grand quand, ayant demandé à Mooney s'il soutiendrait le fils préféré de l'Illinois, Adlai Stevenson, son frère rit et répondit :

— J'aime les gagnants. J'aime Ike*. Mais, Humphreys et moi, on préfère encore son vice-président, Nixon. Tu peux parier qu'il sera dans notre camp.
— Mais Jake Arvey ne soutient pas Stevenson ? C'est pas lui qui s'est arrangé pour que Kefauver soit pas nommé par la convention ? demanda Chuck, faisant allusion au génie des machinations politiques qui avait joué un rôle important dans l'élection de Truman, en 1948, et accédé à la notoriété, quelques

---

* *I like Ike* : slogan de la campagne électorale d'Eisenhower. Ike était le surnom de Dwight D. Eisenhower, ancien commandant en chef des forces alliées en Europe, candidat républicain élu au détriment d'Aldai Stevenson, démocrate. Eisenhower a été réélu en 1956.

mois auparavant, parce qu'il avait travaillé en coulisse à la défaite du sénateur Estes Kefauver devant la convention démocrate.

Arvey, sur l'ordre du Milieu selon Mooney, avait attaqué Kefauver bec et ongles, décidé à briser ses ambitions politiques. Du point de vue de types tels que Mooney, Kefauver s'était servi d'eux pour construire son image d'ennemi du crime, récoltant les gros titres et les voix grâce à sa commission d'enquête sénatoriale sur le crime organisé. Chuck savait que cette entreprise n'était ni pardonnée ni oubliée ; la pègre ne tergiverserait pas sur les moyens quand il s'agissait de vaincre ce type d'entêté.

— Ouais. Il fallait empêcher la nomination de Kefauver. Mais Arvey savait depuis le début que c'était Eisenhower.

Mooney lut la stupéfaction sur le visage de Chuck. Il décida de s'expliquer.

— Écoute, ça fonctionne comme prévu. Quel que soit le résultat, on gagne. On contribue aux campagnes des deux camps : en Californie, nos gars aident Nixon et Arvey s'occupe de Stevenson. Tu peux faire mieux ?

Chuck dut reconnaître que le Milieu semblait en bonne position. Et, après la victoire d'Eisenhower, Mooney se contenta de lui adresser un clin d'œil et d'ajouter :

— Qu'est-ce que je t'ai dit ?

En 1953, Chuck se consacra entièrement aux plastiques. Mooney avait raison ; plus Chuck lisait sur le sujet, plus il se persuadait que c'était le matériau de l'avenir. Mais l'entreprise qu'il dirigeait avec les frères Esposito ne décollait pas. Chuck eut l'impression qu'elle ne tiendrait pas jusqu'à la fin de l'année. Le problème était que ni Chicago ni les États-Unis ne partageaient sa vision d'avenir. Néanmoins, il s'accrocha à ce nouveau travail, décidé à faire entrer le mot *plastique* dans tous les foyers.

— Ça marchera. Je t'ai dit que le plastique va se développer, affirma Mooney. Mais si ça marche pas, ajouta-t-il avec un haussement d'épaules, qu'est-ce que ça peut foutre ?

Chuck ne montra rien, joua l'indifférence mais, en réalité, il ne s'en fichait pas. Son unique désir était de démontrer à Mooney qu'il pouvait réussir. Ainsi, quand Mooney aurait besoin de quelqu'un pour diriger une entreprise plus complexe, il ferait appel à Chuck. C'était la récompense que Chuck attendait, l'occasion de monter dans l'Organisation.

Chuck ne fut pas seul à recevoir un nouvel emploi en récompense. Avec l'accord d'Accardo et de Ricca, Mooney chargea Marshall Caifano de défendre les intérêts de Chicago dans les casinos de Las Vegas. C'était une mission « pépère ».

Pour laisser la place à Marshall, Johnny Roselli, considéré comme le représentant de Chicago à Vegas, se consacra davantage à Hollywood et Los Angeles. Depuis sa sortie de prison, en 1947, à la suite de l'affaire Browne-Bioff, Roselli avait partagé son temps entre Los Angeles, où, grâce à lui, le patron local, Jack Dragna, un faible, était pratiquement devenu le laquais de Chicago, et Vegas, où il surveillait les casinos. Mais son seul amour restait Hollywood. Il produisit plusieurs films et fréquenta les plus grandes stars du moment. Johnny Roselli n'aimait rien tant que traîner avec les célébrités et dans les studios.

— Il est parfait pour Hollywood, dit Mooney à propos de Roselli. La Guilde des acteurs de cinéma, c'est pas comme les autres syndicats. Les autres sont des animaux. Là-bas, faut avoir de la classe. Et Roselli est lisse comme de la soie.

Chuck entendit dire que Roselli était également censé rester à l'affût de stars montantes qui pourraient se révéler utiles un jour.

— Pour transporter du fric, il y a pas mieux, commenta Mooney. Les gens pensent qu'à être éblouis par la star, à lui demander un autographe, et ils oublient de demander ce qu'il y a dans la valise.

Quand Roselli remarquait un talent prometteur, il téléphonait à Mooney. Mooney donnait un coup de pouce à la carrière de l'aspirant grâce à un engagement à Vegas, un rôle dans un film ou un contrat d'enregistrement. Et si l'intéressé avait vraiment du talent, cette occasion suffisait. Mais il était clairement établi que, lorsque Mooney aurait besoin d'un service, la star renverrait l'ascenseur. Plus la star devenait célèbre, plus elle devait à Chicago.

Selon Mooney, Chicago, grâce à son argent et son influence, avait aidé tout le monde, de Ronald Reagan à Ed Sullivan. Et il y avait les autres, les anciens dont le Milieu tirait toujours profit : Sammy Davis Jr., que Mooney appelait la fouine nègre, Dean Martin et Jerry Lewis, des prima donna, Frank Sinatra enfin, un type vraiment bien ; rien à voir avec tous les clodos de Hollywood.

L'influence de Mooney grandissait également dans les milieux sportifs, ce qui n'étonna pas Chuck ; il avait lui-même obtenu les meilleures places pour de nombreux combats de boxe ou des matches de base-ball, si bien qu'il n'ignorait pas le pouvoir que Chicago exerçait sur les athlètes et les présidents de clubs. En outre, le sport était dans la logique de l'expansion des entreprises de jeu de Mooney.

Selon Mooney, l'entrée de la pègre dans le sport avait commencé avec un New-Yorkais nommé Louie Jacobs, qui avait débuté dans le transport de rhum, avec Costello et les autres, pendant la crise. Il investit plus tard ses gains dans la plus grosse affaire mondiale de panneaux publicitaires sur les stades, organisant même les Jeux olympiques de Rome, en 1960. Jacobs avait participé, grâce à ses relations, au financement de trois équipes de base-ball de première division que possédait * Bill Veeck, originaire de Chicago.

Mais ce n'était pas le seul exemple des compétences de Jacobs, expliqua Mooney à Chuck.

— On n'est peut-être pas officiellement propriétaires de la distraction préférée des Américains, dit Mooney, mais l'argent vient de chez nous. Avoir Jacobs sur les stades, c'est comme avoir des juke-box dans un bistrot : on sait toujours ce qui se passe. On sait si un propriétaire a des problèmes financiers. Jacobs nous avertit et on le sort de la merde. C'est comme les parts à Vegas. Finalement, on a un morceau du gâteau. Football **, base-ball, boxe, chevaux, pelote basque, chiens, même les tournois de golf, tout.

Comme dans le cas de l'industrie du spectacle, on apprit, sous le règne de Mooney, que la popularité d'un athlète monterait en

---

* Aux États-Unis, les équipes sportives sont des entreprises commerciales comme les autres.

** Il s'agit du football américain. Le football tel qu'il est pratiqué en Europe s'appelle *soccer* et ne fait guère recette de l'autre côté de l'Atlantique.

flèche s'il acceptait de coopérer avec le Milieu. Il aurait droit à de la publicité (« On graisse la patte des journalistes sportifs », dit Mooney), il obtiendrait de bons combats ou serait recruté par une grande équipe ; il aurait tout ce qu'il faut pour arriver au sommet. Le seul problème était simple et clair dès le départ : quand Sam Giancana dirait « tombe au troisième round » ou « perds le ballon », le type aurait intérêt à le faire.

Au milieu de 1953, le cercle des athlètes de Mooney, qu'il considérait comme ses « amis », à supposer que ce mot ait eu un sens pour lui, comportait les plus grands noms, y compris des idoles du base-ball telles que Joe DiMaggio, Mickey Mantle et Willie Mays. Mooney ne prétendit jamais qu'ils sortirent du droit chemin ou balancèrent leur part de matches, mais il affirma nettement que ces trois joueurs prenaient régulièrement « du bon temps » aux frais du Milieu et que les gars du Milieu, en échange, les fréquentaient.

— Ces types devraient emménager dans la suite de Frank Costello, au septième étage de l'hôtel Washington. Ils y sont tout le temps. On leur donne des filles et tout ce qu'ils veulent.

Dans le domaine de la boxe, Mooney comptait parmi ses relations Rocky Marciano, Jake LaMotta, Rocky Graziano et Sugar Ray Robinson, qu'il convoqua un jour pour lui demander de perdre un combat contre Graziano.

— Je lui ai offert un million de dollars et promis qu'il gagnerait le match suivant, raconta Mooney. Il a refusé, incroyable, non ? Robinson a quelque chose dans le ventre.

Mooney vivait désormais dans un univers de luxe, de superficialité et d'argent, un monde où rien n'était plus inaccessible. Écoutant Mooney relater ses voyages et ses conquêtes, Chuck crut entrevoir également les rêves de son frère. Mais à présent, se demanda Chuck, jusqu'où ira Mooney ? Jusqu'où ?

13.

Les problèmes syndicaux furent probablement les seules difficultés que Chuck ne rencontra pas à l'usine de plastique. Le gros bras de Mooney chargé des syndicats, Joey Glimco, aurait envoyé cent routiers tous les jours devant l'usine, si Mooney l'avait ordonné, et Chuck aurait pu livrer sa production du matin au soir, mais il aurait fallu pouvoir la livrer quelque part. En réalité, personne ne s'intéressait aux sacs en plastique parce qu'on trouvait l'idée ridicule. Chuck redoutait le moment où il faudrait avertir Mooney de ce qui se préparait mais au printemps, lorsqu'il apprit à son frère que l'affaire risquait de couler, ce fut à peine si Mooney réagit.

— On ne peut pas gagner à tous les coups, commenta-t-il, indifférent, avec un haussement d'épaules.

En juin 1953, Chuck et ses deux associés, Este et Esposito, firent faillite. Et Chuck, qui avait investi dix mille dollars et s'était battu pendant des mois pour faire marcher l'usine, s'avoua vaincu.

Anne-Marie demeura à ses côtés, impuissante, et Chuck se tourna les pouces pendant tout l'été. Sans travail, il devint sombre, un tyran grincheux. Mooney lui avait promis un nouvel emploi mais, dans les semaines qui suivirent, ne lui proposa rien.

Ce qui tourmentait surtout Chuck, c'était la certitude que Mooney aurait pu lui procurer du travail s'il avait voulu. Du jour au lendemain, Mooney aurait pu rendre Chuck millionnaire, aurait pu l'installer à Vegas, Cuba ou dans un autre coin à la mode. Mais cela n'était apparemment pas dans les cartes et, cet été-là, Chuck passa des nuits sans sommeil à se demander si Mooney le prenait pour un incapable ou bien s'il se fichait complètement que Chuck et sa famille meurent de faim.

Parfois, lorsque l'humiliation était trop forte, il expliquait l'indifférence de Mooney en se persuadant que son frère ignorait à quel point il était financièrement fragile, qu'il était trop occupé par des projets plus importants. Mais, au fond, il connaissait la vérité : Mooney croyait qu'il n'était pas fait pour appartenir au Milieu. Cette constatation fut si décourageante que Chuck se sentit incapable de se débrouiller seul. Si Mooney ne le croyait pas capable de réussir, pourquoi pas les autres ?

Dans les semaines qui suivirent, il refusa d'aller voir Mooney toutes les semaines dans sa maison d'Oak Park.

— Je ne veux pas qu'il croie que j'ai besoin d'un coup de main, répétait-il.

Mais son orgueil céda finalement devant le désespoir.

— Merde, je me fiche de ce que c'est, Mooney, dit-il au visage impassible, de l'autre côté du bureau. Donne-moi quelque chose à faire, c'est tout. Faut que je travaille. J'ai une femme et un môme à nourrir.

— Détends-toi. Y a rien en ce moment. Mais j'aurai quelque chose et, quand ça arrivera, bon sang, Chuck, tu sais que je te téléphonerai. En attendant, je vais te donner un coup de main.

Mooney ouvrit le tiroir de son bureau et, d'une main fine, portant une bague avec un diamant, lui fit signe de contourner la table.

— Approche un peu, reprit-il. Je veux te montrer quelque chose.

Chuck alla s'immobiliser près de Mooney. Le tiroir ouvert contenait des liasses de billets serrées les unes contre les autres.

— Tu vois ? demanda Mooney, les montrant. Il y a plus d'un demi-million de dollars, là-dedans. Et ils ont plein de petits frères sur une centaine de comptes dans des banques des Bahamas et de Suisse.

Il leva la tête, une expression ironique sur le visage.

— Alors tu crois que t'as raison de te faire du mouron pour quelques malheureux dollars ? Hein ?

Embarrassé, Chuck secoua la tête et mit les mains dans les poches. Il ne voulait pas que Mooney le croie stupide.

— Non, sans doute pas, fit-il, puis sentant soudain l'orgueil s'emparer de lui, il n'y tint plus et ajouta : Mais, merde, Mooney, c'est ton argent, pas le mien.

Il avait sorti les mains de ses poches et les agitait. Il secoua la tête :

— Bon sang, c'est pas un coup de main que je demande, s'emporta-t-il. C'est du travail.

Mooney demeura calme et souriant. Il sortit tranquillement une liasse du tiroir et compta vingt billets.

— Tiens, voilà deux mille dollars, dit-il d'une voix douce. Maintenant rentre chez toi et détends-toi. Quand un boulot se présentera, il sera pour toi.

Chuck hésita, mais il ne voulait pas vexer Mooney et, en plus, il en avait besoin.

— D'accord, je vais essayer d'être patient, dit-il, prenant les billets dans la main tendue de Mooney. Mais c'est pas mon fort.

Mooney rit.

— Sans blague ?

— Je suis sérieux, dit-il. Oublie pas que je veux pas un tour gratuit, je veux du boulot.

Il s'en alla, déçu par l'issue de la conversation mais bizarrement soulagé. Il n'avait pas réfléchi au genre de travail que Mooney risquait de lui proposer mais, en vérité, peu importait. Il souhaitait seulement une nouvelle occasion de lui prouver qu'il valait quelque chose. Plus qu'un revenu, plus que tout, Chuck voulait faire partie du Milieu, être respecté par son frère.

En août, toujours sans travail, Chuck n'y tenait plus. Il voyait Mooney toutes les semaines et c'était chaque fois la même chose.

— Toujours rien, disait Mooney, secouant la tête.

L'argent de Chuck s'épuisa et il se trouva une nouvelle fois au pied du mur. Anne-Marie, pour sa part, était troublée et incapable de comprendre pourquoi Chuck ne pouvait pas chercher du travail en dehors du Milieu.

— Si Mooney ne veut pas te donner du travail, comment pourrait-il te reprocher d'en trouver par toi-même ? Après tout, il faut que tu travailles, répétait-elle sans cesse.

Chuck comprit qu'elle ignorait à quel point Mooney contrôlait leur existence. Ça ne changerait jamais et il n'était pas certain de le souhaiter. Il n'était pas question qu'il se mette à la recherche d'un boulot ordinaire, comme les gens normaux. Pour faire cela, il lui fallait l'autorisation de Mooney. Et jamais Mooney ne lui permettrait de quitter la famille. En outre, il devait faire ses preuves et cela lui serait impossible s'il travaillait pour un patron dans une usine. Il fallait qu'il travaille pour Mooney.

— Tu ne peux pas avoir le beurre et l'argent du beurre, s'emportait Chuck quand Anne-Marie abordait ce sujet. Si on veut des jolies choses, poursuivait-il, montrant la maison, des beaux vêtements, une nouvelle voiture quand on en a envie, si on veut la confiance de Mooney, il faut qu'on marche droit. Il faut qu'on fasse ce que veut Mooney.

Ce n'était sans doute pas ce qu'elle avait envie d'entendre, mais c'était la vérité. Et il n'y avait que ça qui comptait.

Un jeudi soir, Chuck se rendit à nouveau chez Mooney. Cette fois-là, il avait décidé de ne pas partir sans travail.

— Nom de Dieu, Chuck, arrête de me tanner. J'ai pas de boulot à te donner en ce moment, répondit sèchement Mooney.

Chuck battit un instant en retraite, mais décida d'insister tout de même.

— Alors, bon sang, dit-il d'une voix contenue, qu'est-ce que je dois faire, d'après toi, puisque je peux pas gagner ma vie ? Quoi ? (Il tendit les mains vers le ciel.) Prier ? Aller jouer au billard avec les gars ? Ou alors rester assis et regarder par la fenêtre ?

Le visage de Chuck rougit, sa mâchoire se crispa et ses mains se mirent à trembler. Il s'aperçut qu'il ne se contrôlait plus. Mooney, en revanche, semblait aussi calme et maître de lui-même que d'habitude.

— Mooney, qu'est-ce que je suis censé faire ? Quoi ? Dis-le-moi, hurla-t-il, suppliant.

C'était la première fois de sa vie qu'il s'adressait à Mooney sur ce ton.

— Ça va, ça va. T'énerve pas, dit Mooney, secouant la tête. Bon sang... Tiens... Il ouvrit le tiroir.

Chuck vit son frère tendre la main vers les liasses de billets et son sang ne fit qu'un tour.

— C'est même pas la peine d'y penser, cria-t-il. Je veux pas un centime.

Mooney sortit une grosse liasse et dit d'une voix douce, presque charmeuse :

— Allons, c'est le moins que je puisse faire en ce moment. Tiens, prends... il y a dix mille dollars. (Il tendit l'argent.) Va boire un verre à l'Armory et calme-toi.

Chuck lutta contre la tentation, contre l'humiliation que représentait ce cadeau de Mooney, et la fureur s'empara soudain de lui. Il refusa de se laisser traiter comme un enfant. D'un geste sec, il fit tomber la liasse que Mooney tenait dans la main.

— Tu peux garder ton sale fric, hurla-t-il. J'en veux pas, tu m'entends, pas un sou, nom de Dieu !

Chuck se baissa, ramassa la liasse et la jeta sur le bureau.

— Garde-le, ajouta-t-il, pivotant sur les talons. Et va te faire foutre.

— D'accord, toi aussi, répondit Mooney sur le même ton.

Chuck sortit au pas de charge, claquant la porte derrière lui. Il se promena en voiture, tentant de se calmer. C'était la première fois qu'il tenait ainsi tête à son frère. A présent, il n'était pas seulement furieux contre Mooney, il était aussi en colère contre lui-même. Mooney n'accepterait pas cela ; grâce à Dieu, personne n'avait assisté à la scène. Sa conduite était inexcusable. Il ne savait pas ce qui lui avait pris. Mais il n'avait pas d'autre solution. Il avait l'impression qu'il deviendrait fou s'il ne travaillait pas. Visiblement, Mooney pensait qu'il n'était pas à la hauteur. Et il ne compterait pas parmi les tapeurs que son frère méprisait, ce qui ne ferait que confirmer Mooney dans la mauvaise opinion qu'il avait de lui. S'il ne pouvait pas travailler, il ne lui demanderait pas d'argent. Pas question.

Quand Chuck rentra chez lui, il était toujours furieux. Il cria, tempêta et, finalement, alla à l'Armory.

A présent que les autres gars du Milieu avaient la vie facile, ils croyaient tous, comme il était le frère de Mooney, qu'il nageait lui aussi dans le blé. Il ne savait plus combien de fois ils avaient refusé une invitation chez Paree, Anne-Marie et lui, pendant l'été, simplement parce qu'ils n'en avaient pas les moyens. Naturellement, il ne dit cela à personne ; il avait une image à protéger. Plutôt mourir que reconnaître que Mooney s'amusait avec lui.

Tout était dans les apparences et, cette certitude présente à l'esprit, Chuck se leva chaque matin, au cours des semaines suivantes, mit un costume et une cravate exactement comme s'il allait travailler. Anne-Marie préparait le petit déjeuner et le café tandis qu'il lisait le journal. Puis il l'embrassait et prenait sa voiture. C'était une comédie bizarre dont ils ne parlaient jamais.

Il voulait rester au courant et, de ce fait, traînait en ville, passant boire quelques verres à l'Armory Lounge, déjeunant aussi modestement que possible au Fritzel avec les gars, faisant comme si ça ne pouvait pas aller mieux. Au fil des jours, il se détesta de plus en plus et se sentit de plus en plus éloigné de Mooney, la seule personne au monde qui comptait vraiment.

En septembre, Anne-Marie en eut assez. Elle décida de prendre les choses en main, d'aller voir Mooney. Un matin, après le départ de Chuck, elle prit son fils de trois ans et partit chez lui. C'était la première fois qu'Anne-Marie se trouvait face à Mooney, trônant derrière son bureau. Leurs relations étaient familiales et amicales ; c'était celui qui offrait des cadeaux luxueux et des billets pour le théâtre. C'était un homme que les gens respectaient et craignaient. Elle se le représentait comme une force bienveillante, mais inflexible, dans leur vie. A présent, assise en face de lui, elle comprit qu'il lui faudrait tout son courage pour se décider à parler. Toujours timide, elle était paralysée.

Ses boucles noires lui tombèrent sur les yeux quand elle baissa la tête, rassemblant ses idées.

— Merci de me recevoir aujourd'hui, Mooney, dit-elle d'une voix étouffée. Je ne peux pas vous dire à quel point je vous en suis reconnaissante.

Elle leva la tête, le regarda droit dans les yeux et conclut :

— Mais il fallait que je vous voie.

Mooney demeura silencieux et elle sentit son regard sur elle ; son charisme la subjugua.

— A quel sujet ? s'enquit-il d'une voix douce.

Elle s'éclaircit la gorge et son cœur se mit à cogner.

— A propos de vous et Chuck, répondit-elle, avec tout le courage qu'elle possédait.

Il parut se détendre, les lignes dures de son visage s'estompèrent. Il hocha la tête et alluma un cigare.

— Continue.

— Eh bien Chuck... Chuck est très déçu. Tout ce qu'il veut, c'est vous plaire. Je le sais parce que depuis que je le connais, alors que j'étais encore une gamine... eh bien, vous êtes son idole. Pour lui, il n'y a que votre opinion qui compte, Mooney. Il n'existe rien d'autre. Mais, Mooney, il est fier. Et il ne viendra plus jamais vous demander quelque chose. J'en suis sûre. Plus jamais. Il ne veut pas perdre votre respect, parce que c'est tout ce qu'il désire au monde.

— Je vois, fit-il, tirant pensivement sur son cigare.

— Cela me fait plaisir. J'étais sûre que vous comprendriez. En réalité, Chuck me tuerait s'il savait que je suis venue vous voir. Mais il le fallait. Je l'aime et je ne peux pas vous voir tous les deux dans cette situation. Je veux qu'il soit heureux. Et il ne l'est pas parce que, au fond, il n'est pas certain que vous le respectez et que vous avez confiance en lui.

— Je m'en suis aperçu, répondit Mooney, goguenard.

— J'espérais que vous vous arrangeriez pour que ça *change*.

Sa voix se mit à trembler et ses yeux s'emplirent de larmes.

— Comment ?

— En donnant du travail à Chuck.

Stupéfait, Mooney secoua la tête et se pencha.

— Tu l'aimes vraiment, pas vrai ?

Elle acquiesça.

Mooney se laissa aller contre le dossier de son fauteuil et souffla un nuage de fumée de cigare dont les spirales l'enveloppèrent. Dans l'ombre de la lampe, elle eut l'impression qu'il était fatigué ; comme un homme qui a travaillé trop dur. Au bout d'un moment, il soupira et dit :

— Je vais trouver quelque chose, Anne-Marie.

Il se redressa, fit tomber la cendre de son cigare et posa les coudes sur le bureau.

— Tu sais, il y a des choses que je voulais faire de toute façon et je suis sûr qu'il s'en occupera comme il faut, ajouta-t-il avec un sourire. Je lui téléphonerai.

Il écrasa son cigare et se leva.

— Oh, ça serait merveilleux, s'écria-t-elle, ravie.

Il contourna le bureau et elle se leva.

— Écoute, dit-il, la prenant par les épaules et la raccompagnant. Tout va s'arranger.

Lorsqu'il dit cela, ce fut avec assurance et la façon dont il prononça les mots les rendit apaisants, envoûtants. Elle fixa ses yeux noirs. Lorsqu'il lui rendit son regard, elle eut l'impression qu'il pénétrait jusqu'à son âme, comme s'il lisait ses pensées, et cela lui fit peur.

Presque aussitôt, elle se sentit vulnérable, nue, dépouillée de tous ses secrets. Elle imagina que Mooney produisait le même effet sur tout le monde. Pourtant il y avait aussi autre chose. Une extraordinaire chaleur.

Elle prit conscience du pouvoir de Mooney ; bizarrement, il amenait les gens à être ses proies consentantes. On était content de se trouver à sa merci. C'était dément et cela lui donna le vertige ; elle avait envie de s'en aller.

— Je m'occuperai de tout, répéta-t-il. Chuck va recommencer à travailler et tout ça va se tasser... En attendant, prends ça, ajouta-t-il, lui tendant une enveloppe.

Elle évita son regard et baissa la tête.

— Oh, non Mooney, je ne peux pas. Il faudra que vous la donniez vous-même à Chuck. Je ne peux pas la prendre. Merci, mais je ne peux vraiment pas.

— Alors, mets ça de côté pour les dépenses de la maison. Ça restera entre nous, insista-t-il.

— Oh, venir ici toute seule, c'est déjà bien assez.

— Très bien. Mais, pour le moment, notre conversation restera un secret.

— Il faudrait probablement que je lui en parle... Ça ne serait pas bien. Mais il ne faut pas que Chuck croie que c'est grâce à moi qu'il a eu du travail.

— Ce n'est pas grâce à toi, c'est grâce à moi. Et je m'arrangerai pour qu'il le comprenne bien.

Il l'accompagna jusqu'à la porte.

— Et reste pas si longtemps sans venir, ajouta-t-il. C'est agréable de voir un joli visage.

Deux jours plus tard, le téléphone sonna. Chuck recommençait à travailler.

Chuck ignorait de quel boulot il s'agissait, mais peu lui importait désormais ; il avait décidé, au cours des mois écoulés, de faire tout ce que Mooney exigerait de lui. Il espérait que son frère ne lui demanderait pas de pénétrer dans l'univers trouble des meurtres et de la violence, mais ce n'était qu'un espoir. Il devait être prêt à faire tout ce que Mooney lui demanderait. Sinon, ce serait terminé. Tant pis pour la morale. Tant pis pour le bien et le mal. Il en était arrivé à la conclusion qu'il ne pouvait imaginer vivre ainsi jusqu'à la fin de ses jours ; il voulait sa part du gâteau et, quel qu'en soit le prix, il paierait.

Mooney était dans le jardin et s'entraînait sur son green quand Chuck arriva. Il lui fit signe de la main.

— Allons nous asseoir et discutons, proposa Mooney.

Ils gagnèrent le patio, où Alva leur servit rapidement du thé glacé.

— Comme j'ai dit au téléphone, Chuck, il y a du boulot pour toi. Et tu es le plus qualifié. Tu connais l'endroit où Willie Patate faisait bosser des putains, à Rosemont. Le motel River Road ?

— Ouais, répondit Chuck, prudent, espérant que Mooney ne lui demanderait pas de travailler dans les rackets de la prostitution, mais prêt à ravaler ses états d'âme si c'était le cas.

— On va le rendre légal.

Les craintes de Chuck cédèrent la place au soulagement.

— Ouais, plus de putains, poursuivit Mooney. Willie va s'occuper d'autres trucs avec Tampa et La Nouvelle-Orléans. Je ne veux pas que cet endroit lui fasse des problèmes. Grâce à toi, le Boogie Woogie était devenu une boîte vraiment classe et c'est ce que cet endroit doit être. Il y a un bar, arrange-toi pour qu'on s'y amuse, il y aura un restaurant, cinquante-deux chambres, une piscine. Fais marcher ça comme un motel normal. Après, engage un directeur qui fera le boulot quotidien. Passe une heure par jour. Faut que tu puisses t'occuper d'autre chose en même temps. Le salaire est de deux cents dollars par semaine et je te donnerai une prime de cinq mille dollars à la fin de l'année. D'accord ?

— C'est formidable, Mooney, formidable. Je commence quand ?

— Demain. Change complètement de cap. Nettoie-moi tout ça, je veux que cet endroit soit propre, vraiment propre.

— Pas de problème. Tu sais que tu peux toujours compter sur moi.

— Je sais. Tu crois que j'ai oublié ? T'as dit ça quand je t'ai envoyé voir M. Meyer, à Cuba. Tu t'en es vraiment bien tiré.

Bon, c'est à cause de ça que j'ai pensé à toi pour ce boulot, je vais avoir des livraisons et des collectes régulières.

— A Cuba ?

— Non, pas à Cuba. Bon sang, ça t'a pas plu, Cuba, pas vrai ? Non, pas Cuba. C'est une tournée de trois jours, toutes les semaines. Mercredi, jeudi, vendredi.

— Où ?

— Tampa, La Nouvelle-Orléans, Vegas et retour à Chicago. J'ai tout organisé et, quand tu auras mis le motel sur les rails, tu pourras prendre un peu de champ et voyager par avion.

Plus tard, Chuck apprit que Willie Patate négociait avec New York pour le compte de Mooney. D'après les gars, il s'agissait de drogue importée d'Amérique centrale et d'Asie.

— Trafficante et Marcello ont préparé le coup, expliqua Chuckie Nicoletti. Vraiment bien. C'est surtout pour New York, pour Costello et Gambino. Mais, maintenant que Tampa et La Nouvelle-Orléans travaillent avec nous, grâce à Mooney, Chicago a sa part sur tout ce qui transite par là-bas. On est déjà associé avec ces types dans les affaires de jeu. On a un morceau de Miami et de Dallas, de tout le Sud, en fait. Tant qu'il sera pas roi du monde, Mooney sera pas content. Roi du monde.

Quand il eut pris la responsabilité du motel River Road, Chuck se consacra vingt-quatre heures sur vingt-quatre à cette tâche épuisante, décidé à faire ses preuves une fois pour toutes. Willie Patate évacua les putains et Chuck engagea du personnel hôtelier, confia l'animation du bar à de nouveaux artistes et, bientôt, l'endroit changea d'allure. Plus d'une fois, il fut obligé de dire aux gars du Milieu, que l'endroit attirait comme des mouches, que le bar était propre.

— Venez pas avec des putains et jouez pas. Cet endroit doit rester correct parce que c'est ce que veut Mooney, pigé ?

Néanmoins, les gars continuèrent de traîner au bar, en compagnie des blondes à la poitrine opulente et aux cheveux décolorés qui égayaient leurs après-midi. Du moment qu'il ne s'agissait pas de prostituées, mais de petites amies qu'ils ne payaient pas, Chuck ne pouvait pas s'y opposer ; après tout, Mooney faisait la même chose.

Chuck ne comprit jamais comment Mooney s'y prenait avec les femmes. Il pouvait avoir toutes celles qu'il voulait. C'était le rêve de tous les hommes. Les femmes qu'il amenait étaient toutes bien roulées. Elles étaient presque toujours blondes. Mais il aimait aussi les rousses. Si c'étaient des putains, c'étaient les meilleures. Si c'étaient des filles des Adorables de Chez Paree, les danseuses de la boîte, c'étaient les plus jolies et les plus voluptueuses. Les Adorables étaient la coqueluche de la ville et les gars se bousculaient à leur porte. D'après Mooney, Kirk Douglas, Dean Martin, Frank Sinatra, tous avaient une Adorable de Chez Paree sous le coude. Il n'y avait pas de doute, Mooney était arrivé.

Les gars du Milieu appréciaient le fait que le motel se trouve dans le comté de Cook, moins étroitement surveillé. Cela signifiait qu'ils pouvaient voir leur maîtresse du moment pratiquement sans attirer l'attention des autorités. Ils tenaient tous à la discrétion, mais il y avait des après-midi où l'endroit ressemblait à un hall de gare. Du moment qu'il s'agissait d'adultes consentants, Chuck fermait les yeux. Quand il rebaptisa le motel Thunderbolt*, en octobre, Nicoletti dit en blaguant qu'il aurait fallu l'appeler le motel des maîtresses...

A Thanksgiving, le motel fonctionnait convenablement et Chuck déclara fièrement à Mooney :

— Propre, vraiment propre.

Cette année-là, pour Thanksgiving, toute la famille Giancana fut invitée à dîner chez Mooney. Chuck savait que cela n'enchantait pas Ange. Ses sœurs, Josie, Antoinette et Vicki finissaient presque chaque fois par se disputer. Et Antonio, qui ne parlait toujours pratiquement pas anglais, ne s'entendait guère avec leur tante, Catherine, avec qui il vivait encore. Néanmoins Chuck imaginait, lorsqu'il arriva en compagnie d'Anne-Marie et du petit Chuckie, que tout le monde s'arrangerait pour que ce dîner de Thanksgiving chez Mooney se passe du mieux possible.

La seule inquiétude de Chuck était les enfants ; il espérait que son petit garçon serait sage. Mooney se comportait bizarrement avec les enfants ; en fait, il ne savait pas quelle attitude adopter.

---

* Coup de tonnerre, mais aussi météorite en anglais.

Sam Giancana, dit « Mooney », bébé, avec sa mère, Antonia, sa sœur aînée, Lena, et son père, Antonio Giangana (nom plus tard américanisé et transformé en Giancana) à Chicago en 1908.

La famille était entièrement soumise à l'autorité de Mooney lorsque cet unique portrait de groupe des Giancana fut pris, au mariage de sa sœur, Lena, en 1927. De gauche à droite, Joseph dit « pepe », Josephine, Antonio, Lena, Mooney, Mary, Antoinette, Vicki et Chuck.

Six des hommes qui furent abattus lors de l'atroce massacre de la Saint-Valentin, le 14 février 1929. *(Cliché AP/Wide World.)*

Avant l'enterrement de Lena, à Chicago, en 1941. Chuck, dix-neuf ans, avec sa sœur, Vicki (à gauche) et leur tante, Josephine DeMarco.

Mooney et sa femme, Ange, en 1949.

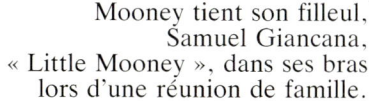

Anne Marie Torsiello (quatrième en partant de la gauche) dînant au Boulevard Room, restaurant à la mode de l'hôtel Stevens, à Chicago en 1946. De gauche à droite, la famille Giancana : Ange, Bonnie, Mooney et Annette.

Chuck et Anne Marie Giancana
à leur mariage, le 7 mai 1949.

Mooney tient son filleul,
Samuel Giancana,
« Little Mooney », dans ses bras
lors d'une réunion de famille.

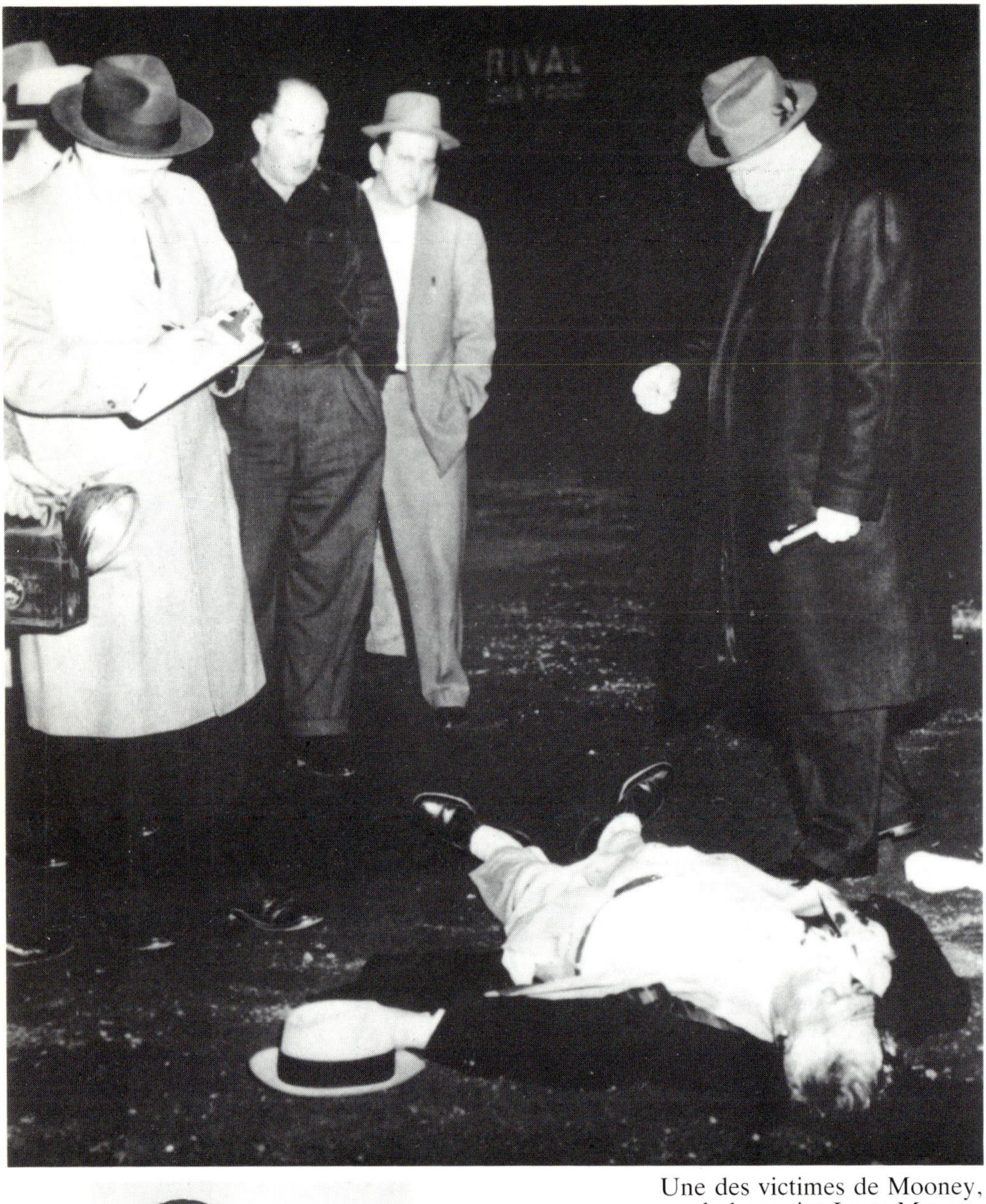

Une des victimes de Mooney,
le banquier Leon Marcus,
le 1er avril 1957.
(Cliché AP/Wide World.)

Chuckie et Little Mooney.

Le célèbre clan de Sinatra surnommé « Bande de salopards », pendant une répétition, le 20 janvier 1960. De gauche à droite : Peter Lawford, Frank Sinatra, Dean Martin, Sammy Davis, Jr et Joe Bishop. *(Cliché AP/Wide World.)*

Paul Ricca qui fut longtemps le protecteur de Sam Giancana.

Frank Costello, ami de Sam Giancana et parrain de New York.

Jimmy Hoffa, le patron du syndicat des camionneurs placé là par le Milieu.

Johnny Roselli.

(Photos : clichés AP/Wide World.)

Photo prise quelques instants après l'assassinat du président John F Kennedy, le 23 novembre 1963. La flèche blanche montre le pied de Kennedy. La flèche noire montre Mme John Connally épouse du gouverneur du Texas, se baissant pour éviter les balles. Connally se trouve à la droite de l'agent des services secrets, recroquevillé au fond de la voiture.

Jack Ruby, homme de main du Milieu et propriétaire de boîtes de nuit, braque son revolver sur Lee Harvey Oswald, arrêté après l'assassinat du président. Dans la seconde qui suit, il tire, et Oswald, atteint d'une balle dans l'estomac, mourra quelques heures plus tard.
(Cliché AP/Wide World.)

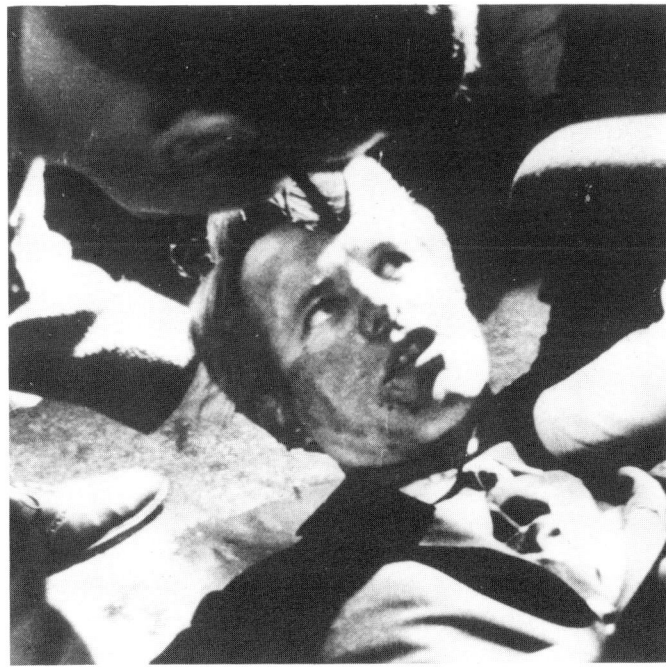

Avril 1968. Le sénateur Robert Kennedy à l'Ambassador Hotel de Los Angeles, juste après l'attentat auquel il devait succomber. Il venait de fêter sa victoire aux primaires de Californie qui devait en faire le candidat du parti démocrate aux élections présidentielles de novembre 1968.
(Cliché AP/Wide World.)

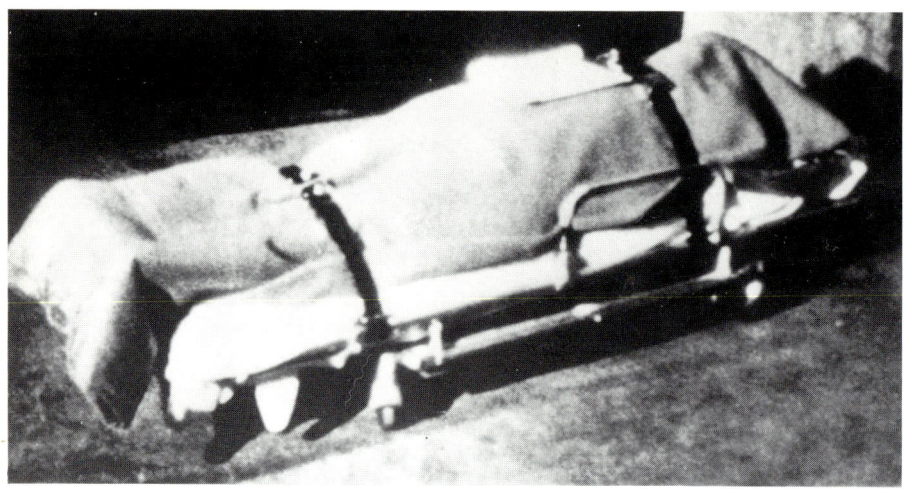

Le corps de Mooney Giancana sur une civière à la morgue du comté de Cook après qu'il a été abattu, en 1975, à la veille de son audition par une commission d'enquête du Sénat. *(Cliché AP/Wide World.)*

Chuck, frère de Sam et coauteur du livre, et Anne Marie Giancana, aujourd'hui.

Samuel M. Giancana, aujourd'hui, neveu de Sam et coauteur du livre.

Droits réservés pour les photos non signées.

Et il était absolument incapable de jouer avec eux, ou même de bavarder. Les manifestations d'affection le troublaient. En réalité, faire peur aux petits semblait l'amuser.

Ce dîner de Thanksgiving ne fit pas exception ; dès que tous les enfants furent arrivés, Mooney retira sa ceinture.

— Alors, les mômes, où est-ce que vous vous croyez, hein ? gronda-t-il.

Les quatre petits garçons se figèrent dans leur costume du dimanche.

— Amenez-vous. Et plus vite que ça, ajouta-t-il sèchement.

Les enfants restèrent paralysés. Chuck vit leur menton trembler. La voix de Mooney se fit stridente et sifflante.

— J'ai dit : plus vite que ça.

Les parents ne s'interposèrent pas, figés par la peur. L'idée de s'opposer au comportement de Mooney ne leur traversa même pas l'esprit.

Les enfants obéirent en pleurnichant et Mooney les poussa dans le salon comme un troupeau de veaux terrifiés entrant à l'abattoir.

— Vous voyez ça, les mômes ? reprit-il, feignant la colère et brandissant sa ceinture. Je vais vous en faire goûter si vous faites pas ce que je dis. Vous entendez ?

Ils acquiescèrent craintivement.

— Assis, ordonna-t-il, montrant le canapé. Et vous avisez pas de bouger d'un poil.

Il abattit la ceinture contre son pantalon en soie et cela produisit un claquement terrifiant.

Ils éclatèrent en sanglots.

— S'il te plaît, non, oncle Mooney, on va être sages. Promis, supplia Chuckie. Les autres acquiescèrent en silence.

Mooney dit plus tard que, à leur crédit, les enfants s'étaient efforcés de ne pas pleurer. Mais sa voix était teintée de déception lorsqu'il confia à Chuck :

— J'attends que quelqu'un m'amène un petit homme, un gamin avec quelque chose dans le ventre. Pas ces pleurnichards. J'attends de voir ce gamin. Quand je l'aurai vu, je saurai qu'on a une nouvelle génération capable de prendre notre suite quand on sera partis. J'attends.

Le Thunderbolt fit ses premiers bénéfices en décembre. Mooney et les gars passaient boire un verre en fin de journée. Réunis autour d'une table, ils blaguaient et inventaient des histoires de cul. Chuck ne croyait que la moitié de ce qu'il entendait. Un soir, la Teigne arriva avec un autre type du quartier, Nicky Visco. Il avait à la main le premier numéro de *Playboy*.

— Hé, les gars, amenez-vous, y a une jolie petite chatte qui va vous régaler les yeux, cria la Teigne, montrant Marilyn Monroe sur les pages centrales de la revue.

Ils se penchèrent tous sur la photo scandaleuse : Willie Patate, Fifi, Chuckie Nicoletti et même Mooney vinrent jeter un œil sur le magazine qui se présentait comme ce que l'on trouvait de plus osé chez les marchands de journaux américains.

— Elle peut mouiller mon biscuit, pas de problème, commenta Nicoletti.

— Ouais, t'as tout compris. Regarde cette bouche... Je parie qu'elle aime les pompiers, ajouta Willie en riant.

— Sûrement. Je me ferais pas prier, dit la Teigne.

— Seulement dans tes rêves, ironisa Mooney. Chuck s'aperçut qu'il était exceptionnellement détendu.

— Ah, tu as des entrées qu'on connaît pas ? plaisanta Nicoletti.

Le jeu de mots fit rire tout le monde.

— Peut-être, fit Mooney avec un sourire.

— Si quelqu'un saute cette nana, ça sera Mooney, annonça la Teigne.

— De toute façon, il la connaît déjà, dit Nicoletti. En plus, si le Milieu peut s'arranger pour que Sinatra ait un rôle dans *From Here to Eternity**, tout est possible.

Ils rirent.

— On protège nos investissements, c'est tout, répliqua Mooney, goguenard.

— Ouais, et celui-là, alors, hein ? blagua Fifi.

— Je vous promets que je vous raconterai quand je l'aurai

---

* Sinatra a eu beaucoup de mal à obtenir le rôle de Maggio, dans *From Here to Eternity (Tant qu'il y aura des hommes)*, aux côtés de Burt Lancaster et Montgomery Clift. Le film a obtenu huit oscars en 1953 et relancé la carrière de Sinatra, qui s'est vu décerner l'oscar du meilleur second rôle.

baisée. Elle est sur ma liste, juste après Mamie Eisenhower, dit Mooney.

Cela les fit éclater de rire.

Mooney prit la revue et fixa attentivement la blonde voluptueuse qui lui adressait un regard engageant.

— Ouais, je la baiserai, fit-il, ironique, laissant ensuite tomber la revue sur la table. Et à part ça, quoi de neuf?

En février de l'année suivante, Anne-Marie annonça qu'ils attendaient un autre enfant pour octobre. Chuck se souvint de ce que Mooney avait dit pour Thanksgiving; secrètement, il espéra que ce serait un garçon et, dans ses rêveries, se voyait emmener le môme chez Mooney et dire :

— Le voilà, celui que tu attendais.

Il savait que c'était une idée stupide mais, bizarrement, il croyait que, si son fils faisait ses preuves face à Mooney, il les aurait enfin faites lui aussi.

L'hiver 1954 fut froid, c'est du moins ce que tout le monde dit à Chuck, mais il fut si occupé qu'il ne s'en aperçut pas. Il était au motel dès sept heures trente du matin et ne rentrait qu'à dix-sept heures trente, pour dîner. Après, il restait chez lui jusqu'à vingt et une heures, puis retournait s'occuper du bar. Vers trois heures du matin, il rentrait dormir quelques heures. C'était un emploi du temps épuisant qui ne laissait guère de temps libre, mais jamais il n'avait été aussi heureux.

Les efforts de Chuck furent récompensés : presque tous les jours, son frère passait boire un verre et ils discutaient pendant des heures. A midi, Chuck ne savait jamais quels membres de la bande d'autrefois viendraient déjeuner : Willie Patate, Paul Ricca, Chuck et Butch English, Rocky Potenza, Gianola la Teigne, Murray Humphreys, Tony Accardo, Joey Glimco, Frank Ferraro, Milwaukee, Joe Amato, Eddie Vogel, Chuckie Nicoletti, Ross Prio, Gussie Alex, Fifi Bucciery.

Il y avait aussi des nouvelles têtes, des types qui grimpaient dans la hiérarchie : Johnny Matessa, Dave Yaras, Lenny Patrick, Butch Blasi, Ralph Pierce. Tous les jours, à midi, c'était plein. Chuck trouvait que c'était le meilleur côté du boulot.

Fin mars, Mooney vint déjeuner mais, au lieu de s'asseoir, fit signe à Chuck de le suivre dans le bureau du motel.

— Discutons, dit-il.

Mooney s'installa derrière le bureau. Il était couvert de dossiers qu'il déplaça comme s'il cherchait quelque chose. Finalement, exaspéré, il les poussa dans un coin et dit :

— Bon sang, où est le cendrier ? Qu'est-ce que c'est que toutes ces merdes ? De la paperasserie ?

— Ouais, de la paperasserie. Tiens, en voilà un, soupira Chuck, passant un cendrier en cuivre à Mooney ; puis il poursuivit : Quand tu as une affaire, tu es bien obligé de faire toutes ces conneries. Il y en a des montagnes et c'est jamais fini. Je suis dans la paperasse jusqu'à trois heures du matin.

— Bon, c'est de ça que je voulais discuter. T'es trop pris. Merde, refile ces saloperies au directeur. Tu devrais passer une heure au milieu de la journée, pas vivre ici. En plus, il y a ce boulot.

— Les livraisons, tu veux dire ? demanda Chuck. Il avait presque oublié ce job dont Mooney avait parlé autrefois.

— Ouais. Tout est arrangé. Merde, Chuck, ce coup-ci, je crois que je vais être obligé de me voter des félicitations. Finalement, j'y suis arrivé.

Il était rare que Mooney soit aussi euphorique ; il faisait penser à un collégien, souriant comme le chat qui vient de gober le canari. Chuck comprit que Mooney avait envie qu'il l'interroge et demanda donc :

— Alors, qu'est-ce que tu as fait ? Tu m'as l'air très content de toi.

— Eh bien, répondit fièrement Mooney, il y a de quoi. Je tiens tout, voilà.

— *Tout ?*

— Bon, peut-être pas absolument tout, mais le gâteau m'appartient. A Tampa, j'ai dit à Santo Junior d'y aller. J'ai vu Lansky et le reste du Comité. A présent, ça sera lui le patron. J'ai Marcello qui travaille avec moi... seulement moi et Costello... Chicago est la seule ville que Marcello va laisser s'installer au Texas, sauf si je lui donne le feu vert. Et, là-bas, il y a des sacrés richards, c'est moi qui te le dis, des types du pétrole qui en ont jamais assez, qui en veulent toujours plus. Et j'ai des coups à leur proposer. (Il eut un rire étouffé.) J'ai envoyé Murray Humphreys là-bas pour qu'il s'occupe des politicards.

— Et Vegas ?

— Oh, laisse-moi finir, tu veux ? J'en arrive à Vegas.
— D'accord, d'accord.

Chuck leva les mains, paumes dirigées vers Mooney, mimant la retraite.

— Vegas, c'est bouclé. Vraiment bouclé. Je tiens tout, de Vegas à Los Angeles. A mon avis, les deux autres villes clés sont Tampa et La Nouvelle-Orléans ; c'est des endroits discrets où on peut faire passer nos importations et nos exportations. Je vais envoyer nos hommes couvrir tout ce qu'il y a entre elles et nous... après, ça sera comme si c'était à moi.

— Et tu as tes parts à Vegas, dit Chuck.

C'était une affirmation rhétorique. Il savait que le Milieu avait infiltré le Flamingo, le Thunderbird et le Desert Inn, ainsi que le Sands. Mooney lui avait confié un jour que sa part se montait à plus de trois millions par an. Néanmoins, la réponse de Mooney l'intéressait.

— Ouais, et je vais donner un petit quelque chose tous les mois à Santo et Marcello, sur la gratte, pour qu'ils se tiennent tranquilles. C'est ça, le sens des affaires. Mais il y a un autre type. Tu te souviens de Howard Hughes ?

— Ouais, les journaux ont parlé de lui.

— Roselli l'a vu. C'est un type bourré de fric. Et il sait ce qu'il fait. D'après lui, le vice-président Nixon lui mange dans la main. Contrats militaires et tout le reste, merde, ce type, Hughes, il a arrosé vraiment beaucoup de gens à Washington. Et, avec lui, l'argent fait des petits. Il aime Vegas... il aime les tables. J'ai l'impression qu'on pourra travailler ensemble.

— Ça devient vraiment gros, Mooney. Et les flics ? Et l'IRS ? Faudra transporter plein de blé. Est-ce que tu risques pas de les avoir sur le poil, avec tout ça ?

— Je les emmerde. Tu connais Banister, le type du FBI à Chicago ? Et Bob Maheu ? On connaît ces types, et très bien, même. Hughes connaît tous les fédéraux. Murray Humphreys aussi. Roselli est maqué avec des tas de gars du gouvernement qui bossent en Asie ; il y a des années qu'on travaille avec eux, aux Philippines. On a aidé Banister et Maheu sur quelques coups, on leur a donné des voleurs de voitures, on a dérouillé leurs ennemis préférés (Mooney rit), les cocos.

Il se pencha, baissa la voix et poursuivit :

— Le Milieu va travailler avec le FBI à l'intérieur et avec la CIA* à l'extérieur du pays. Tu peux être sûr qu'ils seront de notre côté.

— Alors ce qu'il te faut, c'est un bon convoyeur.

— Exactement.

— Bon, Mooney, tu crois que cet endroit risque de couler ?

Chuck ne voulait absolument pas que le motel soit obligé de fermer.

Mooney le dévisagea pendant quelques instants.

— J'en doute. Mais tu fais du bon boulot, ici.

Il regarda distraitement la pièce, tripota les dossiers posés sur le bureau.

— Mais c'est de l'argent, Chuck. Beaucoup d'argent. Bon, on en discutera demain.

Cette nuit-là, incapable de dormir, Chuck réfléchit à l'occasion que Mooney lui offrait. C'était vraiment formidable, mais il avait peur que le motel fasse faillite s'il ne suivait pas les affaires de près. Il ne pouvait supporter l'idée de décevoir une nouvelle fois Mooney. Si le motel fermait, il se trouverait une nouvelle fois à la rue, sans emploi stable. Le motel, c'était la sécurité.

D'un autre côté, les convoyeurs de Mooney gagnaient beaucoup d'argent. Cinq, dix mille dollars par voyage. Il connaissait un type qui faisait la navette avec New York et touchait plus que ça à chaque voyage, et c'était simple. D'après Mooney, le convoyeur apportait des diamants et des bijoux à George Unger, le receleur, et repartait avec du liquide. Facile. Vraiment rien du tout. Le convoyeur se faisait plus de cent mille dollars par an. Naturellement, si le type se faisait piquer avec toute cette marchandise volée, il passait le reste de sa vie à l'ombre.

Mooney n'avait jamais échoué. Chuck ne se souvenait d'aucun cas... pas d'un seul. Mais ces affaires nationales, sans parler de l'Asie, Cuba et Dieu savait quoi encore, l'opération était si énorme que c'était à peine si Chuck pouvait se la représenter. Il se demanda même, un instant, si son frère n'avait pas les yeux

---

* Les statuts de la CIA lui interdisent toute action ou intervention sur le territoire des États-Unis, les tâches liées au contre-espionnage étant du ressort du FBI.

plus grands que le ventre. Toutes ces affaires à l'étranger étaient-elles liées à la drogue, au jeu, peut-être à la politique, ou à des conneries secrètes d'espionnage ?

Ce qui le troublait, c'était l'idée que Mooney croyait vraiment pouvoir contrôler le gouvernement des États-Unis, pouvait vraiment travailler secrètement avec ces types. Chuck se dit que Mooney était soit fou soit sur un coup. Et, à quatre heures du matin, Chuck avait les idées trop embrouillées pour choisir une solution. Il tourna et retourna tout ça dans sa tête puis arriva finalement à la seule conclusion logique : Mooney n'était pas fou, il tenait un tigre par la queue. Et il ne disait sûrement qu'une petite partie de ce qu'il savait. Dieu sait qu'il était parfois évasif. Le Milieu, Howard Hughes, le vice-président Nixon, le FBI, les agents secrets, tout ça ressemblait à un roman d'espionnage. Et Chuck eut l'impression que les enjeux étaient énormes, qu'un type pouvait payer de sa vie ce genre de coup.

Il regarda la pièce obscure. Babe et lui commençaient vraiment à s'en sortir. Jusqu'ici, il avait réussi à vivre convenablement, grâce à Mooney, sans rien faire d'illégal ; depuis quelque temps, il croyait même que c'était possible. Mais s'il acceptait cet autre boulot, il eut l'impression que ça reviendrait à sauter du haut d'une falaise : impossible de prévoir jusqu'où il serait obligé d'aller ni ce qu'il y avait sous la surface. Il risquait de tout détruire. Sa femme, sa famille, sa vie.

— Quand on bosse dans le crime, faut être prêt à faire de la taule, lui criait Mooney quand il n'était qu'un petit voyou.

Est-ce que quelques centaines de milliers de dollars en valaient la peine ? Il pensa à ce que signifierait la perte de tout ce qu'il avait. Ils avaient un petit garçon et un bébé en route. Il alluma un autre cigare.

Chuck était toujours assis quand le soleil dora les rideaux en dentelle et que les oiseaux se mirent à chanter derrière la fenêtre.

— Qu'est-ce qui t'arrive, Chuck ? s'écria Anne-Marie quand elle le trouva dans un fauteuil, le regard vague.

Il se dit qu'elle était toujours merveilleuse, le matin.

Elle noua la ceinture de son peignoir en éponge et sourit affectueusement.

— Tu veux du café ?

Il leva sa tasse.

— J'en ai fait.

— Seigneur, tu as l'air épuisé... qu'est-ce qui ne va pas ?

Elle s'assit sur le canapé, en face de lui, prête à écouter, et, attentive, croisa les mains sur les genoux.

Mais il avait décidé de ne rien lui dire, ce qu'elle ne savait pas ne pourrait pas la blesser, telle était la règle que tout le monde finissait par appliquer. On ne disait rien à sa femme, jamais.

— Rien. Je ne pouvais pas dormir, c'est tout.

— Chuck, regarde à qui tu parles. J'ai du mal à croire ça. Est-ce que tout marche bien, au motel ? Est-ce que ça va entre Mooney et toi ?

— Ouais, le motel marche, ça va avec Mooney. Tout va bien. D'accord ?

L'irritation s'insinua dans sa voix. Il n'était pas d'humeur à subir un interrogatoire ni à se laisser marcher sur les pieds.

— Comme j'ai dit, tout va bien, répéta-t-il.

Elle me connaît bien, se dit Chuck. Il n'y avait pratiquement que Mooney qui puisse l'empêcher de dormir. C'était comme ça depuis toujours, depuis l'époque où, quand il était enfant, les escapades de Mooney l'empêchaient de dormir.

Anne-Marie eut soudain un rire étouffé et se leva.

— Je meurs de faim, dit-elle, posant une main délicate sur son ventre rond. Et tu sais quoi ?

— Quoi ?

— Le petit aussi a faim. Et toi ? Tu veux ton petit déjeuner ? Ça te fera peut-être du bien.

Il regarda Anne-Marie, souriante, et se demanda s'il pourrait aller jusqu'au bout : cela signifiait tout risquer. Finalement, c'était ce que Mooney lui demandait de faire. Néanmoins, même s'il aimait Anne-Marie, même s'il aimait son fils et le bébé qui allait arriver, il savait quelle serait sa décision. Il ferait tout ce que Mooney demanderait. Il soupira, se leva et se prépara à partir bosser.

Chuck fut pris au dépourvu quand Mooney s'installa dans le bureau du motel, au milieu de la matinée.

— J'ai un autre gars pour ce boulot.

— Ah, bon ?

Le cœur de Chuck se serra ; il n'était pas absolument convaincu qu'il voulait ce boulot, mais ne pas l'avoir était pire Mooney avait dû croire qu'il ne serait pas à la hauteur ; sa décision d'employer quelqu'un d'autre ne pouvait signifier que cela. Il fit de son mieux pour ne pas montrer sa déception et dit :

— Je suis sûr que ça va très bien marcher avec un autre, pas vrai ? Qui as-tu pris ?

— Le père Cash. Il est parfait... personne ira imaginer qu'un prêtre peut transporter du blé.

— Un prêtre ? Est-ce que c'est pas trop gros pour un prêtre ?

— Trop gros ? Trop gros ? Chuck, tu piges pas. Chicago va devenir multinational et à grande échelle, mon vieux. Trop gros ? Y a longtemps que je me demande pourquoi l'Église met les doigts dans les mêmes gâteaux, ou plutôt les mêmes pays, que nous. Aux Philippines, au Mexique, dans le monde entier.

— Sauf les Arabes, intervint Chuck.

— Je m'occupe de tout ça, y compris des Arabes. Écoute, le gouvernement américain va nous aider et on va l'aider.

— Aider comment ? Et puis, même s'ils marchent... comment tu peux être sûr de ça ?

Son frère soupira, glissa la main dans la poche de son pantalon et en sortit une petite pièce. Il la montra, la tenant entre deux doigts, et demanda :

— Tu vois ça ?

— Ouais.

— Tiens, regarde mieux.

Il la jeta sur le bureau.

Chuck ramassa la pièce. Une antiquité, comme Mooney en achetait continuellement. Il était devenu connaisseur en livres rares, il achetait de la porcelaine de Saxe et ainsi de suite, si bien que Chuck ne fut que modérément intrigué.

— Ouais, qu'est-ce que c'est ?

— C'est une vieille pièce romaine, Chuck.

Chuck tripota la pièce, la tourna et la retourna, puis la renvoya à son frère.

— Elle est vraiment chouette, Mooney, mais quel rapport avec ce qu'on disait ?

Mooney se pencha.

— Écoute, c'est un dieu romain. Il a deux faces... deux côtés. C'est ce qu'on est, le Milieu et la CIA, les deux faces de la même pièce. Parfois, il y a des merdes que le gouvernement peut pas faire au grand jour. Parfois, ils ont besoin d'un peu d'agitation quelque part, ou il faut s'occuper d'un type... Bon sang, faut pas qu'on sache qu'ils font ce genre de connerie. Et si les gens s'en apercevaient ? Mais nous, pas de problème. Des armes, un assassinat, des gros bras, tous les sales boulots qu'il faut faire. On est dans le même camp, on travaille pour les mêmes choses... on est différents seulement en surface. Alors, on est les deux faces de la même pièce. En ce moment, on bosse sur l'Asie, l'Iran et l'Amérique latine. Un jour, Chuck, on sera associés partout. Si tu crois qu'on tenait Truman, je te le dis, toute cette affaire est dans le sac. Eisenhower, tout ce qu'il fait, c'est jouer au golf.

— Alors c'est ce qui te plaît chez ce type, plaisanta Chuck.

— Merde, c'est une poire. C'est Nixon qui a le pouvoir. C'est lui, avec le soutien de l'argent : Hughes, les gars de Californie et les pétroliers du Texas. D'après Humphreys, Nixon va nous appeler s'il a besoin d'un coup de main en coulisse.

— Vraiment ?

— Vraiment. A partir de maintenant, tu peux m'appeler Sam Giancana, haut fonctionnaire.

Il eut un rire étouffé et satisfait, s'appuya contre le dossier de son fauteuil et posa les pieds sur le bureau.

— On est au sommet, Chuck.

— Tu devrais peut-être voir si tu as pas droit à une retraite du gouvernement, fit Chuck avec un sourire.

— Tu crois ? répondit-il, et ils rirent. Ouais, cette idée me plaît... Faudra que je vérifie. (Mooney se leva.) J'ai une de mes copines des Adorables qui vient dans un moment. Même chambre que d'habitude ?

— Ouais, la 220, tu peux y aller. Mais, écoute, tu veux bien me rendre un service ? Dis aux gars de pas utiliser autant de serviettes quand ils viennent, la facture de nettoyage crève le plafond. De toute façon, qu'est-ce qu'on peut faire de cinq serviettes ?

Mooney sourit.

— T'aimes vraiment diriger cet endroit, pas vrai ?

— Ouais.

— Bon, tu fais du bon boulot. Te bile pas pour l'autre truc, occupe-toi simplement de ce motel. (Il lui donna une liasse de billets.) Tiens, va fêter ça. Et dis à Anne-Marie qu'elle a intérêt à me faire un garçon.

— D'accord.

Dans les semaines qui suivirent, Chuck lutta contre les sentiments contradictoires que suscitait la perte de ce boulot. Il devait reconnaître qu'il était content d'en être débarrassé. Les risques auraient été trop grands. Mais il ne pouvait s'empêcher de penser que, pour une raison ou une autre, Mooney avait eu des doutes sur lui. Il se demandait ce que c'était, ou ce qu'il n'avait pas fait. Mais il était certain d'une chose : son rêve de devenir l'égal de Mooney s'éloignait de plus en plus.

Au printemps, le gouvernement parut prendre exactement la direction que Mooney avait indiquée. En mars se tint au Guatemala une conférence latino-américaine sur la menace communiste.

— On va s'en occuper, dit Mooney, inclinant son verre de scotch avec un sourire entendu.

En avril, Eisenhower fit un discours sur les dominos, les comparant à la situation politique fragile que connaissaient les pays du Sud-Est asiatique, et ajoutant que si les États-Unis laissaient un seul pays asiatique tomber aux mains des communistes, les autres suivraient sûrement. Chuck demanda un jour, en blaguant, à Mooney s'il avait encore joué au golf avec le président.

— Non, ce n'est pas la peine, dit Mooney, dont la démarche se fit soudain un peu arrogante. Puis, brusquement sérieux, il fit remarquer : Tu crois tout de même pas ces conneries, hein ? Je veux dire, sur le communisme. La CIA a flanqué la merde pour nous fournir un prétexte d'aller prendre les choses en main, c'est tout. Mais les gens gobent ça, pas vrai ?

— Bon, le communisme existe, répliqua Chuck. Et les communistes veulent dominer le monde, c'est un fait.

— T'as encore trop regardé la télévision, hein ? blagua Mooney. Sois pas naïf, tu veux ? Les États-Unis aussi veulent tout dominer. Et c'est pas pour vendre des tartes aux pommes et des drapeaux à une bande de crétins aux yeux bridés ou de

Mexicains. Les gars qui dirigent, chez nous, se foutent complètement des habitants de ces pays... tout ce qu'ils veulent, c'est se remplir les poches. Merde, rien que le merdier du Guatemala peut me rendre millionnaire.

— D'accord. Alors, qu'est-ce que tu sais sur le Guatemala. Et me raconte pas des conneries, dis ce que tu as à dire, d'accord ?

Mooney rit.

— Tu deviens vraiment comme saint Thomas, pas vrai ? Tu me connais depuis combien de temps ? Hein ? Combien ? Je sais comment marche le monde réel, c'est tout. (Il eut un sourire contrit.) Bon, je suis peut-être un peu renseigné sur quelques trucs.

Il se pencha, baissa la voix et poursuivit :

— Notre gouvernement veut un soulèvement au Guatemala, mais les rebelles ont besoin d'armes. Et on les fournit par l'intermédiaire de nos gars dans le Sud.

— Pourquoi ils ne demandent pas à l'armée de faire ça ?

Une expression mortifiée passa sur le visage de Mooney.

— Parce que tout le monde comprendrait ce qu'ils magouillent, voilà pourquoi. Cette merde est top secret, Chuck. Tu entends ce que je te dis ? *Top secret.*

Chuck ne trouva rien à répondre. Il se demandait où tout ça allait conduire, mais on pouvait simplement croire que tout cela faisait partie du plan de Mooney. Il tenait tout, où que ce soit.

14.

Il y a des moments qui restent à jamais figés dans le temps. Le jour de l'enterrement d'Angeline DeTolve-Giancana resta gravé dans la mémoire de Chuck. Deux semaines plus tôt, le 10 avril 1954, elle avait eu une embolie cérébrale en Floride et, à présent, cette femme qui lui avait enseigné les belles choses de la vie, ce qui était bien et convenable, gisait devant lui, glacée et pâle.

Dans une robe d'organdi rouge (on racontait que la couturière Georgianna Jordan avait personnellement passé la nuit à en coudre les délicats ourlets superposés) Ange évoqua, aux yeux de Chuck, une fleur de serre dont les pétales se seraient refermés trop tôt.

Sa mort était totalement imprévisible, quoique inévitable selon certains, parce qu'elle avait souffert de rhumatismes articulaires, dans son enfance, et que les médecins affirmaient que cette maladie avait affaibli son cœur. Mais en réalité, depuis que Chuck la connaissait, elle avait toujours vécu normalement. Elle dansait, nageait, faisait tout ce dont elle avait envie.

Mais si on lui avait posé la question, Chuck aurait juré que Mooney tenait beaucoup plus à Ange qu'à toutes les autres femmes. Il lui avait donné tout ce qu'une femme peut désirer, et plus : ses placards étaient pleins de manteaux de fourrure, ses boîtes à bijoux contenaient des centaines de pierres précieuses. Elle n'avait manqué de rien parce que, d'après Chuck, elle avait accepté la deuxième place.

Tout avait fonctionné exactement selon les prévisions de Mooney. Sauf qu'elle était morte.

Il regarda le visage de son frère ; il était, comme il se doit, triste et stoïque. Même si Mooney avait envie de pleurer, il ne le ferait pas. On guettait un indice de faiblesse. Il n'en manifesterait aucun. Mais Chuck se demanda ce que son frère éprouvait. Ce qu'il pensait. Aimait-il Ange et s'était-il montré incapable de l'exprimer autrement que par des cadeaux ? Ou bien avait-elle simplement représenté une nécessité, une épouse dévouée et convenable qui ne constituait en réalité qu'un barreau sur l'échelle permettant d'atteindre les objectifs qu'il s'était fixés ? Il était possible que Mooney lui-même ne sache pas répondre à cette question.

Pendant toute la période où ils avaient été mariés, Mooney frappait Ange quand elle ne se tenait pas à carreau, couchait avec des tas d'autres femmes, toutes physiquement beaucoup plus belles qu'Ange. En réalité, malgré les précautions qu'il prenait, Ange était au courant des aventures de Mooney depuis le début. Elle aurait pu s'en aller. Une partie de lui-même se demandait comment justifier le renoncement à la richesse matérielle. Mais une autre partie s'interrogeait sur la logique d'une telle existence. Il fut obligé de conclure qu'Ange s'était résignée à un mariage d'apparences et de raison, tandis que Mooney faisait ce qu'il voulait. C'était un échange. Jusque-là, Chuck l'avait trouvé équitable. Mais, la regardant dans la mort, il se demanda si, malgré l'apparence de bonheur conjugal et la prospérité matérielle, sa belle-sœur n'avait pas vécu une existence aussi vide que la voix du prêtre, qui retentissait à cet instant même dans l'église Saint-Bernardin. Et puis, à quarante-trois ans, cette vie était arrivée à son terme.

Les semaines suivant la mort d'Ange furent graves et le printemps passa pratiquement inaperçu. En souvenir de sa femme, Mooney offrit un cancel en marbre et acajou à l'église, puis annonça qu'il faisait construire un mausolée. Par déférence, les gars restèrent graves en sa présence, attendant un indice montrant que les choses pouvaient reprendre leur cours normal.

Mooney ne fut pas long à se remettre au travail ; il y avait de trop nombreux marchés à préparer, et à conclure. Vivante, Ange n'avait jamais pu l'empêcher de voyager et, morte, elle n'y parviendrait pas davantage. Afin de pouvoir diriger ses affaires en toute liberté, il confia l'ensemble des tâches domestiques à Anna Tuminello, la sœur d'Ange, ainsi qu'à sa fille et son mari, Marie et Jim Perno. En juin, il se libéra complètement des obligations familiales liées à ses filles, chargeant les Perno de la responsabilité de les élever.

Mooney agit ainsi presque sans regrets ; il ne voulait plus entendre parler d'Annette qui, toujours rebelle à dix-neuf ans, se faisait désormais appeler Toni et voulait être vedette de cinéma, ce qui le consternait. Il la trouvait gâtée et confia à Chuck :

— J'ai sûrement été trop généreux avec elle. Elle est égoïste, sournoise. Elle ment tout le temps. Je sais pas comment la prendre parce qu'on sait jamais ce qu'elle va faire ou dire.

En revanche, Bonnie et Francine demeuraient des filles obéissantes et aimantes, si bien qu'il parlait rarement d'elles.

— Les femmes et les enfants, faudrait pouvoir les voir sans les entendre, disait-il souvent. C'est ce qui va avec Bonnie et Francine et c'est ce qui va pas avec Annette.

Alors que les choses semblaient retrouver leur cours normal et que Mooney avait repris les choses en main, Antonio mourut brutalement à soixante-treize ans. Et, le 27 juillet, Chuck assista à l'enterrement de son père.

Comme lors des funérailles d'Ange, tous les gros bonnets étaient là et beaucoup vinrent spécialement à Chicago afin de présenter leurs respects. Il y avait les collaborateurs du maire, les conseillers municipaux, des membres du Congrès et des sénateurs. Leur présence démontrait le pouvoir croissant de son frère. Les gars du Milieu qui ne vinrent pas envoyèrent des fleurs. Chuck se dit que c'était une consécration pour un homme qui était parti de rien. La déférence, et la manifester concrètement, comptait beaucoup pour les gars du Milieu. C'était leur règle de conduite.

Mooney avait annoncé que le corps d'Antonio prendrait place dans le mausolée, dont la construction n'était pas terminée. Chuck se demanda si ce geste était une manifestation concrète des remords de Mooney. Mais, par déférence, il ne posa pas la question à son frère.

En septembre, Chuck décida d'aller au cimetière voir où en était la construction du mausolée. Il fut étonné d'y rencontrer

Mooney, debout sous un arbre. Sous le soleil éclatant de la fin de l'après-midi, les pierres tombales jetaient de longues ombres sur l'herbe. Son frère pivota sur lui-même et se protégea les yeux de la main en entendant la voiture. Voyant que c'était Chuck, il lui adressa un signe.

— On devait penser tous les deux à papa, hein ? fit Chuck. Ce fut davantage une affirmation qu'une question.

— Ouais, sûrement... répondit Mooney, laissant traîner la voix. J'avais envie de voir comment ça avançait, reprit-il, montrant l'impressionnante structure en granite. Chouette, tu trouves pas ?

— Oui, très beau. C'est... (il chercha le mot) magnifique. Tu sais, Ange et Papa seraient très fiers.

— Ouais, sûrement.

Chuck s'aperçut que Mooney semblait distrait, tandis qu'il secouait la tête puis protégeait l'extrémité de son cigare avec les mains pour l'allumer. Un vague sourire passa sur son visage. Puis, à nouveau sombre, il soupira et regarda les tombes.

— T'as déjà remarqué qu'un cimetière avec le soleil et les ombres, ça fait penser à des touches de piano ?

— Ma foi, non. Ça m'est jamais venu à l'idée.

La réflexion de Mooney décontenança Chuck ; il se demanda ce que voulait dire son frère. Il fixa l'alternance d'ombre et de lumière, entre les rangées de tombes.

— T'as raison, tu sais, on dirait vraiment.

— Ouais, j'ai remarqué ça la première fois que je suis venu ici. C'est bizarre mais, à ce moment-là, j'ai plus ou moins compris un truc.

Il s'interrompit et ses yeux prirent une expression mélancolique que Chuck n'avait jamais vue.

— Tout est un jeu, Chuck, reprit-il. L'air qu'on joue compte pas et c'est toujours là... (il montra les tombes) là qu'on finit. La mort, c'est la grande niveleuse. (Il eut un rire sec.) C'est presque drôle, pas vrai. Parce que, à la fin, rien compte vraiment, après tout. Absolument rien.

Il soupira et jeta son cigare à ses pieds, sur la terre fraîchement retournée.

— Alors, le mausolée te plaît ? demanda-t-il.

— Ouais.

— A moi aussi, fit-il. Puis, sans un mot de plus, il pivota sur lui-même et gagna sa voiture.

Chuck pensa pendant plusieurs jours à cette conversation avec Mooney. La dernière fois qu'il avait vu son frère aussi morose, ç'était avant son départ pour Joliet, en 1929. Manifestement, dans les jours suivant l'enterrement, Mooney avait joué une sacrée comédie ; à le voir avec les gars, jamais on n'aurait imaginé qu'il n'allait pas bien. Mais ce jour-là, au cimetière, Chuck se dit qu'il avait vu un homme seul. Quelqu'un qui avait refusé toutes les émotions humaines. Mooney s'enfermait lentement dans un mausolée qu'il construisait lui-même.

Chuck trouvait que la mort était une chose bizarre ; la vie surgit toujours de son ombre. C'est comme si Dieu ne voulait pas que les gens s'attardent sur leur mortalité et, pour s'assurer que cela n'arrive pas, il envoie toujours une nouvelle vie. C'est du moins ce que Chuck éprouva à la naissance de leur enfant, le 28 octobre 1954.

C'était un garçon et il eut l'impression qu'il n'avait jamais été aussi joyeux. Il aimait son autre fils, Chuckie, de tout son cœur et de toute son âme, mais il y avait quelque chose de spécial dans la naissance de cet enfant. Peut-être le moment.

Il ne savait pas exactement quand il avait eu cette idée ; peut-être était-ce à l'époque où il s'imaginait amenant un enfant à Mooney et disant : Le voilà, celui que tu attendais. Mais à un moment donné, au cours des mois précédents, il avait décidé d'appeler le bébé Samuel Mooney Giancana. Ce serait l'hommage ultime à son frère. Et peut-être cela aiderait-il Mooney à sortir de sa morosité.

Mais cette idée posait deux problèmes. Tout d'abord, Anne-Marie avait depuis longtemps décidé d'appeler le petit Ricky. Et, ensuite, Chuck savait qu'il lui faudrait l'autorisation de Mooney pour faire une chose aussi exceptionnelle.

Il imaginait qu'Anne-Marie serait plus difficile à persuader que Mooney. Mooney serait content, peut-être sincèrement ému, qu'un enfant porte son nom. Inversement, Anne-Marie serait déçue.

— Oh, Chuck, soupira-t-elle, sur son lit d'hôpital, est-ce qu'il faut que Mooney fasse partie de notre vie au point qu'il faille donner son nom à notre fils ? Je voulais l'appeler Ricky, tu le sais depuis des mois.

Elle regarda le bébé au visage rose qui gazouillait dans ses bras. Chuck perçut l'amertume dans sa voix.

— Pourquoi ? demanda-t-elle, ses yeux noirs s'emplissant soudain de colère. A mon avis, lui donner le nom de Mooney n'est pas tellement important. Et je n'en ai pas envie. Vraiment pas. (Elle le foudroya du regard.) Et puis, je ne veux pas.

Il s'assit sur le lit.

— Je t'en prie. Ça ferait tellement plaisir à mon frère. J'en suis sûr. Et, Babe, ça me ferait tellement plaisir. Je t'en prie.

Il lui prit la main.

— Je ne suis pas d'accord, répondit-elle, dégageant sa main. Je ne veux pas, Chuck. Non.

— Babe, je ne te demande pas grand-chose. N'est-ce pas ?

Il tenta de la regarder dans les yeux. Il voulait qu'elle voie, qu'elle comprenne à quel point cela comptait pour lui.

— Eh bien c'est trop demander. Je refuse. Je ne veux pas que Mooney fasse partie de notre vie à ce point-là. Déjà, pour toi, il n'y a que lui qui compte. Il dirige déjà notre existence. Et je ne m'en plains pas : je le savais quand nous nous sommes mariés. Mais ça suffit. Je t'en prie, non. Ça suffit. Ce n'est pas juste.

— Mais tu ne comprends pas. Mooney n'a pas de garçon qui puisse porter son nom. Ce serait très spécial. Et un honneur. Ça nous permettrait aussi de le remercier.

— Eh bien, il me semble que j'ai entendu dire qu'il a eu un fils avec une femme de la fabrique d'enveloppes. Pourquoi ne lui donne-t-elle pas son nom ?

— Babe, arrête, tu sais que c'est pas possible. Écoute-moi, Babe, s'il te plaît. C'est plus important que tout ce que je t'ai demandé avant. S'il te plaît, je t'en supplie, dit-il d'une voix tremblante, les yeux pleins de larmes. S'il te plaît.

Elle tourna la tête, puis regarda le bébé endormi dans ses bras.

— Au moins, dis-moi que tu vas y réfléchir, supplia-t-il.

Elle resta silencieuse.

— Très bien, très bien. J'y réfléchirai, soupira-t-elle finalement. Mais c'est tout. Je ne promets rien. Tu comprends.

Il jubila ; elle faiblissait.

— C'est tout ce que je demande, dit-il, puis il l'embrassa.

Deux jours plus tard, Chuck alla chez Mooney. Dans la cuisine du sous-sol, Mooney fit griller des saucisses et des poivrons, puis ils s'assirent de part et d'autre de la longue table en chêne avec leur repas et une bouteille de vin.

Chuck avait attendu cet instant avec impatience et ses mots jaillirent rapidement, dans le même souffle.

— Mooney, j'avais une bonne raison de venir. Je voulais te demander l'autorisation de faire quelque chose. Quelque chose qui va te faire plaisir, j'espère.

— Ouais ? Quoi donc ?

Mooney posa son verre et accorda toute son attention à Chuck.

— Nous voulons donner ton nom à notre deuxième fils : Samuel Mooney Giancana. C'est notre façon de te rendre un hommage durable. Une façon de montrer que nous te respectons... et que nous t'aimons, conclut-il d'une voix moins forte.

Chuck respira profondément ; jamais il n'avait parlé ainsi à Mooney.

Mooney le regarda dans les yeux pendant un instant qui parut une éternité, puis répondit :

— Mon nom ? Un môme qui aura mon nom ?

Chuck crut voir les yeux de Mooney s'embuer.

— Bien sûr, Chuck, poursuivit-il. Bien sûr... c'est un honneur.

Il tendit le bras et prit la main de Chuck dans la sienne.

— Non, rectifia Chuck. C'est un honneur pour nous.

Mooney sourit et dit :

— Dis donc, tu crois que ça sera le bon ?

— Le bon ?

— Ouais, le môme que j'attends. Celui qui sera à la hauteur. Celui qui ira à l'université et sera plus malin que tous les autres connards ? A ton avis ?

— Merde, peut-être qu'il sera président, répondit Chuck en riant.

Mooney rit aussi.

— Non, faut qu'il soit le chien, pas la queue. Faut qu'il commande.

— Ouais, tu as raison. Tu peux être sûr qu'on fera tout ce

qu'on pourra, Anne-Marie et moi, pour que tu sois fier du petit... tout pour qu'il fasse honneur à ton nom.

— Je sais, Chuck, c'est pour ça que je te donne mon accord. J'ai confiance en toi. Merde, tu sais ce que ça veut dire ?

Chuck hocha la tête.

— Je crois.

— Ça veut dire que je peux pas faire confiance à beaucoup de gens. Mais toi, tu m'as jamais laissé tomber, dit-il, levant son verre. A l'avenir. A l'avenir de Sam Giancana, mon filleul. *Salute.*

— *Salute...* et au parrain de mon fils, dit Chuck, levant également son verre. L'homme le plus puissant du Milieu.

— Ça, c'est une bonne raison de boire, reconnut Mooney, remplissant leurs verres.

Jamais Chuck n'avait été plus heureux que ce jour-là, lorsqu'il quitta son frère ; un jour, Mooney serait fier de son fils.

Ils appelèrent le petit garçon Mooney dès le départ et Anne-Marie parut s'accoutumer rapidement à cette idée. En fait, elle paraissait à présent fière de lui avoir fait plaisir.

Ce fut une année de contrastes qu'ils n'oublièrent pas et, tandis qu'elle arrivait à son terme, Chuck songea souvent aux pierres tombales, les touches de piano de Mooney, la lumière et l'ombre. Il comptait. Il ne pensait pratiquement plus jamais à l'homme qui sifflait, ses rêves n'étaient plus hantés par cet air inquiétant, par le visage de Mooney qui, dans la foule, le fixait. Chuck en était arrivé à la conclusion que ce n'était pas la mort qui nivelait, comme avait dit Mooney ; non, c'était la vie. Et il voulait veiller à ce qu'ils la vivent à plein.

Néanmoins c'était bien la mort que Mooney avait dans l'idée, en 1955, quand il envoya Chuckie Nicoletti et Milwaukee éliminer les quelques obstacles qui entravaient encore son pouvoir personnel : Charlie Gioe, dit Nez Rouge, Frank Maritote et Louis Greenburg. C'étaient des anciens, des hommes de Capone, dont les récriminations représentaient un affront pour Mooney et son autorité. Les autres, notamment Louis Campagna, Charlie Fischetti, Jake Guzik, Claude Maddox et Sam Hunt, dit Sac de Golf, vieillissaient et n'exerçaient pratiquement plus d'influence au sein du Milieu.

Au milieu de 1955, Tony Accardo et Paul Ricca faisaient

l'objet d'une enquête fiscale des services de l'IRS. Accardo, surtout, était nerveux et pressé de se faire oublier. Tout comme Mooney avait largement profité du scandale Browne-Bioff, qui avait entraîné l'incarcération de ses supérieurs et lui avait ouvert la voie du pouvoir, les problèmes d'Accardo et Ricca lui fournirent le coup de pouce nécessaire pour prendre définitivement le pouvoir. Accardo renonça à ses fonctions de patron et lors d'une réunion secrète du Milieu qui se déroula au Country Club Tam O'Shanter, dans le nord de Chicago, Mooney devint officiellement patron du Milieu de Chicago.

En novembre, Chuck apprit que Marshall Caifano, qui travaillait toujours à Vegas, était tombé par hasard sur un nom du passé : Willie Bioff.

Depuis qu'il avait donné ses amis pendant le célèbre procès Browne-Bioff, en 1941, ce qui avait entraîné la condamnation et l'emprisonnement de pratiquement tout l'état-major du Milieu de Chicago, Bioff s'était installé à Phoenix sous le nom de William Nelson. Il comptait parmi les proches du républicain Barry Goldwater, soutint sa campagne et sillonna le pays dans l'avion privé du sénateur. En 1952, peut-être par excès d'assurance, il accepta du travail au Riviera de Las Vegas, que dirigeait Gus Greenbaum. Une fois installé en ville, Marshall Caifano ne fut pas long à repérer le traître : le Riviera était soutenu par Chicago.

Mis au courant de la découverte de Caifano, Mooney s'en remit aux méthodes qui avaient fait leurs preuves. Le 4 novembre 1955, Bioff tourna la clef de contact de sa camionnette et fut éparpillé comme des feuilles par le vent. On entendit l'explosion à plusieurs kilomètres à la ronde.

C'était typique de Chicago, typique de Mooney. Bioff en avait sans doute eu assez de vivre continuellement dans la peur et sa méfiance s'était émoussée. C'était ainsi que ça arrivait ; quand le type baissait la garde, le couperet tombait.

En 1956, Mooney était « l'homme » de Chicago, cela se savait. Le territoire du Milieu augmenta rapidement, sous la poigne de fer de Mooney, annexant des villes, grandes et petites, dans toute la partie centrale du pays. Des communautés en apparence différentes et dérisoires telles que Paducah, dans le Kentucky, Ames, dans l'Iowa, et des centaines d'autres, avaient désormais un point commun : toutes étaient sous la domination de Chicago, toutes abritaient un lieutenant de Mooney qui contrôlait le jeu et la prostitution. Dans tous les cas, la part du lion revenait à Mooney ; dans le cas contraire, les petites villes somnolentes prenaient conscience de la présence de Chicago par l'intermédiaire de la puanteur de la chair en décomposition, sur une route déserte de campagne.

Sur des milliers de kilomètres, Mooney Giancana, ou Sam, comme on l'appelait désormais, respectueusement, tenait entre ses mains le destin des petits voyous, prostituées, bookmakers et autres usuriers. Et tous le savaient.

A elle seule, l'étendue du territoire qu'il contrôlait lui valut immédiatement le respect du Comité — l'autorité suprême du Milieu — et c'est sur ce pouvoir que comptait Joe Kennedy quand il demanda au maire de Chicago, Daley, qui lui devait plusieurs services, de « contacter Sam Giancana », en mai 1956.

Joe Kennedy était alors au bout du rouleau ; il avait commis une erreur de jugement, selon Daley, et avait à présent besoin d'aide. Pouvaient-ils se voir sur la côte est ? A cette question, Mooney répondit par un « non » catégorique. Si Joe Kennedy voulait discuter, il faudrait qu'il vienne à Chicago. Après tout, protesta Mooney, Kennedy faisait des affaires à Chicago depuis des années ; il était propriétaire du Merchandise Mart depuis 1945 et avait des bureaux en ville. Si la rencontre devait avoir lieu, ce serait à Chicago ou pas du tout.

A Chicago, trois jours plus tard, il rencontra le « vieux Kennedy » dans une suite de l'Ambassador East.

La rencontre avec Joe Kennedy intriguait Mooney pour plusieurs raisons. Bien que plus étroitement lié à Costello et à la bande de New York, Kennedy n'était pas un étranger à Chicago. Mooney connaissait le trafiquant d'alcool irlandais depuis plus de vingt-cinq ans, relation qui remontait à l'époque de Diamond Joe Esposito, quand Mooney livrait du sucre à Boston, pendant la prohibition. En outre, il n'avait pas oublié le conflit qui avait opposé Kennedy à la bande Violet de Detroit ; à cette occasion, Chicago avait sauvé la peau de l'arrogant Irlandais.

Les liens de Kennedy avec la pègre étaient innombrables. Non seulement il avait fait fortune avec l'alcool clandestin, mais il avait également fait un malheur financier à Hollywood, dans les années vingt, avec l'aide, en coulisse, de gros bras de New York et Chicago. A la fin de la prohibition, au terme d'un accord entre les divers trafiquants d'alcool, Kennedy conserva trois des concessions de commercialisation de spiritueux les plus lucratives, Gordon's gin, Dewars et Haig, par l'intermédiaire de sa société, Somerset Imports.

En outre beaucoup de gens savaient, selon Mooney, que Joe Kennedy, ainsi que des industriels tels que William Crapo Durant, fondateur de General Motors, et John David Rockefeller Jr. avaient été avertis à l'avance de l'effondrement prochain de la bourse, en 1929.

— En fait, dit Mooney à Chuck, ils l'ont *organisé*. Ils ont trouvé le moyen de se remplir encore plus les poches. Merde, le vieux Kennedy s'est fait plus d'un million de dollars en vendant son portefeuille avant le krach. Ils ont manigancé tout le truc.

Les années trente furent bonnes pour Kennedy. D'après Mooney, Joe profita de l'influence liée à l'obtention de contributions à la campagne de Roosevelt.* (cent mille dollars versés rien que par Chicago et New York) pour se faire nommer à la présidence de la Securities Exchange Commission. Et quatre ans plus tard, en 1938, Roosevelt lui accorda le poste convoité d'ambassadeur en Grande-Bretagne, en échange d'un montant similaire.

Selon Mooney, au début des années cinquante, Kennedy tenta de prendre ses distances vis-à-vis de ses anciens complices en vendant Somerset Imports ainsi que ses parts dans le champ de courses de Hialeah.

— Au début, dit Mooney, on n'avait rien contre. Ça nous plaisait. C'était un type à l'intérieur et il nous devait gros. Il aimait faire l'important, mais on s'en foutait du moment qu'on pouvait travailler avec lui, parce qu'il n'y a pas plus escroc que Joe Kennedy.

---

* Il s'agit de l'élection de 1932, à la suite de laquelle Roosevelt lança le *New Deal*. Après le krach de 1929, une commission d'enquête sénatoriale conduisit au vote d'une loi réglementant les pratiques boursières (Securities Exchange Act) et, en 1933, le Congrès créa une commission de contrôle composée de cinq membres, la Securities Exchange Commission (SEC).

Joe avait déjà fait une fois appel à Mooney à propos d'une petite affaire déplaisante dans laquelle s'était fourré son fils Jack*. Il fallait annuler un mariage en Californie et Joe ne voulait pas de publicité ; en fait, il ne voulait pas seulement l'annulation du mariage, mais aussi la disparition de toutes les traces de cet acte dans les documents officiels. Lorsque cela serait accompli, Jack, son ardoise ayant été effacée, pourrait poursuivre la stratégie politique fixée par son père.

Le boulot nécessitait de la discrétion et un homme de confiance sachant qui payer en Californie. Mooney demanda à Roselli de régler les problèmes juridiques de Kennedy et on n'en parla plus.

Plus récemment, l'ami de Mooney et le mentor de Joe Kennedy, Frank Costello, s'était violemment opposé à l'Irlandais. La rupture tenait au fait que Joe refusait de plus en plus énergiquement de rendre service à ses anciens amis. Costello croyait à juste titre que la pègre avait aidé Kennedy à devenir riche et puissant et à présent, quand il demandait de renvoyer l'ascenseur, non seulement ce salaud d'Irlandais refusait, mais en plus il ne répondait pas. Il n'était pas difficile de comprendre pourquoi Joe Kennedy était sous la menace d'un contrat.

Contemplant le visage raviné du vieux trafiquant d'alcool, car c'était ainsi que le frère de Chuck tenait à appeler Joe Kennedy, Mooney ne put s'empêcher de l'admirer. En venant à Chicago, ce type remettait sa vie entre ses mains ; il ne pouvait pas être certain que Mooney n'exécuterait pas le contrat lancé par Costello. Mais il était venu.

Mooney prendrait son temps, laisserait le type suer un peu. Finalement, il alluma un cigare et regarda Joe dans les yeux.

— Alors, qu'est-ce que je peux faire pour toi, Joe ?

Il secoua la cendre de son cigare dans le cendrier.

— J'ai besoin de ton aide.

— Mon aide ? répéta-t-il, posant la main sur le cœur en un geste de naïveté feinte. Pourquoi *mon* aide ?

Kennedy s'éclaircit la gorge. Mooney savait que ce n'était pas de gaieté de cœur que le vieux vautour venait ramper à Chicago,

---

* Jack : c'est ainsi que ses proches appelaient John F. Kennedy.

et constata non sans satisfaction qu'il croisait et décroisait ses mains sur ses genoux ; ce fut la seule manifestation de son inquiétude.

— Sam, je sais que tu es proche de Frank Costello et j'ai un problème avec lui, un malentendu, en fait.

Jouant toujours la naïveté, Mooney répondit :

— Quel problème ?

— Eh bien il y a un malentendu, entre Costello et moi, sur une propriété immobilière. Et ça a pris des proportions démesurées.

— Un malentendu ? fit Mooney, levant un sourcil.

— Ouais, tu vois, il veut que je devienne le prête-nom d'une affaire immobilière et...

Mooney l'interrompit.

— Et tu peux pas ?

Kennedy serra les poings et, soudain hostile, répondit avec indignation :

— Écoute, je suis dans une situation délicate, à cause de la carrière politique de mon fils, tu comprends ?

— Mais tu lui dois des services, pas vrai ?

— Rien du tout ! répliqua sèchement Kennedy.

Mooney plissa les paupières, une expression méprisante sur le visage. Il ne reprit pas immédiatement la parole et tira sur son cigare.

— Rien du tout ? fit-il, se penchant sur son interlocuteur. Joe, qu'est-ce que ça veut dire au juste : rien du tout ?

Il secoua la tête. L'arrogance de son interlocuteur était ridicule, mais il ne dit rien, se contentant de demander :

— T'as fait de l'argent avec Costello, pas vrai ?

Kennedy sursauta et, sarcastique, répondit :

— Allons, Sam, j'étais là au début. Ils ont marché sur mes traces.

— Ouais, et je sais sur les traces de qui t'as marché, fit Mooney, l'audace du type lui arrachant un rire étouffé.

— De toute façon, poursuivit Kennedy, croisant et décroisant à nouveau ses mains sur ses genoux, j'ai refusé de discuter avec lui en espérant qu'il se lasserait.

Mooney rit carrément.

— Qu'il se lasserait ! T'as fait comme s'il existait pas ?

— Comme j'ai dit : je ne peux pas me permettre ce genre de relation en ce moment. Et mon fils, Jack, ne peut pas se le permettre non plus.

— C'est une insulte, Joe.

Mooney se leva, dominant l'homme de toute sa taille. Kennedy voulut l'imiter.

— Reste assis, Joe, aboya Mooney. Qu'est-ce que tu croyais, hein ? T'as insulté Frank Costello. A ton avis, comment il va réagir ?

— Je sais. Il a lancé un contrat sur moi.

— Bon. Qu'est-ce qui te fait croire que j'y peux quelque chose ? Ou, même, que je veux faire quelque chose ?

Il foudroya l'Irlandais du regard.

Kennedy se fit plus conciliant.

— Enfin, Sam, tout le monde sait que c'est toi qui as le pouvoir en dehors de New York. Il n'y a que toi qui puisses convaincre Costello de me lâcher. Il ne comprend pas... absolument pas.

Il secoua la tête.

— Qu'est-ce qui lui échappe ?

— Eh bien mon fils, Jack, devient une personnalité politique importante... J'espère qu'il sera président, un jour. Je ne peux pas compromettre tout ça, n'est-ce pas ?

Il regarda Mooney et haussa les épaules.

— N'est-ce pas ? répéta-t-il.

— J'ai remarqué que ton fils s'est fait un nom.

Mooney se tourna vers la fenêtre.

— Tout à fait. Kennedy se leva, rejoignit Mooney et reprit : Tout à fait. Et il va continuer, aussi longtemps que les cadavres ne sortiront pas du placard. Ça, mon ami, ça serait un suicide politique.

Mooney pivota sur lui-même.

— Alors, qu'est-ce que tu veux que je fasse ?

— Parle à Frank, fais-lui comprendre. Je suis un homme foutu si le contrat n'est pas annulé. Il posa une main osseuse sur l'épaule de Mooney et ajouta, dans un murmure nasillard : Mais si je reste en vie, je pourrai aider Jack à entrer à la Maison-Blanche. Est-ce que ce n'est pas ce que nous voulons depuis le début ? Un gars à l'intérieur ?

Mooney tourna le dos à Kennedy et se remit à regarder par la fenêtre.

— Bon, admettons que je parle à Frank, je vois pas ce que Chicago peut gagner là-dedans. Jusqu'ici, ce que j'ai entendu ne m'amène pas à penser que... que tu peux me promettre quelque chose en échange de mon aide.

— Je peux. Et je vais le faire. Tu m'aides aujourd'hui, Sam, et je garantis que Chicago, toi en fait, aura une place dans le bureau ovale, le président t'écoutera... Mais j'ai juste besoin de temps. (Sa voix se fit pressante.) Si je me fais liquider, mon fils n'aura pas l'expérience ou les relations qui font qu'on gagne une élection présidentielle. Tu comprends pourquoi je veux que tu parles à Frank Costello ?

Mooney se tourna vers Joe Kennedy et le regarda droit dans les yeux.

— Je verrai ce que je peux faire. Mais je veux ta parole que le jour où ton fils est élu, c'est le jour où...

Kennedy l'interrompit :

— Où Sam Giancana aussi est élu. Il t'appartiendra. Je le jure. Mon fils, le président des Etats-Unis, te devra la vie de son père. Il ne te refusera rien, jamais. Tu as ma parole.

Dans l'après-midi, au motel Thunderbolt, Mooney raconta cette conversation à Chuck tandis qu'un ventilateur bourdonnait à quelque distance. C'était une chaude journée et des gouttes de transpiration brillaient dans les rides, de plus en plus creusées par le temps, du visage bronzé de Mooney.

Le fait que le fils de Joe effectuât son deuxième mandat de sénateur n'avait sûrement pas échappé à Mooney ; on préparait son entrée à la Maison-Blanche. Et la perspective de détenir un tel pouvoir, d'avoir un homme aussi étroitement lié à lui dans le bureau ovale, était une tentation plus grande que toutes celles qu'il avait connues. Il dit à Chuck qu'ils allaient jouer la sécurité, en 1956. Ils joueraient sur les deux tableaux, comme d'habitude, fourniraient des contributions aux deux candidats ; ensuite, ils se contenteraient d'attendre.

Lorsqu'il eut terminé, il eut un large sourire.

— Hé, donne-moi un Gordon's avec de la glace, cria-t-il au barman sans quitter son tabouret, voisin de celui de Chuck.

— Un Gordon's ? Tu ne bois jamais de gin.

Mooney prit son verre et but une gorgée, puis il fit spectaculairement claquer les lèvres.

— A partir de maintenant, j'en bois, répondit-il avec un sourire ironique. Et chaque fois que je prendrai du gin, ça sera du Gordon's. Pour me rappeler que Joe Kennedy vendrait n'importe quoi pour sauver sa peau. Ses affaires de gnôle, le sénat, la présidence, la Maison-Blanche...

Il leva son verre et l'inclina en direction de Chuck.

— Même son fils, conclut-il.

Ce soir-là, Mooney téléphona à New York. Le contrat sur Joe Kennedy fut annulé.

15.

— Je suis très patient, dit Mooney avec un sourire.

Il posa le journal, daté du 3 novembre 1956, sur le bar et poursuivit :

— En plus, pour le moment, c'est tout pareil. Nixon nous a pas déçus. (Il haussa les épaules.) Merde, on raconte déjà que ça sera Jack Kennedy contre Nixon, en 60. On peut pas perdre avec deux candidats pareils à la présidence.

Il but une gorgée de café et regarda Chuck par-dessus le bord de sa tasse, les yeux pétillants.

— Ou est-ce que je dois dire : *Je* peux pas perdre ?

Mooney ne s'inquiéta pas, début décembre, quand un autre fils de Joe Kennedy, Bobby, vint à Chicago et fouina un peu partout pour trouver des traces des rackets syndicaux. Mais, en tant qu'avocat-conseil de la commission sénatoriale sur les activités illégales dans les domaines de la main-d'œuvre et de l'emploi, le jeune homme, qui avait trente et un ans, quitta le Midwest après être arrivé à une conclusion troublante : la corruption et le crime organisé s'épanouissaient dans les syndicats du pays, notamment celui des camionneurs. Et, ayant fait cette constatation, Robert Kennedy se promit de s'attaquer à Dave Beck, président du Syndicat international des camionneurs, à Jimmy Hoffa, de Detroit, et à Joey Glimco, de Chicago.

— Le vieux Kennedy va lui remonter les bretelles, ironisa Mooney. Il y a des problèmes plus graves que les syndicats, dans le pays. Il devrait aller en Alabama et s'occuper de Martin Luther King et de tous les emmerdements qu'il nous fait.

D'après Marcello, King est communiste. Il veut que les gens de couleur prennent le pouvoir dans le pays. Bobby ferait mieux de descendre son cul d'aristo dans le Sud s'il veut faire quelque chose d'utile.

Inexplicablement, puisqu'il comptait sur les voix des syndicats pendant la campagne de 1960, Joe Kennedy ne découragea pas son ambitieux fils. Et le 30 janvier 1957, sur la recommandation insistante de Bobby, la commission McClellan fut créée.

Le message transmis à Chicago par l'entremise de Murray Humphreys fut :

— Ne vous en faites pas, Joe Kennedy affirme qu'il a la situation en main.

Croyant Kennedy sur parole, Mooney s'occupa de ses affaires comme de coutume et partit inspecter ses intérêts en Floride, à Cuba, en Amérique centrale et à Las Vegas.

Depuis qu'il avait pris la direction du motel, la vie de Chuck s'était nettement améliorée. Il avait acheté un immeuble de six appartements à Berwyn et acquis un terrain à Inverness, banlieue très chic de Barrington, où il avait l'intention de faire construire une grande maison. Il avait une petite Chevrolet Thunderbird rouge, voyante, qu'il garait près de la luxueuse Oldsmobile noire de la famille, faisait les boîtes de Chicago avec sa jolie femme aux yeux noirs et passait l'hiver au Fontainebleau de Miami.

Malheureusement, les avantages liés à l'appartenance à la famille Giancana étaient souvent assombris par le mauvais caractère de Mooney ou son mépris glacial ; Chuck était toujours incapable de prévoir les réactions de son frère, même après toutes ces années. Dans l'après-midi, Mooney arrivait parfois au Thunderbolt d'une humeur massacrante, et demandait un verre, et, le soir, il lui arrivait de sonner chez Chuck, à Berwyn, un cadeau à la main.

Souvent, il téléphonait à Chuck chez lui, pour s'excuser après un éclat particulièrement désagréable. Il ne disait jamais que c'était pour cette raison qu'il appelait, ou qu'il s'excusait, mot qui, d'après Chuck, ne faisait pas partie de son vocabulaire, néanmoins, ses motifs étaient clairs lorsqu'il disait :

— J'ai quelque chose pour toi, Chuck... rapplique.

Une de ces occasions, en février 1957, resta gravée dans la

mémoire de Chuck parce qu'elle fut absolument extraordinaire. Mooney s'était montré particulièrement irritable pendant la journée, cynique et insultant avec tout ce qui était à sa portée. Mais, fidèle à son habitude, il téléphona à Chuck au bar, aboyant comme un adjudant.

— Amène-toi, dit-il. Je suis fatigué.

Pas étonnant que Mooney soit fatigué, se dit Chuck, il est plus d'une heure du matin. Mais il fit ce qu'on lui demandait.

En secret, Chuck aspirait à une vie meilleure ; il avait décidé que, le moment venu, il se lancerait dans le bâtiment et deviendrait entrepreneur. L'idée de gâcher une telle occasion en insultant Mooney suffisait à l'angoisser.

A deux heures, parfaitement réveillé, il était assis en face du bureau de son frère, dans la maison d'Oak Park. Mooney, qui portait un peignoir en soie grise et des mules, lui adressa un sourire espiègle. Puis, avec une arrogance sans hostilité, il sortit un sac en papier brun du tiroir.

— Tiens, jette un coup d'œil, proposa-t-il, lançant le sac en direction de Chuck. Il tomba avec un fort bruit métallique.

Chuck le fixa, les paupières plissées.

Mooney rit et prit le sac.

— Tiens, regarde bien, dit-il, versant une pile de bijoux en or, en argent et des pierres précieuses sur le bureau.

— C'est vraiment chouette, commenta Chuck, hochant la tête.

En fait, les pierres lui semblaient criardes et de mauvais goût : émeraudes trop grosses, diamants trop voyants et énormes. Des bijoux de théâtre, se dit-il, et il se demanda pourquoi Mooney l'avait fait venir à cette heure s'il n'avait que ces saloperies à lui montrer.

— Prends quelque chose, proposa Mooney. Tiens, regarde celui-là... un diamant jaune, sept carats, c'est le plus petit du lot.

Il tendit la bague.

Chuck l'examina attentivement puis la rendit avec un sourire.

— Ils sont gros, pas de problème, dit-il, montrant les bijoux que Mooney disposait sur le bureau. Où tu as trouvé ces bijoux de pacotille ?

Mooney leva les sourcils et se mit à rire.

— Des bijoux de pacotille ? C'est ce que tu crois ?

Il éclata de rire.

— Ben, ouais, c'en est pas? dit Chuck, se sentant ridicule. (Il détestait que Mooney agisse de cette façon.) Merde, les pierres sont tellement grosses... je me suis dit...

— Tu t'es dit que c'était du faux?

Mooney s'essuya les yeux puis se pencha, la bague sur sa paume ouverte.

— C'est du vrai de vrai, Chuck, dit-il, montrant les bijoux avec son cigare allumé. Tout.

Chuck resta sans voix. Il se sentait ridicule. Il n'avait jamais vu de diamants aussi énormes et se demandait si l'essentiel de l'Amérique n'était pas dans le même cas.

— Bon sang, Mooney, je pouvais pas deviner. C'est du vrai, hein?

Il prit la bague dans la main de Mooney et l'examina avec une attention nouvelle, faisant tourner le diamant jaune et étincelant dans la lumière.

— Il est beau, conclut-il, rendant la bague. Mais Mooney, ajouta-t-il, qu'est-ce que tu vas faire de tous ces trucs? Il y a des pierres qui doivent faire plus de quinze carats.

— Ouais, il y en a. Il s'interrompit, puis reprit : Tu crois qu'elles rendraient une femme heureuse? Il y a là plus de cinq millions de bijoux.

— C'est une dame qui va avoir beaucoup de chance, pas de doute, fit Chuck...

— Ouais, mais c'est toi qui choisis le premier. Prends quelque chose.

Songeur, Chuck regarda le bureau. Il hésita; il ne voulait pas insulter son frère, mais ne voulait pas davantage paraître gourmand, par conséquent, il choisit le plus petit, le moins impressionnant, du lot.

— Le diamant jaune, dit-il. Anne-Marie va l'adorer.

— Il est à toi, fit Mooney avec un sourire. Puis il le lui mit dans la main.

Chuck ne revit pas le trésor, et n'en entendit parler à nouveau que quatre ans plus tard, quand la chanteuse Phyllis McGuire tourna la tête de Mooney, qui confia à son frère :

— Tu te souviens des pierres de vingt carats que je t'ai

montrées ? Je les ai toutes données à Phyllis... et pas seulement elles.

La générosité de Mooney ne connaissait pas de limites. Il était au sommet et en profitait tant qu'il pouvait.

— Partager la richesse, voilà ma philosophie, disait-il avec un clin d'œil.

Quand il était de bonne humeur, il expliquait à Chuck :

— Merde, on l'emporte pas avec soi.

Moins de trois semaines après le jour où Chuck avait rapporté son diamant jaune, Mooney téléphona et dit d'un air mystérieux :

— Mets Anne-Marie dans la voiture et conduis-la chez Frank le Métèque. Il y a une surprise pour elle.

— Une surprise ? fit Anne-Marie, dont les yeux brillèrent comme ceux d'une petite fille le matin de Noël. Qu'est-ce que ça peut bien être ? Qu'est-ce que Mooney a encore trouvé ?

Chuck l'ignorait, mais il obéit à Mooney sans discuter. Ils firent garder les enfants et, moins d'une heure plus tard, ils étaient confortablement installés, avec une demi-douzaine d'épouses de gars du Milieu, dans le salon de Frank.

Dago Frank, de son vrai nom, était bien connu, dans le Milieu, pour la qualité exceptionnelle de ses marchandises volées. C'était un Italien jovial qui était devenu le receleur préféré de Mooney à Chicago.

— Si tu veux quelque chose, Frank le Métèque l'a... ou il peut l'avoir.

Bizarrement, les femmes ne semblaient pas se soucier du fait que les bijoux et fourrures qu'on leur offrait fussent le plus souvent volées à d'autres femmes. Elles apprenaient à accepter sans demander d'où cela venait ; c'était la marque d'une bonne épouse.

— Y a rien comme l'éclat d'un diamant pour convaincre les femmes de fermer les yeux sur des tas de trucs, aimait dire Mooney.

Impatientes, les femmes regardèrent Frank gagner la table ronde qui occupait le milieu de la pièce. Il eut un large sourire et, d'une main fine, ornée de bagues, retira la nappe en lin, découvrant un véritable trésor d'or et d'argent incrustés de toutes les pierres précieuses imaginables.

Chacun retint son souffle. Il y avait des centaines, peut-être des milliers de bijoux en or et en argent : bagues, pendentifs, bracelets, boucles d'oreilles, colliers. C'était comme si on venait d'ouvrir le coffre d'un pirate devant elles.

Personne ne bougea ; tout le monde resta sans voix.

— Alors, qu'est-ce que vous attendez ? Prenez ce qui vous fait envie, dit Frank avec un rire étouffé. (Le cadeau de Mooney produisait exactement l'effet désiré.) Allez, approchez. Prenez tout ce qui vous fait envie, c'est Mooney qui vous l'offre.

Les remerciements s'entrecroisèrent dans la pièce pendant l'heure qui suivit, tandis que les femmes poussaient des Oh et des Ah, choisissaient, échangeaient.

Quand elles eurent enfin terminé, Dago Frank sourit et dit :

— Bon, mesdames, maintenant que vous avez vu les bijoux, qu'est-ce que vous diriez d'autre chose ? C'est à vendre, mais vous savez que vous pouvez me faire confiance.

Sans un mot de plus, Frank appuya sur un bouton invisible et le mur s'ouvrit sur une pièce secrète bien éclairée.

— Oh, regarde-moi ça ! s'écria Anne-Marie.

C'était la première fois de sa vie qu'elle voyait d'aussi magnifiques fourrures. Il y avait des dizaines d'étoles, capes, manteaux et écharpes sur des rangées de cintres.

Les autres femmes s'extasièrent sur les manteaux, mais décidèrent qu'il ne faisait pas assez froid pour en prendre un ce soir. Anne-Marie, en revanche, remarqua un manteau en lynx particulièrement beau.

— Oh, Chuck, pouvons-nous l'acheter ? S'il te plaît ? demanda-t-elle.

Il ne pouvait pas résister à sa petite Babe et n'avait pas envie de lui refuser ce magnifique cadeau ; ce soir-là, elle le portait quand ils rentrèrent.

Comme ses amies, Anne-Marie allait chaque semaine chez le coiffeur et la manucure, habillait ses enfants dans les meilleures boutiques et fréquentait les esthéticiennes et les pédicures.

Ses tiroirs regorgeaient de sachets parfumés de chez Chanel, d'élégants peignoirs en dentelle, de lingerie, de bas en soie et de gants. Sur ses étagères, il y avait des rangées des meilleures chaussures, de bottes, de sacs, ainsi que toutes sortes de chapeaux. La dernière mode, des robes trapèze aux fourreaux, ensembles Chanel, pulls Givenchy en cachemire, vestes, pantalons étroits et corsaire, était suspendue dans ses placards.

Ses boîtes à bijoux étaient pleines de pierres précieuses. Il y avait des bagues scintillantes, des bracelets, des boucles d'oreilles, des broches, des colliers. Et il y avait ses chers manteaux de fourrure en lynx, en castor, en vison et en mouton.

De même, Chuck ne possédait que ce qui se faisait de mieux : élégants costumes croisés en soie, blazers stricts, pantalons par dizaines, étroites cravates en soie comme cela se faisait alors, chemises de sport en madras, pulls en cachemire, chapeaux mous, bottes et mocassins en cuir italien. Suivant l'exemple de Mooney, il possédait d'innombrables épingles de cravate, boutons de manchettes et montres ornées de diamants et de pierres précieuses.

Chuck et Anne-Marie reconnaissaient que la vie ne pouvait pas être meilleure. Ils étaient jeunes, gravissaient les échelons et avaient deux beaux enfants. Ils étaient sur le point de faire construire une maison neuve dans un quartier chic. Ils avaient de quoi fréquenter les boîtes de nuit et voyager. De temps en temps, Chuck rêvait de devenir entrepreneur, ou prenait le temps de penser à ce que réservait l'avenir mais, pour l'essentiel, il se croyait arrivé. Le rêve américain, caniche blanc compris, il l'avait enfin !

Le dimanche 31 mars 1957, tout changea.

Leon Marcus était un banquier complaisant, pour ne pas dire véreux, impliqué dans de si nombreuses tractations louches qu'aucun procureur de Chicago n'aurait pu toutes les énumérer. Il avait été inculpé, au début de l'année, ainsi que son gendre et son frère, dans une affaire d'abus de biens sociaux au détriment de sa banque, la Southmoor de Chicago. Fin mars, le procès n'avait pas encore eu lieu.

Depuis son inculpation Marcus tentait imprudemment de faire chanter Mooney, dans l'espoir que les pressions exercées sur le patron du Milieu entraîneraient son acquittement. Il avait des documents qui pouvaient envoyer Sam Giancana à l'ombre jusqu'à la fin de ses jours, se vantait-il devant ses amis, brandissant son portefeuille.

Chuck estimait que Marcus avait gravement sous-estimé son frère. La décision de Mooney serait très simple.

Quelques mois plus tard, Chuck apprit que Mooney avait demandé à Willie Patate, qui avait ensuite désigné un de ses soldats, Sal Moretti, ancien flic devenu tueur, de se charger du boulot. A son tour, Moretti invita trois de ses jeunes acolytes à l'accompagner. Ils n'étaient pas censés l'aider ; Sal devait s'occuper seul de Marcus. Ils allèrent avec lui simplement pour se distraire.

Moretti cueillit Marcus devant chez Alfred Rado, un promoteur de Chicago, le dimanche 31 mars. Willie Patate lui avait demandé de tuer Marcus et de récupérer un document compromettant dans son portefeuille, le reçu d'un paiement en liquide de cent mille dollars effectué par Mooney sur le motel Thunderbolt.

A quelques centaines de mètres de chez Rado, Moretti tira plusieurs balles dans la tête de Marcus, jeta son corps dans un terrain vague et s'en alla. Mais il commit une erreur fatale en laissant le reçu sur le corps de Marcus.

Le « règlement de comptes crapuleux » fit les gros titres de la télévision et des journaux. Et, à cause du reçu compromettant, Mooney fut appréhendé puis interrogé. Il fut libéré, mais la presse commenta cet événement plus abondamment que le couronnement de la reine Élisabeth II. On fixa en outre la date du procès de ses soixante-sept inculpations de jeu clandestin liées à son tripot de banlieue, le Wagon Wheel, qui dataient de 1951 et que pratiquement tout le monde avait oubliées.

— Ça va capoter, dit Chuck, rassurant, à sa femme.

Mais il changea d'avis quand, le jeudi de la même semaine, on découvrit le cadavre mutilé et enflé de Sal Moretti dans le coffre d'une Chevrolet abandonnée à Caton Farm Road, au sud-ouest de Chicago. On avait vidé et retourné les poches de Moretti, arraché les marques de ses vêtements. Il ne restait qu'un peigne en aluminium, symbole et avertissement à tous les soldats de Chicago. Comme la pièce de vingt-cinq *cents* dans la main du mouchard, signifiant que sa vie ne valait pas un sou parce qu'il avait violé le code de l'*omerta,* le peigne indiquait à tous de faire le boulot correctement, de passer tous les détails au peigne fin. Sinon on finissait comme Sal Moretti.

L'incident fit réfléchir les gars du Milieu, surtout parce que le type qui s'était occupé de Sal Moretti était manifestement un homme qu'il ne fallait pas se mettre à dos, sous aucun prétexte. Et, donc, personne ne dit qui avait fait le boulot.

Mais tous les membres du Milieu croyaient que Willie Patate, homme silencieux, effacé, avec une maison pleine d'enfants et une femme perpétuellement enceinte, avait tué Moretti. Moretti était le soldat de Willie et Willie devait régler le problème ; remettre de l'ordre était sa responsabilité. Les techniques de torture de Willie étaient bien connues et le cadavre de Sal ne laissait aucun doute. Moretti avait été ligoté, mis à genoux et frappé à coups de crosse ; Willie aimait que les types soient à genoux et supplient qu'on les laisse vivre. Le crâne de Moretti avait été fracassé avec une massue, puis on l'avait étranglé avec une corde ; Willie aimait les cordes. Et, après l'avoir fourré dans le coffre, l'exécuteur tira quatre balles dans la tête défoncée du soldat ; Willie s'assurait toujours que les types dont il s'occupait étaient bien morts.

Tout le monde savait, en outre, que Willie adorait ce genre de boulot. De même que Fifi Buccieri, Chien Fou, et Teets Battaglia. Mais Willie avait un avantage sur ces hommes de main qu'il faisait passer au détecteur de mensonge s'il avait des doutes sur leur loyauté. S'ils échouaient, ils étaient finis ; Willie les torturait et les tuait sur-le-champ.

Compte tenu du fonctionnement du Milieu, Mooney était toujours à l'abri des inculpations de meurtre. Il ne tuait plus les gens lui-même ; en fait, il n'avait même plus besoin d'en donner l'ordre. Il lui suffisait d'adresser un regard à un de ses hommes de confiance. Il savait qu'il s'en occuperait. Les gars étaient prêts à tout pour faire ce qu'il exigeait d'eux. Ça pouvait être un ennemi ou un meilleur ami. Ça ne faisait pas de différence. Généralement, le gars baissait sa garde quand c'était un ami. Et il n'y avait pas mieux.

Souvent, Mooney ne savait même pas qui était le tueur ; cela n'avait aucune importance dans son univers de tractations et d'intrigues internationales. En outre, Mooney s'en fichait du moment que le travail était bien fait. De toute évidence, le fiasco de Marcus attira son attention après coup, s'il s'en était désintéressé avant.

Sachant à quel point Mooney excellait dans la manipulation des autorités, personne ne s'étonna quand l'affaire Marcus-Moretti capota au bout de quelques semaines. En revanche, Chuck et Anne-Marie ne pouvaient pas résoudre les problèmes aussi aisément. Le vendredi suivant la mort de Moretti, en même temps que le journal où le nom de Giancana s'étalait en première page, Chuck reçut un inquiétant coup de téléphone des promoteurs d'Inverness, McIntosh Developers. Ils voulaient le voir immédiatement.

— C'est tout simple, Monsieur Giancana, nous ne voulons pas de vous, ni de votre famille, à Inverness, annonça le directeur en costume gris lorsque Chuck entra dans le bureau.

Son compagnon, un homme à lunettes d'une quarantaine d'années, hocha la tête en signe d'assentiment.

— Pourquoi ? s'enquit Chuck.

Le directeur montra le plan du lotissement, fixé au mur. Les noms des acquéreurs y étaient ostensiblement inscrits et Chuck s'aperçut que l'on avait récemment retiré le sien.

— Vous voyez ça ? Eh bien, on ne veut pas de vous ici. Je vous propose de nous revendre le terrain et de chercher à vous installer ailleurs.

Chuck se dirigea vers le plan. Jamais il n'aurait imaginé qu'un tel problème se poserait ; Anne-Marie et lui avaient simplement envie de bon air et d'espace pour les enfants, d'amis et de visages nouveaux. Il pensa aux projets et plans sur lesquels ils s'étaient penchés pendant des heures.

— Alors ?

— Pas question, répondit Chuck avec brusquerie. L'endroit nous plaît. Nous avons déjà aménagé le terrain et les plans sont prêts. Nous sommes sur le point de commencer.

L'autre homme s'éclaircit la gorge et prit la parole :

— Permettez, il faut que les choses soient parfaitement claires. Vous vous appelez Giancana et nous ne voulons pas de Giancana ici. Et les bons citoyens aisés qui habitent Inverness non plus. Comprenez-vous ? Monsieur Giancana, il n'y aura pas de gangster dans notre lotissement. Vous n'avez pas, monsieur, votre place ici.

— Pas ma place ? Bon sang, vous connaissiez mon nom quand

j'ai acheté le terrain et que vous avez pris mon argent. Vous saviez qui est mon frère.

Les deux hommes le fixèrent avec le même sourire glacial.

— Je répète, vous n'avez pas votre place ici, votre famille et vous.

— Espèces de... Chuck se contint et reprit, d'une voix où perçait cependant la colère, tentant de ne pas crier : Écoutez, je ne suis pas un gangster. Je travaille honnêtement ; je dirige un motel...

Le directeur l'interrompit :

— Nous connaissons très bien votre motel, le Thunderbolt. Il prit le journal et ajouta : De même que nos autres propriétaires.

— C'est un établissement propre. Vraiment propre. Je n'ai aucun lien avec les affaires de mon frère, protesta Chuck. Je suis complètement différent de lui. Et vous ne pouvez pas me chasser à cause de mon nom.

— Monsieur Giancana, nous sommes polis et civilisés dans cette affaire. Nous vous suggérons de parler de cela avec votre épouse. Notre proposition de racheter le terrain au prix où vous l'avez payé restera valable. Au revoir.

— Au prix où je l'ai payé, qu'est-ce que c'est que cette magouille ? J'ai déjà beaucoup investi sur ce terrain. Vous me prenez pour qui ?

— Au revoir, monsieur Giancana.

Rentrant chez lui, Chuck repensa à la conversation. Ce n'était pas juste ; il n'était pas son frère. Il n'avait rien à voir avec l'affaire Marcus-Moretti, il ne l'avait même apprise qu'après coup. Mooney ne lui en avait pas parlé. Et, même s'il avait toujours eu envie d'être à l'intérieur, il n'y était pas réellement. Il n'était pas un gangster, il n'était pas Mooney ; il avait son identité. Ce fut la première fois qu'il se fit cette réflexion.

Cette nouvelle désespéra Anne-Marie.

— Nous ne sommes pas des meurtriers, s'emporta-t-elle. Comment ces gens osent-ils nous accuser ? Je veux seulement que nos enfants soient bien élevés, vivent dans un bel endroit, avec des amis agréables et une bonne école. (Elle éclata en sanglots.) Je crois que nous devrions nous installer là-bas de toute façon.

Le téléphone sonna. Chuck eut une brève conversation puis regagna le salon.

— C'était le gars d'Inverness. D'après lui, il y a une autre chose qu'il ne faut pas oublier.

— Laquelle ?

Elle s'essuya les yeux avec un mouchoir brodé à ses initiales.

— Il dit qu'on ne doit pas être égoïstes, qu'il faut penser aux garçons. D'après lui, ils seront rejetés, maltraités. Ce sont ses paroles : *maltraités* par les autres enfants. Qu'ils ne seront pas acceptés et que personne ne voudra jouer avec eux.

— Personne ne jouera avec eux ? répéta-t-elle, incrédule.

— Ouais, parce que leur nom de famille est Giancana.

Le lendemain, ils revendirent le terrain. Ce fut la fin de leur rêve américain.

Un autre aurait téléphoné à Mooney, aurait demandé son aide. Il semblait raisonnable, puisque Chuck et sa famille subissaient les inconvénients des activités de son frère, qu'ils puissent également profiter du pouvoir terrifiant dont il disposait. Mais son orgueil empêcha Chuck de demander ce service. Il refusa de se décharger de ses problèmes sur lui.

— Après tout, c'est Mooney le patron du Milieu, c'est lui qu'on soupçonne de meurtre, pas nous, dit Chuck à Anne-Marie.

Mais, à cause de leur nom, c'était comme s'ils avaient eux-mêmes été jugés et condamnés. Chuck s'aperçut qu'il utilisait souvent un faux nom quand il commandait des fleurs pour Anne-Marie. Mooney en avait plusieurs dont il se servait continuellement : Sam Gold, Sam Flood. Alors, se disait Chuck pour se consoler, pourquoi pas moi ? Mais il se faisait l'effet d'un Judas, d'un traître. Rejetait-il ses origines, ou bien protégeait-il sa famille ?

Les événements des semaines écoulées plongèrent Chuck dans la confusion. Jamais il n'avait nié qui il était et ce qu'il était. Il n'avait pas honte. En fait, peu lui aurait sans doute importé que les journaux le traitent de gangster s'il en avait été un. Mais il s'était récemment aperçu que, même s'il connaissait tous les gars du Milieu, n'ignorait rien de ce qui se passait et était sans doute le seul à bavarder aussi souvent avec Mooney, il n'appartenait pas vraiment au Milieu.

D'après Mooney, il n'y avait rien de plus ridicule que les conneries que l'on pratiquait à New York avec un revolver et un sabre, ces trucs de lycée. Mais comme Chicago n'avait ni « initiation » formelle ni « société secrète », contrairement à New York, et n'adhérait à aucun code de pacotille, originaire du vieux pays et destiné à « faire* » les hommes, il était difficile de distinguer ceux qui appartenaient au Milieu des autres. On savait, voilà tout. On connaissait le rang que les gars occupaient grâce aux types qu'ils fréquentaient, au nombre de soldats dont ils avaient besoin pour diriger leurs affaires ou bien à l'activité qu'ils exerçaient.

Des types comme la Teigne, Nicoletti et Alderisio, les principaux exécuteurs de Mooney, étaient sans conteste des membres à part entière du Milieu. Mais un gars n'avait pas nécessairement besoin de tuer pour gravir les échelons, pas s'il avait des amis puissants pouvant lui éviter ce sale boulot. Jake Guzik était un bon exemple ; Guzik n'avait pas assez d'estomac pour tuer, alors Capone avait assassiné ses adversaires à sa place. La situation de Chuckie English était similaire. Mais c'étaient des exceptions.

Être membre du Milieu et y avoir des « relations » étaient deux choses distinctes à Chicago. Avoir des relations signifiait que l'on faisait des affaires avec le Milieu. Leon Marcus avait des relations. Joe Kennedy avait des relations, de même qu'Abe Pritzker et Mo Annenberg. Selon Mooney, tous les présidents des États-Unis, depuis Teddy Roosevelt, avaient des relations. Les célébrités, de Sammy Davis Jr. à Jake LaMotta, avaient des relations. Le roi Farouk aussi. Il y avait des centaines, probablement des milliers de personnes, aux États-Unis et dans le monde, dont le nom n'était pas italien, qui dirigeaient des affaires propres en apparence, et qui étaient dans cette situation.

Avoir des relations signifiait posséder des amis et des associés dans le Milieu. Ces liens permettaient d'influencer les municipalités, d'obtenir des contrats gouvernementaux, même de bénéficier de prêts. Sur au moins un point, il valait mieux avoir des

---

* Au sein de la « mafia », on parle d'homme « fait » (« *made* » *man*) pour désigner un membre à part entière de la « famille », en général un homme qui a déjà tué.

relations que faire véritablement partie du Milieu, parce que l'on pouvait toujours se persuader que l'on n'était pas véritablement impliqué dans le crime organisé. Mais, au bout du compte, lorsque l'on accepte un service de la part d'un membre du Milieu, on imaginait rarement à quel point on était impliqué. On pouvait avoir de la chance et ne jamais être obligé de renvoyer l'ascenseur, mais on pouvait aussi se voir contraint de tuer son meilleur ami ou de payer pour le meurtre d'un inconnu. Les possibilités étaient innombrables.

Chuck était convaincu qu'il n'était pas membre à part entière du Milieu, à cause de l'activité qu'il exerçait à cette époque. La direction du motel, job fourni par Mooney, signifiait qu'il en était proche, mais cette affaire était totalement légale, si bien qu'il n'appartenait pas au Milieu. Quelques années auparavant, quand il s'occupait de machines à sous, il en faisait partie. Mais plus tard, lorsqu'il avait été projectionniste, il n'en était pas. Convoyer de l'argent à Cuba était indubitablement une tâche pas très orthodoxe.

Le Milieu de Chicago était un organisme fluide, en constante évolution, sans règles ni institutions explicites. Il n'y avait pas de réunions telles qu'on en voit dans les films. C'était une apparence, une démarche, la coupe des vêtements, avec qui les gars dînaient ou ne dînaient pas. Compte tenu des critères en usage, il reste que Chuck appartenait au Milieu du simple fait qu'il était le frère de Mooney. Mais, au fond, il était convaincu que la direction du motel faisait de lui un marginal, qu'il n'était pas à l'intérieur. Et ça le désespérait.

Il n'y avait jamais vraiment réfléchi avant mais, à partir de cette époque, il considéra le motel comme une voie de garage. L'établissement était propre et, de toute évidence, sans le dire, Mooney voulait qu'il le reste.

— Il n'y a rien de pire qu'être accusé quand on n'a rien fait, dit-il à sa femme. C'est pas juste.

Le nom de Giancana avait toujours ouvert les portes et, à présent, il les fermait. Et lorsque le nom de Mooney continua d'apparaître dans les journaux ce fut pire. La publicité dressa de nouveaux obstacles sur le chemin de Chuck et sa famille. Ils trouvèrent finalement une maison à Lexington Fields, où il y avait du bon air, du ciel bleu et une ferme pittoresque avec une clôture blanche ainsi que des poneys et des chevaux fringants à proximité. Mais, presque immédiatement après le départ des camions de déménagement, ils prirent conscience de la curiosité et de l'hostilité des bourgeois aisés du voisinage.

Ce même jour Mooney, deux ans, jouait dehors quand un petit garçon traversa la rue et s'en prit à lui :

— J'ai pas le droit de jouer avec toi, tu es un gangster. Et ton père aussi, c'est mon papa qui le dit.

Une expression douloureuse, troublée, passa sur le visage de Mooney ; ses parents le firent aussitôt rentrer.

Peu après leur autre fils, Chuckie, eut des ennuis à l'école. Les professeurs semblaient le punir plus fréquemment que les autres élèves et, quand il y avait une bagarre dans la cour, tout le monde le montrait du doigt.

— C'est un Giancana, c'est tous des gangsters, criaient les élèves.

Comme personne ne vint dire franchement à Anne-Marie et à Chuck qu'ils n'avaient pas leur place dans le quartier, Anne-Marie tenta de se faire de nouveaux amis. Elle invita les femmes à jouer au bridge et à prendre le thé, les couples à des barbecues et des cocktails, fit des gâteaux pour toutes les familles.

Elle n'agissait pas ainsi pour elle-même ; au fond, elle demeurait la jeune fille timide et réservée que Chuck avait rencontrée dix ans auparavant et ces relations sociales exigeaient un effort de sa part. Elle le faisait pour ses enfants. Plus que tout, elle voulait qu'ils soient acceptés.

Ce fut une entreprise décourageante ; parfois, elle avouait à Chuck qu'ils avaient peut-être commis une erreur en quittant « les leurs » pour s'installer dans un endroit si étranger à la « Petite Italie » de Chicago.

Elle vit Mooney devenir un petit garçon silencieux, réfléchi et sensible, vulnérable aux injures de ses aînés. Et le moment où il lui faudrait aller à l'école l'angoissait.

— Que se passera-t-il quand le professeur appellera Sam Giancana ? demandait-elle continuellement.

Elle vit la colère s'emparer de leur autre fils et, même si Chuckie, qui avait sept ans, n'en parlait jamais, elle était certaine que ses camarades de classe le tourmentaient et le maltraitaient continuellement; plus d'une fois, il rentra le nez en sang.

Chuck tenta de la rassurer, mais il était de plus en plus souvent absent, plongeant dans le travail.

Peut-être Mooney s'interrogeait-il aussi sur la direction que prenait sa vie. Du moins cette possibilité traversa l'esprit de Chuck, quand son frère arriva chez lui au milieu de la nuit.

Chuck venait de rentrer du travail; il était plus de trois heures du matin. Il n'était pas allé se coucher immédiatement et buvait un verre de vin au salon. Il venait d'allumer un cigare quand il entendit une voiture s'arrêter devant la maison. Lorsqu'il vit que c'était Mooney, il ouvrit la porte.

Son frère était sur le perron, tenant un gros paquet à deux mains. En costume et cravate, exactement comme en plein midi pendant un jour ouvrable, il semblait impatient, presque nerveux.

— Ah, ça c'est ce que j'appelle un bon service. Tu m'attendais, hein? Très bien, dit Mooney avec un sourire las. Content que tu roupilles pas, Chuck. Faut qu'on cause.

Chuck vit de larges cernes, sous les yeux de son frère, quand il entra dans la lumière.

Bientôt, ils furent confortablement installés sur le canapé, séparés par le colis.

— Faut que tu me gardes ça, dit Mooney, posant la main sur le paquet.

— Ouais. Autre chose?

— Toujours à poser des questions, hein? blagua Mooney avec bonne humeur.

Chuck haussa les épaules.

— Contente-toi de garder ça. D'accord? Et pose pas de questions.

— Très bien. Pas de problème, répondit Chuck; il eut l'impression que son frère était sur la défensive.

— Et fais gaffe aux incendies. Il y a un demi-million de dollars, là-dedans. Bon. Maintenant, tu sais.

Chuck faillit sursauter.

— Qu'est-ce que tu veux que j'en fasse?

— Garde ça chez toi. Cache-le. Et cache-le bien. Vraiment bien. Prends-en soin. Quand j'en aurai besoin, je te le demanderai.

Mooney s'interrompit, s'éclaircit la gorge et poursuivit :

— Mais s'il m'arrive quelque chose, Chuck, ouvre le paquet tout de suite. Donne cinquante mille à chacune de mes sœurs et partage le reste avec Pepe. Pigé ? Il y a aussi une enveloppe, à l'intérieur. (Il frappa sur le dessus du paquet pour que ce soit bien clair.) Fais ce qui est marqué dedans.

Chuck crut soudain déceler l'inquiétude, une expression angoissée passant brièvement sur le visage de son frère.

— T'en fais pas. Pas de problème. Tu sais que tu peux compter sur moi.

— Ouais, je sais que je peux compter sur toi, dit Mooney.

Il rit et se leva.

— Merde, t'arrêtes pas de me répéter ça, je devrais le savoir, depuis le temps. Bon sang, ajouta-t-il, jetant un coup d'œil sur sa montre. Faut que je me tire.

Le lendemain matin, Chuck enveloppa le paquet dans de l'amiante, afin qu'il ne puisse pas brûler, et le cacha dans le grenier, sous l'isolation du plafond.

Pendant des semaines, il craignit de sortir de chez lui.

— Et s'il y avait un incendie ! disait-il à Anne-Marie. Imagine, cinq cent mille dollars appartenant à Mooney partis en fumée... alors qu'il m'a fait confiance.

Il fut donc soulagé quand le téléphone sonna, un soir, et qu'on lui donna les instructions nécessaires à la livraison de ce qu'ils appelaient alors « le paquet de Mooney ».

— Le type du Mexique, dit la voix au bout du fil, il a besoin du *paquet*. Il dit qu'Anne-Marie doit l'envelopper comme un cadeau d'anniversaire, avec un gros nœud. Un chauffeur le prendra demain matin.

Ils exécutèrent les instructions et ce n'est que des années plus tard, alors que Mooney vivait au Mexique, que Chuck se souvint du « paquet de Mooney » et, additionnant deux et deux, il comprit que le demi-million qu'il avait caché pour Mooney n'était qu'une goutte d'eau dans la mer. Les gars du Milieu dirent à Chuck que, pendant le règne de Mooney, son frère avait fait passer la frontière à des millions et que le père Cash était son convoyeur.

Mais, en juin 1957, Chuck ne s'intéressait guère aux tractations internationales de Mooney. En revanche, une nouvelle campagne de presse monopolisa son attention ; le procès de Mooney, consécutif aux inculpations liées à l'affaire du Wagon Wheel, débuta et le tribunal classa l'affaire, faute de preuves.

— J'ai demandé qu'on me renvoie quelques ascenseurs, se vanta Mooney. J'ai pas la moindre envie d'écouter des connards d'avocats s'engueuler, j'ai mieux à faire.

D'après les journaux, Mooney parut s'ennuyer et demeurer indifférent pendant le procès, ce qui était exact. Mais ils ignoraient que le patron du Milieu de Chicago était sur la piste d'un plus gros gibier ; il s'intéressait à nouveau aux Kennedy.

Initialement, Mooney n'avait guère prêté attention à ce qui se passait à Washington. Il avait sauvé la vie de Joe Kennedy, après tout, rappela-t-il à Chuck, et n'avait pas de raison de croire que ses fils ne reconnaîtraient pas leur dette.

Mais, début août 1957, Mooney suivait attentivement les auditions de la commission McClellan. Le Syndicat des camionneurs faisait l'objet d'une enquête approfondie, ainsi que leur représentant, Dave Beck. Et, alors que le vol de fonds appartenant au syndicat était lié au Milieu, personne n'avait encore sérieusement enquêté sur le crime organisé. Cependant, averti par Washington, Mooney apprit que le Milieu ferait l'objet d'investigations. De toute évidence, Bobby Kennedy projetait une attaque tous azimuts contre la pègre.

Travaillant finalement pendant trente mois et trois sessions du Congrès, et comportant trois étapes distinctes, la commission McClellan s'attaqua d'abord aux détournements de fonds syndicaux effectués par certains responsables de ces organisations. Au cours de la deuxième étape, elle enquêta sur les syndicats dont les activités étaient traditionnellement liées au racket, notamment celui des camionneurs. Mais ce fut la troisième et ultime enquête de la commission, consacrée aux pratiques syndicales frauduleuses, qui eut le plus grand retentissement puisqu'elle provoqua la mise en cause de tous ceux que l'on considérait comme les patrons du crime organisé en Amérique.

Quand son frère arriva au motel, un après-midi d'automne venteux comme il y en a souvent à Chicago, Chuck vit tout de suite qu'il était de mauvaise humeur.

— Qu'est-ce qui lui prend, à ce petit connard de Kennedy ? s'écria Mooney. Ce petit fumier de Bobby attaque à la gorge, tu trouves pas ça incroyable ? J'y comprends rien... il pige donc pas qu'il est en train de priver son frère des voix de tous les syndicats d'Amérique ? Et, de toute façon, qu'est-ce qu'il a dans la tête, son frère, Jack ? Merde, lui aussi il fait partie de la commission, et il est presque aussi mauvais que Bobby. Ils sont débiles, ou quoi ?

Chuck regarda les yeux de Mooney. Rubans noirs de fureur, ils lui rappelèrent son enfance et le soir, autrefois, où Mooney s'était aperçu qu'on lui avait volé son argent. Chuck n'avait pas pensé depuis des années à la terrible correction que Pepe, ses cousins et lui avaient reçue. Mais, scrutant le visage de son frère, il y vit la même cruauté horrible, presque terrifiante.

Mooney croyait qu'on le prenait pour un con. Et c'était sans doute ce qu'il détestait le plus. A la connaissance de Chuck, tous ceux qui avaient essayé étaient morts. Il secoua la tête.

— C'est pas croyable, ces petits Kennedy... Qu'est-ce que dit Murray ?

— Toujours les mêmes conneries. Joe a les choses en main... Joe a les choses en main. Merde, le vieux Kennedy s'envoie des putes au Cal-Neva* de Tahoe pendant que Rome brûle.

— Hé, Mooney, détends-toi. Kennedy doit savoir que la situation est sous contrôle. Et Murray tient Washington, pas vrai ?

— Ouais. Mais tu crois qu'il me répondrait ? Sinatra s'occupe du vieux, dans l'Ouest. Il lui raconte, à lui et aux autres, que c'est une manœuvre politique, un jeu. Murray dit pareil.

— Allons, Mooney, comme tu disais, Joe Kennedy te doit la vie. Tu crois qu'il te raconte des conneries ?

— Il me doit plus que ça et il le sait, bordel de Dieu, répliqua sèchement Mooney. On peut plus travailler si on a ces connards du Congrès sur le dos, pas vrai ?

— Sûrement.

---

* Casino-hôtel situé au bord du lac Tahoe, à deux cent cinquante kilomètres au nord-est de San Francisco. La frontière entre la Californie et le Nevada passe sur le terrain où il est construit. Frank Sinatra en était l'actionnaire majoritaire et Mooney Giancana y avait des intérêts.

— Bon, soupira Mooney avec un sourire forcé, c'est pas les as qui nous manquent. Y a des sénateurs qui nous doivent gros.

— Alors, où est le problème ? demanda Chuck, rassuré. T'as toujours réussi à t'en sortir. Il y a des gars qui te doivent des services dans tous les coins et t'as des politiciens dans ta poche. Te bile pas.

Mooney eut un sourire hésitant et hocha la tête.

— T'as raison. Buvons un coup. J'ai eu une dure journée.

Les rouages de la justice continuèrent de tourner, à Washington, tandis que la semaine finissait. Il y eut les empoignades partisanes habituelles entre les membres de la commission sénatoriale. Le républicain Barry Goldwater déclara que le jeune avocat-conseil de la commission, Robert Kennedy, exerçait une trop forte influence sur les débats. Mais le président de la commission, le sénateur démocrate John McClellan, baptiste terre à terre originaire de l'Arkansas, défendit le jugement et l'agressivité de Kennedy.

— C'est le meilleur, répliqua McClellan aux détracteurs de Kennedy.

Il y avait, dans l'attitude du jeune Kennedy, une véhémence admirable qui était peut-être désagréablement familière à Mooney. A trente et un ans, la tâche d'avocat-conseil de la commission devait être épuisante, sinon écrasante. Cent experts-comptables et enquêteurs étaient sous l'autorité de l'avocat-conseil ; il faudrait en outre interroger plus de mille cinq cents témoins, puis résumer et analyser plus de vingt mille pages de dépositions.

Mooney voyait en Bobby Kennedy, comme il avait vu en Teddy Roe, un manœuvrier calculateur, un homme impitoyablement ambitieux. Un homme qui ressemblait beaucoup à Mooney lui-même.

16.

Après la Crise des années trente, les syndicats se développèrent aux États-Unis et, grâce notamment à l'intelligence remarquable de Murray Humphreys, Chicago ne fit pas exception. Parmi tous les syndicats, celui des camionneurs était le plus beau fleuron de la couronne de Humphreys, avec celui des acteurs au sein de l'industrie cinématographique, que Chicago contrôlait efficacement. Le syndicat des camionneurs était particulièrement pratique. Si la viande et les denrées alimentaires n'arrivaient pas à temps dans les magasins, elles pourrissaient. Si le matériel ou les pièces de rechange pour les machines n'étaient pas livrées, les usines s'arrêtaient.

Le pouvoir que cela donnait à ce syndicat était notamment impressionnant dans la mesure où il permettait de choisir des entreprises ou des secteurs d'activité spécifiques. L'arrivée rapide ou tardive d'une livraison faisait souvent la différence entre le succès et l'échec, dans le climat de forte concurrence qui régnait aux États-Unis. Le Milieu pouvait choisir les entreprises qu'il souhaitait s'approprier, ruiner ou contrôler. Ou, inversement, quand des chefs d'entreprise acceptaient de s'allier au Milieu, leurs concurrents se trouvaient souvent confrontés à d'insolubles problèmes de livraison.

L'idée proprement géniale de ces machinations datait de 1944, époque à laquelle Humphreys avait confié la responsabilité des camionneurs de Chicago à un petit Sicilien intraitable, Joey Glimco. Glimco, avec son mètre soixante et son nez crochu, ne laissa pas tomber le Milieu ; sous sa direction, les effectifs du

Syndicat des camionneurs de Chicago montèrent en flèche parce que Glimco l'introduisit partout, des pâtissiers aux fleuristes et aux plombiers. Au cours des vingt années qui suivirent, d'autres hommes, notamment Dave Yaras, Lenny Patrick, Red et Allen Dorfman ainsi qu'Irving Wiener, créèrent leurs propres « filiales ». Mooney dit à Chuck que des dizaines de sociétés fantômes, allant de l'hôtellerie touristique à l'assurance maladie et aux restaurants, servirent d'écran à ces hommes et leur permirent d'escroquer des dizaines de millions de dollars aux membres du Syndicat des camionneurs. Presque toutes étaient créées dans le seul but d'obtenir des prêts énormes de la part de la caisse de retraite des camionneurs. Quand le prêt avait été accordé, la société faisait rapidement faillite, saignée à blanc par le Milieu.

Quand le président international, Dan Tobin, prit sa retraite, Chicago veilla à le faire remplacer par un homme avec qui il serait possible de s'entendre. Dave Beck, organisateur solide, originaire de Seattle, prit la tête du Syndicat international. Aux côtés de Beck, le Milieu installa un voyou de Detroit qui avait les mêmes idées que lui, Jimmy Hoffa. Ces deux hommes étaient des partenaires idéaux, ce qui permettrait à Glimco de poursuivre ses affaires.

Quand il s'avéra que Dave Beck attirait trop l'attention, il fallut opérer des changements et, en septembre 1957, Chicago offrit à Jimmy Hoffa la victoire écrasante qui le propulsa à la présidence du Syndicat international. En octobre, avec Hoffa à la tête des syndicats, Murray Humphreys faisant pression sur les hommes politiques et Mooney donnant les directives, Chicago était l'étoile montante du pays. Le cercle du pouvoir était bouclé.

Cependant, Bobby Kennedy ne voyait pas l'infiltration du crime organisé dans les syndicats comme un cercle, mais plutôt comme un nœud coulant que la pègre avait passé autour du cou du pays et qui menaçait d'étrangler des innocents. Par conséquent, pendant les auditions de la commission McClellan, son frère John et lui occupèrent le devant de la scène, cuisinant les témoins, ironisant et se moquant d'eux. En 1955, John Kennedy s'était vu préférer Estes Kefauver, connu pour son action contre le crime, lors de la nomination du candidat à la vice-présidence, et il saisit cette occasion de se faire un nom.

Tandis que la commission McClellan dévoilait la deuxième étape de ses travaux, au cours de l'automne 1957, l'essentiel de la pègre avait les yeux fixés sur le drame qui se jouait à New York.

Depuis l'assassinat de Willie Moretti, en 1951, et l'installation d'Albert Anastasia à la tête de la famille Mangano, Vito Genovese travaillait activement, en coulisse, au renversement de Frank Costello. En mai 1957, Genovese chargea le tueur Vince Gigante, dit le Menton, d'assassiner Costello. Le destin voulut que la balle ne fasse qu'effleurer le crâne du parrain.

Costello survécut à la tentative d'assassinat, mais l'interrogatoire qui suivit lui fut fatal. Un morceau de papier indiquant les recettes totales du Tropicana de Las Vegas, trouvé dans sa poche par les autorités après la tentative de meurtre, attira l'attention de l'IRS. Il fut aussitôt inculpé de fraude fiscale. Ce fut plus ou moins une victoire pour Genovese, le traître, mais aussi longtemps qu'Anastasia conserverait le pouvoir, restant le protecteur et l'allié de Costello, celui-ci demeurerait théoriquement invulnérable. Sans se décourager, Genovese entreprit alors de se débarrasser d'Anastasia, persuadant finalement Meyer Lansky et d'autres patrons de la pègre que les « folies de cow-boy » d'Anastasia et ses tentatives d'infiltration des casinos cubains justifiaient son élimination. Peu après, Albert Anastasia fut assassiné chez son coiffeur.

Malheureusement, cette lutte pour le pouvoir au sein de la pègre n'aurait pas pu se produire à un plus mauvais moment ; grâce à la commission McClellan, le pays tout entier était à l'affût du moindre événement.

Le 13 novembre 1957, Chuck et Anne-Marie buvaient du café et mangeaient des gâteaux en regardant les informations du soir. Comme tous les citoyens, ils apprirent avec stupéfaction ce que Joseph Amato, de la brigade des stupéfiants, avait dit devant la commission McClellan à propos de la mafia :

— Nous croyons qu'il existe une société, plus ou moins organisée, dont les objectifs spécifiques sont le trafic de drogue et le crime. Elle a son siège en Italie et exerce ses activités dans tout le pays. En fait, elle est internationale.

— Oh, mon Dieu ! s'écria Anne-Marie qu'une telle possibilité scandalisait. Est-ce que c'est vrai, Chuck ?

— Non. La mafia ? Qu'est-ce que c'est que ce truc ? C'est un mot que les types du gouvernement ont inventé, c'est tout, répondit-il. Puis il demanda une nouvelle tasse de café, espérant changer de sujet.

En fait, il n'avait jamais vraiment entendu parler de la mafia, sauf peut-être par les gars de La Nouvelle-Orléans, qui aimaient ce surnom. Pour l'essentiel, il y avait le Milieu, l'Organisation, la Pègre, le Comité. Et on connaissait aussi la Main Noire et la Camorra mais, à sa connaissance, seuls des New-Yorkais cinglés et des gars de Louisiane employaient le mot *mafia,* dont les media s'emparaient à présent dans l'espoir de conférer une identité à l'animal énigmatique qu'ils appelaient jusque-là « le crime organisé ».

La déposition d'Amato fut présentée comme le tournant de l'enquête et, ce soir-là, la question fut posée d'un bout à l'autre du pays dans des millions de salons : la mafia existe-t-elle vraiment ? Y a-t-il véritablement une organisation de gangsters italiens ? Par pure coïncidence, et grâce à Vito Genovese qui choisit le mauvais moment pour conquérir le pouvoir, le pays et la commission McClellan eurent la réponse le lendemain matin.

Onze mois auparavant le sénateur McClellan avait frappé la classe moyenne américaine de stupeur en affirmant :

— Il existe en Amérique, aujourd'hui, une organisation criminelle structurée.

Le 14 novembre 1957, au lendemain du témoignage fatidique d'Amato sur la mafia, les chefs de l'Organisation se réunirent au sommet d'une colline boisée, dans la propriété de soixante-quinze hectares d'un autre gangster, Joseph Barbara, à Apalachin, dans l'État de New York.

Le mot « mafia » réapparut dans les informations. Une descente, dirigée par la police de l'État et des agents du fisc contre cette réunion clandestine, permit l'arrestation de dizaines de responsables syndicaux, d'un conseiller municipal de Buffalo et de cinquante-huit gangsters connus. Au cours de l'enquête qui suivit, on constata que cinquante d'entre eux avaient déjà été arrêtés, trente-cinq avaient été condamnés, dix-huit étaient soupçonnés de meurtre, quinze avaient été arrêtés pour trafic de drogue, trente pour jeu clandestin. Dans ce groupe, vingt-deux étaient liés aux activités des syndicats, vingt-deux à l'import-export, principalement d'huile d'olive et de fromage, dix-neuf à l'épicerie en gros, aux distributeurs automatiques ainsi qu'à la construction, et dix-sept avaient des intérêts dans les bars, restaurants et hôtels.

On estima qu'une cinquantaine de gangsters s'étaient échappés dans les forêts et les champs.

Deux jours plus tard, Mooney passa au motel Thunderbolt. Il gagna le bar et, adressant un sourire malicieux à Chuck, secoua une jambe vêtue de soie.

— Qu'est-ce que t'as à la jambe ? demanda Chuck.

— Je secoue les chardons de ces saloperies de forêts de l'État de New York, qui se sont pris dans mon pantalon, blagua Mooney.

Ils rirent puis allèrent boire un café dans le bureau de Chuck.

— Des chardons ? fit Chuck, avec un rire étouffé. Merde, je savais que si quelqu'un pouvait être plus malin que les flics à cette conférence, ça serait toi.

— Ouais, t'as entendu parler d'Apalachin ? On parle que de ça, pas vrai ? Bon, au départ, je devais même pas y aller, mais je l'ai fait pour rendre service à Lansky et Costello. Ils y ont pas été parce qu'ils savaient très bien ce que Genovese essaierait d'obtenir. Mais fallait que quelqu'un y aille. Merde, il a fallu que je cavale comme un lapin dans ces saloperies de forêts. C'est plein de ronces. J'ai déchiré un costume à deux mille dollars sur du fil de fer barbelé et massacré des chaussures neuves.

Il leva les mains et alluma un cigare, révélant des boutons de manchettes avec de magnifiques saphirs ovales.

— Bon sang, ça m'a l'air dingue... Chuck tenta d'imaginer son frère dans la situation indigne consistant à courir dans les bois.

— C'*était* dingue, dit Mooney, hochant la tête. Il but une gorgée de café et poursuivit : Oh, mon vieux, qu'est-ce que ça caillait. Est-ce que tu savais que les feuilles sont vraiment glissantes quand elles sont mouillées ?

Chuck secoua la tête.

— Eh bien, elles le sont... dans les bois à cette époque de l'année.

Il posa son cigare dans le cendrier et rit, puis reprit :

— Tu aurais dû voir les gars glisser et tomber sur le cul,

craquer leur pantalon. Y en a qui sont carrément descendus tout droit au milieu des arbres, jusqu'en bas de la colline, ironisa-t-il.

— Ça m'a l'air d'avoir été un vrai cirque. D'après les informations, les flics étaient partout.

— Comme des fourmis, dit Mooney.

— Bon, je suppose qu'il y a des tas de gars qui s'en sont pas tirés, hein ? demanda Chuck, répétant ce qu'il avait entendu.

— Ouais, et ils sont prêts à tuer Genovese. Ils lui reprochent tous de s'être fait coffrer, dit Mooney.

Il s'appuya contre le dossier de son fauteuil, manifestement satisfait de lui-même. Ses yeux se firent froids et durs.

— Merde, Chuck, ce Genovese, le fumier, il croyait pouvoir devenir patron des patrons après avoir essayé de tuer Costello et fait descendre Anastasia, tu te rends compte ? s'écria-t-il, haussant le ton sous l'effet de l'incrédulité. Tu vois, on a discuté avant la réunion, Lansky, Costello, Gambino et moi. On irait, Gambino et moi, et ils resteraient. On jouerait sur les deux tableaux et on verrait aussi ce que mijotait ce sale sournois... C'est tout. Pas question que ce fumier soit mon patron. Il est dingue s'il croit que je le laisserai faire. Regarde comment il a traité Frank Costello. (Il serra les dents et ses lèvres, autour de son cigare, eurent une expression de défi.) Genovese est complètement con, mais il est fini maintenant, dit Mooney d'une voix méprisante. On l'écoutera plus jamais. Un patron valable aurait fait protéger l'endroit. Et je vais m'arranger pour que tout le monde soit au courant.

La détermination fit briller ses yeux.

Visiblement, Mooney était sur la piste de Genovese. Chuck savait une chose sur son frère : il était inébranlablement fidèle en amitié. A la connaissance de Chuck, Costello était le seul ami de Mooney, à supposer que ce mot ait un sens pour lui ; Mooney lèverait tous les obstacles pour se débarrasser de l'ennemi de Costello.

Mooney avait un proverbe de prédilection qu'il avait rapporté de ses voyages au Moyen-Orient : L'ennemi de mon ennemi est mon ami. Tous ceux qui s'opposaient à Genovese furent à partir de ce moment les amis de Mooney... tous. Cette philosophie entraîne des associations bizarres, se dit Chuck, scrutant le visage de Mooney. Mais il ne dit rien et se contenta de remarquer :

— C'est vrai que tu aurais transformé Chicago en forteresse, s'ils étaient venus ici ?

— Exact. Et c'est parce que je sais ce que je fais. Je contrôle ma ville.

Un sourire cruel passa sur ses lèvres.

— Mais on n'en a pas encore fini avec ce fumier, poursuivit-il. Tu vas voir, il va bientôt se retrouver dans une cellule. Dommage, hein ?

C'était presque comme si le Mooney d'autrefois était revenu. Il échafaudait des plans, manœuvrait et évoquait ses projets avec un large sourire. Quand il était comme ça, il était invincible, intouchable.

Les événements de novembre eurent des conséquences très importantes. A Washington, alors que la position de Bobby Kennedy et de John McClellan se renforçait, J. Edgar Hoover, le directeur du FBI, était dans l'embarras.

Depuis des décennies, Hoover affirmait que le crime organisé n'existait pas. Au début des années cinquante, il se moquait d'Estes Kefauver, qui déclarait qu'une pègre italienne organisée exerçait ses activités aux États-Unis. Récemment il avait traité Kennedy et McClellan par le mépris. Néanmoins, après l'affaire d'Apalachin, son ignorance du crime organisé risquait de le ridiculiser aux yeux de l'opinion publique. Mais le pire était peut-être que son orgueil en avait pris un coup ; il avait été battu à plates coutures par une poignée de flics de New York et la brigade des stupéfiants, adversaire traditionnel du FBI.

Mooney disait souvent que Guy Banister, ancien membre du FBI, jouait un rôle dans les plans du Milieu.

— Tu te souviens quand je t'ai raconté qu'on avait aidé ce type à coincer des communistes, qu'on lui donnait des voleurs de voitures, ce genre de merde ? Bon, on l'a mis en cheville avec Marcello, à La Nouvelle-Orléans, quand il a pris la direction de la police, là-bas.

Mooney confia surtout que J. Edgar Hoover lui-même n'était pas au-dessus de tout soupçon depuis des années.

— C'est Costello qui a tout organisé. Il savait que Hoover était comme tous les flics et tous les hommes politiques, mais plus teigneux et plus malin. Hoover voulait pas une enveloppe chaque mois, ça le vexait, ironisa Mooney. Alors on lui a jamais carrément donné du liquide ; on lui a donné mieux. Des tuyaux sur des courses truquées. C'était à lui de décider combien lui rapporterait l'information. Il pouvait mettre dix mille dollars sur un cheval coté à vingt contre un, et il l'a fait.

Communiquer les tuyaux à Hoover était très facile, expliqua Mooney. Frank Costello apprenait par Frank Erikson, le plus gros bookmaker du pays, et le plus puissant, qu'une course truquée se préparait. Ensuite, Costello avertissait le chroniqueur Walter Winchell et Winchell prévenait Hoover. Hoover sautait dans sa voiture sous prétexte qu'il travaillait sur une affaire et filait au champ de courses.

— Il jouait deux dollars pendant qu'un de ses gars pariait sur le gagnant au guichet à cent dollars, dit Mooney. Il ajouta que Costello n'avait jamais laissé tomber le directeur du FBI ; Hoover gagnait à tous les coups. Pratique, pas de problème, et on peut appeler ça comme on veut, mais un pot-de-vin est un pot-de-vin, dit-il en mâchonnant son cigare.

Comme tous les regards étaient tournés vers Hoover, Mooney prévoyait de nouveaux rebondissements.

— Après tout, faut que ce type fasse bonne figure. Faudra qu'il cesse de pourchasser les cocos et les voleurs de voitures et qu'il montre aux gens qu'il s'attaque à la mafia.

Mooney prononça le mot « *mafia* » d'une voix spectaculairement diabolique.

Mooney croyait que Hoover se trouvait dans une situation délicate ; s'il s'attaquait trop énergiquement à ses anciens « bienfaiteurs », la pègre risquait de le menacer de chantage. Néanmoins s'il ne faisait rien, s'il n'agissait pas vite, il risquait d'affaiblir sa maison, voire de perdre sa position personnelle dans la lutte contre le crime.

— Hoover va peut-être être dangereux, à présent. On a déjà été dans le même camp. On l'a aidé avec les cocos et ce nègre, Martin Luther King, plus d'une fois, commenta Mooney, secouant la tête. Maintenant, les règles ont changé. Il est coincé et il le sait. C'est Bobby Kennedy qui est responsable de tout ce merdier, mais ça compte pas. Un type comme Hoover a que deux solutions quand ça commence à chauffer : tuer ou être tué.

Je suis prêt à parier qu'il va essayer de nous avoir avant qu'on puisse l'avoir, conclut Mooney avec un sourire. Ça va devenir intéressant, Chuck, vraiment intéressant.

Immédiatement après Thanksgiving, le 27 novembre 1957, J. Edgar Hoover fit exactement ce que Mooney avait prévu, lançant officiellement une attaque contre le crime organisé grâce à son Top Hoodlum Program, ou THP*. Des agents furent chargés de cette nouvelle vendetta dans toutes les villes du pays, mais Hoover déclara que Chicago et New York recevraient la part du lion.

Hoover réussit même à transformer l'embarras initialement provoqué par l'absence de toute allusion à la mafia dans les archives volumineuses du FBI en une sorte de coup médiatique ; il donna un nouveau nom à ce que la brigade des stupéfiants avait appelé la mafia : la *Cosa Nostra,* « notre chose », en italien. En inventant cette appellation dont personne, y compris les gars du Milieu de Chicago, n'avait entendu parler, Hoover donna l'impression d'être mieux informé. Chuck conclut que Mooney avait raison ; Hoover serait un adversaire coriace.

A Chicago, dix agents furent chargés des opérations. Mooney demanda à Humphreys et à Daley, le maire, de se tenir au courant et avertit ses hommes que les fédéraux se mettaient en chasse. Il avait appris, de Washington, que l'affaire ne durerait pas et qu'elle capoterait, exactement comme en 1946, quand Hoover avait lancé le CAPGA**, nom de code donné par le FBI à la « réactivation de la bande de Capone ». Mais, méfiant et prêt à toute éventualité, il dit à Chuck :

— Maintenant, c'est chacun pour soi et le gagnant ramasse tout. Dans cette affaire, j'ai l'intention de gagner.

Non seulement l'affaire d'Apalachin accentua la surveillance exercée sur les activités du Milieu, mais elle provoqua également une troisième enquête de la commission McClellan sur le crime organisé et la mafia. On apprit, dans le Milieu, que les patrons soupçonnés d'appartenir à l'Organisation nationale pourraient

---

* Programme de lutte contre le grand banditisme. Aux États-Unis, la lutte contre la délinquance prend souvent la forme d'opérations spéciales soigneusement mises en scène.

** CAPone GAng, opération de lutte contre le célèbre gangster.

être appelés à témoigner devant la commission et, logiquement, en avril 1958, on apprit que Mooney ferait l'objet d'une convocation *.

Mais, pour le moment, Mooney ne semblait guère inquiet ; il confia à Chuck que la convocation ne lui serait pas remise, même si elle était délivrée.

— Faut qu'ils fassent bonne figure, dit-il avec indifférence. Mais tant que je garderai un profil bas, que je me ferai pas remarquer, Humphreys dit qu'il a la parole du vieux Kennedy et qu'ils diront simplement qu'ils savent pas où me trouver.

Chuck resta pratiquement en dehors de l'agitation créée par la commission McClellan et les fédéraux de Hoover. Il conclut qu'il était à l'extérieur et que cela lui profitait peut-être enfin. Comme avait un jour dit Anne-Marie :

— Nous ne sommes pas des gangsters...

Il savait qu'il n'avait rien à cacher ; le motel était toujours propre et son seul crime consistait à être le frère de Mooney.

— Le FBI n'enquête pas là-dessus, dit-il à sa femme tandis qu'ils installaient une guirlande d'ampoules multicolores sur leur sapin de Noël. Ce n'est pas un crime de porter le même nom, pas vrai ?

De plus en plus, il semblait à Chuck qu'il n'avait plus que ce nom en commun avec Mooney. Il avait espéré être, aux côtés de Mooney, un associé respecté. Mais de nombreux lieutenants fidèles s'interposaient désormais entre lui et ce rêve. Et, selon les gars du Milieu, les seuls hommes plus ou moins considérés comme les égaux de Mooney étaient les patrons de New York : Gambino et Costello. Lansky était au sommet, aucun doute, mais il était juif, ce qui le plaçait forcément en marge. Au bout du compte, pratiquement tous les gars que rencontra Chuck admirent que ces hommes eux-mêmes ne comptaient pas, parce qu'il y avait en fait deux

---

* *Subpoena* : assignation à témoigner délivrée par un tribunal. Elle doit être remise en main propre à son destinataire, ce qui donne parfois lieu à des parties de cache-cache. Celles-ci ne peuvent cependant pas durer éternellement : quand la volonté délibérée de se soustraire à une convocation peut être établie, on risque une condamnation pour outrage au tribunal.

pègres : celle qui tenait New York et celle, dont le quartier général était à Chicago, qui tenait tout le reste.

Chuck croyait que cette analyse était exacte. En jouant le rôle d'intermédiaire entre les autres parrains du pays, Mooney s'était élevé au rang de responsable. Il était associé au patron de La Nouvelle-Orléans, Carlos Marcello, dans les entreprises de jeu créées par Chicago au Texas, en Alabama et en Géorgie. Santo Trafficante Jr. était son « homme » en Floride, et alimentait Chicago en dollars issus des casinos de Cuba et en drogue provenant d'Amérique centrale, des Caraïbes et d'Asie. Mooney avait consolidé sa position à New York où, depuis la mort d'Albert Anastasia, il travaillait avec Carlo Gambino au renforcement de ses contacts avec les rackets européens et les réseaux de trafic de drogue. En échange, quand Mooney se lança dans le jeu, qui demeurait sa spécialité et son domaine, en Europe, il en fit profiter Gambino. En général, Lansky participait aux affaires internationales de Mooney, ainsi que ceux dont ils devaient se concilier la faveur à ce moment-là. Mais, lors de chaque percée dans une affaire ou un territoire géographique, Mooney s'arrangeait pour tenir les rênes.

Au printemps 1958, Chuck buvait tranquillement un verre avec Mooney au Pink Clock Lounge (l'Horloge Rose), bar proche de l'Armory Lounge, quand son frère se leva brusquement.

— Montons, dit-il.

Mooney avait un appartement, au-dessus du Pink Clock, où il logeait ses nombreuses maîtresses successives. Chuck le connaissait et l'élégance ainsi que le raffinement avec lesquels les endroits où vivait Mooney étaient meublés l'émerveillaient toujours.

Pendant le reste de l'après-midi, un verre de vin à la main, Chuck écouta son frère parler de l'affaire d'Apalachin, de ses filles, de Frank Costello et de ses entreprises de jeu à La Havane.

Il avait été décidé, selon Mooney, que le gouvernement des États-Unis, certains investisseurs américains et le Milieu « joueraient sur les deux tableaux à Cuba », fournissant armes et munitions aux rebelles qui tentaient de renverser Batista tout en soutenant celui-ci publiquement.

L'action concertée du Milieu et de la CIA dans les affaires internationales n'était pas sans précédent, rappela Mooney à Chuck. Il avait aidé Bob Maheu, ancien membre du FBI devenu agent de la CIA, dans des opérations en Arabie saoudite et en Indonésie et, autre commande, avait déjà organisé une opération de contrebande de Maheu à partir du Texas. Il avait travaillé avec plusieurs agents, au fil des années, expliqua-t-il, au Moyen-Orient, au Guatemala et en Asie, nouant des liens qui n'étaient activés qu'en cas de nécessité. Mais, quand elles ne servaient pas des objectifs « patriotiques », ces relations protégeaient efficacement ses activités de contrebande.

En échange des services que lui rendait la pègre, selon Mooney, la CIA fermait les yeux, laissant annuellement cent millions de dollars de drogue illégale entrer aux États-Unis par l'intermédiaire de La Havane. C'était un arrangement similaire à tous ceux qu'ils avaient mis sur pied, d'après lui. La CIA percevait dix pour cent du butin provenant de la vente de la drogue, qui alimentaient ses « fonds secrets ». La CIA cachait ces sommes illégalement gagnées sur des comptes en Suisse, en Italie, aux Bahamas et au Panama.

La détérioration de la situation cubaine conduisit naturellement la CIA à faire appel à ses amis du Milieu. Ayant investi des millions à Cuba, les deux parties avaient beaucoup à perdre.

Mooney dit qu'il organisait tout. Il avait envoyé Lewis McWillie diriger le Tropicana, un établissement de La Havane. McWillie était un de ses soldats du Texas, qui avait précédemment travaillé avec Jack Ruby — l'homme qui abattrait Oswald, l'assassin de Kennedy, en plein cœur des locaux de la police de Dallas — et Frank Fiorini (alias Frank Sturgis), faisant passer des armes au Mexique et important de la drogue. Tout en dirigeant le casino, expliqua Mooney, McWillie collaborerait avec Johnny Roselli dans leurs opérations de contrebande. Roselli passait toujours beaucoup de temps à Hollywood et Las Vegas mais, désormais, diplomate itinérant, il allait souvent de ville en ville, représentant Chicago (et Mooney).

— Mettre ce nouveau plan à exécution serait simple, affirma Mooney, secouant avec assurance la cendre de son cigare. Les armes viendront du marché noir et c'est la CIA qui va les livrer aux rebelles. Il rit et ajouta : Mais, naturellement, la CIA les achètera au Milieu, avec l'argent gagné dans nos autres entreprises communes. Après tout, ils peuvent pas prendre sur leur budget pour soutenir en même temps Batista et les rebelles... qu'est-ce que les Américains penseraient ? Enfin, on a tous les contacts pour les armes et on les achètera avec l'argent gratté par Hoffa et les camionneurs. On les stockera dans un entrepôt du Texas, ensuite, et on les enverra à Cuba par bateau ou par avion. La CIA fournira les avions et les bateaux, ou alors je créerai une société qui louera des avions et des bateaux au gouvernement.

Il but une gorgée de vin, puis affirma qu'il faisait confiance à Ruby et que tout se passerait bien, au Texas.

— Il a déjà travaillé pour moi, avec Trafficante et Marcello, dans des affaires de contrebande où il s'occupait des relations avec les flics et les fédéraux. Trafficante supervisera l'opération. McWillie fera équipe avec la CIA pour livrer les armes à Roselli, un des gars de Trafficante et un autre agent de la CIA, qui les feront parvenir aux rebelles.

— Magnifique, fit Chuck.

Mooney eut un large sourire.

— Ouais, magnifique.

— Dis donc, tu vas peut-être finir par l'avoir, cette retraite du gouvernement, blagua Chuck.

— Peut-être, fit Mooney avec un sourire. Mais ils me doivent encore un gros service et faudra peut-être que je le demande. Merde, je risque d'être obligé.

— Lequel ?

— Faudra peut-être que je leur demande qu'ils s'arrangent pour arrêter Hoover et sa meute de loups. Ou qu'ils s'occupent de Bobby Kennedy et de cette saloperie de commission McClellan.

On racontait que la commission McClellan avait adressé une convocation à Mooney. Pour éviter qu'on la lui remette, il voyagea beaucoup, cette année-là, rencontrant ses associés partout où il alla. Malgré les pressions qu'il subissait, Mooney paraissait en pleine forme. Il aimait les défis, dit-il, et les affaires du Milieu étaient tout son univers.

Au printemps, Willie Patate arriva un jour au bar du Thunderbolt, une blonde platine au bras, et dit :

— Devine ce qui vient d'arriver, à New York.

Chuck était assis en compagnie de Rocky Potenza et de Johnny Matessa. Pour blaguer, ils demandèrent d'une même voix :

— Quoi ?

Willie se pencha sur eux et souffla :

— Mooney et les gars ont eu Genovese. Ils lui ont collé une affaire de drogue sur le dos.

— Bien fait pour ce salaud, fit Rocky.

Willie se tourna vers la blonde.

— Va te poudrer le nez, chérie, dit-il, adressant un clin d'œil aux gars.

Elle hocha la tête.

— D'accord, Willie.

— Prends ton temps, ajouta Willie tandis qu'elle s'éloignait.

Ils suivirent des yeux sa jupe serrée et sa démarche ondulante jusqu'à la porte.

— Tu sais les choisir, Willie, dit Matessa, admiratif, levant son verre.

Willie se contenta de sourire et s'assit.

— Bon sang, il fait une chaleur d'enfer, dehors, dit-il, s'essuyant le front avec un mouchoir.

— Je parie qu'ils ont plus chaud à New York, ironisa Rocky.

— Tu peux parier, fit Willie avec un rire étouffé. Ils ont eu du mauvais temps qui venait de Chicago.

— Alors, qu'est-ce qui se passe ? demanda Chuck, faisant signe au barman d'apporter une nouvelle tournée.

Un large sourire éclaira le visage de Willie, dévoilant ses dents, ce qui le rendit franchement inquiétant.

— Apparemment, il y a un de mes gars qui a donné Genovese.

— Un de tes gars ? s'écria Matessa, incrédule.

Willie, satisfait de l'effet produit, rit et acquiesça.

— Ouais, un de mes gars, un Portoricain. Mooney s'est servi de lui pour coincer Genovese dans une affaire de drogue, expliqua fièrement Willie. Tu sais, ce fumier de Genovese est un risque depuis qu'il a essayé de descendre Costello. Chicago a fourni le mouchard portoricain. Les gars de New York ont aligné vingt-cinq mille chacun et ont promis trois mille dollars par mois au type, pendant le restant de ses jours, pour qu'il joue les balances devant le tribunal et donne assez d'informations pour envoyer Genovese au trou.

— Merde, trois mille dollars pour se mettre un patron comme Genovese à dos, je trouve que ça vaut pas le coup, dit Matessa.

— Qu'est-ce que ça peut foutre ? fit Willie, haussant les épaules. Comme dit Mooney : Sers-toi d'eux quand tu peux. On va s'arranger pour que le type se fasse pas descendre quand ça sera terminé.

L'idée venait de Mooney, expliqua plus tard Willie. Mais les autres patrons l'avaient soutenu. Dans toutes les affaires, ils se mettaient d'accord, ils collaboraient. Ça se passait toujours comme ça. En fait, chacun d'entre eux aurait pu faire le boulot séparément mais, en se chargeant chacun d'une partie, et en la confiant à leurs soldats et lieutenants respectifs, ils se mettaient plus efficacement à l'abri des conséquences éventuelles.

Pour le coup monté contre Genovese, Mooney fit appel à Willie Patate qui, à son tour, recruta un de ses soldats, un petit trafiquant de drogue nommé Nelson Cantellops. Mooney ignorait totalement qui était ce type, et s'en fichait. Cantellops n'était qu'un minable, mais un minable intelligent, fait sur mesure pour leur complot contre Genovese.

Comme Mooney fournissait le plan et la main-d'œuvre, Lansky, Gambino, Costello et Luciano apportèrent les dollars nécessaires au financement de la combine qui ferait finalement tomber Genovese. Pour sa part, Mooney reçut cinq pour cent supplémentaires du butin récolté à La Havane. Le plan fonctionna parfaitement ; Genovese fut arrêté grâce au témoignage de Cantellops, condamné à quinze ans d'emprisonnement et mourut finalement dans sa cellule, en 1969.

Son élimination fut une victoire.

— C'était le seul qui avait assez d'estomac pour déclencher une guerre, expliqua plus tard Mooney. Selon lui, il pouvait travailler avec les autres caïds, ou les manipuler.

Seul Joe Bonanno suscitait sa colère, mais il affirma :

— Il a peur de son ombre, et il a surtout peur de moi. Je

respecte absolument pas ce type. Il a rien dans le ventre ; chaque fois qu'il y a des problèmes, il quitte la ville.

Bonanno avait été un sujet d'irritation pour Mooney, en Arizona. Comme Las Vegas, l'Arizona était considéré comme un « territoire libre », ce qui signifiait que tous ceux qui en avaient les moyens pouvaient y travailler. Mooney s'y était rapidement implanté, ces dernières années, chargeant Chuckie English d'y monter des affaires d'immobilier, de juke-box et de distributeurs automatiques. Bonanno possédait une maison à Phoenix, ce que Mooney considérait comme une tentative de s'approprier l'État, cependant il n'était qu'une épine dans le pied d'English. Néanmoins, c'était une épine. Plus d'une fois, Mooney avait confié à des gars du Milieu que l'élimination de Bonanno l'arrangerait.

— Mais merde, il vaut même pas une balle.

Chuck se demanda, mais n'en dit rien, si ce n'était pas à cause de la commission McClellan que Mooney avait décidé de ne pas recourir à la violence pour évincer Genovese et se montrait aussi tolérant vis-à-vis de Bonanno. Après tout, il avait dit qu'il devait garder un profil bas pour éviter de témoigner. En juin 1958, presque tous ses associés de la pègre, y compris Tony Accardo, avaient affronté la commission et Mooney devait sentir approcher le jour fatidique. Combien de temps encore pourrait-on croire qu'un homme aussi connu que Mooney ne pouvait pas être localisé ?

Et il était manifestement connu. On savait que, parmi les parrains du pays, c'était le plus exigeant et le plus impitoyable. Il tenait ses soldats et ses lieutenants bien en main ; il savait qu'ils grattaient sur le butin et fermait toujours les yeux, sauf s'il s'agissait d'un gros vol qui ne pouvait être considéré que comme une injure et un affront à son intelligence.

Malheur alors à ceux qui allaient trop loin ! La réaction de Mooney était rapide, brutale, et il veillait toujours à faire un exemple avec le coupable. Tel fut le cas à l'automne 1958. Il en eut par-dessus la tête des magouilles de Gus Greenbaum à Las Vegas.

Au début des années quarante, Meyer Lansky avait cru en l'avenir de ce coin perdu poussiéreux où il n'y avait pratiquement qu'un restaurant pour routiers et une station-service.

Lansky crut que Las Vegas pourrait devenir la Mecque scintillante du jeu. Après la Seconde Guerre mondiale, il persuada Bugsy Siegel, malfrat et play-boy, de lancer l'opération. Peu après, six millions de dollars fournis par l'Organisation furent investis dans le premier casino-hôtel de Las Vegas, le Flamingo.

Lorsque l'on s'aperçut que les pertes du Flamingo n'étaient pas dues à de mauvaises affaires mais aux détournements de fonds systématiques effectués par Siegel, son élimination fut, collectivement, ordonnée. Chicago chargea deux soldats du travail et Siegel fut assassiné à Beverly Hills le 20 juin 1947. Aussitôt, chaque ville envoya un émissaire au Flamingo afin de protéger ses intérêts et de recoller les morceaux.

Chicago envoya Gus Greenbaum, un ancien de la bande de Capone, dont les activités remontaient à l'époque de la prohibition. Greenbaum était un grand professionnel du jeu, un virtuose de la gratte ainsi qu'un soldat de confiance, qui avait efficacement dirigé l'agence de presse Trans-American, en Arizona, pour le compte de Chicago. Sous la direction de Greenbaum, le Flamingo rapporta quatre millions de dollars la première année ; en réalité, avant les détournements effectués par Greenbaum au profit du Milieu, les bénéfices se montaient à quinze millions.

Quand il fut démontré que l'on pouvait, à Las Vegas, gagner beaucoup d'argent, net d'impôts, la pègre y déversa ses dollars. De nouveaux casinos et hôtels furent rapidement construits, tous plus spectaculaires et extravagants les uns que les autres. Du jour au lendemain, Las Vegas devint le paradis des joueurs et l'Organisation y fit la loi, situation qui dura jusqu'à la fin des années soixante-dix, quand le crime organisé fut finalement chassé par le FBI.

Au départ, Moe Dalitz, de Cleveland, possédait le Desert Inn tandis que Meyer Lansky contrôlait le Thunderbird. Le Dunes était la propriété d'une famille de Nouvelle-Angleterre. Le Sands était dirigé par Lansky et Costello, l'acteur George Raft assurant l'animation tandis que Frank Sinatra y possédait des parts. Des familles de Californie et de Cleveland obtinrent une partie du Stardust mais, après des mois de menaces en coulisse et d'arguties juridiques, ne les conservèrent que jusqu'au jour où

Mooney entra dans l'affaire et s'en appropria l'essentiel. Frank Costello et Phil Kastel, de New York, tenaient le Tropicana.

Chicago eut finalement recours aux fonds des syndicats, notamment celui des camionneurs, et ce soutien financier lui permit de contrôler le Sahara, le Riviera ainsi que le Ceasar's Palace, établissement néoromain d'un luxe criard.

Après que Marshall Caifano eut été envoyé à Las Vegas par Mooney, en 1953, d'autres suivirent. Mooney avait déjà chargé Johnny Roselli de négocier et de s'implanter par la force dans les autres casinos. S'y rendirent ensuite Johnny Formosa, son lieutenant chargé du jeu dans l'Indiana, Joe Pignatello, son premier chauffeur-garde du corps, Gus Zappas et Jimmy James, hommes de main des syndicats, et John Dew, le bookmaker de Chicago. Tous avaient un objectif : augmenter la part de gâteau revenant à Chicago.

En 1958, Las Vegas rapportait personnellement à Mooney trois cent mille dollars par mois. A lui seul, ce chiffre donnait le vertige à Chuck. Et ce n'était qu'une petite partie des centaines d'affaires qui rapportaient à Mooney ; en tout, il gagnait quatre millions par mois, nets d'impôts.

Quand Chicago prit le contrôle du Riviera, en 1952, Mooney en confia la direction à Gus Greenbaum. Mais quand Marshall Caifano constata que le traître Willie Bioff, dont le témoignage, en 1942, avait envoyé les patrons de Chicago en prison, travaillait sous les ordres de Greenbaum depuis 1955, l'étoile de celui-ci pâlit brusquement. Il se mit ostensiblement à jouer, perdant plus de vingt mille dollars par semaine, à boire et se droguer. Mais, surtout, il se mit à voler gloutonnement dans la caisse du Riviera, au-delà de ce que Mooney trouvait acceptable. Meyer Lansky, qui avait également une partie du Riviera, tomba d'accord avec Mooney sur la nécessité d'éliminer Greenbaum.

Mooney confia le travail à un de ses lieutenants qui, à son tour, fournit les soldats. En décembre 1958, trois tueurs de Chicago frappèrent chez Greenbaum, à Phoenix. M. et Mme Greenbaum, horriblement torturés et mutilés, furent retrouvés plus tard, la gorge proprement tranchée.

La nouvelle de l'élimination brutale des Greenbaum se répandit rapidement, ce qui était exactement ce que souhaitait

Mooney. Ils constituaient un exemple dissuasif pour tous ceux qui pensaient à trahir un jour Sam Giancana.

C'était un après-midi froid et venteux de janvier, à Chicago. Chuck, qui en avait assez de la paperasse, vérifiait le stock derrière le bar. Il s'était interrompu et contemplait la nouvelle décoration de la salle, dans le style de La Nouvelle-Orléans, avec ses chaises en fer forgé blanches et ses tables à dessus en verre, quand arrivèrent Chuckie Nicoletti, Gianola la Teigne et son sous-fifre Mugsy Tortorella. Ils s'installèrent sur un somptueux canapé en coin, commandèrent de la vodka avec de la glace et demandèrent à la serveuse de dire à Chuck de se joindre à eux. Le juke-box hurlait un succès des Everly Brothers.

Après les avoir salués, Chuck approcha une chaise. Il n'était pas venu beaucoup de monde, ce jour-là, à cause du verglas, et il sauta sur cette occasion de tailler une bavette avec eux.

— Alors, comment vous allez? demanda Chuck avec un sourire. Ou, plutôt, où est-ce que vous êtes allés?

— Je suis allé à Vegas, répondit la Teigne avec un sourire ironique, puis il retourna ses poches. Je suis ratiboisé!

Chuck hocha la tête.

— Si on gagne, vaut mieux les mettre tout de suite.

— Ou se tirer pour pas perdre plus, ajouta Mugsy avec un sourire.

— T'as entendu parler de Gus Greenbaum? demanda la Teigne, sirotant sa vodka. Il adressa un regard à Nicoletti.

— Ouais, répondit Chuck, secouant la tête. Les flics les ont trouvés égorgés, lui et sa femme.

— Greenbaum grattait pour son compte, il essayait de couler ton frère, dit Nicoletti, ses yeux froids aussi ternes qu'une vitre couverte de givre.

— Ouais, il l'a cherché, admit la Teigne, allumant une Lucky Strike avec un élégant briquet en or.

— Mais c'est plutôt horrible pour sa femme, ajouta Chuck sur le ton de la conversation.

— Pas vraiment, fit remarquer Mugsy, haussant les épaules. Maintenant, les gens sauront que les types de Chicago sont pas des connards qui se dégonflent quand il y a une femme dans le coup. Qu'on s'en fout d'un côté comme de l'autre.

— Ouais, en tout cas, Mooney s'en fout, ajouta la Teigne.

— Il aime faire des exemples. Une femme, ça frappe l'imagination. Et alors, elle est rien pour nous.

— Ouais, on l'emmerde, fit Mugsy.

— Buter une nana, c'est comme buter un type... sauf qu'elle a des nichons et une chatte. Qu'est-ce que ça peut foutre ? Le type est pas là pour la baiser, il est là pour faire un boulot, dit Nicoletti avec conviction.

Chuck alluma un cigare. C'était vrai, peu importait aux tueurs qu'il s'agisse d'un homme ou d'une femme. Peu leur importait qui ils tuaient. C'était leur boulot, ils le faisaient bien et il leur plaisait.

Il les regarda. Pendant un bref instant, il se demanda ce qu'il foutait avec ces types. Mais il avait bien un point commun avec eux. Ils poursuivaient tous un morceau du rêve américain. Il y avait simplement des gars qui étaient prêts à aller plus loin que d'autres pour y arriver.

17.

En apparence, il ne pouvait y avoir d'alliance plus parfaite qu'entre John Fitzgerald Kennedy, que la femme du président Roosevelt, Eleanor, présentait comme « un membre de la nouvelle élite dirigeante, sans principes ni personnalité », et Sam Giancana.

Les deux hommes avaient tout ce qu'il fallait : arrogance impudente, soif de pouvoir, ambition dévorante et immense fortune personnelle. Joe Kennedy dit à Mooney, début 1959, qu'ensemble ils seraient invincibles.

Considérés comme une des familles les plus riches et influentes du pays, les Kennedy devaient leur fortune et leurs relations politiques à un héritage qui remontait à l'époque sordide de la prohibition. Mooney Giancana avait connu des débuts tout aussi modestes. A présent, ses associés l'appelaient Sam (mais Chuck l'appelait toujours Mooney) et, autant d'après les journalistes que selon les gars du Milieu, il régnait en maître sur la pègre du pays. Chuck entendit son frère lui avouer que ses revenus dépassaient un milliard de dollars par an.

— La fleur est peut-être différente, mais les racines sont les mêmes, blaguait souvent Mooney, faisant allusion aux Kennedy, puis il ajoutait : Te laisse jamais avoir par les apparences, Chuck. Un malfrat reste un malfrat. Les Kennedy peuvent toujours prendre des grands airs et se faire passer pour des sang-bleu, mais ils connaissent, et je connais, la vérité... on est taillés dans le même bois.

Parmi les nombreux coups de téléphone que Joe Kennedy

donna aux pontes de la politique et à ses anciens complices, au cours de cet hiver-là, plusieurs furent adressés à Mooney. Roué comme il était, Kennedy avait audacieusement décidé de danser avec le diable, croyant, avec l'arrogance qui le caractérisait, qu'il pourrait jusqu'à la fin de ses jours jouer avec le feu sans se brûler.

Du point de vue de Joe, toujours pragmatique, il y avait des individus, criminels ou non, qu'il devait mettre de son côté dans sa quête inlassable pour créer une dynastie Kennedy. Sans le soutien et les hommes de main de la puissante pègre, univers que Joe ne connaissait que trop bien, franchir les obstacles dressés sur le chemin conduisant à la candidature de son fils à la présidence aurait été probablement impossible. Kennedy convoitait l'influence dont jouissait son ancienne Famille et savait qui détenait le vrai pouvoir. Alors que, quelques années auparavant, il avait refusé de rappeler Frank Costello, un ami de longue date, au téléphone, il tenta de ranimer son réseau de relations en s'adressant une nouvelle fois au seul homme capable de faire pencher toute la pègre du pays en faveur de son fils dans sa course à la présidence : Sam Giancana.

Lorsque Joe Kennedy prit contact avec lui, il ne fut guère étonné. Pour la première fois, Chuck entrevit le rêve de Mooney. Comme tout le monde, des commerçants métèques ordinaires aux Noirs qui jouaient à la loterie, il n'avait pas renoncé à ses aspirations secrètes. Alors que l'on disait aux petits Américains qu'ils seraient peut-être un jour président des États-Unis, Mooney était arrivé à la conclusion qu'il était nettement préférable de posséder le président lui-même. A présent, cette occasion se présentait et son rêve était presque à portée de main.

Un étrange pas de deux débuta donc, en 1959, entre l'homme qui serait président et l'homme qui serait roi. A elle seule, l'idée de disposer d'un tel pouvoir ennivrait Mooney et, intérieurement, Chuck se demanda si le vieux Kennedy, roublard, n'avait pas trouvé le talon d'Achille de Mooney. Son frère lui-même l'avait souvent dit : Si ça fait battre le cœur d'un type, c'est une faiblesse. Écoutant Mooney exposer ses plans en prévision de l'élection de 1960, plus d'un an à l'avance, Chuck, pour la première fois de sa vie, fut inquiet pour son frère. Il se demanda si Mooney n'avait pas succombé à la séduction, n'était pas victime des fausses promesses d'un homme qui était sans doute prêt à dire ou faire n'importe quoi pour que son fils devienne président des États-Unis.

Joe Kennedy devait déjà la vie à Mooney mais, de toute évidence, cela ne suffisait pas : Mooney voulait son âme. Et l'âme de ses fils. Il rassura Chuck en disant qu'il ne faisait pas confiance au vieillard ; la commission McClellan, dont les travaux n'étaient pas terminés, provoquait une grande agitation parmi ses complices, et la façon dont les fils de Joe manipulaient les foules apprit à Mooney tout ce qu'il avait besoin de savoir sur la confiance qu'il pouvait faire aux Kennedy.

Il comprit que son habitude de se venger impitoyablement, qui faisait partie de sa réputation, ne suffirait pas à garantir leur soumission. Pour l'obtenir, il fit appel à Frank Sinatra.

Les liens de Hollywood avec le Milieu couvraient trois décennies. Chicago s'était introduit par la force dans l'industrie du spectacle et avait payé son tribut, avec l'emprisonnement de quelques-uns de ses plus gros patrons à la suite de la célèbre affaire Browne-Bioff. Mooney avait intelligemment maintenu des relations lucratives avec les producteurs, les studios et les artistes ; cela lui permettait d'attirer de grandes vedettes dans ses casinos de Las Vegas et aussi de pousser la carrière de stars en herbe qu'il serait possible d'exploiter plus tard. Mais il aimait surtout le luxe et les femmes faciles que l'on rencontrait à Hollywood ; depuis la mort d'Ange, il avait couché avec des dizaines de belles actrices et de starlettes.

Mooney et Frank Sinatra se connaissaient également depuis presque trente ans. A New York, La Havane, Las Vegas et Hollywood, il faisait la fête avec « sa bande de salopards » (« The Rat Pack* ») ainsi que son entourage de noceurs célèbres : Joey Bishop, Dean Martin, Jerry Lewis, Sammy Davis, Jr, Eddie Fisher, Elizabeth Taylor, Mike Romanoff, Jimmy Van Heusen, Peter Lawford, Natalie Wood, Robert Wagner, Shirley MacLaine, Warren Beaty et Angie Dickinson. D'après Mooney, pratiquement toutes les femmes qui fréquen-

---

* « The Rat Pack », littéralement : la bande de salopards.

taient ce groupe étaient des « partouzeuses » qui aimaient par-dessus tout s'amuser.

Par respect pour Sinatra, Mooney manifestait un minimum de politesse vis-à-vis des amis célèbres du chanteur, leur proposant des engagements quand cela servait ses objectifs, néanmoins il les méprisait.

— Ces types qui tournent autour de Frank sont des minables, des prima donna, des connards, dit-il à Chuck.

Ils gagnaient de l'argent, selon lui, mais vivaient au jour le jour, toujours endettés à cause d'un bijou, d'un prêt ou d'une trop longue nuit aux tables de jeu. Et tous « voulaient toujours tout pour rien ».

En vérité, il aimait bien Sinatra ; Mooney disait que Sinatra avait de la classe et savait faire la fête. En outre, il était parfaitement loyal. Frank jouait les terreurs dans les boîtes de nuit et les restaurants, s'entourait d'une bande de gros bras qui lui passaient tous ses caprices, cependant, avec Mooney, il retournait rapidement sa veste. Il se montrait déférent. Et il s'arrangeait toujours pour trouver des filles trop bêtes pour poser des questions, mais assez intelligentes pour comprendre que Sam Giancana pouvait les aider dans leur carrière. En outre, dans les mois précédant les primaires démocrates de l'élection présidentielle, les liens d'amitié entre Sinatra et les Kennedy ne laissèrent pas Mooney indifférent.

Le FBI et ses détracteurs prétendirent plus tard que les aventures féminines entraînèrent la chute de Sam Giancana ; mais ils commirent là une grosse erreur. Mooney n'a jamais vraiment aimé une femme, ni compromis son pouvoir à cause d'une femme. Il pouvait jouer la comédie de l'amour romanesque lorsque cela servait ses objectifs, et il le fit des centaines de fois, magnifiquement, pour arriver à ses fins. Mais, pour Mooney, les femmes étaient des objets jetables, au même titre que les chaussures.

— Tu les uses et tu les jettes, dit-il un jour avec un rire étouffé. Tant mieux si c'est les plus jolies chaussures qu'on peut se payer, mais ça reste des chaussures et rien d'autre... c'est jetable.

Mooney savait que, contrairement à lui, les Kennedy se laissaient manipuler par les femmes. A l'occasion des jours et des nuits de fête au Cal-Neva de Tahoe, avec Sinatra, Lawford et les frères Kennedy, il avait constaté non seulement qu'ils ne reculaient pas devant l'adultère, mais aussi qu'ils étaient sentimentaux et jaloux.

Selon Mooney, tout le monde savait que les fils de Joe avaient hérité du goût de leur père pour la bagatelle. Depuis longtemps, d'après Mooney, Joe fréquentait le Cal-Neva, où il jouait et culbutait sa part de jeunes personnes délurées chaque fois qu'il en avait l'occasion. Et au début des années cinquante, confia Mooney, John avait suivi les traces de son père, à l'abri des regards dans un chalet discret du Cal-Neva. Mooney lui-même avait souvent assisté aux « fêtes » que les Kennedy organisaient au Cal-Neva. Les hommes faisaient l'amour avec des prostituées, parfois deux ou davantage en même temps, dans les baignoires, les couloirs, les placards, par terre, pratiquement partout sauf dans un lit.

Les excentricités et la clandestinité excitaient les Kennedy, raconta joyeusement Mooney.

— Et plus c'est excentrique, mieux c'est, ajouta-t-il.

Ils aimaient croire qu'ils étaient au-dessus de la moralité des « autres classes ». Mooney était convaincu que, s'il parvenait à trouver la femme qu'il fallait, il réussirait à coincer le futur président.

Au milieu du mois de mars, toujours sous la menace de la convocation devant la commission McClellan, qu'on ne lui avait pas encore remise, et alors que le mariage de sa fille, Annette, avec un patron de bar du Milieu, pointait à l'horizon, il passa au Thunderbolt sur le chemin de l'aéroport.

Chuck regarda par-dessus sa montagne de factures et vit Mooney lui rendre son sourire.

— Je vais à Las Vegas, tu veux venir ? proposa-t-il. Des tas de nanas et de la bonne bouffe.

Chuck montra la paperasse et secoua la tête.

— Pas de problème si tu veux que cette boîte coule.

Il eut un pâle sourire.

— J'ai l'impression qu'un peu de soleil te ferait pas de mal, blagua Mooney.

Il était exceptionnellement joyeux et détendu ; son visage bronzé semblait reposé.

— Tu vas pas m'offrir un café ou quelque chose ? demanda-t-il.

Par téléphone, Chuck commanda du café au responsable du restaurant, puis il s'appuya contre le dossier de son fauteuil.

— Alors c'est Vegas, maintenant ? Ça t'arrive encore de passer un peu de temps en ville ?

— Merde, faut que je garde de l'avance, dit Mooney.

— Les fédéraux ? Ça devrait pas être difficile pour un chauffeur aussi expérimenté que toi.

— Ouais, répondit-il avec un sourire. Je crois pas qu'ils pourraient trouver leur cul avec les deux mains attachées dans le dos. Bordel, quels cons ! Tu sais, on m'a dit ce que gagnent ces pauvres crétins et j'ai pas pu le croire.

Il alluma un cigare, s'appuya contre le dossier de son fauteuil et posa les pieds sur le bureau.

— Combien ?

Mooney eut un sourire ironique.

— Dix mille dollars par an, et encore, si Hoover les aime bien. Bon sang, ça vaut même pas la peine de se lever le matin. Dans le Milieu, il y a des gars qui gagnent ça par semaine.

Il s'interrompit tandis qu'une serveuse en uniforme impeccable leur servait le café. Lorsqu'elle fut partie et eut fermé la porte, il reprit :

— J'ai tout réglé, Chuck, les Kennedy et tout.

— Ah ? fit Chuck, tournant son café et accordant toute son attention à son frère.

— Tu vois, Jack est comme son père, il peut pas s'empêcher de courir les femmes. Alors (ses yeux devinrent froids et son sourire disparut) on va monter un coup, rassembler assez de saloperies sur Monsieur le père de famille américain modèle pour foutre sa vie en l'air. Promesses ou pas, il sortira pas du droit chemin.

Il soupira et ajouta, vaguement déçu :

— Humphreys m'a dit qu'il regrettait de pas avoir été au courant plus tôt. Il y a longtemps qu'il aurait mis le grappin sur l'illustre sénateur Kennedy.

Il haussa les épaules, adressa un clin d'œil à Chuck et eut un large sourire :

— Mais c'est jamais trop tard, conclut-il.

Mooney expliqua qu'il demanderait à Sinatra, qui partageait déjà les dévergondages de Kennedy, d'organiser tout ça dans l'Ouest. Sinatra était proche de Peter Lawford, qui avait épousé Pat Kennedy, l'une des sœurs de John. En liaison avec Murray Humphreys, à Washington, Sinatra serait chargé de recruter des filles susceptibles de séduire John.

— Murray va ouvrir un endroit juste à côté de la capitale ; il l'a déjà trouvé. Vraiment classe. Ce qui se fait de mieux ; et discret parce que nos hommes politiques aiment pas la publicité. Ça sera une sorte de « salon », dit-il, le mot le faisant rire. Murray y fera venir des filles. Frank en fournira aussi et, après, on va les distraire comme ça leur est jamais arrivé.

Il s'interrompit et but une grande gorgée de café.

— Mais la meilleure, c'est que je vais acheter le repaire préféré des Kennedy, le Cal-Neva. Ensuite je vais bourrer les deux baraques de micros, et aussi les autres endroits où vont les Kennedy, dit-il avec un sourire féroce. Les bandes seront sûrement intéressantes.

— Et où est-ce que tu vas trouver des micros ? Tu vas demander à tes copains du FBI ? blagua Chuck.

— Non, je les emmerde. Je me suis arrangé avec Hoffa ; il va organiser ça avec Bob Maheu et la CIA. C'est pas la première fois que Hoffa se débrouille pour qu'ils posent des micros pour moi. Ils m'aideront, sur ce coup. Merde, ils me doivent des services.

— Bon, mais Bobby Kennedy ? T'as rien dit sur lui, fit remarquer Chuck.

— Ouais, je sais, et c'est le pire de la bande. Pas de problèmes, c'est un emmerdeur. Un petit fumier de blanc-bec arrogant, avec la tête enflée. T'en fais pas. Je vais te le ramener sur terre. D'après Frank, il se tient à carreau, mais il a fait des écarts. Suffit de lui donner une occasion. Frank va trouver une nana pour ça.

— Tu crois que Frank va marcher dans cette combine ? demanda Chuck.

— Tu blagues ou quoi ? Est-ce qu'il a le choix ? Bon sang, il doit des services au Milieu. Il marchera parce qu'il fait tout ce que je lui demande. Et il saura même pas pourquoi je veux qu'il le fasse. Il posera pas de questions et, s'il le faisait, je lui répondrais pas. Il parle trop. Il obéira, c'est tout.

Il s'interrompit et leva la main, montrant une belle chevalière avec un saphir en forme d'étoile.

— Tu vois ça? demanda-t-il. C'est lui qui me l'a offert. Je suis son héros. Frank, c'est un des rares types qui iront jusqu'au bout.

— Il te plaît vraiment, ce gars, pas vrai? dit Chuck, vaguement amusé. Il était rare que son frère exprime des sentiments d'affection.

— Ouais, je vais être franc, ce type a une grande gueule et, dans cette affaire, ça sera qu'un maquereau. Mais on peut compter sur ce gars-là, c'est un bon gars. Les ordures minables de Hollywood lui arrivent pas à la cheville.

Il se leva.

— Tu verras, Chuck, conclut-il avant de partir, c'est ma décennie qui commence.

Il a probablement raison, se dit Chuck, regardant son frère franchir rapidement la porte. Si Chuck avait bien compris, les Kennedy n'avaient pas vraiment besoin d'argent, alors on ne pouvait pas les acheter. Contrairement aux autres hommes politiques, s'ils gagnaient l'élection, ils ne devraient pas tout un tas de services. De même, Mooney n'avait pas besoin d'argent, alors on ne pouvait pas traiter avec lui. Mais s'il réussissait à coincer les frères avec des filles, il les tiendrait.

Mooney le stupéfiait toujours, surtout la façon dont il repérait la vulnérabilité d'un type. Et puis, s'il voulait l'avoir, il montait un traquenard et le type était tellement coincé qu'il ne voyait plus jamais le jour. De toute évidence, Mooney savait ce qu'il faisait avec les Kennedy.

Outre sa rencontre avec Frank, Mooney avait d'autres affaires à régler à Las Vegas. Il soutira des millions à la caisse de retraite du Syndicat des camionneurs, cette année-là, au profit du Stardust. Et pendant que les membres de la commission McClellan restaient assis sur leur cul et *discutaient* du « pillage des fonds des syndicats », comme ils disaient, Mooney organisait leur disparition. Il chargea Murray Humphreys et Jimmy Hoffa d'obtenir la nomination du fils de Red Dorfman, Allen, à la tête de la caisse de retraite, s'assurant ainsi que les dollars dont il avait besoin seraient accessibles.

L'implantation de Mooney dans les hôtels et les casinos de Las Vegas fut extrêmement discrète. La Commission des jeux du Nevada considérait la présence de mafiosi connus en son sein comme hautement indésirable et de ce fait, lorsqu'il descendit au Desert Inn, en mars, ce fut sous le nom de Sam Flood.

Pendant ses voyages, il utilisait souvent le nom de famille des femmes avec qui il couchait à ce moment-là et membres de sa famille. Flood était une allusion à la sœur d'Ange, Rose Flood. Paige, nom qu'il employait fréquemment, venait de la période où la danseuse Roma Paige était sa maîtresse. Il se faisait souvent appeler Gold à Miami et New York parce que, selon lui, un nom juif y suscitait immédiatement le respect. Il y en avait des dizaines d'autres qu'il employait par caprice ou plaisanterie.

A l'insu de Mooney, le FBI avait eu vent de son passage à Las Vegas et le repéra au Desert Inn. Le lendemain, 25 mars, presque un an après son émission, la convocation de la commission McClellan lui fut finalement remise. Mooney devait témoigner devant la commission en juin.

Avec stupéfaction, Chuck constata que la perspective d'une audition éprouvante par la commission ne démontait pas Mooney. Il se contenta de dire que ses entretiens avec Joe Kennedy, avec qui il mettait au point les modalités de la campagne présidentielle de John l'occupaient tellement que son témoignage devant la commission McClellan ne pouvait être qu'une gêne provisoire. Chuck trouvait tout cela plutôt tarabiscoté : un jour les Kennedy rencontraient Mooney en vue d'obtenir son soutien et, le lendemain, ils l'interrogeaient comme un criminel ordinaire devant une commission sénatoriale. Mais Mooney écarta tout cela d'un geste, disant que, lorsque John Kennedy serait élu, le Milieu pourrait recommencer à « travailler comme d'habitude ».

Mooney se délectait de l'idée de se débarrasser des agents de Hoover et de la publicité qu'ils organisaient autour de lui. Depuis quelque temps, son portrait semblait apparaître avec une régularité croissante dans les journaux de Chicago ; il regrettait l'époque où personne ne le connaissait.

— C'est pas bon pour les affaires quand on peut même plus aller pisser sans que les fédéraux viennent regarder par-dessus ton épaule. Je voudrais déjà voir la tête qu'ils feront quand notre gars de la Maison-Blanche leur dira de laisser tomber.

La publicité entourant Mooney ne gênait pas seulement les affaires ; la famille de Chuck se débattait dans une ambiance continuelle de rejet et de condamnation. Chuck ne parla jamais à son frère de ce qu'ils enduraient ; il estima qu'il n'avait pas de raison de lui confier ses petits problèmes alors que Mooney ne savait plus où donner de la tête à cause de l'enquête de la commission sénatoriale, des agents fédéraux et, surtout, peut-être, de l'approche des primaires de l'élection présidentielle.

Chuck devait cependant reconnaître que son fils, le petit Mooney, était étrangement silencieux et beaucoup trop renfermé pour un enfant de quatre ans. Anne-Marie lui disait que le petit garçon jouait seul dans le jardin ou passait des heures assis, à regarder les chevaux trotter dans les champs. Elle ajouta que les enfants du quartier se moquaient de lui parce qu'il portait le même nom qu'un gangster.

— Bon, on ne peut pas changer son nom, répliqua Chuck avec colère. Pas maintenant. Mais ça va s'arranger. Mon frère va pas tarder à remettre de l'ordre. Tu verras... les choses vont s'arranger.

Chuck n'était pas vraiment fâché contre sa femme, mais il considérait la situation comme provisoirement insoluble. En vérité, il ne supportait pas l'idée que le petit Mooney puisse être rejeté à cause de son nom, un nom qu'il avait conçu, à l'origine, comme un honneur.

Chuckie, qui avait neuf ans, était victime du même stigmate, mais les difficultés l'affectaient d'une façon différente. Contrairement à son petit frère, Chuckie était ouvert, turbulent et n'avait pas la langue dans sa poche. Lorsqu'on se moquait de lui, il se défendait ; ses parents ne comptaient plus les mots du directeur de l'école et des professeurs, les nez en sang et les vêtements déchirés. L'attitude de ses camarades était si insupportable que Chuckie avait demandé à aller dans une école militaire. Réticents au début, Chuck et Anne-Marie avaient finalement conclu que c'était peut-être la meilleure solution, compte tenu de la notoriété nouvelle du nom des Giancana. Au moins, il y serait à l'abri et loin des gros titres des journaux qui, quotidiennement, le suivaient comme son ombre.

Il semblait que ces gros titres ne cesseraient jamais. Quand il ne s'agissait pas d'un article de fond sur « l'ennemi public numéro un », c'était un événement banal. La presse avait manifestement compris que les récits à sensation sur les membres du Milieu faisaient vendre du papier. De nombreux articles de ce type parurent le 4 avril 1959, pour le mariage de la fille aînée de Mooney, Annette, qui se déroula au La Salle, un hôtel chic de Chicago.

Tous les journaux écrivirent que c'était une affaire extraordinairement coûteuse, à laquelle assistèrent une brochette de mafiosi de premier plan. Et c'était vrai. La réception, qui compta sept cents invités, coûta vingt-cinq mille dollars à une époque où une maison américaine moyenne en coûtait dix-sept mille.

Parmi les femmes, on raconta qu'Annette voulait que ce soit la plus grande fiesta que Chicago eût connue. Mooney, contrarié, confia à Chuck qu'elle était « décidée à faire un scandale. Elle se prend pour une vedette de cinéma ; je crois qu'elle a jamais grandi. Mais au moins, maintenant, c'est quelqu'un d'autre qui devra s'occuper d'elle ».

Cette réception fastueuse, animée notamment par Joey Bishop, fut fréquentée par les membres les plus puissants de la pègre de Chicago. Elle rappela le mariage de Chuck, dix ans auparavant, mais en plus fastueux.

— Annette va sûrement récolter plusieurs centaines de milliers de dollars, souffla Mooney, regardant la foule. Il était manifestement satisfait et avait de bonnes raisons ; il avait gagné jusqu'au dernier sou de ce que sa fille reçut ce jour-là. Ça n'avait pas été sans mal, mais il était arrivé au sommet.

Du point de vue de la famille de Chuck, la publicité faite à ce mariage s'ajoutait aux agressions quotidiennes. Mooney avait eu une conversation exceptionnellement franche avec Sandy Smith, un journaliste, et elle parut bientôt dans tous les journaux du pays.

Une nouvelle fois, la femme et les enfants de Chuck durent supporter les regards et les murmures des voisins.

— Nous devrions peut-être retourner en ville, soupira Anne-Marie. Je n'en peux plus.

Mais Chuck ne voulait pas en entendre parler ; il était convaincu que Mooney marquait des points avec les Kennedy et que, si John était élu, tous leurs ennuis disparaîtraient.

A une époque où le vieux Kennedy dépensait des centaines de milliers de dollars pour intéresser la presse à son fils, l'abondante publicité dont bénéficiait Sam Giancana avait quelque chose d'ironique. Deux noms firent la une cette année-là : Kennedy et Giancana. La seule différence, de l'avis de Chuck, résidait dans le fait qu'une notoriété était payée avec des dollars et l'autre avec du sang.

— On a beaucoup de choses en commun, les Kennedy et moi, dit sérieusement Mooney. L'avantage, c'est que personne le sait.

Cette similarité, cependant, n'échappait pas à J. Edgar Hoover. Il connaissait les origines des Kennedy et avait réuni un dossier sur Joe et ses fils. En fait, Mooney dit qu'il avait appris par d'anciens agents du FBI, Guy Banister à La Nouvelle-Orléans et Bob Maheu dans l'Ouest, que Hoover surveillait les Kennedy aussi étroitement que lui.

— Pour Hoover, c'est à cause de Bobby que le FBI et lui sont passés pour des cons, après la descente à Apalachin, expliqua Mooney. Les Kennedy le font bander, pas de problème. Et tant mieux. Ça veut dire qu'on travaille dans le même sens, Hoover et moi. Il le sait pas encore, c'est tout.

En juin, tandis que Murray Humphreys et Frank Sinatra préparaient activement de nombreux pièges sexuels à l'intention de John, Mooney témoignait devant Bobby Kennedy et la commission McClellan. Il trouva tout cela dingue, dit-il plus tard à Chuck.

— Bobby sait sûrement que j'ai sauvé la vie de son vieux, qu'on est en train de discuter. Ils sont tous fêlés dans cette famille, s'emporta-t-il.

Mooney, qui portait une perruque, ce jour-là, dans l'espoir de tromper au moins une partie de la presse, demanda trente-quatre fois à bénéficier du cinquième amendement* et, à son crédit, il réussit à garder son calme pendant ce qu'il présenta comme une attaque « infantile » de Bobby.

— Je croyais que seules les petites filles ricanaient, monsieur Giancana, avait ironisé Kennedy.

Mooney expliqua aussi pourquoi il avait ri pendant les auditions :

— Je pouvais pas m'empêcher de rigoler. Je pensais à une nuit avec son frère au Cal-Neva. C'était tellement marrant que je pouvais pas m'en empêcher. Quelle bande d'hypocrites !

Mooney quitta Washington pour le Mexique, où ses affaires l'appelaient, décidé à s'« occuper de ce connard de Bobby dès que l'occasion se présentera », et les conclusions de la commission McClellan sur le crime organisé s'avérèrent finalement sans conséquence. Aucun membre de la Mafia ne fut emprisonné à la suite d'une déposition faite devant la commission. Les plus graves conséquences des auditions furent le témoignage monté en épingle d'un membre négligeable d'une bande de New York, Joe Valachi, et l'embarras de J. Edgar Hoover face à l'opinion publique, qui fut à l'origine de la guerre personnelle que mena Hoover contre la Cosa Nostra.

Ironiquement, tandis que le FBI préparait le piège qu'il tendrait à Mooney, celui-ci traitait des affaires au Mexique avec une autre branche du gouvernement américain : la CIA.

A son retour du Mexique, Mooney eut des problèmes à l'aéroport Midway de Chicago. A la douane, il se soumit de bonne grâce à la fouille mais, lorsque l'on trouva un permis de conduire qui ne lui appartenait pas dans son portefeuille, son attitude changea brusquement. Après un interrogatoire, il fut libéré, indemne mais contrarié. Il fit une nouvelle fois les gros titres. Et, une nouvelle fois, les enfants de Chuck subirent les plaisanteries cruelles de leurs camarades de classe.

---

* Le cinquième amendement de la constitution des États-Unis autorise un témoin à ne pas répondre aux questions quand il estime que ses propos risquent de l'impliquer dans une enquête criminelle en cours.

Après l'incident irritant de l'aéroport, Mooney passa au Thunderbolt. Confortablement installé au bord de la piscine, en compagnie de Chuck, il se déclara étonné que la collaboration et la communication entre les diverses branches du gouvernement soient si réduites.

Ses relations au sein des services de renseignement lui avaient affirmé que Hoover détestait la CIA, jalousait sa puissance et son budget et acceptait très mal le secret qui entourait ses activités.

— La main droite ne sait pas ce que fait la gauche, dit-il, incrédule, secouant la tête et plissant les paupières à cause du soleil.

— Qu'est-ce que tu veux dire ? demanda Chuck, versant du bloody mary glacé dans les hauts verres couverts de buée, y ajoutant une branche de céleri, puis en donnant un à son frère.

— Ça veut dire, comme je te l'ai déjà expliqué, que je travaille pour le gouvernement et que la moitié du gouvernement n'est même pas au courant, répondit Mooney, prenant la branche de céleri et mordant dedans. Bobby Kennedy est trop subalterne pour savoir et la CIA cache toute l'opération à J. Edgar Hoover parce qu'elle a peur qu'il la fasse capoter simplement pour se venger. Alors, pour le moment, je suis baisé.

— Carrément écœurant, commenta Chuck.

Il se dit que la réaction des gens serait sans doute très différente s'ils savaient que Mooney travaillait en réalité avec le gouvernement américain.

— Mais ça va, dit Mooney. J'ai fait beaucoup de blé avec ces types. Beaucoup de blé.

— Ouais, bon, tu pourrais aussi en perdre beaucoup. Regarde Cuba. Depuis que Castro a pris le pouvoir, en janvier, qui sait ?

— Pour le moment, c'est pas du tout cuit, reconnut Mooney. Mais, en soutenant Castro, on a peut-être sauvé les meubles. Évidemment, on sait jamais comment va tourner ce genre de marché. C'est un coup de dés. On lui a donné des millions pour qu'il nous laisse rouvrir les casinos. Peut-être qu'il se dira que c'est une occasion.

— Peut-être, fit Chuck.

— Bon, en fait, on a un gars à l'intérieur. Castro a nommé notre type, Frank Fiorini, ministre des Jeux de hasard, alors on est sans doute couvert.

Il soupira et but pensivement une gorgée de bloody mary.

— Et Trafficante ? J'ai entendu dire qu'il est en prison là-bas. Un mauvais signe ?

Mooney plissa les paupières et hocha la tête.

— *C'est* mauvais signe. Marcello se fait du souci pour ses trafics de drogue. On pourrait perdre gros, là-bas, en plus du jeu et de Santo Trafficante. Mais je le ferai sortir : Ruby travaille là-dessus. Faudra y mettre le prix, parce que Castro sait que Santo était vraiment bien avec la vieille garde. Faudra peut-être que j'aille moi-même à La Havane. Mais merde, faut que je protège mes investissements, pas vrai ?

Chuck n'aborda pas le sujet, mais il lui semblait que ses propres investissements étaient également menacés. Malgré les courageuses tentatives d'Anne-Marie pour établir des relations amicales, leurs voisins demeuraient polis mais méfiants. Ses deux fils avaient presque pris l'habitude d'être tenus à l'écart des anniversaires et autres fêtes de quartier. Avec un nouveau mariage en perspective, moins d'un mois après l'escarmouche de l'aéroport (cette fois, Bonnie épousait Tony Tisci, assistant de la marionnette politique de Mooney, Roland Libonati élu à la Chambre des représentants), Chuck prévoyait que ce serait la goutte d'eau fatale.

Chuck et Anne-Marie constatèrent avec soulagement que, cette fois, d'importantes mesures de sécurité entourèrent la réception. En outre, les festivités se déroulèrent loin de Chicago, à Miami le 4 juillet, jour où le journaliste Sandy Smith assistait traditionnellement au barbecue annuel de Tony Accardo, à Chicago.

Tandis que Sandy Smith s'occupait consciencieusement de la réception exceptionnellement réduite et calme organisée par Accardo à Chicago, les mafiosi de tout le pays convergèrent sur Miami. Les deux cents invités en smoking de l'hôtel Fontainebleau assistèrent à une réception dont l'extravagance égala celle du mariage d'Annette, trois mois plus tôt. Mais cette fois, heureusement, Mooney n'accorda pas d'interview.

— Je suppose qu'on peut attendre pour vendre la maison, dit Chuck avec un sourire, dans l'avion, tandis qu'ils rentraient.

Peut-être était-ce tout ce soleil mais, bizarrement, la Floride lui rendait toujours son optimisme. Il caressa la petite main gantée de sa femme et ajouta :

— Ça va s'arranger, Babe, ça va s'arranger.

Mooney lui-même parut revigoré par la Floride. Il avait rencontré les Kennedy, dit-il à Chuck, et « tout réglé ».

Fin août, Chuck apprit que Santo Trafficante avait été libéré et autorisé à quitter Cuba. Son frère dit que Jack Ruby avait « fait du bon boulot » et qu'il lui donnait, en récompense, une petite part dans un casino de La Havane.

— Ça se calme, fit-il remarquer. On va peut-être pouvoir continuer, là-bas, peut-être pas. Santo a été vraiment secoué, mais il a emporté autant de dollars qu'il a pu, en partant, et une grosse partie de ces dollars est à moi. Pour le moment, pas de problème.

A l'automne 1959, Mooney reporta son attention sur les manœuvres politiques de Joe Kennedy. Il le rencontra par trois fois, à l'hôtel Ambassadeur de Chicago, et mit la dernière main à leur accord. D'après Mooney, Daley, le maire, et John Kennedy assistèrent également à ces entretiens.

Chuck était curieux de connaître l'issue des discussions mais n'insista pas ; il savait depuis longtemps qu'il valait mieux éviter de poser de trop nombreuses questions à Mooney quand il n'avait pas envie de bavarder. Il fut donc contraint de se satisfaire du seul commentaire de Mooney sur ces rencontres :

— Je pourrai me frotter les mains, l'année prochaine à cette époque... Tout est en place.

Peu avant Noël, Chuck trouva Mooney plus détendu et communicatif lorsqu'il se rendit chez lui, à Oak Park. Mooney lui offrit un verre et des gâteaux, puis ils se retirèrent dans le bureau du sous-sol pour bavarder.

Cette fois, il exposa la situation sans modestie. Jamais Chuck n'avait vu son frère aussi satisfait de lui-même.

— J'ai eu tout ce que je voulais, annonça Mooney sans préambule, posant son verre et allumant un cigare.

— Tout ?

Chuck fut gagné par l'enthousiasme de son frère. Si Mooney avait effectivement obtenu des Kennedy qu'ils promettent de le protéger, les difficultés de sa famille disparaîtraient. Il pria intérieurement.

— Ouais, tout. C'est très simple, en fait. J'aide Jack à gagner l'élection et, en échange, il fait cesser la pression. On pourra travailler tranquillement. Naturellement, j'ai dit que je garderais un profil bas. Après tout, je serai pas comme ces fumiers de diplomates, j'aurai pas l'immunité totale.

Il rit.

— Et Bobby ?

Chuck s'en voulut de faire l'effet d'un disque rayé, mais c'était surtout Bobby qui l'inquiétait.

— On s'occupe de Bobby. Je leur ai demandé de lui faire quitter cette saloperie de commission McClellan, alors ils vont le faire travailler sur la campagne.

— Formidable, dit Chuck.

— Alors, tu vois, ça sera rien que du bon et pas de mauvais, quand Jack sera élu. Tout marchera comme sur des roulettes : plus de flics, plus de FBI, plus de conneries. Plus de Bobby. Et pour mes affaires : Vegas, les camionneurs, la drogue, tout le reste, ils fermeront les yeux et ils auront expressément l'ordre de le faire. Sinon...

— Sans blague ? fit Chuck, frappé par l'ampleur de la chose.

— Ouais, sans blague.

Mooney leva son verre et sourit. Une ombre passa sur le visage de Chuck.

— Est-ce que c'est Joe qui l'a dit... ou Jack ? En fait, est-ce que tu peux faire confiance au vieux ?

Chuck se méfiait de Joe Kennedy.

— On a d'abord mis les choses au point, Joe et moi, et puis j'ai discuté avec Jack. Il pige. Il connaît le jeu. En fait, on peut traiter avec lui, c'est pas le mauvais cheval.

Mooney ricana, manifestement content de lui. Il se mit à rire.

— Qu'est-ce qu'il y a de drôle ?

— T'aurais dû voir la tête de Jack quand je lui ai dit que je travaillais avec la CIA. Je voudrais avoir une photo.

— Je m'en doute. Alors tu crois Jack sur parole, pas de double jeu ?

— Je vais te dire, je me suis couvert au cas où quelqu'un aurait une amnésie.

— Ouais ?

Mooney eut un sourire satisfait.

— J'ai assez de saloperies sur Jack Kennedy et son connard de père pour détruire dix carrières politiques. J'ai des photos, des bandes magnétiques, des films, tout ce que tu veux, le tout bien au chaud dans un coffre. L'opinion publique américaine apprécierait sûrement de voir son président avec trois femmes, dont une Noire en plus. Ouais, si un jour j'ai besoin d'un as, voilà la clé.

Il montra une petite clé dorée à Chuck, puis la remit dans sa poche.

Les moyens de pression dont Mooney disposait ne lui suffisaient pas et il projetait de se procurer des informations plus compromettantes encore.

— Frank a tout organisé avec les nanas pour les Kennedy. Et il y en a qui attendent, prêtes à y aller. Angie Dickinson a tapé dans l'œil de Jack, elle est tout le temps fourrée à Washington. On a d'autres filles, même une qui est pratiquement le sosie de sa femme, d'après Frank, tu trouves pas ça incroyable ? (Il secoua la tête et eut un rire étouffé.) Frank va les présenter. Et on va aussi mettre Monroe dans les pattes de Jack... il paraît qu'il se l'est déjà faite. Merde, d'après Frank, même Bobby aurait dit qu'il avait envie de la baiser. Bon sang, ces frères Kennedy sont des animaux.

— Est-ce que les nanas savent ce qui se passe ?

— Foutre non, elles croiront que c'est une coïncidence, un service qu'elles nous rendent, à Frank et moi, ou Frank qui leur rend un service en les présentant au futur président des États-Unis. Tu sais, les femmes gobent ce genre de connerie.

Il ricana, fourra un gâteau dans sa bouche, mastiqua pensivement.

— Pour dire la vérité, ajouta Mooney, Frank sait même pas vraiment ce qui se passe. Il croit que je veux seulement me mettre bien avec les Kennedy.

Mooney rit.

— Formidable, dit Chuck, sarcastique.

— Formidable, répéta Mooney avec un sourire ironique.

En janvier 1960, convaincu que les documents compromettants qu'il réunissait contraindraient les Kennedy à appliquer le pacte qu'ils avaient passé avec lui, Mooney demanda à Sinatra de travailler à l'élection de John. Il voulait qu'il « lève tous les obstacles » et cela impliquait qu'il obtienne aussi la participation de ses amis.

— J'ai dit à Frank d'utiliser tous les stratagèmes connus pour que Hollywood soit derrière Kennedy. Je veux pas seulement qu'il soit candidat à la présidence, je veux que ce type soit président.

Peu après, Mooney arriva au bar du Thunderbolt, débordant carrément de joie. Certain que Kennedy serait président, Mooney faisait déjà étalage de la victoire attendue, alors que l'élection n'aurait lieu que dans onze mois, comme si c'était la sienne. Il passa fièrement devant les tables en fer forgé et se dirigea vers l'immense miroir du bar, annonçant à Chuck :

— On est tous invités au plus grand spectacle du monde. Et on regrettera pas d'avoir payé, ça vaut jusqu'au dernier dollar.

Chuck comprit que visiblement, du point de vue de son frère, mettre Kennedy à la Maison-Blanche serait une victoire personnelle. Non seulement, à ce moment-là, Mooney posséderait des gouverneurs et des membres du Congrès, mais il aurait aussi un pied à la Maison-Blanche.

Mooney n'eut pas besoin de beaucoup insister pour que Frank Sinatra se lance sur la piste de la campagne, invitant John à des fêtes somptueuses, organisant des réceptions chez Pat Kennedy et son mari, Peter Lawford. Sinatra persuada une pléiade de stars, toutes plus ou moins liées à Mooney, de soutenir publiquement la campagne.

D'après Mooney, Frank adorait l'idée de boire et dîner avec un président, de pouvoir un jour téléphoner à son ami du bureau ovale.

— Je crois qu'il s'est mis dans la tête qu'il veut être ambassadeur en Italie, dit Mooney en riant.

En janvier, Frank invita Kennedy, qui faisait déjà campagne, à un spectacle, au Sands de Las Vegas, avec ses copains du clan et les acteurs d'*Ocean's Eleven**.

Kennedy se rendit à Vegas et fut reçu comme un roi : tout fut sur le compte de la maison, de la chambre à la salle de conférences. Lentement, John pénétrait de plus en plus profondément dans l'univers de Mooney. Mooney n'assistait pas toujours aux soirées brillantes peuplées de stars, mais son pouvoir suintait dans tous les bars, restaurants, studios et salons que Kennedy fréquentait désormais avec son beau-frère, Peter Lawford, et son ami célèbre, Frank Sinatra. Toutes ces réceptions étaient orchestrées par sa main invisible.

Tout fonctionnait mieux encore qu'il ne l'avait prévu :

— Kennedy aime faire la fête, aime toute cette merde superficielle de la célébrité. Frank va même produire la chanson de la campagne de ce type, sur la musique de *High Hopes*, qu'il a chantée. Tu vas voir, ça va monter à la tête de Kennedy et il va faire une connerie. Tu sais ce que je dis toujours : « A force de marcher dans la merde, on finit par sentir mauvais. »

Mooney insista pour que Frank mette immédiatement des filles sur les rangs puis suggéra à Frank d'inviter une nouvelle fois Kennedy au Sands et de lui présenter « l'appât », comme il disait.

Le 7 février 1960, au Sands de Las Vegas, Frank présenta son ex-petite amie, une jolie petite brune, Judy Campbell, qui devint plus tard célèbre sous le nom de Judy Campbell Exner, à John Kennedy. Selon Mooney, Judy n'était guère différente des femmes qui entouraient Sinatra et ses amis de la pègre en quête de notoriété, de cadeaux ou simplement de distraction. Mais Frank rapporta que John avait été immédiatement séduit par cette femme qui ressemblait physiquement à son épouse, Jackie.

En mars, quand Mooney apprit que Kennedy couchait régulièrement avec Judy Campbell et interrompait sa chasse aux voix chaque fois qu'il en avait l'occasion, il déborda de joie. Il voulait que Kennedy ait une « régulière », quelqu'un qu'il

---

* Film produit et réalisé par Lewis Milestone que Sinatra a tourné en 1960. A quelques exceptions près, mineures, la distribution réunit le clan de Sinatra (Martin, Sammy Davis, Jr., Lawford, Dickinson).

pourrait finalement manipuler et utiliser à son avantage. Avec Judy Campbell, il avait apparemment trouvé un filon.

Depuis des années, Mooney recourait à une stratégie qui était devenue familière à Chuck : chaque fois qu'il voulait mieux connaître un homme qui travaillait pour lui, il devenait l'ami, et généralement l'amant de la femme ou de la petite amie du type. Mooney progressait lentement, tournant autour de sa proie, prédateur indécelable au début. Il venait sous prétexte de régler une affaire avec le mari, inventant un nouveau racket pour l'appâter, en cas de besoin. Lors de ces visites, il se comportait en parfait gentleman. Au bout d'un moment, il se montrait « prévenant » et apportait une babiole à la femme, généralement une bague ou un bracelet. Il la lui offrait toujours ouvertement, en présence de son mari et de ce fait, ironiquement, ses attentions persuadaient le type que sa carrière était sur le point de décoller.

— C'est ce que rapporte l'orgueil, ironisait Mooney.

Mooney prenait également le temps de téléphoner et de bavarder avec sa proie.

— Juste pour voir comment ça va, vous et mon gars, disait-il, aussi charmeur que possible.

Et ce charme était considérable. A un moment donné, il passait avec un manteau de fourrure. Il attendait, prenait son temps ; il ne précipitait pas les choses. Mais il ne tardait pas à mettre la femme dans son lit, où elle révélait les secrets les mieux gardés de son mari et toutes ses faiblesses.

Mooney se servait de l'infidélité de la femme pour mettre son mari face à la réalité : ils lui appartenaient et il pouvait prendre tout ce qu'ils possédaient. Même si le type n'apprenait jamais que Mooney baisait sa femme, ça n'avait pas d'importance. L'important était que Mooney le sache, sache qu'il pourrait détruire le type quand il en aurait envie. De ce fait, il avait toujours un as dans sa main.

Connaissant la façon dont son frère procédait, Chuck ne fut pas étonné quand il apprit que Mooney avait demandé à Sinatra de le présenter au nouveau jouet de Kennedy, Judy Campbell. Lorsqu'ils se furent rencontrés « par hasard », lors d'un dîner au Fontainebleau de Miami, fin mars, Mooney était prêt à prendre les choses en main. Fidèle à son habitude, il couvrit Judy de fleurs et de cadeaux, si bien qu'on ne tarda pas à la rencontrer à son bras de New York à Vegas. John savait que Mooney était l'ami de Judy et, selon lui, n'y voyait aucun inconvénient.

— Bon sang, quel orgueil, fit Mooney avec un rire étouffé. Ce type croit que je ne suis qu'un ami. Il a même proposé que Judy serve de messager pour organiser nos rencontres. (Il secoua la tête.) Quel crétin.

En réalité, Mooney ne semblait pas avoir besoin de messager ; il rencontra plusieurs fois John et Joe pendant les primaires : en Floride, à New York, à Chicago et au Cal-Neva de Tahoe.

— Il y a quelques États qui inquiètent Jack, dit Mooney à Chuck. Surtout la Virginie occidentale, à cause de la religion* et du Syndicat des mineurs. Merde, les syndicats sont un problème dans tout l'Est.

Faisant allusion au directeur du Cal-Neva, Skinny D'Amato, Mooney dit :

— J'ai chargé Skinny de dire à Joe que je m'occuperai de la Virginie occidentale à une condition : quand Jack sera président, Joe Adonis pourra rentrer au pays. Les gars de l'Est veulent qu'Adonis reviennent. Jack et son vieux auraient pas pu accepter plus vite. Permettre à un gangster expulsé de rentrer leur posait pas de problème. Alors on s'est mis d'accord sur la Virginie occidentale.

Mooney resta quelques instants silencieux, puis reprit :

— Je leur ai tout de même expliqué qu'après la convention, quand on commencera la campagne nationale, le Syndicat des camionneurs pourra pas prendre publiquement position pour Jack, que ça aurait pas l'air net après ce que la commission McClellan a fait à Hoffa et ses gars, sans parler des tours de cochon de Bobby. Mais, en coulisse, pas de problème. Je me suis arrangé avec Hoffa pour qu'il gratte quelques millions et les verse à la campagne de Jack, puisque Kennedy est d'accord pour obtenir que Bobby laisse Hoffa et les camionneurs tranquilles.

---

* *Bible Belt* : régions, principalement situées au sud, où le fondamentalisme religieux est fortement implanté et le clergé très influent.

Les États de la côte est furent relativement faciles, mais les collines de Virginie occidentale s'avérèrent récalcitrantes.

— Va falloir qu'on achète toutes les voix de l'État, gémit Mooney à l'approche de la primaire, en mai 1960.

Toute la famille Kennedy vint massivement faire campagne pour John, mais Mooney dit que le scrutin serait gagné en coulisse, loin des projecteurs et des caméras. Il envoya là-bas Skinny D'Amato avec une lourde valise.

Plus tard, on estima que le Milieu de Chicago avait dépensé cinquante mille dollars lors de la primaire de Virginie occidentale, cependant, en mai, Mooney confia que, la victoire dans cet État étant considérée comme capitale, il avait personnellement investi un demi-million de dollars.

— Bon sang, on a même été obligés de persuader les bars de passer la chanson de Sinatra, *High Hopes,* sur les juke-boxes. Ces bouseux détestent l'idée d'un président irlandais, de la côte est* et catholique.

Kennedy avait remporté toutes les primaires où il s'était engagé. Après cette victoire en Virginie occidentale, où il battit son rival démocrate Hubert Humphrey de vingt-neuf pour cent des voix, rien ne sembla plus pouvoir empêcher sa nomination comme candidat de son parti.

A l'approche de la convention nationale démocrate de juin, la presse salua en Kennedy une nouvelle « race », un homme politique jeune, charismatique, idéaliste, qui proposait une bouffée d'air frais à l'Amérique. Mooney trouva cette description très amusante ; comme tous les autres, il pouvait être acheté. Il avait simplement fallu recourir à une monnaie différente.

Grâce aux micros et à Frank Sinatra, il suivit Kennedy à la trace. Le clan Kennedy s'installa en Californie, chez Marion Davis, ancienne maîtresse de Joe, afin de préparer la convention de Los Angeles, et Frank en fut, jouant magnifiquement son rôle de « directeur des relations publiques », faisant le barman et l'intermédiaire entre ses amis. Mooney fut tenu quotidiennement informé ; il était ravi.

---

* Kennedy est né à Boston et était sénateur du Massachusetts lorsqu'il a été élu président.

Lors de la convention, John séduisit une nouvelle fois les délégués ainsi que la presse et fut élu au premier tour. Mooney dit plus tard à Chuck qu'il avait discuté du choix du vice-président de John avec Joe Kennedy et qu'ils étaient tombés d'accord sur un homme politique texan nommé Lyndon Johnson. Pendant les primaires, selon Mooney, Carlos Marcello avait insisté sur le fait qu'il voulait voir Johnson à la Maison-Blanche, croyant que la machine politique de Johnson pourrait faire basculer le Sud, affirmation confirmée par Jack Ruby qui représentait toujours Chicago à Dallas.

— Avec l'Illinois et le Texas, on peut faire basculer tout le pays, dit Mooney. Joe a trouvé que c'était une bonne idée. De toute façon, il devait plusieurs services à Johnson, même s'ils donnent l'impression de se haïr. Johnson a fait nommer Jack à la commission des affaires étrangères pour rendre service à Joe et ça a donné un coup de fouet à sa carrière. Alors c'était réglé. Johnson sera vice-président.

Apparemment, Joe parvint à persuader son fils que le choix de Johnson était judicieux, malgré les réactions défavorables qu'il provoqua immédiatement. Les partisans de Kennedy, y compris Bobby, protestèrent en vain. Lyndon Johnson devint candidat démocrate à la vice-présidence.

Bien entendu, il y avait déjà eu de nombreuses élections, mais jamais Mooney ne s'y était intéressé aussi activement. Entre deux vols transcontinentaux, il suivit attentivement le déroulement du spectacle. Chuck lui-même resta collé à son poste de télévision. Secrètement, il s'était mis à partager le rêve de son frère, qui espérait posséder le président, pas à cause du pouvoir que cela engendrerait, mais à cause du soulagement ; sa famille souffrait plus que jamais de la notoriété du nom des Giancana.

Chuck avait l'impression que son frère monopolisait tous les avantages de sa situation : des tonnes d'argent, toutes les filles qui lui faisaient envie et, maintenant, l'oreille du prochain président des États-Unis. Si John Kennedy remportait effectivement l'élection, Chuck se dit qu'il était temps que les choses tournent enfin à son avantage.

D'un bout à l'autre du pays, des dizaines de mafiosi partageaient également le rêve de Mooney. Avec Kennedy à la présidence, ils obtiendraient des contrats gouvernementaux lucratifs, leurs amis seraient nommés à des postes importants, on serait indulgent avec eux en cas de difficultés avec la justice.

Néanmoins, comme Mooney l'expliqua à Chuck un soir d'octobre, alors qu'ils dînaient au Meo's Norwood House, le Milieu jouait toujours sur les deux tableaux.

— On va aussi contribuer à la campagne de Nixon. On les soutiendra tous les deux. Marcello et moi, on donne un million de dollars à Nixon. Exactement comme on a donné un joli paquet à Lyndon Johnson. Mais, naturellement, c'est rien à côté de ce qu'on a donné à Jack. Deux millions de dollars en plus de toutes les voix qu'on a achetées pour les primaires. Si c'est serré, on sait qu'on peut voler les voix qu'il faudra. Mais si Johnson peut pas faire basculer le Sud et qu'il passe à Nixon, bon, on sort tout de même gagnant. Pas formidablement, pas aussi bien qu'avec Jack, mais avec les choses en main.

— Tu sais, je comprends pas pourquoi tu soutiens pas Nixon ; c'est un gars du Milieu depuis des années. Pourquoi pas maintenant ?

— Parce que Kennedy joue le jeu avec moi. Il m'a fait des grosses promesses. J'ai pas Nixon dans la poche comme j'aurai Jack. Beaucoup de patrons possèdent une partie de Nixon, on partage l'influence. Jack sera rien qu'à moi.

— Merde, je me méfie encore d'eux. Les Kennedy sont... bon, regarde Bobby...

— Bobby sait même pas de quoi on a parlé, Jack et moi. Il est sur la touche. Dans pas longtemps, ça sera un avocat comme les autres. Ils m'ont promis qu'ils s'occuperont de lui. Jack va être président, pas Bobby. En plus, j'ai des tas de saloperies sur eux, si ça tourne mal.

— Bon.

Chuck demeura silencieux.

— T'es pas convaincu, hein ? reprit Mooney. Bon sang, je t'ai jamais vu comme ça. Naturellement, Nixon est à nous, mais Jack sera rien qu'à moi. Ça fait une grosse différence. Nixon nous a aidés. Merde, on s'entend bien, mais il a rien fait contre Hoover, pas vrai ?

— Exact, dit Chuck, hochant la tête.

Il avait entendu dire que Mooney avait rencontré plusieurs

fois Richard Nixon, à Washington*, et qu'ils s'appréciaient mutuellement. « On se comprend », avait dit Mooney.

— D'accord, Nixon avait les mains liées. Il pouvait pas. Bon, tu vois, les pressions étaient tellement fortes qu'il pouvait pas enterrer Hoover. Nixon m'a rendu des services, d'accord, il a obtenu des contrats pour les autoroutes, travaillé avec les syndicats à l'étranger. Et on les a aidés, lui et ses copains de la CIA. Merde, c'est même grâce à lui que le gars qui travaille pour moi au Texas, Ruby, a pas témoigné devant le Congrès, en 1947.

— Comment il a fait ?

— Il a dit que Ruby travaillait pour *lui*.

— Sans blague ?

— Non, mais le plus marrant c'est que, avec Murray Humphreys qui graissait les pattes et Nixon qui disait ça, les fédéraux l'ont cru.

— Ça va dans mon sens, dit Chuck. Je crois que tu as intérêt à parier sur Nixon.

— Bon sang, Chuck, change de disque. Comme je t'ai dit, on joue sur les deux tableaux. Comme on a fait en Californie quand Nixon s'est présenté aux sénatoriales. Merde, il nous doit des services.

— C'est ce que je veux dire, insista Chuck.

— Oh, qu'est-ce que tu préfères, le lait ou la vache ? Moi, j'aime mieux la vache.

— Je comprends. Mais, merde, tu sais pas ce que Jack va faire quand il sera élu. Avec Nixon, tu as des antécédents.

Mooney hocha la tête.

— C'est la sécurité, pas de problème. Mais la sécurité me conduira pas où je veux aller : elle a jamais pu le faire. C'est ça ton problème, Chuck, tu cherches la sécurité.

Chuck fut vexé, cela se vit sur son visage et, sans lui laisser le temps de dissimuler ce qu'il éprouvait, Mooney ajouta hâtivement :

— Ça fait rien, on est différents, c'est tout. T'as envie de diriger une affaire. Moi ? Je veux diriger le pays.

---

* Richard Nixon a été le vice-président de D. Eisenhower, président des États-Unis de 1952 à 1960.

18.

L'élection n'avait pas été aussi serrée depuis 1916. Le 8 novembre 1960, les appels s'entrecroisèrent dans le pays pendant toute la journée et une partie de la nuit. Afin de se tenir personnellement informé des résultats, Frank Sinatra s'était installé dans son bureau de Los Angeles, où une ligne directe le relia à Jake Arvey, négociateur politique de Mooney et membre de la commission nationale démocrate, pendant toute la journée. Toutes les demi-heures, Sinatra reçut un rapport sur le déroulement de l'élection dans l'Illinois. Les nouvelles étaient bonnes ; jusqu'à vingt-trois heures, Kennedy parut avoir partie gagnée. Mais à minuit, la tendance s'était inversée et le présentateur de NBC, John Chancellor, annonça la victoire probable de Nixon.

Le cœur de Chuck se serra, et il imagina que celui de Mooney faisait de même, quand il apprit que l'Ohio, le Kentucky, le Tennessee et les États agricoles de l'Ouest étaient passés à Nixon. Pire, l'Illinois, où la victoire était essentielle, hésitait. Sans le Texas et l'Illinois, Kennedy n'y arriverait jamais. Chuck apprit plus tard que, dans un sursaut d'inquiétude comparable, John Kennedy avait appelé le maire de Chicago, Daley, de Hyannis Port, la résidence d'été des Kennedy, dans le Massachusetts. Daley avait alors contacté Mooney, qui avait rassuré ses associés.

Contrôlant les puissantes circonscriptions noires, ainsi que ses propres circonscriptions dominées par la pègre, neuf en tout, Mooney avait rassemblé toutes ses forces et serré la vis.

Il avoua plus tard que faire basculer l'élection avait été « une balade au pays des souvenirs » : tous les vieux trucs de sa jeunesse dans le Patch refirent surface quand ses soldats furent mobilisés au nom de Kennedy.

Pour garantir l'issue de l'élection, les gars transportèrent les gens d'un quartier à l'autre afin qu'ils puissent voter plusieurs fois, ou se postèrent, menaçants, près des isoloirs, montrant clairement aux électeurs potentiels qu'ils avaient intérêt à voter pour Kennedy. De temps en temps, un citoyen égaré affirma que cette tyrannie ne le concernait pas et, de ce fait, attira sur lui la colère des zélateurs de Mooney : à la fermeture des bureaux de vote, on dénombra de nombreux bras et jambes cassés.

Le lendemain matin, quand il se leva, Chuck eut presque peur d'allumer le poste de télévision. Lorsqu'il l'eut fait, il bondit de joie. Le résultat était connu : Kennedy serait le prochain président des États-Unis.

Dans les circonscriptions de Mooney, Kennedy avait obtenu 80 pour 100 des suffrages et enregistrait un 60 pour 100 respectable dans le reste de Chicago. Quand tout fut terminé, Kennedy emporta l'Illinois avec une avance de 9 000 voix et, au Texas, obtint une victoire éclatante sur Nixon avec 28 000 voix de plus que son adversaire. Sur l'ensemble du pays, il gagnait de 0,01 pour 100*.

Vexé et soupçonnant à juste titre que le scrutin avait été volontairement faussé dans certains quartiers de Chicago, le parti républicain refit le calcul des voix dans l'Illinois et conclut que Nixon l'avait emporté avec 4 500 voix d'avance. Lorsqu'un dénombrement officiel fut demandé, Daley s'y opposa, conformément aux instructions de Mooney. Nixon qui, selon Mooney, subit les pressions de ses relations au sein du Milieu et se vit promettre leur aide dans l'avenir reconnut finalement sa défaite.

Du jour au lendemain, le rêve de Mooney était devenu réalité : l'homme qui voulait être roi partageait désormais le trône avec l'homme qui voulait être président.

Jamais Chuck n'avait vu Mooney aussi heureux ; c'était un autre homme. Les sautes d'humeur, avec les réflexions bles-

---

* Un peu plus de 100 000 voix sur plus de 68 millions de suffrages exprimés.

santes qui les accompagnaient, disparurent du jour au lendemain. Elles cédèrent la place à un homme jovial et détendu, qui blaguait, prenait le temps d'écouter et riait avec une gaieté toute nouvelle. Chuck fut heureux de voir son frère baisser le masque, même si c'était provisoire.

— Avec Kennedy au pouvoir, affirma-t-il à Anne-Marie, Mooney va dominer le monde. Les quatre plus belles années de notre vie sont devant nous.

Comme son frère, Chuck attendit la prise de fonctions avec impatience ; la vie reprendrait son cours normal. Mooney mit activement de l'ordre dans ses projets et donna des instructions à ses hommes. Aussitôt après l'élection, il envoya Murray Humphreys à Washington et le chargea de graisser la machine politique. Il donna également le feu vert à Frank Sinatra, qui produisit le gala d'investiture le plus fastueux de tous les temps.

Aux yeux de Mooney, tous ceux qui avaient des liens avec la pègre, des soldats de rien du tout aux beaux-frères, devaient obtenir ce que les gars du Milieu appelaient : l'autorisation.

Mooney n'avait évidemment pas l'intention de s'opposer à ce projet ; il comptait parmi les partisans les plus fidèles de Kennedy et, de ce fait, était naturellement favorable à l'idée de Sinatra. Mais, du point de vue de Sinatra, les formes devaient être respectées, la déférence manifestée. L'étiquette du Milieu exigeait que Mooney donne son approbation.

Dans le sillage de l'élection, Mooney nagea dans le bonheur pendant tout le mois de novembre, de même que Daley, Sinatra, Marcello et Lyndon Johnson. Chacun d'entre eux prétendit que la victoire de Kennedy était son triomphe personnel, même si ce n'était que dans l'intimité. Néanmoins Mooney reconnut, au cours d'une conversation avec Chuck, que ces hommes avaient joué des rôles d'importance égale et interdépendants ; c'était à leur action collective que Kennedy devait son installation à la Maison-Blanche.

Indiscutablement, la célébrité de Sinatra avait permis de mobiliser des centaines de personnalités influentes, ce qui avait entraîné de substantielles contributions à la campagne. Son statut de star avait hissé la campagne présidentielle et l'élection sur de nouveaux sommets politiques : elles devinrent des événements médiatiques, phénomène capital qui engendrait de la publicité et stimulait le vote populaire.

De même, Daley et Johnson furent essentiels dans le domaine de la machine politique. Sans doute les historiens s'opposeront-ils sur la question de savoir quel État, de l'Illinois ou du Texas, avait effectivement fait basculer l'élection. Mais, en fin de compte, la vérité était qu'aucun des deux n'aurait pu, à lui seul, hisser Kennedy à la présidence des États-Unis.

Quant à Carlos Marcello, il croyait à juste titre que sa collaboration avait exercé une influence significative sur l'issue de l'élection. Mais le pouvoir et les relations de Marcello se limitaient pratiquement à la Louisiane et à l'électorat relativement réduit du Sud.

Selon tous les gens avec qui Chuck s'entretint, Mooney était au cœur de pratiquement toutes les activités illégales du pays, à l'exception de celles que contrôlait New York. Des types tels que Daley, Johnson, Marcello ou Sinatra n'étaient que des relais.

Mooney ne tarda pas à encaisser les bénéfices de ses nouvelles relations avec la Maison-Blanche. Il dit à Chuck qu'il avait déjà entrepris d'étendre le réseau de la pègre à certains dictateurs, présidents et barons de la contrebande, dans des nations aussi diverses que Haïti, la République Dominicaine, l'Iran, le Liban, l'Italie, la France, le Nicaragua, le Guatemala, les Philippines et le Laos.

Mooney révéla également qu'il avait vu ses copains de la CIA.

— C'est formidable, dit un jour Mooney, au Thunderbolt, un verre de Martini à la main, tandis que Bing Crosby chantait le refrain de *White Christmas*. Le Milieu et le gouvernement ont les mêmes ennemis.

Il jeta un regard circulaire dans le bar, décoré pour Noël avec des guirlandes de papier argenté et de satin rouge, puis baissa légèrement la voix :

— J'ai vu les gars de la CIA depuis août dernier ; on va buter Castro, Trujillo, en République Dominicaine, et un nègre au Congo.

— Alors, fit Chuck, allumant un cigare, me fais pas languir.

— Bon, commençons par le commencement, dit Mooney

avec un sourire. Tu sais, si on y arrive, tu l'auras peut-être ce boulot en République Dominicaine, après tout.

— J'y compte pas vraiment, commenta Chuck. Il avait pratiquement perdu l'espoir de quitter un jour le motel.

— Bon, de toute façon, le gros truc, c'est Castro. Enfin, pour le Milieu. Quand Kennedy aura pris ses fonctions et qu'on aura buté Castro... il faudra que tout le monde passe par moi.

Il sourit, son cigare à la bouche, manifestement flatté par la perspective d'être sans conteste le big boss.

— Je me fous des titres, ajouta-t-il. Je suis pas aussi con que Genovese. Tout ce que je veux, c'est savoir que je suis le patron. Les titres, c'est de la merde.

— Bon, tu tiens déjà les patrons ; tel que c'est, ils t'embrassent pratiquement tous le cul.

— Ouais, Marcello, Trafficante, les types de l'Ouest, ils savent qui commande. Castro m'a pas liquidé. Ça va si je ne regarde pas ce que je perds par jour tant qu'il est au pouvoir. Mais Trafficante, Marcello, Lansky, tous les autres, merde, ils ont perdu une fortune. L'erreur qu'ils ont faite, c'est de mettre tous leurs œufs dans le même panier.

— Et pas toi, fit Chuck, hésitant.

— Foutre non. J'ai des affaires partout. Mais ces types étaient bons comme la romaine quand Castro s'est aperçu qu'ils étaient copains avec Batista. Alors il les a pas loupés. Merde, tu peux parier qu'il sait aussi que Marcello et Trafficante donnent des coups de main aux exilés cubains.

Il secoua la tête tout en tirant énergiquement sur son cigare.

— On a aidé la CIA à livrer des armes à Castro parce qu'on croyait que ce type nous rembourserait en laissant nos affaires tranquilles. Mais ce Castro est une ordure. Faut reconnaître : on peut pas l'acheter. Il dit que les Américains sont des arnaqueurs et des maquereaux. Il y a pas plus faux jeton que ce type.

— Mais sa vision des Américains est plutôt juste, pas vrai ?

— Ouais, Castro a rien d'un con, reconnut Mooney avec un soupir. Alors, la CIA a fini par s'apercevoir que Castro fermait les entreprises américaines. Ce genre de merde fait pas plaisir au gouvernement. Après tout, la CIA a aussi perdu son pourcentage sur les casinos. Donc ils m'ont proposé cent cinquante mille dollars pour le buter... des clopinettes. Je leur ai dit que je me foutais complètement de l'argent. On s'occupera de Castro. D'une façon ou d'une autre. (Il eut un sourire triomphant et leva son verre.) Je vois ça comme mon devoir patriotique.

Chuck savait que pratiquement tous les hommes politiques étaient des magouilleurs, mais il avait du mal à croire que le gouvernement puisse payer le Milieu pour assassiner des chefs d'État.

— Si le gouvernement fait vraiment buter des types, dit-il, pourquoi est-ce qu'on n'en entend jamais parler ?

— Bienvenue dans le monde réel, Chuck ! dit Mooney, se penchant et lui donnant une claque sur l'épaule.

— Le monde réel ?

Chuck leva les sourcils sous l'effet d'un mélange de colère et d'incrédulité. Peut-être était-il naïf, comme disait toujours Mooney, mais il ne pouvait supporter l'idée que son pays, qu'il aimait, il devait le reconnaître, puisse être aussi pourri. La participation du Milieu à ces actions clandestines était une chose, mais le gouvernement commandant des assassinats, cela lui semblait étrangement désespérant.

Mooney le dévisagea pendant quelques instants. Ils se regardèrent dans les yeux, puis son frère prit la parole sur un ton que Chuck trouva paternaliste.

— Ouais, Chuck, il y a des années que je te dis que c'est comme ça. On n'en entend pas parler parce que c'est *secret, top secret.* (Il s'interrompit et scruta le visage de Chuck.) Ces types sont des agents secrets ; faut pas qu'ils se fassent coincer et, quand ça arrive, le gouvernement fait comme s'il était pas au courant. C'est ça le *secret,* bon sang.

Mooney expliqua ensuite que c'était Allen Dulles, le directeur de la CIA, qui avait eu l'idée d'éliminer Castro. Deux responsables, Richard Bissel et Sheffield Edwards, furent chargés d'exécuter le projet. D'après Mooney, ils prirent contact avec le Milieu par l'intermédiaire de Bob Maheu.

— Le type du FBI ?

— Le type qui était au FBI. Il a une couverture : une agence de détectives. Il travaille pour l'avocat du Syndicat des camionneurs, Williams, qui est notre ami. C'est comme ça que des tas de types marchent. Comme Banister. Il a une agence à La Nouvelle-Orléans et il bosse sur les exilés cubains avec la CIA.

Maheu et Banister travaillent continuellement pour la CIA. Ils sont bons, foutrement bons. Et ils m'ont rapporté plein de blé.

Après la première rencontre entre Mooney et Maheu, organisée par son lieutenant, Johnny Roselli, Mooney dit à Chuck qu'il avait chargé Roselli d'avertir Santo Trafficante et Carlos Marcello qu'ils devaient fournir l'assistance nécessaire, à savoir leurs relations cubaines, pour la réalisation du projet d'assassinat de la CIA. Pendant ce temps, selon Mooney, Jack Ruby fut chargé de livrer des armes, des avions et des munitions aux exilés cubains de Floride et de Louisiane, tandis que l'ancien ministre des Jeux de Castro, Frank Fiorini, était intégré à l'affaire de contrebande de Ruby, de même qu'un membre de la CIA travaillant avec Banister : David Ferrie.

Les nombreux hommes entourant le directeur de la CIA, le président des États-Unis et Sam Giancana avaient pour fonction de les isoler de toute ombre de soupçon. Et, sinon du soupçon, certainement de tout lien direct avec les événements qui suivirent.

Chuck conclut au terme de leur conversation, en ce mois de décembre 1960, que le complot contre Castro n'était que la partie émergée d'un iceberg qui, dans un océan d'icebergs, suivait une trajectoire décidée par son frère et ses amis des services secrets. Cette trajectoire aboutirait à la création d'une équipe d'hommes compétents disposant des moyens de tuer *n'importe quel* dirigeant de la planète.

La nouvelle de la nomination de Bobby Kennedy au poste d'attorney général*, courant décembre, fit à Mooney l'effet d'un coup de poignard dans le dos. L'attitude détendue qui le caractérisait depuis l'élection disparut aussi brusquement qu'elle était apparue. Une violente colère bouillonna sous son amère déception.

La question immédiatement posée par Hoffa, Marcello et Trafficante fut :

— Qu'est-ce que ce Kennedy trafique ?

---

* Ministre de la Justice.

Dans l'espoir d'obtenir des réponses, Mooney mit Sinatra sur la sellette. C'était un des types qui assuraient la liaison entre lui et les Kennedy, un homme qui lui avait affirmé qu'il tenait John.

— Il lui mange dans la main, hurla Mooney, un jour, dans le bureau du sous-sol de sa maison d'Oak Park. C'est ce que Frank m'a dit : Jack me mange dans la main. Conneries, voilà ce que c'est.

Il raccrocha violemment et lança le téléphone en travers de la pièce.

Jusqu'à ce moment-là, Mooney avait essentiellement compté sur Sinatra et Murray Humphreys pour l'informer des activités des Kennedy mais, après la piètre performance de Sinatra, il dit à Chuck qu'il avait l'intention de charger Roselli de surveiller la situation de plus près, dans l'Ouest, en ce qui concernait les Kennedy. Il ajouta qu'il envoyait Lewis McWillie, ancien directeur de son casino de La Havane, le Tropicana, au Cal-Neva de Tahoe dans l'espoir de renforcer la surveillance sur les fréquentes escapades des Kennedy dans les casinos ; il n'avait pas envie de se laisser une nouvelle fois abuser par les vantardises d'un chanteur égocentrique.

Après Harry Truman, la deuxième personne reçue par John Kennedy dans le bureau ovale en 1961 fut le maire de Chicago, Daley. Ce ne fut pas une coïncidence ; Mooney espérait que la politique vis-à-vis du crime organisé changerait, et changerait vite. La présence de Bobby Kennedy à la tête du ministère de la Justice ne correspondait pas à ses plans. Il voulait des réponses. Mais il voulait surtout des assurances. Ce qu'il obtint, c'est que ces choses-là demandent du temps.

Trouvant ce message inacceptable, Mooney prit les choses en main et se rendit personnellement à la Maison-Blanche, où il rencontra le président. Leur conversation, et les assurances qu'il dit avoir reçues ne dissipèrent guère ses inquiétudes. Il revint à Chicago déçu et Chuck le trouva plus méfiant que jamais vis-à-vis des motivations de Kennedy.

Il apparut à Mooney que Joe Kennedy, ce « vieux roublard », avait eu une idée de génie. La présence de Bobby à la tête du ministère de la Justice ne pouvait avoir que deux significations : soit Bobby ferait pression sur Hoover et lui ordonnerait de laisser le Milieu tranquille, comme John et Joe l'avaient promis, soit Bobby jouerait un rôle d'homme de main, avec virtuellement une armée d'agents du FBI à sa disposition, et éliminerait tous ceux à qui les Kennedy devaient des services. La première solution semblait encourageante mais hautement improbable : ce type de comportement ne correspondait pas du tout à la personnalité de Bobby Kennedy, fer de lance de la lutte contre le crime au sein de la commission McClellan.

Lentement, Mooney en arriva à la conclusion que l'homme qu'il espérait voir moisir derrière un bureau, dans un obscur cabinet d'avocat, après l'élection, serait sa Némésis. La nomination de Bobby Kennedy au poste d'attorney général visait manifestement à lui donner les moyens d'effacer toutes les dettes, et Mooney comprit qu'il serait en tête de la liste.

— C'est une décision brillante de la part de Joe, dit-il avec lassitude. Il va charger Bobby de nous éliminer pour couvrir toutes les saloperies qu'ils traînent dans leur sillage, et ça sera fait au nom de la « guerre contre le crime » entreprise par les Kennedy. Brillant, nom de Dieu ! On peut pas dire autre chose.

Mais, alors même qu'il arrivait à cette conclusion, Mooney dit à Chuck que John Kennedy avait fait une chose complètement déroutante : il s'était mis à lui faire parvenir la copie de mémos confidentiels du FBI par l'intermédiaire de Judy Campbell. Chuck apprit plus tard, par Mooney, que le président communiquait également avec lui grâce à Angie Dickinson et Marilyn Monroe. Chuck ne sut jamais quels documents ces deux autres femmes transmettaient. Mais, vingt ans plus tard, lorsqu'il eut vent des polémiques selon lesquelles des femmes auraient convoyé de la correspondance liée à l'assassinat de Castro entre son frère et le président, il les trouva ridicules et risibles. Mooney n'était pas du genre à écrire ! Les gars du Milieu n'étaient pas stupides : ils ne se laissaient pas photographier dans des situations compromettantes, ne rédigeaient pas de notes susceptibles d'être utilisées contre eux et ne gardaient pas de bandes prouvant l'existence de leurs activités illégales. Ils n'avaient rien de bureaucrates.

L'examen des documents fournis à Mooney par le président s'avéra très instructif. Mooney constata avec stupéfaction que la surveillance des fédéraux était extrêmement précise et incroyablement approfondie. Il considérait les agents du FBI comme des boy-scouts, une gêne, rien de plus. Néanmoins, les documents envoyés par John firent apparaître que le FBI représentait une menace plus grave que ce qu'il imaginait ; il y avait au moins un informateur parmi ses hommes et de fortes pressions destinées à en recruter d'autres.

Mooney estima que la réception des mémos du FBI, que la Maison-Blanche lui envoyait régulièrement, démontrait que sa relation avec le président était solide, après tout. Il conclut, à tort constata-t-il plus tard, que Hoover et ses agents étaient présents à Chicago uniquement « pour la galerie ». John lui avait donné sa parole qu'il serait tenu informé des opérations du FBI et, de ce fait, aurait toujours une longueur d'avance. Soulagé, mais toujours méfiant et se demandant quel rôle jouait Robert Kennedy dans le scénario, Mooney renonça à croire que John avait tourné le dos à ses promesses préélectorales.

Plus tard, il apparut que le président ne fournissait à Mooney qu'une partie soigneusement choisie des mémos du FBI remis quotidiennement à J. Edgar Hoover. Ceux qu'il envoya, notamment, ne mentionnaient pas les micros installés dans les repaires préférés de Mooney, le bar l'Armory Lounge et le magasin de son tailleur, Celano.

Pendant ce temps, Bobby Kennedy, désormais bien installé au ministère de la Justice, orchestrait ce qui deviendrait la plus vaste attaque contre le crime organisé de l'histoire du pays. Le jeune attorney général établit la liste des trente plus gros patrons de la pègre et en tête de cette liste, comme Mooney l'avait prévu, se trouvait le nom de Sam Giancana.

L'attorney général exigea que J. Edgar Hoover accentue les efforts de son organisation et pourchasse les membres de la pègre avec le zèle dont il avait fait preuve contre le parti communiste. Pour compléter le tableau, Bobby chargea l'IRS de poursuivre les personnalités de la pègre coupables de fraude fiscale.

Tandis que Bobby se préparait à la bataille, Mooney, quoique réconforté par les rapports du FBI, ne renonça pas à surveiller les Kennedy. En outre, il ne resta pas sans réagir vis-à-vis du traître dont les mémorandums lui avaient appris l'existence, un nommé William Jackson, surnommé Action. Il lança immédiatement un contrat sur Jackson et renforça sa surveillance des frères Kennedy.

En 1959, Mooney avait chargé Jimmy Hoffa, patron du Syndicat des camionneurs, de poser des micros dans les endroits fréquentés par Bobby. Hoffa avait demandé l'aide d'un détective privé de Hollywood, Fred Otash, et engagé un virtuose des écoutes, Bernard Spindel, dont la compétence était reconnue et que la CIA employait en cas de besoin. Souvent, Spindel collaborait simultanément avec la CIA et le Milieu.

En 1961, Mooney dit qu'il fit une nouvelle fois appel à Otash et Spindel, qu'il chargea de poser des micros dans tous les endroits fréquentés par les Kennedy. Considéré par les responsables du gouvernement et par la pègre comme le « roi des écoutes », Spindel était célèbre pour ses techniques sophistiquées et son intelligence. Sur l'ordre de Mooney, Spindel créa une équipe de spécialistes, issus du Milieu et de la CIA, qui mirent en place un réseau extrêmement serré de surveillance visuelle et électronique autour des Kennedy.

La responsabilité de suivre l'attorney général et le président fut confiée par Mooney à son co-conspirateur, Bob Maheu, qui recruta une équipe de détectives dont firent finalement partie Fred Otash et John Danoff.

— J'ai dit à Maheu que je veux savoir où sont les Kennedy vingt-quatre heures sur vingt-quatre. Je veux savoir quand ils boivent un verre d'eau, je veux savoir quand ils vont chier. Les gars de Bob et la CIA peuvent y arriver.

Mooney confia également à Chuck :

— Je t'ai dit, autrefois, que je ne ferai jamais confiance à un Kennedy.

Le 4 avril 1961, quand Mooney apprit l'expulsion de Carlos Marcello au Guatemala, ses pires craintes se trouvèrent confirmées : les Kennedy jouaient double jeu.

Comme Mooney depuis la victoire de Castro, en juin 1959, Marcello était le complice de la CIA dans plusieurs opérations de trafic d'armes et soutenait énergiquement les exilés anticastristes. C'était une opération, dit plusieurs fois Mooney, destinée à rendre à Cuba sa gloire précastriste, c'est-à-dire ses casinos lucratifs et ses entreprises de prostitution.

On raconta, dans le Milieu, que Bobby Kennedy voulait la

peau de Marcello parce que le patron de La Nouvelle-Orléans avait refusé d'apporter son soutien à Kennedy pendant la convention démocrate ; Marcello avait toujours été favorable à Lyndon Johnson. Mais, quoi qu'il en soit, il n'en demeurait pas moins vrai que Marcello avait collaboré avec d'autres branches du gouvernement américain. Malheureusement pour Marcello, ni ses actes de patriotisme ni ses contributions monumentales à la campagne de son frère n'avaient convaincu Bobby de lui accorder sa protection. Ce fut, pour Mooney, un signe tout à fait clair, qu'il ne put ignorer.

Il dit que ses amis de la CIA étaient aussi blêmes que lui et projetaient de ramener secrètement Marcello aux États-Unis, mais qu'ils étaient pour le moment trop occupés par le renversement du régime de Castro et ne pouvaient guère entreprendre autre chose que la tâche en cours.

Cette tâche consistait à assassiner le dirigeant cubain, qui s'avouait désormais marxiste. Mooney était alors profondément impliqué dans les opérations cubaines de la CIA, dans une mesure telle, en fait, qu'il proposa une de ses « étoiles montantes », Richard Cain, à l'agence gouvernementale.

Jeune homme extrêmement séduisant, brillant et ayant le génie des mathématiques, Cain, dont le véritable nom était Ricardo Scalzitti, parlait couramment cinq langues et était un tireur d'élite remarquable, formé par la police de Chicago. Il se trouva à la CIA « comme un poisson dans l'eau », selon l'expression de Mooney et, de même, la CIA estima qu'il était « fait sur mesure pour devenir un agent exceptionnel ».

Pendant un séjour à Miami, où il entraînait militairement les exilés cubains, Cain devint effectivement un agent de la CIA à part entière, selon Mooney. Comme tout le personnel des services secrets impliqués dans les opérations cubaines, il était « officiellement » employé par une agence de détectives de Miami qui était, selon Mooney, une couverture de la CIA.

Après le débarquement de la baie des Cochons, Cain rentra à Chicago. Peu après, avec l'aide de la CIA, Mooney parvint à lui procurer un poste extrêmement sensible : responsable des enquêtes dans les services du shérif du comté de Cook. Ce fut une victoire secrète pour Mooney. Cain serait directement sous l'autorité du pire ennemi de Mooney à Chicago, le shérif

Richard Ogilvie, qui tenait sa réputation de sa lutte contre la pègre. A l'insu d'Ogilvie, Mooney aurait un espion, un vrai, à ses côtés.

Mooney confia à Chuck, au printemps, que l'invasion de Cuba, préparée par la CIA, était prête et n'attendait que l'élimination de Castro par la pègre.

Pour réaliser cette tâche, Mooney dit que la CIA et le Milieu partagèrent les talents d'un chimiste et chercheur de l'Université d'Illinois, un homme dont les concoctions chimiques mortelles avaient de nombreuses fois été utilisées par les deux organisations.

La liste des armes chimiques destinées à Castro était longue, selon Mooney, incluant des cigares empoisonnés, une poudre bactérienne mortelle qui était absorbée à travers la peau, des produits de toilette contenant une drogue qui, appliquée sur le visage ou le corps, provoquerait une crise cardiaque fatale, un poison extrêmement violent (« une goutte et le gars est mort ») qui serait mélangé à ses aliments, un agent injectable déclenchant un cancer et un virus mortel à évolution lente. On envisagea même, selon Mooney, d'utiliser les radiations sous la forme de rayons X de haute intensité déclenchant un cancer de la peau chez la victime. Mais, au bout du compte, toutes les tentatives d'assassinat de Castro (Chuck entendit parler de trois) quoique très perfectionnées et tordues échouèrent.

Lorsqu'ils élaborèrent le complot visant à éliminer Castro, Mooney et ses amis de la CIA ignoraient à quel point leur cible était difficile à atteindre ; ils ne savaient pas que les plats et les boissons étaient goûtés par des prisonniers politiques en présence du Premier ministre. Ainsi, leur première tentative de tuer Castro (en mettant du poison dans son verre) n'avait fait que l'avertir de l'existence d'une conspiration et, face à cette menace, la sécurité fut renforcée.

Chuck estimait cependant que l'explication la plus probable de l'échec du complot était le fait que presque tous les Cubains restés sur l'île, contrairement à ce que les media américains tentaient de faire croire à l'opinion publique, étaient satisfaits de leur nouveau gouvernement. En outre Castro, entouré de ses fidèles et d'un service de sécurité efficace, ne pouvait pas aisément être assassiné par un tueur à gages professionnel ; on payait les tueurs à gages parce qu'ils survivaient et pouvaient tuer à nouveau. Les gars du Milieu n'étaient pas des fanatiques prêts à donner leur vie pour des idées politiques ridicules. Et, même s'il avait été possible de trouver un tueur prêt à se sacrifier, la CIA et le Milieu ne pouvaient prendre le risque d'être impliqués par les aveux d'un assassin torturé.

Ne demeurait donc que la possibilité de complices cubains. Mooney déplora la rareté des maillons faibles au sein du régime castriste ; ils avaient tenté de mettre plusieurs proches du dictateur sous pression, mais un seul, un nommé Cubela, avait succombé. Après plusieurs rencontres avec la CIA, Cubela fut arrêté par le contre-espionnage cubain et passa treize ans en prison.

Finalement, la CIA décida de lancer tout de même l'invasion. Ils avaient l'intention de faire débarquer sur la côte une armée d'exilés cubains, de mercenaires et d'agents secrets, prévoyant que la « population déçue et opprimée » se soulèverait et participerait au renversement du gouvernement. Le président Kennedy autoriserait l'armée de l'air à appuyer le débarquement et, en quelques heures, Cuba reviendrait à la situation antérieure faite de clinquant et d'argent facile.

Mais ce qui se passa, en ce mois d'avril 1961, fut un horrible fiasco. Le 14 avril, six bombardiers décollèrent du Nicaragua, moins de la moitié de ce que la CIA considérait comme nécessaire à la réussite de son plan. Comme ils ne parvinrent pas à détruire l'armée de l'air cubaine, on prépara une deuxième attaque, mais le président ordonna son annulation et les bombardiers ne décollèrent pas.

De ce fait, la brigade de mille quatre cents exilés cubains courageux, dont la mission consistait à établir une tête de pont dans la baie des Cochons, était pathétiquement vulnérable. Contre les deux cent mille hommes de l'armée de Castro, elle n'avait pas une chance. Kennedy reçut une demande urgente de soutien aérien, le 16 avril, et on lui indiqua que, sans cette intervention, l'opération échouerait. Dans un acte qui jetterait une ombre sur sa carrière politique, le président refusa. Ce devait être une opération suicide. Plus de cent hommes furent tués et plus d'un millier capturés par l'armée castriste.

Le 24 avril, Kennedy publia un communiqué où il acceptait

l'entière responsabilité de l'échec du débarquement. Mais en coulisse, il mit également en cause Allen Dulles, directeur de la CIA, Richard Bissel, directeur des opérations secrètes et le général Charles Cabell, directeur adjoint de la CIA. Furieux, il promit de « démolir la CIA » et, peu après, ceux qu'il considérait comme responsables de son humiliation et sa défaite publique furent virés. Cabell, en colère, traita Kennedy de « traître »*.

Mooney fut terriblement déçu par cette défaite. Comme le jeune président, il considérait l'opération cubaine comme la mise à l'épreuve de sa puissance. Et c'était visiblement un échec.

Cherchant à se venger, Mooney et la CIA recoururent plus énergiquement que jamais aux cigares empoisonnés, aux trafics d'armes et à l'endoctrinement des exilés cubains, tandis que John approuvait tacitement les camps d'entraînement, le contre-espionnage et les opérations commando des exilés.

Au sein de la CIA, la consternation issue de la trahison du président et de l'attorney général, de même que la volonté, ouvertement affichée par le président de démanteler la puissance de l'agence de renseignements se muèrent rapidement en haine, créant des vagues qui touchaient les hommes avec qui Mooney collaborait dans l'organisation de ses opérations secrètes. Ces hommes se déclaraient scandalisés par l'opération de la baie des Cochons et craignaient que Kennedy ne fasse désormais peser une menace bien réelle sur l'autonomie de la CIA, peut-être même sur son existence. Leur désaccord, ouvertement exprimé, confirma les impressions de Mooney sur les Kennedy, et le conduisit à douter davantage encore des intentions réelles de John. C'est dans cette atmosphère troublée que deux des forces les plus puissantes d'Amérique s'allièrent. Le Milieu et la CIA avaient désormais un ennemi commun : le président des États-Unis.

D'autres menaces pesaient également sur l'autorité de Mooney. Le FBI de Chicago tentait d'exercer des presssions sur le Milieu et Mooney estima que William Jackson, le mouchard,

---

* En septembre 1961, Allan Dulles fut remplacé par John McCone, millionnaire californien, républicain nettement conservateur.

était responsable de pratiquement tous ses problèmes. Mooney ordonna à son lieutenant, Fifi Buccieri, de faire un exemple avec ce type, et le plus horrible possible. En outre, il demanda de faire des photographies pour que tout le monde comprenne bien ce qui se passait quand on parlait aux agents du FBI.

Le meurtre de Jackson fut le plus cruel de l'histoire du Milieu. L'usurier corpulent fut conduit de force dans une boucherie industrielle de Chicago et suspendu à un crochet à viande. Il resta ainsi, hurlant dans une souffrance inconcevable, tandis que Buccieri et ses soldats faisaient consciencieusement leur travail. Ils utilisèrent un arsenal d'outils qui aurait rendu le marquis de Sade jaloux : pics à glace, clés à molette, matraques, couteaux, rasoirs, ainsi qu'un chalumeau. Pour faire bonne mesure, ils tirèrent une balle dans le genou de Jackson, lui enfoncèrent un aiguillon à bétail électrique dans le rectum et, par caprice, versèrent de l'eau dessus.

Prendre des photos de cette horreur ne fit qu'accentuer le plaisir que ce travail suscita chez Buccieri ; ses complices et lui torturèrent Jackson pendant deux jours, vingt-quatre heures sur vingt-quatre, jusqu'au moment où la mort le délivra.

Chuck trouvait inexplicable qu'un homme capable d'ordonner avec une telle facilité l'exécution brutale d'un autre homme puisse tout aussi aisément tomber follement amoureux d'une femme et ramper devant elle, toute dureté disparaissant tandis qu'il jouait le rôle du « parfait gentleman ». Néanmoins, dans le cas de Phyllis McGuire, la dernière petite amie de Mooney, c'était exactement ainsi que Mooney se comportait.

Phyllis McGuire était une jeune Américaine typique, avec une jolie voix qui enthousiasmait le public dans tout le pays, puisqu'elle faisait partie d'un trio nommé les McGuire Sisters. Le trio avait eu sa première chance à la télévision et était rapidement devenu célèbre avec des succès tels que *Sugartime* ainsi que des passages dans de nombreuses boîtes de nuit.

Du jour où Mooney vit Phyllis, en 1958, il voulut l'avoir. Et, avec cette idée en tête, il mit en œuvre ses techniques éprouvées de séduction, comblant la jolie brune de fleurs, diamants et fourrures, payant ses dettes de jeu et usant de son influence pour faire engager les McGuire Sisters dans les meilleures boîtes de nuit du monde. Bientôt, le trio monopolisa les premières places du hit-parade, enchaînant les succès. Et Mooney se délecta de l'intérêt que suscitait la présence de Phyllis à ses côtés. Présentée comme une naïve provinciale de Middletown, dans l'Ohio, Phyllis parut toujours aimer faire la fête avec Mooney, vivre la grande vie avec Sinatra et son clan.

Phyllis devint l'élément stable de la vie de Mooney, entre ses aventures avec les danseuses, les starlettes plantureuses et ses « relations d'affaires » telles que Judy Campbell. Leur liaison ne remplaça jamais ses nombreuses escapades féminines mais, selon lui, ajouta simplement une « nouvelle dimension ».

Anne-Marie et Chuck rencontrèrent Phyllis en 1959 et, par la suite, la reçurent souvent, en compagnie de Mooney, chez eux. Ils considéraient qu'elle faisait partie de la famille. Loin des journalistes et des photographes, Phyllis jouait au billard dans le sous-sol avec le petit Mooney, se reposait dans le patio et se promenait dans les champs des environs, donnant des morceaux de sucre aux chevaux et aux poulains. Mooney appréciait ces moments de tranquillité et venait donc souvent chez Chuck.

Chuck et Anne-Marie trouvaient Phyllis gentille, mais aussi puérile et frivole. Visiblement, elle avait du talent pour la chanson, mais ce n'était pas une intellectuelle. Avec Phyllis, Mooney avait trouvé une femme qui le respectait, admirait son raffinement, tombait sous son charme. Comme tout le monde, elle n'avait pas besoin de connaître les questions, parce qu'il avait toujours toutes les réponses.

Leur relation durait et Mooney se mit à tout payer : un ranch à Vegas, des appartements à Manhattan et Beverly Hills. Phyllis McGuire était une vedette et gagnait nettement plus de cent mille dollars par an mais, confia-t-il à Chuck, elle était toujours fauchée.

— Les célébrités jettent l'argent par les fenêtres, dit-il, méprisant. Et Phyllis est pire que les autres... Elle claque tout en fringues. Elle n'a pas un sou en poche.

Lorsqu'il fut assuré de sa fidélité, il acquit de nouvelles propriétés dans l'Ouest, dit-il à Chuck, achetant de nombreux puits de pétrole, investissant massivement en bourse et mettant une partie de l'ensemble au nom de Phyllis.

Pendant toute sa vie, Mooney n'eut même pas une voiture à son nom. D'innombrables soldats, lieutenants et membres de sa famille servaient d'hommes de paille dans ses entreprises et ses sociétés, mais il n'y eut jamais de confusion sur l'identité du propriétaire véritable.

Des années plus tard, Chuck estima que l'essentiel des « bons investissements » de Phyllis McGuire en antiquités, bijoux, pétrole et actions avaient en réalité été faits par Mooney et placés à son nom. Les bijoux, qui représentaient des millions de dollars, provenaient sans doute en grande partie des relations de Mooney avec la filière de Costello, les millions de dollars en pétrole de ses liens avec les pétroliers texans réactionnaires, les bénéfices des investissements à Wall Street d'informations fournies par des initiés. Si tel était le cas, ce fut l'héritage de Mooney, pas les disques à succès, qui fit la fortune de Phyllis McGuire.

Tandis que Phyllis jouissait des avantages de cette relation, Chuck comprit que son frère y trouvait également son compte : il se servait des cartes de crédit de Phyllis, de ses téléphones et de ses appartements pour semer le FBI. En outre, être vu en compagnie d'une vedette séduisante lui procurait un grand plaisir et il ne s'en priva pas.

Chuck était dans le jardin et regardait les bourgeons sur le point d'éclore, au printemps 1961, quand le téléphone sonna. Son frère voulait le voir immédiatement et ils décidèrent de se retrouver à midi au Thunderbolt. C'était urgent.

— C'est à propos de Phyllis, dit Mooney d'une voix où perçait l'inquiétude.

Au motel, Mooney expliqua que Phyllis avait besoin d'un refuge pendant une « période difficile » qui durerait environ six mois. Il faudrait que ce soit un endroit où elle serait assurée d'une totale intimité : très discret, pas de presse, pas de voisins fouineurs et, surtout, pas de FBI. Phyllis pouvait-elle vivre avec Chuck et Anne-Marie ? Chuck devina, d'après les propos de son frère, que Phyllis était sans doute enceinte et accepta immédiatement, heureux de pouvoir aider son frère.

Il fut décidé que Chuck attendrait son coup de téléphone et prendrait toutes les dispositions nécessaires. Mais l'appel n'arriva pas. Et Chuck ne demanda jamais ce qui s'était passé ; le mot *omerta* lui traversa l'esprit chaque fois qu'il envisagea de poser la question.

— Laisse tomber, se contenta de commenter sèchement Mooney à propos de l'incident, qui ne fut plus jamais mentionné.

Pendant leur liaison, Mooney et Phyllis voyagèrent continuellement : Acapulco, Porto Rico, l'Europe, l'Amérique latine et Hawaii. Sous prétexte de vacances en compagnie d'une vedette de la chanson, ou de suivre le tour de chant des McGuire Sisters, Mooney rencontra ses associés étrangers et traita de nombreuses affaires.

Dans le salon de Chuck, ce printemps-là, ils blaguèrent et Mooney raconta comment ils dupaient systématiquement les agents du FBI, Phyllis s'habillant en homme et Mooney se déguisant. Ils s'amusaient à voir s'ils pouvaient passer juste devant un agent « sous son nez » sans se faire repérer. Ils trouvaient cela extrêmement distrayant.

Mais, le 12 juin 1961, leur jeu du chat et de la souris avec le FBI cessa d'être drôle. Mooney et Phyllis rentraient d'un de leurs nombreux voyages, de Phoenix, en Arizona, cette fois. Sur le chemin de New York, leur avion de la Pan Am fit une brève escale à Chicago. Lorsqu'ils descendirent de l'appareil, Phyllis avec beaucoup d'avance sur Mooney, le FBI était là. Consterné, Mooney vit deux agents entraîner Phyllis. Sans lui laisser le temps de la suivre, deux autres agents l'arrêtèrent, déclarant qu'ils s'appelaient Bill Roemer et Ralph Hill. Ils entreprirent de l'interroger d'une façon que Mooney décrivit, par la suite, comme sarcastique et agressive. Il indiqua qu'il n'avait rien à leur dire et leur suggéra, tout en continuant d'avancer dans la direction où il avait vu disparaître Phyllis, de le laisser tranquille. Roemer et Hill n'avaient pas la moindre intention d'obéir et ils le suivirent, l'injuriant.

Les deux hommes ignoraient qu'il les connaissait bien. Il avait chargé Bob Maheu de réunir des informations sur les agents de Chicago et, dans le cas de l'un d'entre eux notamment, Ralph Hill, il avait décroché la timbale.

Évoquant l'incident de l'aéroport, Mooney expliqua à Chuck qu'il avait décidé de « lâcher une petite bombe sur l'illustre M. Hill » et de lui fournir un sujet de réflexion pour l'avenir.

— Alors j'ai dit : C'est vous, le type qui fait des galipettes avec mes petites amies. Bon, j'ai des déclarations sous serment. Et j'attends le moment de pouvoir m'en servir.

Hill eut vraiment l'air de ne pas en revenir, d'après Mooney, que ce souvenir fit rire.

— Je tenais ce fumier par les couilles et il le savait. Je lui ai fermé sa gueule. Je parie qu'il dort plus la nuit, maintenant qu'il sait que j'ai des preuves concrètes du genre de type qu'il est vraiment.

Toutefois, cela ne découragea pas l'autre agent, Roemer, et le ton monta.

— Il voulait que je le frappe, c'était ce qu'il espérait, ce petit fumier.

Roemer exigea de savoir si Mooney menaçait un agent fédéral et, sur ce, Mooney dit qu'il regagnait l'avion, dont il sortit quelques instants plus tard avec le chapeau et le sac de Phyllis. A ce moment-là, Roemer sauta sur l'occasion de le provoquer à nouveau.

— Ce salaud s'est mis à siffler et à me traiter de pédé. Je l'aurais tué. Les gens se sont rassemblés autour de nous ; on hurlait tous les deux. Mon vieux, c'était foutrement ridicule. J'en ai eu vraiment marre et j'ai dit : J'emmerde votre patron et le patron de votre patron, et son patron aussi. Puis Roemer m'a demandé de qui je parlais. De Jack Kennedy, voilà. Il s'est cru mariole, a pris un air suffisant et il a ricané en disant qu'à son avis le président s'intéressait sûrement pas à Sam Giancana. Quel crétin. Je lui ai dit : Eh, connard, j'ai des tuyaux sur tous les Kennedy et, un de ces jours, je dirai tout. Le monde entier comprendra à ce moment-là que c'est de sales hypocrites. J'avais envie de dire encore quelques trucs à ce fumier, que je sais tout sur cette saloperie de FBI, tout ce qu'ils font, et que c'est grâce au président que j'ai tout ça. J'aurais aimé entendre ce qu'il aurait répondu.

A la suite de l'altercation de l'aéroport, la surveillance du FBI se renforça. Chuck secoua la tête, lugubre, quand il constata que des agents le suivaient de chez lui au motel, quand il faisait des courses, et sirotaient du Coca au bar du Thunderbolt. Ils devinrent insistants, l'abordant à l'heure du déjeuner, lui demandant de « boire un café ». Il refusa de bavarder avec eux, secoua la tête et s'opposa à leurs tentatives de le coincer.

Des agents suivaient également Anne-Marie. Qu'elle conduise le petit Mooney à l'école, aille chez le coiffeur ou faire des courses, il y avait toujours une conduite intérieure du gouvernement à proximité, épiant tous ses mouvements. Leurs voisins s'étaient encore éloignés d'eux, selon elle, et Chuck imagina que le FBI leur avait rendu visite et les avait interrogés sur les « habitudes ainsi que les allées et venues des Giancana ».

Sous le microscope des agents du gouvernement, la pression commença de se faire sentir. Pour son frère, c'était toujours un jeu ; en tout cas, le défi que représentaient les filatures des « boy-scouts » et la nécessité de les semer semblaient l'amuser.

— Tu pourrais pas t'arranger pour que Kennedy laisse tomber ? protesta Chuck, amer.

Toujours impavide, Mooney le rassura.

— Ils disent que c'est Camelot, tu te souviens ? Alors détends-toi. Tu sais pas qui est installé autour de la table ronde ? C'est nous.

Chuck ne trouva aucun indice permettant de comprendre l'affirmation de Mooney. Mooney avait sauvé la vie de Joe Kennedy, massivement contribué à la campagne de John, trafiqué le scrutin pour assurer l'élection, mais les promesses qu'on lui avait faites restèrent sans effet.

Au contraire, il apparut, malgré les rapports du FBI fidèlement transmis par le président, que les Kennedy avaient décidé d'effacer tout indice des liens qui les unissaient à leur puissant bienfaiteur. Si c'est Camelot, songea Chuck, on dirait que Mooney est en train de devenir le fou du roi.

19.

Mooney ne rigolait pas. Assis au bord de la piscine du motel, une nuit, Chuck regarda le visage fatigué, barbu, de son frère. Depuis six mois, Mooney tentait de s'accrocher à l'idée que la présidence qu'il avait achetée et payée le protégerait. Mais, en juin, ses rêves s'écroulèrent.

Depuis le début de l'année, les derniers vestiges du pouvoir que Mooney exerçait sur les Kennedy avaient pratiquement disparu. Murray Humphreys cessa d'être reçu dans le bureau ovale, ce qui était mauvais signe. De plus, les Kennedy avaient officiellement snobé Frank Sinatra, refusant l'invitation du chanteur dans sa résidence de Palm Springs, récemment agrandie.

Pour justifier l'injure faite à Sinatra, Bobby Kennedy produisit un rapport de dix-neuf pages préparé par le FBI et mettant en lumière les liens entre Sinatra et des personnalités de la pègre. Confronté à ce document accablant, John Kennedy demanda à Peter Lawford, son beau-frère et membre du clan, d'annoncer à Frank qu'il était persona non grata. Par conséquent, Sinatra ne serait pas reçu à la Maison-Blanche et ne pourrait pas assister aux cérémonies officielles.

Sinatra, d'après Mooney, fut stupéfait et furieux. La colère du chanteur, toutefois, n'était pas comparable à celle de Mooney, qui avoua à Chuck qu'il avait envisagé de faire assassiner Frank, mais avait plus tard changé d'avis.

— Je suppose que j'aime bien ce type. Merde, c'est pas de sa faute si les Kennedy sont des fumiers. Mais si je l'aimais pas bien, tu peux être sûr qu'il serait mort.

Du point de vue d'un gars du Milieu, buter un homme qui l'avait laissé tomber semblait parfaitement logique, qu'il soit ou non responsable. Lui permettre de s'en tirer après avoir salopé un boulot revenait à prendre le risque de perdre le respect des autres ou, pis, de trouver un jour les flics sur le pas de sa porte.

Mooney considérait Frank Sinatra comme son intermédiaire. Et, de ce fait, il devait faire ce qu'on lui demandait et tenir ses promesses. Sinatra avait tenté de devenir un gros bonnet et ça avait raté ; Chuck imagina que ce merdier obligerait Sinatra à ramper devant Mooney jusqu'à la fin de ses jours. Mais Chuck devait également reconnaître qu'il vaut mieux ramper que mourir.

Outre les difficultés que Murray Humphreys et Sinatra rencontraient avec les Kennedy, il y eut un autre indice de trahison ; Joe Kennedy dit à Skinny D'Amato, au Cal-Neva, que Bobby n'autoriserait pas Joe Adonis à rentrer au pays, comme la promesse en avait été faite avant les primaires de Virginie occidentale.

Puis il y eut le calvaire de Carlos Marcello, l'associé de Mooney à La Nouvelle-Orléans. Ce n'est qu'au terme d'un trajet horriblement pénible dans les jungles du Guatemala, que Marcello aimait raconter parce qu'il symbolisait selon lui la brutalité des Kennedy, qu'il avait réussi à rentrer clandestinement aux États-Unis. A présent il se cachait, comme disait Mooney, « dans son propre pays, nom de Dieu ».

D'autres indices de la détérioration des relations entre Giancana et les Kennedy apparurent quand les appels téléphoniques de Judy Campbell à la Maison-Blanche furent refusés ; son aventure avec John s'était considérablement détériorée depuis mars et, de ce fait, Mooney ne recevait plus les rapports du FBI.

Du jour au lendemain, les liens entre Mooney et John avaient été coupés, tandis que Bobby travaillait énergiquement à sa destruction. De toute évidence, les Kennedy n'avaient pas l'intention de tenir les promesses faites à Mooney ; ils projetaient plus vraisemblablement de l'annihiler et de faire ainsi disparaître toute trace de leurs relations antérieures. La séduction avait atteint son objectif ; Mooney était un amant délaissé.

— Si je dois me faire baiser, au moins faudrait que j'y trouve du plaisir, s'emporta-t-il.

Les événements des mois précédents démontrèrent à Mooney que la trahison était consommée. S'il ne relevait pas le défi, sa situation au sein du Comité et vis-à-vis de ses hommes subirait des dommages irréparables. Plus simplement, personne n'avait jamais pris le plus puissant patron de la pègre américaine pour un imbécile ; ou bien, si cela était arrivé, le responsable n'avait pas survécu assez longtemps pour s'en vanter. Chuck ne croyait pas que Mooney laisserait les Kennedy être les premiers.

S'appuyant contre le dossier du fauteuil de jardin, au bord de la piscine, son frère soupira et alluma un cigare. Dans la lumière de la flamme, Chuck vit un homme âgé, usé par la tension. Il se souvint de l'époque où Mooney était allé purger une peine de prison à Joliet ; il eut l'impression qu'il y avait un siècle. Mooney était jeune, alors, un voyou arrogant. Mais c'était tout de même le héros de Chuck. La tristesse s'empara de lui ; la solitude de Mooney lui fit de la peine et il regretta leur innocence perdue. Personne n'était plus seul que son frère. Alors que Mooney tenait son rêve entre ses mains, il lui avait glissé entre les doigts et, bien qu'il n'eût pas exprimé sa déception, Chuck savait que la défaite était dévastatrice.

Se souvenant du passé, Chuck eut un sourire sans joie. Il regrettait la simplicité de la rue, ses lois implicites, ses raisonnements en noir et blanc. Il fut certain que, confronté à l'adversité, son frère évoquerait également cette époque, recourrait aux méthodes qu'il connaissait et appliquait depuis toujours.

Mooney rompit le silence, s'éclaircissant la gorge et regardant le ciel nocturne.

— Ils croient qu'ils m'ont eu, Chuck, voilà ce qu'ils croient.

Il secoua la tête et soupira une nouvelle fois.

— Bon, tu n'as jamais été battu. Personne a réussi à t'arrêter. *Personne.*

— Là, t'as raison, fit Mooney avec un pâle sourire. Ils m'ont sous-estimé et, pour dire la vérité, tant mieux. Faut jamais que l'ennemi connaisse ta vraie force.

Chuck hocha la tête.

Mooney se tourna vers lui et le regarda droit dans les yeux.

— Ce fumier d'Irlandais, Bobby, il m'a traité de sale métèque, on l'a enregistré, tu trouves pas ça incroyable ? Ils ont pas craché sur mes millions, pas vrai ? Ils ont pas craché sur les voix que je leur ai apportées sur un plateau pour le faire élire. Alors, maintenant je suis un sale métèque, hein ?

Il sourit, plissa les paupières, ses yeux devenant des fentes reptiliennes, et se leva.

— Bon, je vais leur envoyer un message qu'ils sont pas près d'oublier, conclut-il.

Ce fut une déclaration officielle de guerre.

Regardant son frère s'éloigner dans la nuit, Chuck se demanda ce que Mooney avait l'intention de faire et n'osa pas tenter de deviner.

Contrairement à la Maison-Blanche et au ministère de la Justice, la CIA poursuivait sa love story avec Sam Giancana. Depuis plusieurs mois, l'activité était intense ; Mooney avait collaboré avec l'agence dans des opérations secrètes allant de la tentative d'assassinat de Castro à l'entraînement des exilés cubains en Amérique latine, ainsi qu'à des opérations au Moyen-Orient et en Asie. Il avait également joué un rôle capital dans les entreprises de contrebande et de blanchiment d'argent montées par la CIA. En compagnie de son ami de New York, Carlo Gambino, Mooney avait proposé aux agents toute la gamme des services que pouvait rendre Michele Sindona, sorcier financier de la pègre sicilienne et consultant écouté au Vatican.

Mooney confia que, grâce à leurs relations au Vatican et à des tractations bancaires douteuses, Gambino et lui avaient aidé la CIA à déverser des millions de dollars illégalement gagnés dans le « fonds de roulement » illicite de Sindona. En échange, la CIA contribua massivement aux œuvres catholiques, légales et non.

En contrepartie des services rendus à la CIA, Mooney fut bien récompensé, en mai de cette année 1961. A titre de faveur, et peut-être surtout pour cacher à quel point leurs relations étaient étroites, les contacts de Mooney au sein de la CIA réussirent à faire capoter une inculpation d'écoutes illégales, à Las Vegas, contre Bob Maheu et Mooney.

— Ils ont risqué leur boulot pour y arriver. C'est ce que j'appelle de la loyauté, affirma Mooney.

En fait, jouant leur carrière, de hauts responsables de la CIA avaient avoué à l'attorney général, Robert Kennedy, qu'ils avaient fait poser des micros chez le fantaisiste Dan Rowan. Rowan travaillait à Las Vegas avec son partenaire, Martin, et le duo devint célèbre par la suite grâce à une émission de télévision, *Laugh-in* ; Mooney soupçonnait Rowan de faire la cour à Phyllis McGuire en son absence. Pour rassurer Mooney, l'Agence avait posé des micros chez Rowan.

Craignant un scandale politique, Bobby Kennedy fut obligé de reculer et l'affaire fut classée. Mais l'attorney général ne quitta pas le champ de bataille et exigea que le FBI se débarrasse d'un homme qu'il appelait, selon les gars du Milieu, « cette ordure de rital ».

Depuis les primaires, grâce à une assistance technique partiellement fournie par la CIA, Mooney avait réuni des preuves accablantes sur les écarts sexuels des Kennedy. Et, dans les semaines suivant sa déclaration de guerre, au bord de la piscine, en présence de Chuck, il déclara sans détour qu'il avait l'intention de s'en servir, d'exposer une fois pour toutes les hypocrisies flagrantes des Kennedy à la face du monde. C'était le moment, dit-il. Il disposait désormais des hommes et des relations nécessaires dans les journaux pour détruire définitivement cette foutue dynastie.

Mais cela ne se produisit pas. Le chantage, méthode que Mooney était pressé d'employer, posait un problème. En exposant les crapuleries des Kennedy, la nature exacte des liens qui l'unissaient à la CIA risquait elle aussi d'être révélée, exactement comme cela aurait pu arriver dans l'affaire des micros posés chez Dan Rowan. A contrecœur, au début de l'été, Mooney s'aligna sur l'opinion de ses complices de la CIA : le chantage était hors de question ; les informations obtenues grâce à la surveillance des Kennedy seraient utilisées d'une façon indirecte.

Pendant plusieurs semaines, Mooney déplora cette décision. Savoir qu'il avait assez de trucs crapuleux pour couler définitivement les Kennedy et ne pas pouvoir les utiliser le faisaient enrager. Mais finalement, Mooney retrouva sa bonne humeur et annonça qu'ils trouveraient une autre solution pour régler durablement le problème Kennedy. Une solution incarnée par Marilyn Monroe.

Marilyn Monroe était liée au Milieu depuis longtemps. Sa

première véritable chance lui avait été donnée par un homme que Mooney et son lieutenant, Johnny Roselli, connaissaient bien : Joe Schenck, producteur de Hollywood condamné et emprisonné dans les années quarante, pendant le scandale Browne-Bioff. Âgé de soixante-dix ans à l'époque où, selon Mooney, il mit Marilyn Monroe dans son lit, Schenck était cependant puissant à Hollywood.

Toujours à la recherche de stars potentielles, grâce aux relations qu'il entretenait avec des producteurs tels que Schenck, Roselli fut impressionné par Marilyn et avertit Mooney. En coulisse, Chicago poussa discrètement sa carrière et Schenck présenta la jeune femme plantureuse à un homme avec qui Mooney faisait souvent des affaires : le producteur Harry Cohn. Selon Mooney, Schenck et Cohn profitèrent des charmes de Marilyn en échange de petits rôles dans des films.

Mais, en 1953, l'époque des petits rôles était terminée. Après avoir acquis la notoriété avec son scandaleux calendrier de photos déshabillées et son rôle dans *All about Eve,* Marilyn devint une véritable star avec *Niagara,* film culte.

Mooney dit qu'elle avait constitué un bon investissement, mais reconnut également que c'était une femme terriblement instable. D'autant que Marilyn n'hésitait pas à proposer ses charmes contre ce qu'elle prenait pour le succès et la célébrité.

Elle rêvait d'hommes conquis et de chevaliers blancs. Et cela ne se réalisait jamais ; car elle découvrait avec une profonde tristesse que les hommes qu'elle voulait considérer comme ses sauveurs devenaient finalement ses persécuteurs. Très souvent déçue par ses innombrables aventures, Marilyn Monroe était l'éternelle victime.

D'après ce que Chuck apprit par son frère, à la fin des années cinquante et au début des années soixante, le désir de Marilyn de devenir une star, associé à son envie presque puérile de plaire, fut exploité par le Milieu, la CIA et Bob Maheu ; la CIA se servit de ses charmes pour piéger des chefs d'État, notamment le président indonésien Sukarno. Mooney affirma que, ayant utilisé Monroe comme appât, la CIA était parvenue à compromettre des dirigeants d'Asie et du Moyen-Orient. En outre, peut-être davantage parce qu'elle aimait la compagnie des hommes puissants que pour des raisons patriotiques, elle avait volontairement participé à ces intrigues.

En 1962, Bernie Spindler, agent de la CIA et membre du Milieu, avait enregistré les aventures sexuelles de Kennedy. Selon Mooney, il surveillait toutes ses petites amies, notamment Judy Campbell et Mary Meyer, une femme du monde, ainsi qu'Angie Dickinson et Marilyn. Au printemps, Mooney apprit par Guy Banister que J. Edgar Hoover avait présenté au président un rapport du FBI sur ses relations avec Campbell et que, de ce fait, Judy était devenue pratiquement inutilisable. Cependant, il savait aussi que des liens sentimentaux existaient entre Marilyn et le président depuis la convention nationale démocrate et que, en mars 1962, Bobby avait également eu une aventure avec elle. Marilyn, orpheline autrefois placée dans des dizaines de familles, passait à présent d'un Kennedy à l'autre. Et elle confia à des amis, au cours de conversations téléphoniques enregistrées, qu'elle avait l'impression de tomber amoureuse de l'attorney général.

Du point de vue de Mooney, le moment était parfaitement choisi. Tandis que Bobby et John Kennedy coupaient les ponts avec leurs bienfaiteurs, ils demeuraient convaincus d'être intouchables. Avec Marilyn Monroe, Mooney leur montrerait à quel point ils étaient vulnérables.

En juin 1962, la carrière de Marilyn était sur le déclin ; l'actrice devenait très dépressive. Au début de l'été, Mooney dit à Chuck qu'il avait chargé Bob Maheu et le détective Fred Otash de surveiller Marilyn, et qu'il disposait ainsi de nombreuses informations sur les habitudes de la star, son état psychologique et sa vie amoureuse tumultueuse. D'après ce que Chuck comprit, l'utilité de Marilyn diminuait aux yeux du Milieu et de la CIA.

Plus tard, Chuck devina que les informations que détenait Marilyn Monroe sur les actions concertées de la CIA et du Milieu, associées à la gravité croissante de son instabilité psychologique, constituaient désormais un mélange explosif. Et qu'en juillet, en raison de sa liaison vacillante avec Bobby, elle était devenue non seulement une victime potentielle mais aussi, lorsque Mooney apprit que Bobby menaçait de « mettre les pieds dans le plat », extrêmement dangereuse.

Selon les gars du Milieu c'est à cette période que la CIA, craignant que Marilyn Monroe, vindicative et droguée, ne parle, demanda à Mooney de la faire éliminer. Et Mooney, flairant le sang, profita du contrat proposé par la CIA pour atteindre également un autre objectif. En l'assassinant, peut-être serait-il possible de faire tomber ces sacrés Kennedy ?

Une semaine avant sa mort, déprimée, Monroe se rendit au Cal-Neva de Tahoe. A son insu, Mooney avait orchestré l'invitation. Frank Sinatra, ami de Marilyn, et Lawford, que Mooney surnommait en blaguant Peter le Lapin, étaient également invités pour le week-end.

Au dîner, ce soir-là, en présence de Mooney, Sinatra et Lawford, Marilyn s'enivra et ouvrit son cœur à Mooney qui, contrairement à son habitude, se montra compatissant. Entre les sanglots, elle raconta que Bobby Kennedy refusait ses appels téléphoniques, qu'elle avait même appelé chez lui, en Virginie, ce qui avait mis l'attorney général, à qui le pays avait récemment décerné le titre de « père de famille de l'année », dans une rage folle. Visiblement, l'idée qu'elle n'était pour les deux frères « qu'un morceau de viande », comme elle disait, l'accablait.

Cette nuit-là, nue sur son lit, une grosse mèche de cheveux blonds tombant sur un œil, Marilyn offrait, selon Mooney, un spectacle plutôt agréable. Il resta debout au pied du lit, la regardant ouvrir les jambes et se caresser sensuellement l'intérieur des cuisses. Il accepta l'invitation. Il l'avait déjà eue, dit-il, des tas de fois, mais ne l'avait jamais désirée autant qu'à ce moment-là. Il voulait se prouver qu'il pouvait prendre tout ce que les Kennedy avaient eu. Remettant son pantalon en soie, plus tard, il rit intérieurement. Il avait eu le corps de Marilyn Monroe. Ce qu'il ne dit pas à Chuck, c'est qu'il aurait bientôt sa vie.

Une semaine plus tard, on annonçait la mort de Marilyn. Tous les journaux affirmèrent qu'elle s'était suicidée en absorbant une dose mortelle de barbituriques, simple fin tragique d'une existence tragique. Mais Chuck entendit une version plus sinistre, de la part des gars du Milieu qui fréquentaient le bar du Thunderbolt.

La semaine suivant la rencontre de Mooney et Marilyn au Cal-Neva, Chuckie Nicoletti dit à Chuck que Mooney avait appris par la CIA que Bobby Kennedy serait en Californie le week-end du 4 août. C'était, d'après Nicoletti, ce que Mooney attendait. Mooney se rendit immédiatement à Palm Springs, en Californie, théoriquement pour assister à une soirée chez Frank Sinatra. Mais en vérité, Chuck imagina que Mooney voulait seulement être sur place quand le scandale éclaterait, voir la tête de Bobby lorsque le pays apprendrait que l'attorney général était impliqué dans le suicide d'une star délaissée.

Nicoletti raconta que trois autres avions se posèrent en Californie, cette semaine-là, à San Francisco, amenant quatre hommes. Mooney avait chargé un assassin de confiance, Gianola la Teigne, de superviser l'opération. La Teigne avait mis son sous-fifre, Mugsy Tortorella, dans le coup, ainsi que deux autres tueurs professionnels, le premier de Kansas City et le deuxième de Detroit. Les quatre hommes se rendirent en Californie, sur l'ordre de Mooney, pour assassiner Marilyn Monroe.

Écoutant à proximité, grâce au système de surveillance électronique installé par Bernie Spindel, les tueurs attendirent patiemment l'arrivée de l'attorney général.

Bobby Kennedy vint finalement chez Marilyn, le samedi en fin d'après-midi, accompagné par un homme. Écoutant la conversation, les hommes de Mooney constatèrent que Marilyn était furieuse contre Bobby. Elle s'emporta, perdit tout contrôle sur elle-même, et ils entendirent Kennedy demander à l'homme qui l'accompagnait, manifestement un médecin, de lui faire une piqûre « pour la calmer ». Peu après, l'attorney général et le médecin s'en allèrent.

Les tueurs attendirent la nuit et, un peu avant minuit, pénétrèrent chez Marilyn. Elle se débattit, dit-on, mais, diminuée par le sédatif injecté par l'ami médecin de Bobby, elle ne put résister et leurs mains gantées de caoutchouc immobilisèrent aisément son corps nu sur le lit. Calmement, et aussi efficacement qu'une équipe de chirurgiens, ils la bâillonnèrent avec du ruban adhésif puis lui insérèrent dans l'anus un suppositoire de Nembutal spécialement préparé. Ensuite, ils attendirent.

Le suppositoire qui, d'après Nicoletti, avait été fabriqué par le chimiste de Chicago responsable des nombreuses potions chimiques destinées à l'assassinat de Castro, était un choix particulièrement judicieux. Une dose mortelle de sédatifs administrée oralement, et de force, aurait présenté trop de risques, provoquant des bleus suspects consécutifs à une bagarre probable, ainsi que des vomissements, effet secondaire résultant généralement de l'ingestion des grosses quantités nécessaires pour provoquer la mort. L'emploi du suppositoire éliminerait en outre toute possibilité de ramener Marilyn à la vie, si on la découvrait, puisque le produit passait rapidement dans le sang à travers la membrane anale. Un lavage d'estomac resterait sans effet, puisque son estomac ne contiendrait rien. En outre, le suppositoire agissait aussi rapidement qu'une injection mais ne laissait pas de marque d'aiguille susceptible d'être découverte par le médecin légiste. En résumé, c'était le meilleur moyen de tuer Marilyn Monroe.

En fait, quelques instants après l'opération, les doses massives de barbituriques et d'hydrate de chloral pénétrèrent rapidement dans son sang et elle perdit complètement connaissance. Ses assassins retirèrent le ruban adhésif, lui essuyèrent la bouche puis l'allongèrent sur le lit. Leur travail terminé, ils s'en allèrent comme ils étaient venus.

Mooney espérait que « l'acte II » du drame débuterait à ce moment-là, que la liaison entre Bobby Kennedy et l'actrice désespérée, bafouée, serait exposée au grand jour.

Mais Mooney n'avait pas prévu que Bobby ne reculerait devant rien pour étouffer l'affaire. En outre, Mooney ne pouvait pas précipiter la chute de l'attorney général en fournissant les preuves accablantes de ses relations compromettantes avec l'actrice, parce que cela risquait d'attirer l'attention sur sa collaboration clandestine avec la CIA.

Néanmoins, Mooney espérait que la police allait débarquer, que les voisins et la femme de ménage de l'actrice seraient interrogés, qu'on fouillerait sa maison et que l'on découvrirait que Bobby était passé chez elle quelques heures plus tôt. Peut-être, dans la suite de l'enquête, soupçonnerait-on l'attorney général et son complice d'avoir injecté une dose mortelle de sédatifs à Marilyn Monroe. Cela aurait été, pour Mooney, la victoire totale. Mais cela n'arriva pas.

En revanche, dans les heures qui suivirent la mort de Marilyn, grâce aux micros, les tueurs surprirent une série de coups de téléphone avertissant Bobby de la mort de Marilyn et mobilisant une équipe d'agents du FBI chargée d'étouffer la catastrophe prévue par Mooney.

Kennedy et Lawford, ignorant que d'autres avaient pénétré chez Marilyn cette nuit-là, parurent croire que Bobby et son ami médecin étaient responsables de l'administration de la dose mortelle. Grâce aux micros, la Teigne et Mugsy apprirent que Bobby avait été pris de panique à l'idée d'être accusé du meurtre de l'actrice et impliqué dans la vie sentimentale de Monroe. Il chargea Peter Lawford et Fred Otash, le détective comptant parmi les hommes qui avaient mis en place la surveillance de la star, de passer la maison au peigne fin avant l'arrivée des autorités.

Ainsi, on ne découvrit aucun indice de la visite de Bobby chez Marilyn quelques heures auparavant, ni lettres d'amour ni numéros de téléphone révélateurs liant Bobby ou John Kennedy à l'actrice. Chuck apprit plus tard que le journal intime de Marilyn avait disparu, cette nuit-là, et que les agents de J. Edgar Hoover avaient mis la main sur les enregistrements téléphoniques compromettants, si bien que la possibilité d'impliquer Bobby Kennedy fut pratiquement réduite à néant.

Finalement, la mort de Marilyn fut qualifiée de suicide et il fallut attendre de nombreuses années pour que l'on soupçonne Bobby d'avoir été son amant et son meurtrier involontaire.

Il ne fut pas difficile de faire avaler cette version à l'opinion publique. Le suicide n'était pas surprenant, puisqu'on savait qu'elle buvait et se droguait. C'était une femme instable, cela n'avait rien de secret, et psychologiquement fragile, qui avait à de nombreuses reprises tenté de se supprimer. Cette fois, elle avait simplement réussi.

Nicoletti dit à Chuck que les hommes du ministère de la Justice, dirigés par J. Edgar Hoover, avaient rapidement fait tout leur possible pour protéger l'attorney général. Comme la pègre, le FBI faisait surveiller le président et l'attorney général. Mais ce fut une victoire pour Hoover ; d'après Nicoletti, Hoover croyait qu'il tenait les Kennedy et que, désormais, il serait intouchable.

Pendant des années, il y eut de discrètes spéculations sur la mort de Marilyn et, entendant d'innombrables théories, Chuck ricana toujours intérieurement. Certaines, comme celle de Peter Lawford, qui affirma que Marilyn s'était simplement suicidée, étaient de simples tentatives de protéger les Kennedy. Logiquement, plus une théorie impliquant la collaboration de la CIA et du Milieu serrait la vérité de près, plus on s'efforçait de discréditer son auteur.

En octobre, on ne parlait plus du meurtre de l'actrice. C'était ainsi que ça se passait dans le Milieu : la vie continuait. On écoutait, on ne posait pas de questions, on tentait d'oublier les aspects désagréables. Et on s'y faisait très bien.

Néanmoins, philosophe ou non, Chuck trouva la surveillance du FBI, désormais dirigée contre sa famille, extrêmement démoralisante. A la fin de l'été et pendant l'automne 1962, il supporta de plus en plus difficilement les voitures garées devant chez lui ou au Thunderbolt, ainsi que les agents qui, installés dans le bar, sirotaient du Coca-Cola.

La situation tourna au cauchemar quand Mooney suggéra de vendre le motel.

— C'est tellement fliqué qu'on peut même plus boire un verre dans ce putain de bar, déplora Mooney. Ça grouille de fédéraux. Vends la boîte, je te trouverai autre chose.

Chuck obéit et mit le Thunderbolt en vente pour un demi-million de dollars, mais fut pris de panique à l'idée de perdre son job. Il n'avait pas oublié les mois pendant lesquels il avait attendu du travail, avant le motel. Quand l'affaire serait vendue, si elle se vendait, il ne quémanderait pas de quoi survivre ; il insisterait pour obtenir la possibilité d'entrer dans une affaire légale, de préférence la construction, ce dont il rêvait depuis toujours.

Chuck rendit le FBI responsable de la mauvaise passe qu'il traversa alors. Lorsque l'armée personnelle des fédéraux de Bobby Kennedy s'abattit en force sur l'univers de Chuck, il lui sembla que les rêves qu'il avait pour ses enfants lui échappaient. Les gros titres et les reportages télévisés blessaient moralement le petit Mooney et Chuckie. Et, pendant cette période noire, Chuck n'osa pas penser à la vente du motel, espérant en secret que Mooney lui dirait de le retirer du marché, malgré les pressions exercées par le FBI. Aller chaque matin travailler et affronter les fédéraux valait mieux que rester chez soi.

Anne-Marie le supplia d'avertir son frère.

— Je t'en prie, Chuck, il peut sans doute faire quelque chose. Pourquoi souffririons-nous à cause de lui ? Ce n'est pas juste, sanglota-t-elle.

Mais, au bout du compte, Chuck ne mit pas son frère au courant de leur malheur. Il ne lui demanda pas davantage de renoncer à vendre le motel. Il se dit qu'il n'aurait pas été équitable d'imposer des soucis supplémentaires à Mooney. En outre, comparés à ses problèmes, les leurs étaient ridicules. Il ne pouvait s'imaginer présentant ses doléances insignifiantes au parrain le plus influent de la Mafia, aux États-Unis et maintenant dans le monde.

— Mooney est si important qu'il n'a pas le temps de s'occuper de nous, expliqua-t-il sèchement à Anne-Marie. Il a des gros trucs en train, plus gros qu'un motel minable à Rosemont, Illinois. Il est dans les affaires internationales jusqu'au cou. Et il a aussi des problèmes avec le FBI. Il comprendrait pas que j'aille pleurnicher et lui raconter mes petits ennuis.

De fait, du point de vue de Mooney, le Thunderbolt n'était qu'une affaire parmi des centaines, réparties sur toute la planète ; il n'envisageait certainement pas de revenir sur la décision de vendre le motel. En revanche, il se consacra à une entreprise nouvelle qui le fascina, du moins pendant quelque temps.

Entre ses voyages d'affaires à Berne, Rome, Paris et Londres, Mooney, jongleur émérite, prépara ce qui serait la réception la plus brillante de l'histoire de Chicago : le gala d'ouverture de la Villa Venise.

Au nord-ouest de Chicago, à Wheeling, dans l'Illinois, la Villa Venise n'était qu'une des innombrables boîtes que Mooney possédait. Mais, quand il eut investi deux cent cinquante mille dollars dans son réaménagement, cette fille adoptive dépourvue de charme devint la boîte de nuit la plus cotée à l'est de Las Vegas.

Chuck et Anne-Marie aimaient l'ambiance des boîtes chic et celle-ci rivalisait avec les meilleures. Une entrée grandiose, protégée par un auvent, accueillait les clients. Et, sous l'auvent, une haie de valets en uniforme élégant saluaient respectueusement les femmes vêtues de fourrure et leurs compagnons en smoking, lorsqu'ils descendaient des Cadillac et des Lincoln rutilantes.

Derrière la boîte, une petite rivière serpentait dans un bois. Au clair de lune, des gondoles aux couleurs vives, avec leurs gondoliers en costume vénitien, se tenaient prêtes à promener les couples d'amoureux sur l'eau, au son du violon.

A l'intérieur, le décor était tout aussi époustouflant. Une entrée monumentale donnait dans une salle somptueuse parsemée de tables aux nappes blanches, ornées de bouquets de fougères et de fleurs, éclairées par des bougies. Une épaisse moquette lie-de-vin étouffait les pas de dizaines de serveurs au costume impeccable.

Pendant la semaine d'ouverture, la boisson coula à flots et les rires élégants, contenus, se mêlèrent aux tintements des verres en cristal et des flûtes à champagne. Une grille en fer forgé séparait les dîneurs de la piste de danse en bois luisant tandis que, sur la scène, se produisaient Eddy Fisher, Frank Sinatra, Dean Martin et Sammy Davis, Jr.

Pendant toute cette semaine, Chuck et Anne-Marie furent installés au milieu du premier rang. Butch Blasi, le garde du corps de Mooney et sa femme, Chuck English et Laura, son épouse, Butch et Mary English ainsi que les Potenza partagèrent leur table.

Anne-Marie, comme les autres femmes, était sur son trente et un. L'air chargé de fumée sentait les parfums de luxe et la salle vibrait d'un enthousiasme contenu qui électrifiait la nuit.

D'autres gens étaient prêts à payer des centaines et même des milliers de dollars pour une simple place debout. Et Chuck était là, si près de la scène qu'il sentait l'eau de toilette de Sinatra. C'est ça, être le frère de Mooney Giancana, se dit Chuck, oubliant les incertitudes qui pesaient sur son avenir ainsi que les fédéraux et les Kennedy. Il s'appuya contre le dossier de sa chaise et profita du spectacle.

Levant la tête, Chuck aperçut Mooney faisant le clown sur une passerelle. Adressant des signes et des grimaces aux artistes, il semblait dominer le monde.

Pendant le tour de chant de Sammy Davis, Jr, Chuck laissa libre cours à ses souvenirs. Il avait rencontré Davis autrefois, un jour où il avait accompagné George Unger, le receleur new-yorkais de Mooney, dans les coulisses d'une boîte de Manhattan. Unger voulait récupérer vingt mille dollars correspondant à des bijoux que Davis n'avait pas complètement payés. Unger et Chuck n'avaient pas menacé Davis, mais la présence du frère de Mooney avait terrifié le chanteur. Le nom de Giancana était aussi efficace qu'une balle, faisant trembler de peur un homme qui connaissait bien les techniques employées par Mooney au sein du Milieu.

Davis n'était pas la seule célébrité qui devait de l'argent à Mooney. La moitié de Hollywood était dans la même situation. Mooney dit que Jerry Lewis, Joey Bishop, Dean Martin, Peter Lawford ainsi que d'innombrables artistes, personnalités sportives et hommes politiques lui devaient des sommes substantielles. Substantielles dans quelle mesure, Chuck l'ignorait, mais son frère déplorait cette situation chaque fois que leurs noms apparaissaient dans la conversation.

Peut-être les problèmes financiers de Mooney avec ses associés de Hollywood n'étaient-ils pas réglés, néanmoins l'ouverture de la Villa Venise lui permit de soutirer des sommes colossales aux joueurs riches de Chicago. Les invités désireux de se livrer à leur passion étaient conduits dans un hangar en tôle ondulée voisin, où l'on avait installé des tables de roulette et de cartes ainsi que des machines à sous, ou bien au Vernon Country Club, un établissement fort élégant. Mooney avait finalement construit un monument à sa gloire, dans sa ville natale et, quoiqu'il eût coûté une petite fortune au patron du Milieu, Chuck et Anne-Marie ne doutèrent pas, lorsqu'ils assistèrent à la réception donnée en l'honneur des artistes, après le spectacle, que ce n'était pas de l'argent gaspillé.

Quand les journalistes annoncèrent, plus tard, que les célébrités s'étaient produites gratuitement, comme elles l'avaient prétendu devant des agents fouineurs du FBI, Chuck ricana. Mooney affirma le contraire, et vigoureusement. Il avait donné soixante-quinze mille dollars en liquide à Sinatra et à chaque membre de sa bande, en rétribution de leur participation au mois d'ouverture du club.

La politique de Mooney consistait à payer systématiquement les gens qui travaillaient pour lui, y compris les artistes, parce qu'il ne voulait être l'obligé de personne. Il ne demandait pas des services, il en rendait. Il n'avait pas demandé à Sinatra et son clan de lui rendre service et de participer à l'ouverture du club ; il n'avait pas fait pression sur eux pour les contraindre à renoncer à leurs autres engagements. Il les avait *prévenus*. Et ils avaient accepté sans l'ombre d'une hésitation.

Il est vrai que Sinatra dégoûtait Mooney, depuis sa promesse avortée d'intervention auprès des Kennedy, mais le mépris que lui inspirait la bande était tempéré par son désir de faire du fric. Il veilla à ce que les plus grands noms participent à l'extravagance de la Villa Venise. Il alla même jusqu'à proposer à Sydney Korshak, avocat de Los Angeles, et impresario que le *New York Times* avait présenté comme un des principaux agents de liaison entre le monde des affaires et la pègre, de faire venir Dinah Shore à Chicago. Pas nécessairement pour chanter, dit Mooney à Chuck, mais parce qu'elle avait la réputation d'aimer faire la fête. Son absence à l'ouverture fut la seule déception de Mooney. Et, Chuck n'en doutait pas, une déception mineure puisque, outre quelques aventures sexuelles, l'utilisation des vedettes entrait dans le domaine des affaires. Dans ce domaine, Mooney empocha les bénéfices de l'ouverture de la Villa Venise : trois millions de dollars nets d'impôts.

Pendant ce temps, le FBI intensifiait les opérations contre le patron de Chicago et le crime organisé en général. En janvier 1963, dans tout le pays, le Milieu demanda l'élimination des Kennedy. Et Mooney, qui était implicitement devenu le parrain, subit les pressions de ses collègues mafiosi, notamment Hoffa et Marcello, qui lui demandèrent de passer à l'action. S'il avait vraiment les fonds et les relations nécessaires au sein du gouvernement, comme il le prétendait, c'était le moment de le prouver.

Chuck garda sa consternation pour lui, au début du printemps, quand le Thunderbolt fut vendu, cinquante mille dollars de plus que le prix demandé, à deux personnalités locales : Don Stevens, maire de Rosemont, et Joe Greco, magnat de la construction routière de l'État. En mai, Chuck se trouva sans emploi. Découragé, et sans nouvelle proposition de Mooney, il entra à l'hôpital pour se faire opérer d'une hernie.

Couché sous des draps blancs et stériles, il regarda, par la fenêtre, un monde qui, désormais, lui paraissait tout aussi stérile. Il ne voulait pas avoir l'occasion de réfléchir ; pendant toute sa vie, il s'était efforcé de ne pas penser à la colère, la douleur, mais son séjour à l'hôpital lui laissa tout le temps de porter un jugement sur sa vie et sur celle de Mooney. Le désespoir s'empara de lui.

Comme il n'avait pas mentionné ses inquiétudes à son frère, Chuck fut surpris lorsque Mooney arriva dans sa chambre, exceptionnellement souriant. Il s'assit au bord du lit.

— Je voulais seulement que tu saches que tout est réglé, dit Mooney avec un sourire mystérieux.

— Qu'est-ce qui est réglé ? demanda Chuck, méfiant, plissant les paupières.

— Les choses, répondit-il, secouant son cigare dans le cendrier et le regardant dans les yeux.

Soudain, Chuck fut replongé dans le passé ; il vit le visage de son frère dans la foule, un sourcil légèrement levé et entendit presque l'air que sifflait l'homme.

— Tu sais que je gagne *toujours,* dit Mooney, se levant.

Puis il tourna les talons et s'en alla.

En juin 1963, les agents locaux du FBI instituèrent ce qu'ils appelèrent « une surveillance rapprochée » du patron de Chicago, ce qui signifiait que des agents étaient chargés de le suivre pas à pas. Selon Mooney, cette technique de surveillance avait été imaginée par les agents Roemer et Ruthland ; Hill, l'agent qui, selon Mooney, « n'était pas net », refusa d'y participer et se fit transférer ailleurs. Mooney déclara que l'attitude de Hill était « intelligente ».

La discrétion n'entrait pas dans le cadre de cette nouvelle méthode ; ouvertement, les agents suivirent Mooney comme son ombre. Mooney interpréta cette surveillance rapprochée comme un indice du fait que les Kennedy voulaient l'avoir avant lui. Manifestement, le ministère de la Justice se lançait à présent dans la guerre totale contre Sam Giancana.

Chuck ne doutait pas que la filature continuelle du FBI ne tarderait pas à devenir insupportable, mais il n'aurait jamais imaginé que Mooney réagirait en entreprenant une action en justice. Le 28 juin 1963, sur les conseils de son gendre, Tony Tisci, qui était avocat, c'est exactement ce que fit Mooney. Il porta plainte contre le ministère de la Justice dans l'espoir d'obtenir une décision judiciaire contre le FBI pour harcèlement, estimant que l'organisation le privait de son droit constitutionnel à l'intimité.

Jamais un patron célèbre de la pègre n'avait attaqué le gouvernement en justice et tous les gros titres de Chicago exprimèrent la stupéfaction. Chuck, comme tous les membres du Milieu, fut tout d'abord étonné par ce coup d'audace. Mais Mooney avait entièrement confiance et il dit à Chuck qu'il gagnerait son procès à cause de « deux très bonnes raisons ». Premièrement, expliqua-t-il, il était effectivement privé de ses droits civiques, ce qu'il pouvait prouver devant un tribunal. Et deuxièmement, et plus important, il gagnerait parce qu'en intentant un procès, il avait relevé le défi de Bobby : il était certain que l'attorney général serait obligé de faire marche arrière. A son avis, Kennedy n'aurait pas le choix.

— Je serai à la barre, une boîte pleine de vers à la main. Et Bobby crèvera de trouille à l'idée que je puisse l'ouvrir parce que, si je le faisais, tous leurs sales petits secrets sortiraient.

Cependant, la stratégie de Mooney n'était pas sans risque. En traînant le gouvernement devant la justice, Mooney savait qu'il devrait comparaître personnellement et jurer qu'il était un citoyen respectueux de la loi. Puis il subirait le contre-interrogatoire des avocats du gouvernement, qui possédaient des documents innombrables sur tous les aspects de ses activités criminelles, assez de munitions pour le condamner à la prison à vie. Sous serment, Mooney serait obligé de répondre à toutes les questions de ces avocats, ou risquer une condamnation pour outrage au tribunal. Néanmoins, Mooney n'avait aucune inquiétude.

Il confia qu'il avait entendu dire que les agents locaux du FBI étaient très satisfaits d'eux-mêmes, croyant qu'ils avaient réussi à prendre Mooney Giancana au piège et que le patron du crime aurait une grosse surprise. En réalité, la surprise fut pour eux.

L'attorney général, Robert Kennedy, prétendit que le tribunal n'était pas compétent et ne pouvait juger la façon dont le FBI organisait ses actions de surveillance. Sur cette base, l'accusation renonça à interroger Mooney et le tribunal décida finalement que la surveillance devait être réduite. Mooney avait gagné.

Mais ce fut une victoire provisoire ; pendant l'été, la cour d'appel cassa la décision antérieure, et les agents du FBI se remirent à suivre Mooney pas à pas. Mooney prit ce coup du sort avec philosophie et s'adapta. Il se contenta de semer les agents du FBI et de changer ses habitudes, rencontrant ses associés sur les parkings, dans les cimetières et aux carrefours. De temps en temps, il déplorait la croisade du FBI mais, dans l'ensemble, il ne confia pas grand-chose à Chuck, bouillant peut-être intérieurement, mais satisfait en apparence d'attendre le moment de sa vengeance.

Toujours sans emploi, Chuck envisagea vaguement de monter son entreprise. Il avait dit à Mooney qu'il voulait travailler dans une affaire légale, de préférence dans le bâtiment. Mais son frère ne réagit pas et il attendit, silencieux et frustré.

— Il faut que je sois patient et que je ne me fasse pas remarquer, expliqua-t-il à sa femme.

En réalité, sortir du Milieu semblait à Chuck de plus en plus difficile. Il se résigna à attendre des nouvelles de son frère, oisif et misérable pendant des journées entières, fréquentant les bars et les boîtes du Milieu pendant l'été et l'automne. Mais cela lui permit de surprendre des réflexions faites à voix basse.

— Va falloir que Mooney s'occupe des Kennedy, déclara la Teigne.

— Mooney va les arranger, dit Milwaukee.

On pensait en général qu'il faudrait que quelqu'un cède et que ça ne serait pas Sam Giancana. Chuck refusa de succomber à la curiosité ; il ne voulait pas connaître les projets de son frère.

Le 22 novembre 1963, Chuck alluma la radio de sa voiture et apprit que le président Kennedy avait été assassiné à Dallas. Bizarrement, il ne fut pas étonné : tout le monde, des employés de station-service aux gars du Milieu, disait :

— Faudrait buter ce fumier de Kennedy.

Eh bien, se dit-il, finalement quelqu'un l'a fait.

Chuck ne connut la vérité que plusieurs années plus tard ; et Mooney lui-même lui raconta toute cette histoire incroyable. Mais, au moment où il apprit la nouvelle, il devina qui était derrière l'assassinat du président.

Tout en conduisant, Chuck vit la route et la campagne défiler près de lui avec l'impression qu'il s'agissait d'un manège qui, à force de tourner, lui donnait le vertige. Les paroles prophétiques de Mooney résonnèrent à ses oreilles : « Tout est réglé... Je gagne toujours... »

Plus tard, quand les autorités de Dallas annoncèrent l'arrestation d'un tireur isolé, Lee Harvey Oswald, que les media présentèrent immédiatement comme un schizophrène, Chuck pensa immédiatement à l'assassinat du maire de Chicago, Anton Cermak, en 1933. Oswald ressemblait étrangement à l'assassin de Cermak, Joseph Zangara. Chuck se souvint que Mooney lui avait parlé de Zangara, autrefois. Zangara était un gogo que l'on avait fait passer pour un fanatique alors qu'il s'agissait en réalité d'un trafiquant d'alcool qui devait tellement d'argent à la pègre qu'il n'avait pas pu refuser le boulot. Comme Oswald, c'était un tireur d'élite.

Dans les jours qui suivirent, tandis que les nouvelles se succédaient, Chuck comprit de moins en moins comment le pays pouvait se laisser abuser par une machination aussi grossière. Il avait toujours cru que l'unique faiblesse du Milieu était le caractère prévisible de ses actes. Quand on connaissait sa façon de raisonner, on n'était jamais surpris parce que la tactique était toujours la même.

Mais quand le nom familier de Jack Ruby monopolisa les ondes, le jour où il tua Oswald devant les caméras de télévision, devant le pays tout entier, aucun doute ne subsista dans l'esprit de Chuck. Son frère avait ordonné l'assassinat. La CIA était au courant depuis le début. J. Edgar Hoover, le patron du FBI, avait fermé les yeux. Et le pays ne serait plus jamais le même.

20.

De même que l'Amérique fut irrévocablement transformée, après cette journée fatidique du 22 novembre 1963, de même la vie de Chuck et Mooney Giancana changea du tout au tout.

Après avoir attendu du travail pendant presque un an, période désespérante financièrement pendant laquelle Chuck passa des heures moroses en compagnie de son frère, Pepe, et bavarda avec les gars du Milieu qui avaient connu le Patch, Chuck fut averti par Mooney qu'il devait aller voir plusieurs entrepreneurs de Chicago, notamment un nommé Sam Pezzette.

L'entreprise de Pezzette fournit à Chuck l'occasion de faire la preuve de son talent pour la construction. Il s'aperçut rapidement qu'il adorait marchander avec les fournisseurs et les représentants, et aimait affronter le défi permanent de la programmation et de la production.

Constater qu'il pouvait véritablement *réussir* dans cette branche fut, pour Chuck, une révélation. Il eut soudain une identité, une compétence, en dehors du Milieu. Et pendant l'automne 1964, armé de son assurance toute neuve et des plans d'un projet ambitieux, Chuck décida de rendre visite à son frère.

Il ne souhaitait que l'approbation de Mooney parce qu'il avait déjà obtenu les trois millions de dollars nécessaires au financement du projet, grâce à une banque de la région et à Jack Pritzker, promoteur de Chicago et propriétaire de la chaîne des hôtels Hyatt. Mais comme Mooney était son frère, Chuck lui proposa un tiers des bénéfices, par déférence ou à titre de « tribut ».

La tradition du Milieu voulait que l'on paie un tribut à son parrain ou mentor. Le tribut permettait d'inclure un associé dont le nom, souvent beaucoup plus précieux qu'un soutien financier, protégeait le projet et lui donnait du poids.

Mais Mooney refusa la proposition de Chuck, disant simplement :

— Merci, non, garde tout pour toi.

Ainsi, lorsqu'il quitta son frère, Chuck avait obtenu son approbation mais *surtout* son indépendance. Pour la première fois de sa vie, à quarante-deux ans, Chuck se lançait, seul.

Chuck s'associa avec Sam Pezzette. Tout d'abord, ils construisirent des maisons à Rosemont, ville située à l'ouest de Chicago, où se trouvait le Thunderbolt. Puis ils investirent les bénéfices dans d'autres projets, construisant et commercialisant trente-huit immeubles. Avec sa part des bénéfices issus de la vente de ces immeubles, Chuck se lança seul et finança la création d'un centre commercial. Tout cela fut accompli sans le soutien financier de Mooney et il en fut fier. En 1966, pour la première fois de sa vie, Chuck se sentit indépendant, hors de l'ombre et de l'influence de son frère.

N'ayant désormais plus d'étroites relations avec le Milieu, Chuck croyait que les fédéraux le laisseraient tranquille. Néanmoins, du point de vue du FBI, il demeurait le frère de Mooney, un Giancana, et ses nouvelles activités ne les persuadèrent pas de renoncer à s'intéresser à ses affaires. Les agents étaient convaincus que l'argent de Sam Giancana et du Milieu avait financé la nouvelle entreprise de Chuck.

Mooney dut également faire face à des difficultés, pendant les trois années qui suivirent l'assassinat de Kennedy. Ses jeunes sous-fifres, moins puissants, prétendirent qu'il ne faisait plus l'affaire, qu'il était trop « colérique » et « repéré » pour gérer le business quotidien du Milieu de Chicago. Mooney dit à Chuck qu'il contrôlait la situation, mais les enquêtes du FBI continuaient de l'irriter. Les fédéraux le surveillaient toujours sans relâche alors que Bobby Kennedy, qui resta attorney général jusqu'à la nomination de Katzenbach, en 1965, ne s'intéressait plus personnellement à l'élimination des gangsters. En fait, après l'assassinat de son frère, Kennedy ne rencontra plus une seule fois son service spécial chargé de la lutte contre le crime.

Mais, même sans Bobby Kennedy, qui avait donné au FBI mandat de détruire la Mafia, la police fédérale était toujours en mesure de porter des coups sévères au Milieu de Chicago. Créant, à grand renfort de publicité, un Grand Jury* chargé d'enquêter sur le racket au niveau national en mai 1965, le ministère de la Justice décida d'en finir avec Sam Giancana.

Le mois suivant, Mooney, qui s'était vu accorder l'immunité mais avait refusé de parler, fut reconnu coupable d'outrage au tribunal et incarcéré à la prison du comté de Cook. Il y fut détenu une année entière et libéré à l'occasion du Memorial Day**, en 1966, à la fin des travaux du Grand Jury.

L'année parut également longue à Chuck. Pendant son séjour en prison, Mooney avait fait avertir son jeune frère qu'il ne devait pas lui rendre visite.

— Tu as déjà des problèmes avec les fédéraux, inutile d'en ajouter, avait-il dit.

Chuck fut partagé entre la volonté de Mooney et le désir de le voir. La logique l'emporta finalement et il se réconforta en se disant qu'on ne pourrait pas le garder indéfiniment en prison.

Chuck ne comprit vraiment à quel point Mooney lui avait manqué que lorsqu'il le revit, aussitôt après sa libération.

Son frère se rendit chez Chuck, en banlieue, disant qu'il voulait semer les fédéraux qui le filaient depuis sa sortie de prison. C'était un endroit où Mooney se sentait bien, où il pouvait se détendre, manger des pâtes, blaguer et parler librement. Jamais Chuck et son frère n'envisagèrent l'éventualité que le FBI puisse enregistrer leurs conversations. Cette idée ne fut jamais mentionnée, peut-être parce que Mooney croyait que seuls la CIA et lui recouraient aux écoutes illégales.

Seuls dans la grande maison de Chuck, les deux frères

---

* Dans le cadre d'un Grand Jury, des citoyens sont chargés de déterminer la culpabilité d'un accusé et, le cas échéant, de l'envoyer devant un tribunal.

** Dernier lundi de mai. Journée consacrée au souvenir de tous les soldats tombés dans toutes les guerres.

évoquèrent le passé. Le visage amaigri de Mooney et ses cheveux clairsemés attristèrent Chuck ; l'année qui venait de s'écouler n'avait pas été indulgente. Mais, s'il semblait différent, Mooney n'avait en réalité guère changé. Sous de nombreux aspects, il était toujours le petit voyou arrogant du Patch, une brute charmeuse, quoique parfois sinistre, qui, les yeux pétillants, adorait faire admirer un bijou volé tout en exposant les vertus d'une bonne partie de golf. Chuck constata avec soulagement que l'assurance caractéristique de l'époque des 42 était toujours là, que la démarche de son frère était toujours aussi arrogante.

— Je pars, annonça-t-il sans préambule, sur un ton à la fois satisfait et attristé. Il s'appuya contre le dossier de son fauteuil et alluma un cigare.

— Tu pars ? Où tu vas ? s'enquit Chuck, se levant presque sous l'effet de l'étonnement. Les mots de Mooney semblaient plus définitifs que ceux d'un homme partant simplement faire une promenade en voiture.

— Je vais au Mexique, répondit Mooney.

— Au Mexique ? Mais pourquoi ? Pour qui ? Tu as une raison ?

Il se souvint à nouveau du départ de Mooney pour Joliet et se rendit compte qu'il était là, trente ans plus tard, adulte par-dessus le marché, éprouvant la même panique, la même tristesse qu'il avait ressenties, enfant, à l'idée de perdre son frère.

— Du calme, fit Mooney avec un sourire ironique. Bon sang, on croirait que je vais quitter la ville les pieds devant.

Il eut un rire étouffé puis reprit :

— Chicago va me manquer, c'est sûr, mais ça va être formidable, Chuck.

Il s'interrompit puis poursuivit :

— Tu t'es pas demandé pourquoi Hanrahan m'est pas retombé sur le poil ? S'il l'avait fait, ils auraient pu me garder indéfiniment en prison.

Chuck secoua la tête. Il savait qu'il y avait eu de nombreuses protestations quand le procureur Hanrahan avait fait marche arrière et refusé de reprendre la procédure de garantie de l'immunité, sur ordre de Washington, selon les journaux. On avait entendu dire, idée que Chuck avait écartée en riant, que

Mooney allait devenir un « repenti », qu'il allait aider les fédéraux à coincer les autres patrons.

— Bon, ils m'auraient encore garanti l'immunité ; c'est ce que voulaient Hanrahan et les fédéraux locaux, mais la CIA a tiré quelques ficelles et les connards du ministère de la Justice ont été obligés de céder. A présent, il me reste plus qu'à prendre Richard Cain et à arranger des coups avec la CIA et le Milieu, dans le monde entier. On a des grosses sociétés qui sont prêtes à servir de couverture et à fournir le soutien financier. Il y a des tas d'argent, des milliards, à gagner en Asie, en Europe, au Moyen-Orient et au sud de la frontière. Mais je continuerai de m'occuper de Chicago comme avant : c'est Teets Battaglia qui va me représenter ici. Il fera ce que je lui dirai de faire.

Chuck acquiesça. Mooney et Battaglia se connaissaient pratiquement depuis toujours.

— C'est à l'étranger que ça va se passer, Chuck, poursuivit Mooney. J'ai Trafficante sur le coup pour l'Asie. La guerre du Viêt-nam va rendre des tas de types riches. J'ai Marcello qui s'occupe des merdes qui viennent d'Amérique du Sud. Gambino et moi, on va travailler ensemble en Europe et au Moyen-Orient. Pour Chicago, Teets, Accardo et Ricca peuvent très bien s'en sortir sans moi.

Il posa les pieds sur la table, manifestement content de lui.

— Ça, c'est sûr que le gouvernement a été gentil avec toi, répliqua Chuck, sarcastique.

— Ho ! fit sèchement Mooney, se penchant et serrant les poings, s'agit pas de ces connards de fédéraux. C'est de la CIA que je parle. Ils sont différents. Comme le jour et la nuit. On a été associés dans tellement d'affaires que je ne pourrais pas toutes te les citer. Tu devrais savoir ça, à présent, nom de Dieu !

— Je comprendrai sûrement jamais, hein ? fit Chuck, sur un ton de défi parce que l'attitude cavalière de Mooney l'irritait.

Contrarié, Mooney se leva, le cigare à la main, et traversa la pièce. Quand il fut près de Chuck, il baissa la voix et cracha :

— Ça va peut-être t'aider à y arriver. On s'est occupés de Kennedy, ensemble.

Son regard était d'acier, impénétrable. Il porta son cigare à ses lèvres, qui dessinèrent un sourire cruel autour de lui.

Il y eut un silence de mort, dans la pièce, tandis que Mooney retournait s'installer dans son fauteuil. Chuck eut l'impression que son esprit s'était soudain vidé, et, pourtant, mille questions jaillirent presque aussi rapidement. Finalement, ce qu'il craignait en secret depuis le début venait de lui être confirmé ; son frère avait raison : le Milieu et le gouvernement étaient véritablement les deux faces de la même pièce. Mais la vérité et le fait de l'apprendre par Mooney le laissèrent sans voix. Il constata que ses mains tremblaient et s'accorda le réconfort d'un cigare.

— Qu'est-ce que tu en dis ? demanda Mooney avec un sourire de triomphe.

Chuck ne put que hocher la tête. Il s'éclaircit la gorge et marmonna :

— Je crois... je crois que je vois ce que tu veux dire.

Pendant l'heure qui suivit, Mooney lui confia son secret le plus terrifiant. Au fond de lui-même, Chuck eut envie de dire à son frère d'arrêter, de se boucher les oreilles. Il lui semblait qu'il valait mieux ignorer ce genre de secret si on tenait à la vie. Mais, bizarrement, il ne put interrompre le récit.

Chuck savait depuis longtemps que Jack Ruby était lié à Chicago. Ruby était l'homme de Chicago, c'est-à-dire de Mooney, à Dallas où il s'occupait de boîtes de strip-tease, d'affaires de jeu et de trafic de drogue pour le Milieu, ainsi que de trafic d'armes et drogue, apprit-il, pour la CIA. Toutes ces activités fonctionnaient sous la direction de Mooney, essentiellement par le canal d'une poignée de lieutenants de confiance, ce qui garantissait sa sécurité : Lenny Patrick, Dave Yaras, Paul Jones, et l'ancien directeur du casino du Cal-Neva, Lewis McWillie, ainsi que les membres du Milieu placés par Mooney à la tête du Syndicat des camionneurs : Red et Allen Dorfman.

Le meurtre de Lee Harvey Oswald par Jack Ruby, acte qui plaçait le Milieu de Chicago et son patron au centre du maquillage de l'assassinat, pour qui connaissait la hiérarchie du Milieu, ne fut pas, comme Chuck s'en doutait, inspiré par une soudaine poussée de patriotisme de la part d'un petit malfrat.

Mooney dit à Chuck que Johnny Roselli avait été son agent de liaison avec Marcello, Trafficante et la CIA, et qu'il avait dans le même temps demandé à ses lieutenants de charger Ruby de superviser le rôle du Milieu dans l'assassinat, en collaboration avec les agents du gouvernement en poste à Dallas.

Ainsi, il apparut qu'un autre Jack Ruby, un homme intelligent, rusé, très différent de la personne faussement présentée par les journaux comme un propriétaire de boîte de nuit maladroit et trop zélé, joua un rôle capital dans les événements entourant le meurtre du président.

Ruby, dit Mooney à Chuck, était un choix logique. Le gars avait déjà démontré son extrême loyauté et son aptitude à travailler avec la CIA pendant la préparation de l'invasion de la baie des Cochons. Mooney avait appris, par Lenny Patrick, que Ruby avait depuis été reconnu à sa juste valeur par ses copains des services secrets avec lesquels il collaborait ; au fil des années, le gangster de Dallas s'était lié d'amitié avec certains d'entre eux, notamment Lee Harvey Oswald. En fait, à un moment donné, Ruby alla même jusqu'à engager David Ferries, agent de la CIA et poisson-pilote du Milieu, dans son club, Le Carrousel.

Mais, d'après Mooney, il y avait une autre raison au choix de Jack Ruby : il entretenait d'excellentes relations avec les responsables de la police de Dallas. Depuis son installation au Texas, fidèle à la tradition du Milieu de Chicago, il s'était introduit dans le milieu des flics et politiciens locaux, qu'il appelait pratiquement tous par leur prénom. Ces amitiés, selon Mooney, avaient été extrêmement utiles et avaient permis de résoudre les problèmes « avec les flics de la rue », à la suite de l'assassinat.

Comme il coordonnait le rôle du Milieu dans le meurtre de Dallas, la tâche consistant à faire taire Oswald, lorsqu'il fut capturé vivant, contrairement à ce qui était prévu, revint naturellement à Ruby.

— Oswald vivant, et en détention, ça nous mettait carrément dans le coup, dit Mooney avec un rire étouffé.

Chuck, pour sa part, ne trouva pas ça drôle.

Grâce à ses relations parmi les flics, d'après Mooney, Ruby put pénétrer dans les locaux de la police, exploit extraordinaire pour un homme que la presse qualifia par la suite de « patron stupide de boîte de strip-stease », immédiatement après l'arrestation d'Oswald et, surtout, au moment où son transfert dans une autre prison venait d'être décidé.

L'expression du visage d'Oswald lorsqu'il vit un homme qu'il connaissait aurait dû mettre la puce à l'oreille des flics, reconnut Mooney.

— Merde, j'ai entendu dire qu'ils étaient pédés, poursuivit Mooney. Mais ils étaient copains, pas de problème. Oswald a compris ce qui se passerait quand il a vu arriver Jack. Il avait déjà compris qu'on s'était servi de lui, et puis il a compris que Jack allait le buter. Mais qu'est-ce qu'il y pouvait, hein ? fit Mooney, haussant les épaules avec indifférence. C'était trop tard.

Chuck savait, en bon connaisseur du Milieu, qu'un type dans la situation de Ruby devait tout faire pour tuer Oswald, qui détenait des informations susceptibles d'exposer toute l'opération au grand jour. Quand ils avaient salopé un boulot, tous les gars du Milieu, sans exception, aimaient mieux mourir en prison pour meurtre, ou même sur la chaise électrique, qu'entre les mains d'un des tueurs de Mooney. Le souvenir horrible de la torture et du meurtre de Jackson, la « balance » qui avait trahi Mooney, était encore présent. Toujours fidèle au Milieu, Jack Ruby fit le nécessaire.

Le « prétendu tireur isolé », Lee Harvey Oswald, comme Ruby, était également lié à la CIA et au Milieu, selon Mooney. Oswald était en relation avec la pègre de La Nouvelle-Orléans depuis sa naissance ; son oncle était un des lieutenants de Marcello et avait exercé une grande influence sur cet enfant privé de père. Tout jeune, Oswald était entré dans le milieu des services de renseignements américains. Tout d'abord, jeune homme influençable, il passa quelque temps au sein de la Civil Air Patrol, en compagnie de David Ferries, pilote homosexuel réalisant des opérations de contrebande pour la CIA et le Milieu, personnage excentrique, étrange, que, selon Mooney, Marcello et lui utilisaient pour importer de la drogue et des armes d'Amérique centrale. Et, plus tard, à la fin des années cinquante, alors qu'il servait dans les Marines, Oswald subit une formation intensive aux techniques d'espionnage dans un centre secret situé au Japon et dirigé par les services de renseignements de la Marine. En résumé, d'après Mooney, Lee Harvey Oswald était un agent de la CIA.

Oswald avait effectué une mission d'espionnage en Union soviétique pour le compte de la CIA et parlait parfaitement russe. Il n'était ni castriste ni communiste, comme les fausses informations fournies par les services gouvernementaux à la suite de l'assassinat avaient amené l'opinion publique à le croire. En réalité, comme dit Mooney, Lee Harvey Oswald était de droite et avait soutenu « l'assassinat de Castro et les camps de préparation au débarquement de la baie des Cochons, il était CIA de la tête aux pieds ».

Après avoir travaillé pour l'agence et son service d'espionnage militaire en Union soviétique, Oswald avait pris part à des projets clandestins pour le compte du gouvernement américain. De retour à La Nouvelle-Orléans, en compagnie de son épouse russe, il fut dirigé par la CIA sur un homme que Mooney connaissait bien : Guy Banister, ancien agent du FBI à Chicago et traqueur de communistes.

L'agence de détectives de Banister, située dans Camp Street, servait de couverture aux actions intérieures de la CIA ainsi qu'aux opérations clandestines du Milieu et des exilés cubains, exactement comme l'agence de détectives de Miami qui avait engagé Richard Cain après son passage à la CIA, et où il avait participé à l'entraînement des exilés cubains. De même, selon Mooney, les agences de détectives de Bob Maheu à Washington et Las Vegas fonctionnaient sur le même principe. Toutes étaient des façades permettant de couvrir les activités illégales de la CIA et du Milieu, et aussi de recruter des agents pour la CIA.

Quand Oswald fut envoyé à Dallas par ses supérieurs des services secrets, il rencontra le représentant de Mooney à Dallas, Jack Ruby, dans sa boîte de nuit, Le Carrousel, et retrouva David Ferries. Oswald prit également contact avec un autre associé de Mooney, George DeMohrenschild, exilé russe, géologue et agent de la CIA, que Mooney avait rencontré grâce aux affaires qu'il dirigeait à Haïti et Dallas.

— Ce type m'a aidé à faire plein d'argent dans le pétrole. Mon vieux, qu'est-ce qu'il avait comme contacts avec les pétroliers du Texas, à l'époque ! Et il m'en a présenté beaucoup.

Au fil des années, Mooney avait mentionné les noms de nombreux pétroliers avec qui il faisait « des affaires », notamment Syd Richardson, H.L. Hunt, Clint Murchison et Mike Davis, qui, selon les gars du Milieu, fut plus tard l'amant de Phyllis McGuire. Chuck entendit également dire, par Mooney,

que plusieurs hommes politiques texans, dont Lyndon Johnson*
et John Connally, avaient été substantiellement soutenus par les
pétroliers et le Milieu.

Mooney confia ensuite que les dollars réunis en prévision de
l'assassinat du président (tous les hommes impliqués dans le
complot reçurent cinquante mille dollars ; Mooney affirma qu'il
toucha personnellement « des millions en pétrole ») provenaient
de riches pétroliers réactionnaires du Texas. Néanmoins, Mooney ne donna aucun nom. Et, respectant un code qui était
pratiquement devenu une seconde nature après des années au
sein du Milieu, Chuck n'en demanda pas.

Mooney dit qu'il avait envoyé Johnny Roselli à La Nouvelle-Orléans, le chargeant de se renseigner sur Oswald.

— Quand j'ai dit à Marcello de quoi il s'agissait, il a répondu
qu'Oswald était fait pour ce boulot et Banister était du même
avis. Roselli est rentré avec la même impression. Il est parfait,
voilà ce que Roselli a dit après l'avoir rencontré dans le bureau
de Banister, raconta Mooney. Roselli est retourné plusieurs fois
dans les bureaux de Banister, à La Nouvelle-Orléans, pour
préparer l'attentat de Dallas, et son dernier séjour eut lieu en
octobre 1963.

Contrairement à ce que l'on croyait, ajouta Mooney, Oswald
était un garçon intelligent. Ses faiblesses étaient son patriotisme
et son caractère influençable ; il se laissait facilement manipuler.

En 1963, au début du printemps, quand Mooney et ses
associés de la CIA décidèrent de mettre la dernière main à leur
projet d'assassinat, le choix du pigeon se porta tout naturellement sur Oswald.

— Il y avait déjà les bases qui pourraient le faire passer pour
un communiste cinglé, avec le passage en Russie et cette histoire
merdique selon laquelle il était procastriste. Il était parfait : il
avait l'air communiste, sentait le communiste, alors ils se sont dit
qu'il serait pas difficile de convaincre les gens qu'il était
communiste.

---

* Vice-président de Kennedy, L. Johnson a remplacé le président assassiné
en 1963. Il a été élu en 1964. J. Connally, gouverneur du Texas, était dans la
voiture de John F. Kennedy le jour de l'assassinat.

Comme lors de la tentative d'assassinat de Castro et d'opérations secrètes antérieures, Mooney dit à Chuck qu'il garda le contact avec la CIA par l'intermédiaire de Roselli. Néanmoins, il précisa qu'il vit auparavant Guy Banister, Bob Maheu et Charles Cabell, l'ancien directeur adjoint de la CIA, qui était à présent employé dans l'agence de détectives de Maheu. Un homme que Mooney présenta comme « un spécialiste de l'action clandestine » et un ponte des services secrets de l'armée en Asie assistèrent également à la réunion.

Après cette rencontre, d'après Mooney, il vit « plusieurs fois » les membres du groupe original, ainsi que Frank Fiorini, de la CIA. Roselli permit en outre à Mooney de rester en contact avec Marcello, Trafficante et Hoffa, qui attendaient également l'élimination de John F. Kennedy avec impatience.

D'après Mooney, le complot remontait « jusqu'au sommet de la CIA ». Il affirma que plusieurs de ses dirigeants, antérieurs et actuels, étaient impliqués, ainsi « qu'une demi-douzaine de réactionnaires texans, le vice-président Lyndon Johnson et le responsable de l'opération de la baie des Cochons sous Eisenhower, Richard Nixon ».

Plus Chuck pénétrait dans le complot de Mooney, et découvrait la multitude de ceux qui y participaient, plus il devint clair qu'il n'y avait pratiquement pas de frontière entre le Milieu et la CIA. Il n'y avait pas les bons et les méchants : tout cela était, selon Mooney, « de la poudre aux yeux pour les gogos ». Sur de nombreux plans, le Milieu et la CIA ne formaient qu'une seule et unique organisation.

Tel était, d'après Mooney, le cas de Frank Fiorini, un de ses lieutenants qui travaillait en même temps pour l'agence de renseignements et serait plus tard impliqué, aux côtés de Richard Nixon, dans le fiasco du Watergate sous le nom de Frank Sturgis.

Et c'était également vrai de Richard Cain. Cain était un agent et un membre du Milieu qui avait espionné pour le compte de Mooney dans les services de Richard Ogilvie, le shérif de Chicago. Mooney avait à présent l'intention de faire de Cain son homme de confiance, son compagnon de voyage et son intermédiaire avec la CIA.

Du point de vue de Mooney, auquel Chuck fut bien obligé de

se rallier compte tenu des faits que son frère lui présenta, la CIA et le Milieu étaient si intimement liés qu'affirmer qu'ils avaient comploté de concert revenait à négliger le fait qu'ils ne faisaient plus qu'un en réalité.

Malgré son apparente simplicité, d'après Mooney, l'assassinat de Dallas avait exigé des mois de préparation ; des dizaines d'hommes furent impliqués et des projets distincts furent élaborés pour plusieurs villes : Miami, Chicago, Los Angeles et Dallas. Mais le président avait finalement été attiré à Dallas, où les chances de succès étaient meilleures. Mooney dit que « Richard Nixon et Lyndon Johnson qu'il avait rencontrés plusieurs fois à Dallas immédiatement avant l'assassinat étaient au courant ». Mooney n'indiqua pas de quoi ils avaient parlé.

— Les hommes politiques et la CIA ont vraiment simplifié les choses, expliqua Mooney. On a tous fourni des hommes. Je supervisais ce que devait faire le Milieu, et les gars de la CIA s'occupaient du reste. J'ai ajouté Jack Ruby en couverture, pour plus de sécurité.

Selon Mooney, plusieurs hauts responsables de la police de Dallas participèrent à la préparation concrète de l'attentat : le maire, Earle Cabell, était le frère de l'ancien directeur adjoint de la CIA, Charles Cabell, ce qui facilita les choses. Responsable de la sécurité dans la ville, le maire devait assurer la protection du convoi présidentiel. Mooney ricana.

— Elle était si mal foutue, le jour du meurtre, merde, un gamin de cinq ans aurait pu buter Jack Kennedy.

Chuck apprit plus tard, par le téléphone arabe du Milieu, que Mooney recruta des tueurs professionnels dans plusieurs régions. Des tueurs qui, d'après les gars, devaient être « des tireurs d'élite de première » : deux hommes de Marcello, Charles Harrelson et Jack Lawrence, ainsi que deux exilés cubains, « amis » de Trafficante. On racontait qu'un de ces exilés était un ancien flic des mœurs de La Havane, devenu malfrat, et l'autre un responsable corrompu des douanes américaines.

A Chicago, Mooney recruta Richard Cain, Chuckie Nicoletti et Milwaukee Phil, qui avaient tous travaillé précédemment sur « l'affaire de la baie des Cochons ». Mooney dit que Cain et Nicoletti participèrent effectivement au meurtre et prirent position aux deux extrémités du Dépôt de livres scolaires de Dallas. En fait, il affirma que c'est Cain, et pas Oswald, qui tira de la fenêtre fatidique du sixième étage.

Mooney prétendit également que la CIA avait intégré plusieurs de ses « soldats » à l'équipe, Frank Fiorini et Roscoe White faisant partie des tireurs, de même que J.D. Tippit et Lee Harvey Oswald qui, d'après Mooney, jouerait le rôle du tireur isolé et porterait le chapeau.

Pendant l'opération, d'après Mooney, les responsables de la CIA s'enfermèrent dans une chambre d'hôtel, entourés de matériel électronique. A l'aide de talkies-walkies, les hommes purent prendre leurs postes de tir et suivre les déplacements d'Oswald immédiatement après le meurtre. Milwaukee Phil, que Mooney avait chargé de surveiller les arrières, était armé et prêt à repousser toute tentative ultime de pression sur les tireurs.

Pour éliminer Oswald, selon Mooney, la CIA avait désigné White et Tippit qui, comme Richard Cain, avaient appartenu à la police de Chicago et faisaient maintenant partie de la police de Dallas. Sous prétexte de « légitime défense » et de faire leur devoir, ils devaient abattre le « tireur isolé ». Mais Tippit avait craqué et Oswald était parvenu à s'échapper. Ainsi, Roscoe White s'était vu contraint de tuer son équipier.

— Probablement la seule véritable merde de toute l'affaire, conclut Mooney. Et le reste fait partie de l'histoire, ajouta Mooney avec un sourire ironique. Pour une fois, on n'avait pas besoin de s'inquiéter pour J. Edgar Hoover. Il détestait les Kennedy, comme tout le monde, et n'avait pas la moindre envie d'aider Bobby à trouver les assassins de son frère. Il a fait l'autruche, étouffé tout ce que ses « boy-scouts » avaient découvert. Mais il y avait une piste qui remontait jusqu'à la CIA. Si quelqu'un était trop bien renseigné, la CIA l'apprenait et réglait le problème.

Quand Mooney employa l'expression « réglait le problème », Chuck saisit le message.

D'après ce que Mooney dit ce jour-là, la CIA avait effectivement pris des mesures très efficaces et effacé toute trace du complot. En ce qui concernait les preuves de l'implication du patron du Milieu de Chicago dans les événements du 22 novembre 1963, Mooney dit qu'il ne risquait rien parce qu'il confiait toujours les détails des opérations à des lieutenants de confiance. Mooney, comme les hauts responsables de la CIA, ne se souciait guère des détails des opérations ; seuls comptaient les résultats. Une dernière fois, à Dallas, juste avant le meurtre, il avait rencontré les pontes du groupe de la CIA, des hommes politiques ainsi que les Texans qui soutenaient l'assassinat, et c'était tout.

Chuck avait écouté, épouvanté, Mooney raconter l'assassinat du président. Puis son frère tourna soudain la tête, silencieux, cherchant apparemment les mots convenables. Finalement, il reporta son regard sur son frère et poursuivit :

— Le meurtre de Dallas était exactement comme toutes les opérations qu'on avait organisées avant. On avait déjà renversé des tas de gouvernements dans des tas de pays. Cette fois, on l'a fait chez nous, c'est tout.

Il dit que le meurtre du président Kennedy n'était guère différent du complot contre Castro, des meurtres de dirigeants vietnamiens, de celui du président du Panama, des dizaines de coups d'État commandités par la CIA et l'armée dans le monde entier.

— Le 22 novembre 1963, affirma Mooney avec une autorité glacée, il y a eu un coup d'État aux États-Unis ; c'est aussi simple que ça. Le gouvernement de notre pays a été renversé par une poignée de gars qui ont foutrement bien fait leur boulot. Personne n'a su que c'était arrivé. Mais moi, je sais. Je sais que j'ai assuré l'avenir du Milieu, une fois pour toutes. Aux États-Unis, on est installé. Alors c'est le moment d'explorer d'autres territoires. Étendre le pouvoir du Milieu et faire une fortune à l'étranger, c'est selon moi deux très bonnes raisons de partir. (Il s'interrompit et eut un sourire un peu embarrassé.) Et je crois qu'on peut ajouter que j'en ai plus que marre d'avoir les fédéraux sur le poil.

Quelques jours plus tard, Mooney était au Mexique et Chuck seul avec son terrible secret.

A cause des révélations de son frère, Chuck eut l'impression qu'il vivait désormais dans l'ombre de la peur. Et cette peur, celle qui accompagne la conviction de connaître la vérité, s'empara de lui à ce moment-là. Il se demanda même pourquoi Mooney avait partagé cette vérité avec lui, pourquoi il avait tout expliqué jusque dans les moindres détails, sachant que cela pouvait le détruire.

Chuck ignorait comment étaient les types de la CIA. Mais il avait sa petite idée ; il n'avait pas envie de connaître *toute* la vérité. Néanmoins, il estima qu'il avait beaucoup plus de raisons de craindre que ce soient les agents du gouvernement, et non les tueurs du Milieu, qui viennent un jour frapper à sa porte. Au cours des années qui suivirent, Chuck s'aperçut qu'il haïssait parfois Mooney à cause de cela. Qu'il le haïssait moins parce qu'il avait commis des crimes que parce qu'il les lui avait avoués, parce qu'il lui avait dit la vérité. Après tout les gars du Milieu, lui compris, ne trouvaient aucun réconfort dans la vérité. « L'ignorance, c'est la béatitude », disait toujours Mooney, et Chuck décida que son frère avait probablement raison. Parce que si certaines personnes découvraient qu'il savait pratiquement tout, sa vie deviendrait rapidement un enfer.

Inversement, alors que les gens non informés ne voyaient en lui qu'un flic devenu gangster, Richard Cain vit, en 1966, sa vie se transformer rapidement en paradis. Chuck apprit, par les gars du Milieu, que Cain disposait d'une quantité stupéfiante de contacts internationaux et en faisait bénéficier Mooney, au Mexique, où il le présenta au président, Luis Echeverria, et à Jorge Castillo, son avocat-conseil et collaborateur. Cain et Mooney consolidèrent également leurs relations avec les personnalités pro-américaines fortunées du Pérou, du Venezuela, de Bolivie, du Panama, de la République Dominicaine, de Haïti, d'Argentine, du Paraguay, du Chili, du Brésil, de Colombie, du Honduras britannique, du Guatemala, du Nicaragua et du Costa Rica.

Ce fut une implantation en force dans toute l'Amérique latine. Grâce à l'aide de Castillo, Mooney s'installa dans un appartement somptueux de Mexico et se mit aussitôt au travail, recourant aux tactiques éprouvées depuis l'époque de Diamond Joe Esposito, ainsi qu'aux compétences et aux ressources gigantesques d'une équipe d'agents et d'assassins de la CIA, spécialement formés en vue d'actions clandestines en Amérique latine. Les membres de la CIA surnommèrent cette équipe : la Main Blanche, pour blaguer au début, faisant allusion à leur association avec Mooney et le Milieu, c'est-à-dire avec la Main Noire.

En compagnie de son bras droit, Cain, Mooney sillonna

d'innombrables pays et noua les alliances politiques indispensables. Selon les gars du Milieu que Chuck rencontra, tout en créant des établissements de jeu dans les pays d'Amérique latine ouverts sur l'océan, Mooney et Cain exploitaient des affaires extrêmement lucratives de trafic de drogue et d'armes, ainsi que des réseaux de blanchiment d'argent.

Grâce aux résultats obtenus par la Main Noire de Mooney, la Main Blanche de la CIA accentua son emprise économique au profit des industries américaines qui la finançaient. Les empires pétroliers, notamment, s'implantèrent aisément en Amérique latine, la CIA ayant lubrifié les engrenages du commerce.

La CIA en tira également bénéfice et découvrit, grâce à des relations qui appréciaient les pots-de-vin, de nouveaux moyens d'écouler l'argent sale provenant de ses activités illicites.

Pour convoyer les millions de dollars qui ne tardèrent pas à franchir la frontière américano-mexicaine, Mooney fit appel à l'Église catholique.

En 1965, le cardinal Stritch avait quitté Chicago et était devenu archevêque de La Nouvelle-Orléans, la ville de Marcello, ce qui était très pratique. Le successeur de Stritch à Chicago, le cardinal Cody, s'avéra, selon Mooney, extrêmement avantageux. Mooney raconta que Cody était un homme corrompu qui appréciait l'argent et acceptait donc d'entretenir des relations étroites avec lui. Avec la nomination de Stritch à La Nouvelle-Orléans, Mooney prétendit qu'il n'avait pas perdu un allié au sein de l'Église ; il avait simplement obtenu de nouvelles filières permettant de blanchir de l'argent.

Le père Cash, ce prêtre de Chicago qui convoyait des fonds pour le compte de Mooney, voyageait dans tout le pays et en Europe depuis près de deux décennies. Lorsque Mooney s'implanta dans l'hémisphère Sud, Cash dut ajouter l'Amérique latine à son itinéraire.

Pendant le séjour de Mooney hors des États-Unis, Chuck entendit dire, dans le Milieu, que des millions de dollars arrivaient à la Continental Illinois, banque qui possédait de gros intérêts au sein de la Finibank, établissement bancaire suisse dont le Vatican était partiellement propriétaire et que contrôlait le financier Michele Sindona, avec qui Mooney travaillait par l'intermédiaire de Gambino. Une partie de l'argent était convoyée à Washington par les lieutenants de Mooney, convertie en obligations puis transférée à la Finibank ou dans un autre établissement européen contrôlé par Sindona, généralement à Londres, Rome ou Athènes. Mais des sommes plus importantes quittaient Chicago pour le Mexique, à l'abri de la soutane du prêtre, puis étaient placées dans des banques réparties en Amérique centrale et du Sud, mais le plus souvent au Panama. Ensuite, ces fonds étaient fréquemment détournés sur Milan et la banque du Vatican, à Rome, d'où il était facile de les transférer à la Finibank, en Suisse, puis tout droit dans les mains de Michele Sindona et d'un ancien prêtre de Chicago dont l'influence grandissait : Paul Marcinkus. On racontait que la CIA, désireuse d'améliorer sa situation financière, avait employé la même méthode, traitant fréquemment avec Marcinkus et Sindona.

Tandis que Mooney trouvait des filons sur d'innombrables côtes étrangères, en 1967, Chuck dut affronter un destin différent. Cette année-là, les catastrophes se succédèrent.

Tout d'abord, il lui avait semblé qu'il parviendrait à réussir vraiment par ses propres moyens dans le bâtiment. Depuis 1964, il s'était établi à Rosemont et appliqué à participer activement à la vie locale, devenant l'ami personnel des banquiers de la région et du maire. Hors de l'ombre du Milieu, Chuck connaissait enfin la prospérité et vivait l'existence d'un citoyen aisé, honnête. Et, une nouvelle fois, le rêve américain se profilait. Mais, en février 1967, ce rêve vola soudain en éclats.

Il apprit par la suite que le FBI avait confié aux journalistes du *Chicago Tribune* et du *Chicago Sun-Times* que Sam Giancana, quoique désormais absent, investissait peut-être toujours dans l'immobilier et la construction dans la région de Chicago. Pour commencer, les agents montrèrent du doigt le centre commercial en pleine expansion que Chuck avait construit à Rosemont.

Il n'en fallut pas davantage pour convaincre les journalistes en mal de gros titres, qui ne trouvaient plus grand-chose à publier sur la pègre de Chicago depuis le départ de Mooney. Moins de vingt-quatre heures plus tard, des hélicoptères bourrés de cameramen se mirent à tourner comme des vautours au-dessus du centre commercial et les propriétaires des magasins furent assiégés. Chuck fut bientôt bombardé de questions par des journalistes agressifs.

Face à ces accusations accablantes, Chuck déclara, à juste titre, que sa réussite lui appartenait, que son frère n'avait pas investi « un centime » dans ses affaires immobilières. Mais les journaux du lendemain racontèrent une autre version et leurs gros titres sous-entendirent que Sam Giancana remettait effectivement ça. Après tout, Chuck Giancana était le frère de Mooney ; de toute évidence, c'était un homme de paille dans une des nombreuses entreprises illégales de blanchiment d'argent de Mooney.

Quelques heures après les allégations scandaleuses des journaux, Chuck reçut un appel de la banque qui avait financé son centre commercial. Elle avait appris que la police d'assurance de l'immeuble avait été annulée, ce que Chuck ignorait, et demandait le remboursement des deux cent mille dollars restants. Chuck devait trouver l'argent ou céder l'immeuble.

Peu après cet appel troublant, Chuck apprit que non seulement des journalistes, mais aussi des agents du FBI avaient rendu visite à ses locataires et interrogé son banquier ainsi que le directeur de sa compagnie d'assurances. Manifestement, les agents espéraient que cette crise ferait sortir Mooney de son trou et l'attirerait aux États-Unis.

Le mois de février fut une succession frénétique d'appels aux compagnies d'assurances et organismes de prêts ; Chuck avait décidé de ne pas demander l'aide financière de Mooney. Mais finalement, contraint d'admettre qu'aucune banque des États-Unis ne se risquerait à lui « tendre une perche » avec le FBI à ses basques qui la persuaderait de ne pas traiter avec un « personnage indésirable », Chuck se résigna à l'inévitable et envoya un message au Mexique : il avait besoin de l'aide de Mooney.

La réponse de son frère fut simple et directe : « Pas question. Bazarde la boîte. »

Chuck fut stupéfait. Jamais il ne s'était mis dans une telle rage. Depuis toujours, il s'était contenté de demander un travail convenable à son frère et à présent, alors qu'il avait désespérément besoin de lui, alors que le bien-être de sa famille, toute sa fortune en dépendaient, Mooney lui tournait le dos.

Deux jours avant la saisie, Chuck vendit son centre commercial. Son amertume fut insupportable. Il était presque arrivé à s'en sortir et on lui avait tout arraché d'un seul coup. Simplement à cause de son nom. Il se demanda un nombre incalculable de fois en quoi il méritait un tel malheur ; son seul crime était d'être le frère de Mooney, de s'appeler Giancana.

Des années plus tard, passant devant le centre commercial animé, il le montra du doigt, dégoûté.

— Ça vaut trois millions, aujourd'hui, déplora-t-il. Et j'ai tout perdu à cause du FBI. Il était vraiment propre. Il y avait des années que Mooney ne m'avait pas aidé. Mais ils s'en fichaient. Ils voulaient Mooney et rien ne pouvait les arrêter. Ils m'ont ruiné sans se poser de questions.

Après la perte de cette affaire, la vie personnelle de Chuck se dégrada. Les media firent payer un terrible tribut à sa famille. Anne-Marie cessa d'être reçue chez ses amies ; les relations politiques et bancaires de Chuck l'évitèrent comme un lépreux.

Son fils, Chuckie, qui, à dix-sept ans, avait depuis longtemps quitté son école militaire, devint de plus en plus rebelle. Il était tout d'abord entré au lycée catholique de Saint-Viator, à Arlington Heights, mais il ne tarda pas à s'inscrire au lycée d'État. Le nom de Giancana l'y poursuivit : ses camarades se moquaient de lui, l'injuriaient et le dénonçaient chaque fois qu'une bagarre éclatait. Incapable de supporter une telle tension, il quitta finalement l'école sans diplôme.

Ses rêves personnels et professionnels s'étant effondrés, Chuck se tourna vers le petit Mooney et vit un enfant de douze ans condamné à la solitude par un nom qui lui était autrefois apparu comme l'honneur ultime.

Les ténèbres tombèrent sur la vie de Chuck et, privé d'avenir dans la construction, il accepta un emploi de projectionniste de cinéma. L'obscurité de la salle lui plaisait, à présent. Avec les interminables bobines de film pour toute compagnie, il demeura seul, remâchant la colère que lui inspirait l'injustice de la vie. Et il revit son existence comme il revoyait les films. Ainsi, Chuck comprit plus clairement que jamais comment

Mooney avait laissé sa marque indélébile, destructrice, sur tous les aspects de son être.

Lorsqu'il pensait aux terrifiants secrets politiques de son frère, le mot *omerta* résonnait à ses oreilles, tournoyait dans son esprit. Comme toujours, il se demanda pourquoi il aimait Mooney, et le haïssait en même temps. Il l'aimait, sans doute, parce que c'était le héros de son enfance, une figure paternelle plus forte que celle d'Antonio. Mais il le haïssait à cause de tout ce qu'il avait fait. Pas seulement à lui, mais à tous ceux qu'il avait approchés. C'était à cause de son frère que son seul rêve, la seule chose qui eût jamais compté, lui avait été arrachée et qu'il s'était retrouvé sur le plancher d'une salle de montage, comme sur une scène manquée.

Déterminé à avoir la peau de Mooney, le FBI avait échoué. Il n'avait réussi qu'à détruire l'une de ses principales victimes.

21.

Depuis le Mexique, Mooney brandissait son pouvoir comme une épée. Par la suite, les historiens qualifièrent ses aventures latino-américaines d'« exil imposé par la pègre » mais, en réalité, selon les gars du Milieu de Chicago, rien n'était plus éloigné de la vérité.

Les revenus issus des rackets locaux avaient certes diminué, en l'absence de Mooney. Il était facile de voir que la méthode Giancana, où le moindre détail était envisagé, faisait gravement défaut. Si Mooney avait débarqué d'un avion à O'Hare et repris la tête des affaires, il aurait été reçu à bras ouverts. Mais cela n'avait aucune chance de se produire parce que Mooney avait jeté son dévolu sur la scène internationale et ne s'intéressait guère à ce qu'il considérait maintenant comme des problèmes « provinciaux ».

La seule chose qui provoque l'amertume des gars du Milieu vis-à-vis de Mooney, colère que des enquêteurs, biographes et journalistes évoquèrent de nombreuses années plus tard, ce fut son indifférence face à la mauvaise passe que traversa Chicago, sa ville natale, pas son désir d'en reprendre le contrôle.

Mooney ne perdit jamais son pouvoir sur son empire américain et, selon les gars du Milieu que Chuck rencontra, Mooney revint de nombreuses fois secrètement au cours des huit années qui suivirent. Un gars du Milieu chassé de la ville, comme on prétendit souvent que c'était le cas de Mooney, du moins un gars du Milieu avec une once de jugeote, n'y aurait jamais remis les pieds. C'était le meilleur moyen de se faire descendre, *pronto*.

Avant de quitter les États-Unis, Mooney avait confié la direction des opérations à Teets Battaglia et ne prévoyait pas de faire la navette entre Chicago et Mexico. Mais la condamnation et l'emprisonnement de Battaglia pour extorsion de fonds, dans le courant de l'année, nécessitèrent une visite de Mooney. Chuck entendit dire que son frère utilisa son déguisement habituel, une perruque, et gagna secrètement O'Hare où il rencontra Tony Accardo ainsi que Paul Ricca, pour choisir le remplaçant de Battaglia, à l'automne de la même année.

Accardo et Ricca ne participaient pas aux activités quotidiennes du Milieu, et ne possédaient pas le pouvoir leur permettant de s'opposer aux décisions prises par Mooney, cependant il était politiquement prudent de les inclure dans le processus de prise de décision. Et Mooney agit ainsi très fréquemment au fil des années.

Si Mooney respectait tout particulièrement l'opinion de Paul Ricca, cela ne signifiait pas pour autant qu'il la suivait toujours. Dans ce cas, toutefois, les trois hommes se mirent aisément d'accord pour remplacer Battaglia par Joey Aiuppa. Son empire à nouveau entre de bonnes mains, Mooney repartit immédiatement pour Mexico. A partir de là, il se concentra sur ses affaires internationales, confiant à ses soldats et lieutenants de Chicago la tâche de gérer les acquis des batailles d'autrefois.

Chuck eut des nouvelles de son frère par l'intermédiaire de plusieurs gars du Milieu, notamment Tommy Payne, ancien soldat de Capone, et Chuckie Nicoletti, le tueur de Mooney. Il eut parfois l'impression qu'ils radotaient comme des vieilles femmes. Mais, de toute façon, les gars lui rapportèrent ce qui se disait ; ils le traitaient comme s'il était à l'intérieur et cela lui plaisait. En outre, il ne connaissait personne d'autre. Depuis que le FBI l'avait dépouillé de son centre commercial, ses fréquentations de l'époque où il était dans le bâtiment le fuyaient. Seules les nouvelles de Mooney lui procuraient encore du plaisir, ce qui était bizarre compte tenu de l'amertume que le rejet de son frère avait laissée en lui. Bizarre mais vrai.

En 1967, pendant l'été, le FBI découvrit où Mooney se cachait et encouragea Sandy Smith, le journaliste de Chicago qui avait publié ses confidences le jour du mariage de sa fille, à faire un article sur la façon dont il vivait au Mexique. Smith, qui travaillait alors à *Life,* fila à Cuernavaca où il loua un hélicoptère et survola la résidence nouvelle et confortable de Mooney, prenant des photos. Dans le numéro de septembre de *Life,* Smith relata l'histoire accablante du patron de Chicago, ce qui conduisit de nombreuses personnes à se demander ce que le vieux mafioso pouvait bien fabriquer au Mexique et rendit Mooney fou de rage.

Sans doute le FBI aurait-il souhaité continuer de surveiller Sam Giancana dans les innombrables voyages qu'il fit en compagnie de Richard Cain, qui parlait plusieurs langues, mais les agents de Chicago durent se contenter de membres moins importants du Milieu. Malheureusement, Cain fut du nombre. Dans le cadre d'une enquête fédérale, vingt-quatre membres du Milieu furent inculpés, en 1967, dont l'interprète de Mooney.

Rentré dans l'Illinois pour le compte de son patron, Cain se fit cueillir par le FBI à cause d'une inculpation datant de 1963. Il fut détenu à Chicago jusqu'au procès et, en 1968, ainsi que Willie Daddano, dit Patate, condamné à une peine de prison. Willie en prit pour quinze ans et Cain, sans doute avec l'aide de ses amis des services secrets, s'en tira avec quatre.

Même sans son homme de main, Mooney continua de voyager. Il eut de longues conversations avec Meyer Lansky, à Rio et Acapulco, fut reçu en audience privée par le pape Paul VI, à Rome, prit parfois le temps, malgré un programme chargé, de se reposer en compagnie de Phyllis McGuire, de recevoir les responsables mexicains chez lui ou de jouer au golf au club voisin. Selon la famille et les amis de Chuck, telle était l'existence d'un « parrain exilé et en retraite ».

En juillet 1968, le FBI tenta une nouvelle fois d'attirer Mooney hors de son quartier général mexicain. A cette occasion, cependant, la tentative prit un tour sinistre, impliquant, Bonnie, la fille de Mooney, et son mari, Tony Tisci. Le couple habitait alors Tucson, ville où Joe Bonanno, le patron de New York, était également chez lui.

Pour mettre ce plan à exécution, David Hare, un agent du FBI à Tucson, engagea trois voyous du cru. Leur première cible fut la maison de la fille de Mooney. Une nuit, on tira par les fenêtres du salon. Deux semaines plus tard, les propriétés de Bonanno et d'autres gangsters furent attaquées de la même façon. D'autres agressions et attentats à la bombe suivirent. Heureusement, personne ne fut blessé ni tué. Mais pour tout le monde, y compris pour les membres du Milieu, cette flambée soudaine de violence correspondait à une guerre des gangs. Au sommet, les caïds du Milieu organisèrent une réunion d'urgence. Une année entière s'était écoulée quand on apprit que David Hale était derrière les agressions. A la suite de cette révélation, Hale démissionna du FBI, refusant de témoigner. Un témoin de la fusillade dirigée contre les Tisci fut assassiné et, ensuite, l'affaire fut classée. Le FBI et son agent, David Hale, ne furent pas poursuivis.

Les membres du Milieu croyaient que l'attaque de la propriété de la fille de Mooney était une tentative d'attirer le patron de Chicago aux États-Unis. Si tel était le cas, ils ne parvinrent pas à faire sortir Mooney de son repaire. Il sillonna l'Amérique centrale et du Sud en 1968 et 1969, et s'installa dans une propriété de Las Quintas, le quartier chic de Cuernavaca, dans une énorme demeure entourée de murs et appelée San Cristobal.

En avril 1969, Chuck sortit provisoirement de l'obscurité de sa cabine de projection et eut, par Chuckie Nicoletti, le tueur du Milieu, de mauvaises nouvelles de son frère.

Il était passé au Lilac Lodge, bar du West Side de Chicago. Comme les gars du Milieu venaient s'y abreuver, Chuck espérait y entendre parler des aventures mexicaines de Mooney. Au printemps et en été, les hommes de Mooney (tout ceux qui comptaient un peu) faisaient souvent un parcours au Fresh Meadows Golf Club, tout proche, et passaient tôt ou tard boire un verre au Lilac Lodge. Lorsqu'il entra, Chuck aperçut Chuckie Nicoletti, apparemment seul à une table du fond. Nicoletti lui fit signe de le rejoindre et commanda une nouvelle tournée.

Nicoletti n'était pas ce que l'on peut appeler un beau parleur mais ce qu'il raconta cet après-midi-là, dans ce coin tranquille du Lilac Lodge, fascina complètement Chuck.

— Alors, commença Nicoletti quand ils se furent serré la main et eurent chacun un verre, encore un Kennedy de moins, hein ?

Il eut un large sourire.

— Ouais, murmura distraitement Chuck. Il n'avait pas envie de parler des Kennedy et espérait que Nicoletti changerait de sujet.

Mais Nicoletti poursuivit :

— Mooney a remis ça. Merde, je te le dis, ton frère est un génie.

— Remis quoi ? demanda Chuck après avoir bu une gorgée de Martini.

— Tu sais bien, répondit Nicoletti, baissant la voix. Buter Bobby.

Comme il ne voulait pas paraître ignorant, Chuck hocha la tête et alluma un cigare.

— Ah, ouais, fit-il.

— S'arranger pour que ce Shiran* porte le chapeau, merde, ça a pas marché comme un charme ? Évidemment, ajouta-t-il avec un clin d'œil, ce fumier avait pas vraiment le choix.

— Non, pas tellement, dit Chuck, se demandant où Nicoletti voulait en venir.

— Bon, quand tu bosses pour le Milieu, que tu lui dois une petite fortune et que tu peux pas cracher, c'est ce qui arrive. Pas vrai ? Merde, maintenant que j'y pense, c'est presque comme le coup Ruby-Oswald.

— Ouais, admit Chuck.

— Tu sais, souffla Nicoletti, en fait, Oswald a même pas tiré. Shiran a au moins fait ça. Mais, même s'il avait raté une vache dans un couloir, ça faisait rien, parce que Mooney avait trouvé un autre type pour descendre Bobby, un Mexicain qu'il a sûrement dégotté dans le Sud.

— Ouais, j'ai vu ça à la télé... le meurtre, ajouta Chuck, ne sachant pas quoi dire. De toute évidence, Nicoletti croyait qu'il entretenait toujours des relations étroites avec Mooney.

— Moi aussi, dit Nicoletti avec un rire sonore. Tu trouves pas ça incroyable ? Ça doit faire plaisir à Mooney, avoir ces

---

* Robert Kennedy a été assassiné le 4 juin 1968 par Shiran Shiran au moment des primaires pour la désignation du candidat démocrate à l'élection présidentielle de 1968.

Kennedy devant Dieu et tout le monde. Ça prouve quelque chose, pas vrai ?

Il plissa les paupières.

— Sûrement. Ça leur fait comprendre que rien l'arrêtera, même pas une foule de journalistes.

Son cœur se mit à cogner. Mooney, contrairement à ce que racontaient les journaux, n'était pas fini, n'était pas un mafioso à la retraite, mais exerçait toujours son influence sur tout le pays, sur le cours de l'histoire. Chuck se demanda si les mêmes personnes étaient responsables, si la CIA était impliquée. L'absence d'enquête sérieuse sur le meurtre de Bobby rappelait en tout cas désagréablement ce qui s'était passé après la mort de John.

Nicoletti, échauffé par la conversation sur Mooney, devint nostalgique et évoqua l'époque du Patch.

— Ton frère est aussi coriace aujourd'hui qu'il y a trente ans, Chuck, dit-il avec un sourire ironique. Et aussi puissant. Non, *plus* puissant. Personne, maintenant, personne peut plus le toucher.

Tommy Payne dit plus tard à Chuck que le Milieu de Chicago contrôlait tout, dans l'hôtel de Los Angeles où Bobby avait été abattu, et que l'autre tueur, un spécialiste du Milieu, avait « remplacé un vigile à la dernière minute ».

— Tout a été prévu, dans les moindres détails, et étouffé, exactement comme pour l'autre, confia Payne.

Après ces conversations avec Nicoletti et Payne, Chuck se sentit plus accablé encore par le fardeau qui vint s'ajouter aux autres secrets terrifiants de son frère ; prisonnier de ce secret, jamais il ne s'était senti aussi seul. Fut-ce la fameuse goutte d'eau qui fait déborder le vase ? Il n'en était pas sûr. Mais il était certain d'une chose : il en savait trop. Trop sur Mooney, trop sur la CIA et les hommes politiques qui vendaient leur âme pour un peu de pouvoir. Il ne serait plus jamais en sécurité ; et, peut-être, sa famille non plus.

La colère qui s'empara de lui, quand il comprit que c'était à cause de Mooney, fut dévastatrice. Quelque chose était mort, en lui, quand il avait perdu son affaire : l'amour, la confiance que lui inspirait son frère avaient été balayés. Et, désormais, il ne restait pratiquement plus rien.

Fut-ce l'instinct de conservation ou l'indignation, il ne put jamais le dire honnêtement, mais penchait pour la première motivation, moins noble ; en tout cas il se promit, avec toutes les fibres de son être, de tourner définitivement le dos à Mooney et à l'univers du Milieu.

Le 23 mai 1969, la famille de Chuck Giancana changea officiellement de nom. Chuck avait décidé de couper complètement les ponts. Peu lui importait de revoir ou non Mooney.

Il ignorait, à l'époque, qu'il ne le reverrait jamais, du moins vivant.

Épilogue

Le 19 juin 1975, des collaborateurs de la commission d'enquête sénatoriale sur les services secrets arrivèrent à Chicago, Illinois. Leur mission consistait à organiser le transfert de Sam Giancana de sa demeure d'Oak Park, où il était assigné à résidence depuis son extradition du Mexique, l'année précédente, à Washington DC, où il devait témoigner cinq jours plus tard, le 24 juin. Le sénateur Frank Church et ses collègues de la commission s'intéressaient plus particulièrement au rôle qu'il avait joué dans le projet d'assassinat de Castro pour la CIA.

Mooney Giancana, toutefois, comme de nombreux informateurs trop bien renseignés avant et après lui, ne vécut pas assez longtemps pour témoigner devant la commission. La veille du jour où les collaborateurs de la commission devaient arriver à Chicago, Mooney fut assassiné.

Depuis qu'il avait changé de nom et coupé les ponts avec le Milieu de Chicago, en 1969, Chuck n'avait plus été en relation avec Mooney ; les liens qui les unissaient s'étaient irrémédiablement rompus. Néanmoins, Chuck s'était tenu au courant des activités de son frère par l'intermédiaire des amis et de la famille. Ce que Chuck savait de ces années, ajouté à ce qu'il avait glané à l'occasion de conversations antérieures avec Mooney, ne fit que renforcer ses soupçons concernant le meurtre de son frère, ainsi que la cruelle déception que lui inspirait le gouvernement des États-Unis.

Dans les années qui suivirent 1969, Mooney résida dans son domaine mexicain, San Cristobal. Il voyagea énormément, visitant non seulement des villes d'Europe et d'Amérique latine, mais aussi Téhéran et Beyrouth. A Beyrouth, Mooney était devenu membre d'un country-club très huppé et, pendant ses séjours là-bas, il rencontra les dirigeants les plus influents de la planète, notamment le shah d'Iran, l'un de ses « amis ».

Bizarrement, les relations des États-Unis et de la CIA avec ces pays connurent leur apogée pendant cette période. Mooney avait un jour raconté à Chuck que le shah devait son trône à la CIA. Pour l'y installer, la CIA avait recouru à des pots-de-vin énormes et financé le coup d'État qui renversa l'opposant au shah, Mossadegh, en 1953.

En récompense de ses efforts, la CIA entretint des relations étroites et amicales avec le gouvernement iranien corrompu, jusqu'à l'exil forcé du shah, en 1979. Chuck estima que les relations de Mooney avec le Moyen-Orient se développèrent également pendant cette période, puisqu'il y fit des séjours prolongés. Plusieurs biographes affirmèrent plus tard que le ministère de la Justice avait réussi à faire capoter plusieurs des entreprises de Mooney au Moyen-Orient, mais les gars du Milieu dirent à Chuck que J. Edgar Hoover échoua dans toutes ses tentatives d'intervention dans les affaires de Mooney à l'étranger. En réalité, une telle idée était risible du fait que les responsables étrangers étaient tout prêts à accepter les généreux cadeaux du Milieu. Sans doute Hoover et les agents du FBI étaient-ils en mesure de terrifier les délinquants américains, mais leur autorité était pratiquement nulle ailleurs.

Dans la deuxième moitié de 1971, Richard Cain sortit de la prison de Texarkana puis reprit auprès de Mooney sa place de protégé et d'interprète. A lui seul, le nombre de pays d'Amérique latine que le duo visita sur ce continent d'un intérêt extrême du point de vue de la CIA, amena Chuck à conclure que Cain avait également repris ses activités clandestines pour le compte de l'agence.

Si l'on pouvait faire confiance aux amis et à la famille, Mooney menait une existence somptueuse, de l'autre côté de la frontière, et demeurait en contact permanent avec les membres du Milieu et agents de la CIA restés aux États-Unis : Carlos Gambino, Santo Trafficante, Carlos Marcello et Johnny Roselli.

Les nombreuses relations asiatiques du Milieu de Chicago et

de la CIA (dès le début des années soixante, de nombreux représentants orientaux travaillaient pour le compte de Mooney à Chicago et à l'étranger) laissèrent entendre que le réseau de trafic d'héroïne mis en place par Trafficante en Asie avait obtenu des résultats inespérés. En fait, plusieurs historiens affirmèrent, par la suite, que Trafficante avait collaboré avec les services secrets américains à Hong Kong, aux Philippines, au Viêt-nam et au Laos.

Il semblait également probable que Mooney ainsi que Marcello et Trafficante continuaient d'empocher les bénéfices d'un réseau de trafic de cocaïne, exploité conjointement par la CIA, la Mafia et le Texas, qui rapportait des milliards de dollars, entreprise commune basée en Amérique du Sud, au Costa Rica et au Panama, et dont Mooney avait parlé à Chuck à l'époque de la baie des Cochons. Sur la base des précisions données par son frère à l'époque, Chuck estima que le réseau des plates-formes pétrolières off-shore du golfe du Mexique permettait de tromper la vigilance des douanes américaines.

En ce qui concernait le trafic d'opium de Gambino en Europe, il y avait des raisons de penser, compte tenu des fréquents séjours de Mooney à Rome, Berne et Athènes que, dans les années suivant la rupture de Chuck avec son frère, Mooney continua de prendre une part active dans les affaires de Gambino.

Les voyages de Mooney permirent peut-être aussi de renforcer ses relations avec Mgr Marcinkus et Michele Sindona.

En 1973, après plusieurs années fructueuses et bien remplies passées en compagnie de Richard Cain, on apprit que Mooney et son ami s'étaient violemment opposés, rupture qui entraîna le retour de Cain à Chicago. Chuck ne put savoir si Cain avait également coupé les ponts avec les services secrets américains, mais il entendit dire que, de retour dans l'Illinois, Cain fit savoir qu'il cherchait des investisseurs pour une entreprise de jeu à Malte et Chypre. Sans l'autorisation de son mentor, Cain parla ouvertement de sa rupture avec Mooney, disant pratiquement à qui voulait entendre qu'il avait l'intention de monter son affaire de jeu contre la volonté de son patron.

Selon les rapports du FBI, Cain rencontra alors des agents fédéraux et demanda à être engagé par le ministère de la Justice.

Au terme de l'accord, il devait poursuivre ses activités dans le Milieu tout en agissant en tant qu'informateur rémunéré du FBI. Si le ministère de la Justice connaissait les liens supposés de Cain avec la CIA, cela ne fut jamais révélé mais, selon les rapports du FBI, le statut d'informateur rémunéré lui fut effectivement accordé, ses « honoraires » équivalant au salaire annuel moyen d'un agent de Chicago.

A la lumière de ses liens avec le FBI, il semble étrange que Cain, au lieu de stabiliser ses relations avec le Milieu qui se détérioraient rapidement, se soit lancé, pour obtenir des informations pour le compte du FBI, dans des attaques de plus en plus virulentes contre Mooney, cherchant à rallier à sa cause des membres insatisfaits du Milieu.

Pour les initiés, cette entreprise n'était pas sans rappeler les « sales coups » auxquels le FBI avait recouru à Tucson. Chuck crut, de même que ses amis au sein du Milieu, que Cain n'était pas un simple informateur mais participait plutôt à une opération secrète du FBI visant à créer des troubles dans le Milieu de Chicago.

Ses supérieurs au sein du Milieu lui demandèrent de faire marche arrière, mais Cain ne renonça pas à protester en public, prétendant qu'il deviendrait peut-être un jour patron de Chicago. Cette rodomontade n'était pas seulement téméraire, elle était suicidaire ; Cain était pourtant bien placé pour le savoir.

Étant donné son attitude, personne ne s'étonna quand Richard Cain fut abattu, le 20 décembre 1973. De toute évidence, il avait ouvert sa gueule une fois de trop ; les autorités déclarèrent qu'il s'agissait d'un règlement de compte crapuleux et classèrent l'affaire.

Mais, pour Chuck, les actes de Cain et les circonstances de son assassinat soulevèrent des questions troublantes. Compte tenu de ses liens avec la CIA et le FBI, ainsi que, selon Mooney, de son rôle dans l'assassinat du président et d'innombrables activités secrètes, le comportement et la mort de Cain méritaient un examen plus approfondi.

Selon les rapports de police, le meurtre se déroula en plein jour dans un restaurant appelé Rose's Sandwich Shop. Cain y déjeunait avec plusieurs hommes non identifiés. Ces hommes s'en allèrent, laissant Cain seul. Peu après, deux individus en passe-montagne et armés de fusils entrèrent dans le restaurant. Rapidement, ils obligèrent les clients terrifiés à s'aligner contre le mur.

Selon les témoins, un des tueurs portait un gant noir à la main gauche, un blanc à la droite, tandis que son complice, qui n'avait pas de gants, disposait d'un talkie-walkie. Les témoins déclarèrent que l'homme au talkie-walkie porta l'appareil à sa bouche et dit : « Qui a le paquet ? » Il répéta la question plusieurs fois et obtint finalement une réponse : « Il y a un type qui arrive ; c'est peut-être lui qui a le paquet. » Ayant entendu ces paroles, l'homme bizarrement ganté se dirigea vers Cain et lui tira deux décharges de fusil à bout portant dans la tête. Après avoir rapidement fouillé Cain, les deux hommes sortirent et disparurent dans la nature.

Cet incident comporte plusieurs éléments troublants. Manifestement, il ne ressemble pas aux assassinats tels que le Milieu les pratiquait à Chicago.

Depuis l'époque flamboyante d'Al Capone, les assassins professionnels du Milieu de Chicago évitaient les témoins, préférant remplir leur mission à la faveur de la nuit. Tuer Cain de nuit ne posait aucun problème ; les membres du Milieu souhaitant l'éliminer pouvaient aisément connaître ses déplacements.

En outre, la présence d'un talkie-walkie est un autre élément bizarre ; les tueurs italiens, machos, trouvaient ces appareils « ridicules ».

Mais le plus intéressant, ce sont les gants dépareillés de l'assassin de Cain.

Chuck estima que les deux gants constituaient vraisemblablement un message envoyé par ceux qui s'étaient associés pour exécuter Cain, un message que seul Cain pourrait comprendre. Ils représentaient très probablement les deux forces qu'il ne connaissait que trop bien : la Main Blanche de la CIA sud-américaine et la Main Noire de Sam Giancana.

On ne saura jamais exactement quel rôle Mooney a joué dans le meurtre. Peut-être Cain a-t-il été attiré dans le restaurant par les fidèles lieutenants de Mooney, puis exécuté par ses complices de la Main Blanche. Chuck acquit la certitude que le meurtre n'avait pas été commis par des membres du Milieu et, compte tenu des actes de Mooney, tels qu'on les lui rapporta à la suite du meurtre, il acquit également la certitude que Mooney avait participé à son élaboration. Si la Main Blanche avait exécuté Cain sans l'accord de Mooney, celui-ci aurait pu à juste titre craindre pour sa vie.

Mais, en 1974, si de telles craintes le tourmentaient, il n'en fournit aucun indice aux amis ou à la famille. Au contraire, Chuck apprit que la sécurité demeura relâchée autour de l'énorme propriété mexicaine de son frère.

Cependant, cette année-là, des problèmes de santé contraignirent Mooney à interrompre ses voyages. Ses affaires étaient solidement implantées et n'exigeaient plus son attention personnelle de sorte qu'il se préoccupa davantage de sa santé déclinante, tandis que des émissaires de confiance géraient les rouages de son empire planétaire.

Le soir du 18 juillet 1974, Mooney regretta probablement l'absence de sécurité qui régnait à San Cristobal. Il fut agressé, dans son jardin entouré de murs, par quatre agents de l'immigration qui le traînèrent, en mules et robe de chambre, jusqu'à la prison locale. Il y resta en garde à vue jusqu'au lendemain, puis on le conduisit à Mexico.

A Mexico, Mooney fut mis dans l'avion à destination de San Antonio, au Texas, où il fut accueilli par des agents du FBI. Les agents s'empressèrent de lui remettre une convocation devant un Grand Jury de Chicago dont les travaux devaient débuter la semaine suivante.

Jusqu'au jour de son extradition du Mexique, son statut d'étranger privilégié semblait assuré. Comme ses relations au sein du gouvernement mexicain allaient jusqu'au président, il fut pris complètement au dépourvu par cette extradition. Le FBI prétendit plus tard qu'il avait également été pris au dépourvu et s'était vu contraint de préparer à la hâte son retour aux États-Unis. Si ni le ministère de la Justice ni le gouvernement mexicain n'étaient responsables de ces événements, on peut supposer que l'extradition de Mooney a été orchestrée par la CIA. Mais dans quel but, cela demeure un mystère.

Une semaine plus tard, de retour à Chicago et devant le Grand Jury, Mooney se vit garantir l'immunité, prélude apparent de la répétition de la catastrophe du Grand Jury de 1966.

Mais cette fois, plus âgé et plus sage, il parla volontairement et ne dit absolument rien de solide. Le jury se vit contraint de se contenter de cette déposition squelettique et, cette fois, Mooney sortit libre. A la fin de l'année et début 1975, sa santé continua de se détériorer. Il eut de graves problèmes de vésicule biliaire et alla par deux fois se faire opérer, à Houston, par le célèbre Dr DeBakey.

Le 19 juin 1975, le jour du meurtre, Mooney alla voir des amis et des membres de sa famille. Peut-être était-il préoccupé par son témoignage devant la commission sénatoriale sur les services secrets ; en tout cas, il n'en parla apparemment pas.

Néanmoins, Chuck croyait que son frère aurait affronté cette nouvelle enquête comme les dizaines d'auditions antérieures : il n'aurait rien dit de compromettant. Jamais Mooney n'aurait mentionné ce qu'il savait sur les actions clandestines de la CIA ni sur les milliers de cadavres cachés dans les placards du Milieu de Chicago. Le code de l'*omerta* imprégnait le sang sicilien qui coulait dans ses veines. Il l'avait consciencieusement appliqué pendant toute sa vie ; c'était son code de l'honneur. Mais, du point de vue de ceux qui ignoraient cette éthique, le spectre du témoignage de Mooney devant la commission avait sûrement fait l'effet d'une menace aux proportions monstrueuses.

Ainsi, à minuit, Mooney était mort, abattu d'une balle dans la nuque, une dans la bouche et cinq sous le menton. Et le lendemain matin, le monde apprit la mort d'un patron de la pègre, assassiné naturellement dans le plus pur style des règlements de comptes crapuleux.

Pour expliquer ce meurtre, on affirma plus tard que Mooney était devenu trop gourmand, et refusait de partager la fortune accumulée pendant son séjour en Amérique du Sud avec les autres membres du Milieu. Si c'est vrai, ce fut la première fois que Mooney adopta une telle attitude.

On dit également qu'il voulait prendre le pouvoir et que le Milieu avait réagi en le tuant. Mooney venait de subir deux opérations difficiles et n'avait ni la force ni le désir de faire un retour à Chicago, à supposer que cela ait été nécessaire. En réalité, le pouvoir brutal qui faisait sa réputation ne lui avait jamais échappé.

En fait, Chuck apprit que, la semaine précédant sa mort,

Mooney avait lancé un contrat (à la demande de la CIA et d'un ancien président des États-Unis, racontait-on) sur Jimmy Hoffa, l'ancien patron du Syndicat des camionneurs. Le travail fut confié à cinq soldats : deux de Chicago, un de Boston, un de Detroit et un de Cincinnati. Un mois plus tard, Hoffa disparut effectivement et l'on considéra que la pègre l'avait assassiné.

Selon certains indices, il semble bien que le meurtre de Mooney ne soit pas simplement un règlement de compte. Il y a le fait que, si ce qu'il a dit à Chuck était vrai, il était beaucoup plus dangereux pour ses associés de la CIA que pour le Milieu de Chicago. Ses amis du Milieu savaient qu'il ne divulguerait aucune information compromettante ; la CIA, grouillant d'espions et de contre-espions, de trahisons et de doubles jeux, n'était peut-être pas aussi fermement convaincue de sa loyauté.

Pour identifier l'exécuteur de Mooney, Chuck eut l'idée d'appliquer un des adages de Mooney : trouve qui est encore en vie et tu sauras qui a tué.

Cette approche conduisait clairement à un suspect. En 1976, Carlo Gambino et Johnny Roselli moururent, Gambino d'une crise cardiaque et Roselli de la main d'un agresseur inconnu, à Miami. Carlos Marcello, autre complice de Mooney, était toujours contraint de vivre dans la clandestinité et, à la satisfaction de ceux qui souhaitaient que son rôle au sein de la conspiration demeure secret, manifesta des symptômes de désordre mental que l'on croyait dus à la maladie d'Alzheimer. Chuck avait entendu, dans le Milieu, des rumeurs selon lesquelles ce type de maladie était le produit de la chimie moderne de la CIA ; on raconta, mais on ne put jamais prouver, que celle de Marcello était du nombre. Néanmoins, en juin 1983, l'empire de Marcello à La Nouvelle-Orléans s'écroula officiellement avec son incarcération à Texarkana.

En fait, parmi les acteurs principaux qui, selon Mooney, étaient impliqués dans les activités clandestines de la CIA, seul Santo Trafficante resta en vie et prospéra. Trafficante demeura pratiquement indemne ; on raconta que ses réseaux de trafic de drogue en Amérique latine et en Asie connurent une expansion spectaculaire. Il suffisait de lire les journaux pour constater que la lutte contre la pègre ne se concentrait pas sur Tampa, en Floride, mais sur les villes nettement plus visibles du Nord : New

York et Chicago. De ce fait, Trafficante géra ses affaires sans le moindre problème avec la loi jusqu'à sa mort, en 1987, d'une maladie de reins.

Sous le règne de Trafficante, la Floride devint le centre des importations de drogues illicites. Bizarrement, et inexplicablement, l'implication de Trafficante dans l'assassinat du président ne fit jamais l'objet d'une enquête approfondie. Compte tenu des preuves de sa collaboration avec la CIA dans le monde entier, cette carence est révélatrice.

Selon la méthode de déduction de Mooney, il semble logique de soupçonner Santo Trafficante d'avoir été, au sein du Milieu, l'organisateur du meurtre de Mooney.

Cela ne signifie pas que Trafficante ignorait le code de l'*omerta* auquel Mooney adhérait, ni que le patron de Tampa a cru un seul instant que Mooney parlerait devant la commission sénatoriale. On ne peut pas davantage déduire que Chicago avait été intégré au territoire de Trafficante, ou que Mooney a été assassiné sans le soutien du Milieu de Chicago, mais plutôt que la CIA a demandé à Trafficante de faire un travail, exactement comme elle avait de nombreuses fois recouru à Mooney par le passé. Et, pour superviser ce travail, Chuck croyait que Trafficante s'était adressé à un représentant du Milieu de Chicago, qui était également son associé au cours des opérations avec la CIA : Johnny Roselli.

Les biographes de Mooney, ses amis et sa famille affirmèrent avec fermeté, plus tard, que l'assassin de Mooney était un homme qu'il connaissait et à qui il faisait confiance. Lui-même originaire de la ville, Roselli pouvait veiller à recruter l'individu convenable. En outre, ce qui est significatif, on put remonter la piste de l'arme, un pistolet de calibre 22, jusqu'à Miami, en Floride.

De plus, il existait des rumeurs persistantes selon lesquelles Mooney, peu avant sa mort, se demandait si Roselli et Trafficante n'étaient pas « trop proches », et commençait à se méfier de son complice de Floride.

Si les soupçons de Mooney étaient fondés, et si Roselli a effectivement aidé Trafficante à exécuter le contrat de la CIA sur le patron de Chicago, cela pourrait expliquer le meurtre horrible de Johnny Roselli. En 1976, le corps découpé en morceaux de Roselli fut retrouvé dans un bidon de pétrole fermé, en Floride, où Trafficante régnait en maître, après ses fracassantes interviews accordées à deux journalistes, Drew Pearson et Jack Anderson, et son témoignage confidentiel devant la commission sénatoriale sur les services secrets.

Les révélations de Roselli, y compris la collaboration de la Mafia et de la CIA dans l'affaire de la baie des Cochons et la tentative d'assassinat de Castro, démontraient qu'il en savait manifestement trop. Peut-être était-il également le seul homme capable d'impliquer Trafficante et la CIA dans le meurtre de Mooney Giancana et, plus compromettant encore, dans l'assassinat du président des États-Unis et de son frère, candidat à la présidence.

Le témoignage et l'assassinat de Roselli entraînèrent la formation d'une commission de la Chambre des représentants sur les assassinats et la réouverture de l'enquête sur la mort du président.

Curieusement, Trafficante témoigna devant les deux commissions sénatoriales mais, contrairement à Mooney et Roselli, ne subit aucune conséquence désagréable.

D'autres morts suivirent celles de Mooney et de Roselli, certaines plus troublantes que les autres.

Chuckie Nicoletti fut assassiné en 1977, aussitôt après avoir été convoqué par la commission de la Chambre des représentants sur les assassinats. Sa disparition fut qualifiée de règlement de compte, mais plusieurs membres de la commissions furent manifestement d'un avis différent.

George DeMohrenchild devait également témoigner devant la même commission, en 1977, et mourut le jour même où il devait être interrogé sur le meurtre du président. La coïncidence était troublante et pourtant on estima qu'il s'était suicidé.

La liste est longue, pleine de noms familiers (Jack Ruby, David Ferrie, Guy Banister) et moins familiers.

L'historien sérieux a de bonnes raisons de s'arrêter sur la saga corruptrice de Sam Giancana. Il y a aussi de bonnes raisons de se demander si ces pratiques immorales existent toujours, dans notre pays, et impliquent toujours les détenteurs des fonctions les plus prestigieuses.

Malheureusement, il est fort possible que tel soit le cas. Vont dans le sens de cette thèse : les documents du Pentagone*, le Watergate, le scandale de la banque du Vatican, l'Irangate, la corruption et l'implication de la CIA aux Philippines dans le cas de Ferdinand et d'Imelda Marcos, les relations entre Manuel Noriega et la CIA au Panama et l'affaire de la BCCI. Autant de morceaux d'un puzzle beaucoup plus vaste et effrayant. Mais portant tous la marque de l'implication de la CIA dans le crime organisé.

Presque tous ceux qui ont pris part à l'assassinat du président John F. Kennedy, en 1963, ont été assassinés. Quelques-uns se sont « suicidés » tandis que d'autres sont toujours derrière les barreaux.

Cependant quelques hommes, si nous devons croire ce que racontait Mooney sur les activités communes de la Mafia et de la CIA dans le domaine du contre-espionnage, ont prospéré et sont restés libres. Détenteurs d'un pouvoir incroyable, au terme de carrières profondément enracinées dans la CIA, ces hommes ont atteint les plus hautes positions en Amérique et continuent d'exercer leur influence sur la marche du monde.

---

* *Pentagon Papers* : ces dossiers secrets du Pentagone publiés pendant la guerre du Viêt-nam tendaient à prouver que les autorités militaires et civiles américaines avaient menti en connaissance de cause sur l'engagement des États-Unis dans la guerre.

*Achevé d'imprimer en février 1992
sur presses CAMERON,
dans les ateliers de B.C.A.
à Saint-Amand-Montrond (Cher)
pour le compte des éditions Robert Laffont
6, place Saint-Sulpice - 75279 Paris Cedex 06*

Dépôt légal : février 1992.
N° d'Édition : 33865. N° d'Impression : 3569-92/045.